高等院校"十三五"规划教材

商务沟通理论与实务

主　编　易露霞　林　霞
副主编　尤彧聪　谢育玲　潘银坪
参　编　曾银燕

微信扫码查看资源

南京大学出版社

内容简介

本书从商务从业人员的实际工作岗位需要出发,以工作过程为线索,展开商务贸易工作涉及内容,突出实践性,强调应用技能培养,将理论知识融入具体商务贸易活动中,使学习者掌握完成一项商务贸易工作所需要的职业技能。本书内容囊括了商务沟通基础知识、实务和技巧,通过精心组织内容,运用问题导入、相关案例、小知识、沟通活动、技能实训等多种方式,增加理论知识学习的趣味性与可读性,从而全面提升实际工作技能。

本书可以作为高等院校公共基础及经济管理类相关课程的专业教材,也适用于企业管理人员、商务人士及其他对沟通方法和技能感兴趣的人士阅读和参考。

图书在版编目(CIP)数据

商务沟通理论与实务 / 易露霞,林霞主编. — 南京:南京大学出版社,2019.3(2024.9重印)
ISBN 978-7-305-21707-4

Ⅰ.①商… Ⅱ.①易… ②林… Ⅲ.①商业管理—公共关系学—高等学校—教材 Ⅳ.①F715

中国版本图书馆 CIP 数据核字(2019)第 041291 号

出版发行	南京大学出版社
社　　址	南京市汉口路 22 号　　邮　编　210093
书　　名	商务沟通理论与实务 SHANGWU GOUTONG LILUN YU SHIWU
主　　编	易露霞　林　霞
责任编辑	武　坦　　　　　　　编辑热线　025-83592315
照　　排	南京开卷文化传媒有限公司
印　　刷	南通印刷总厂有限公司
开　　本	787 mm×1092 mm　1/16　印张 22　字数 636 千
版　　次	2024 年 9 月第 1 版第 4 次印刷
ISBN	978-7-305-21707-4
定　　价	55.00 元

网　　址:http://www.njupco.com
官方微博:http://weibo.com/njupco
微信服务号:njuyuexue
销售咨询热线:(025)83594756

* 版权所有,侵权必究
* 凡购买南大版图书,如有印装质量问题,请与所购图书销售部门联系调换

前　言

现代社会经济生活中沟通无处不在,沟通技能成了现代人必备的技能。随着经济全球化的发展,企业对从事商务贸易工作人员的需求日益增多,涉外贸易活动的增加对商务人士的职业能力提出了更高的要求。商务人士要适应新形势,深入掌握商务沟通能力,提升自己的沟通技能,增强社会适应能力。

商务沟通技巧,一是商务人士必须掌握的种种沟通技巧,以便商业人士成功应对职场中变化无常的沟通困境;二是有效拓展人际关系,商务人士必须用心经营顾客关系,建立良好的人际关系网络,针对不同类型的顾客,采取有效措施来改善人际关系。良好的沟通技巧、健康的人际关系、丰富实用的案例、体贴活泼的语言,都能帮助商务人士驾轻就熟地掌握沟通的秘诀,有助于在竞争激烈的职场中立于不败之地。

商务沟通理论与实务是一门理实一体化的课程,是市场营销、电子商务、国际贸易、工商管理、人力资源等财经管理类专业的必修课程。

本书在对任务导向教学模式研究的基础上,构建本科院校商务沟通理论与实务课程教学内容,实现学生学习形式的改革,使学生在仿真模拟环境下体验职业岗位,实现学生到职业人的角色转换,培养和提高学生的职业能力和专业技能。解决高等院校教材多以讲授谈判理论知识为主,从而造成该课程与学生就业岗位实际能力需要联系不紧密的现状。

本书共设十二章内容,包含基础理论部分、实务部分、技能部分。在内容的选择上,通过分析企业对商务人员的素质需求,确定作为一名优秀的商务人员必须具备的基本技能,包括良好的口头表达能力、组织管理能力、抗压能力、敬业精神、团队精神等;精通商务贸易活动的基本工作过程及合同的制作,后续的客户管理与解决贸易争端的方法等专业知识。注重理论教学与实践教学相呼应,突出教材的科学性、理论性、实用性、创新性。

本书全面贯彻教育部十六号文件精神,本着"基础理论够用,注重实践能力培养"的原则构建知识体系,旨在打造应用型本科院校实践实用性教材。

(1)围绕商务贸易活动过程,构建教学体系。

教学体系符合实际工作过程需要,首先介绍商务沟通基础知识,包括商务沟通概述、商务沟通类型与过程、商务沟通战略;其次是实务部分,从模拟学生初入职场、进行面试、职业形象塑造,到开展贸易工作、通过与潜在客户联系寻找客户、客户来访接待客户、形成合作意见并进行洽谈、合同商定与履行、客户关系维护的整个过程;最后介绍商务沟通中的礼仪,跨文化沟通及沟通中的心理学相关沟通技巧。

(2)理论知识简明扼要,深入浅出。

对涉及的理论知识进行扼要阐述,以够用为原则,突出重点,融入大量的案例,设计各种沟通活动、小知识等,使理论知识深入浅出,便于学生理解和掌握。

(3) 注重课程教学实践性。

知识讲解过程中设计沟通活动,使理论知识融入实践教学,每章章末设有实践技能训练,实践项目设计贴近商务贸易工作实务,同时注重知识性和趣味性,以增加学生参与的积极性,从而提高学生理论知识的运用能力。

(4) 与时俱进,紧贴时代发展需求。

教学内容根据时代发展特征,融入职业人士抗压能力训练、涉外贸易合同、客户关系管理、跨文化沟通等内容。

本教材为广州工商学院"十三五"教材建设经费资助项目,由易露霞和林霞担任主编,尤彧聪、谢育玲、潘银坪担任副主编,曾银燕参编。本书的编写人员及任务分工为:第一、十章由易露霞编写,第二、四、七章由林霞编写,第三、九、十二章由谢育玲编写,第五、十一章由潘银坪编写,第八章由尤彧聪编写,第六章由曾银燕编写,全书由易露霞、林霞统稿。

本书在编写过程中参考、引用了大量文献著作和网络资源,在此特向所有作者表示衷心的感谢。

由于时间仓促,书中难免有疏漏之处,敬请读者批评指正,帮助我们不断改进。

编 者

CONTENTS 目 录

第一部分 商务沟通基础知识

第一章 商务沟通概述 1
    知识目标 1
    技能目标 1
    本章知识结构 1
    1.1 商务沟通的内涵、重要性及作用 1
    1.2 商务沟通的原则与实现沟通目标的技巧 8
    1.3 商务公司内部有效沟通 12
    1.4 商务公司外部有效沟通 20
    本章小结 22
    思考与技能训练 22

第二章 商务沟通的类型与过程 24
    知识目标 24
    技能目标 24
    本章知识结构 24
    2.1 商务沟通的分类 25
    2.2 商务沟通过程 36
    2.3 沟通障碍 39
    2.4 有效沟通 41
    本章小结 45
    思考与技能训练 46

第三章 商务沟通战略 50
    任务目标 50
    技能目标 50
    本章知识结构 50

3.1 商务沟通战略的内涵 …… 51
3.2 结果—关系战略 …… 55
3.3 价值创造与增长战略 …… 64
本章小结 …… 68
思考与技能训练 …… 68

第二部分　商务沟通实务

第四章　沟通前的准备 …… 71
知识目标 …… 71
技能目标 …… 71
本章知识结构 …… 71
4.1 求职沟通 …… 72
4.2 商务人员必备素质要求 …… 86
4.3 商务人员抗压能力 …… 89
4.4 沟通前的信息准备 …… 95
本章小结 …… 100
思考与技能训练 …… 100

第五章　商务联系 …… 104
知识目标 …… 104
技能目标 …… 104
本章知识结构 …… 104
5.1 当面沟通 …… 105
5.2 电邮沟通 …… 123
5.3 电话沟通 …… 130
5.4 书面沟通 …… 135
本章小结 …… 140
思考与技能训练 …… 140

第六章　商务接待 …… 144
知识目标 …… 144
技能目标 …… 144
本章知识结构 …… 144
6.1 日程安排 …… 145
6.2 陪同参观 …… 152
6.3 商务宴请 …… 158

6.4 馈赠礼仪 ·················· 169
　　本章小结 ····················· 174
　　思考与技能训练 ················ 174

第七章　商务谈判 ················ 179
　　知识目标 ····················· 179
　　技能目标 ····················· 179
　　本章知识结构 ·················· 179
　　7.1 开局阶段 ·················· 180
　　7.2 洽谈磋商 ·················· 188
　　7.3 僵局化解 ·················· 203
　　7.4 促成交易 ·················· 209
　　本章小结 ····················· 215
　　思考与技能训练 ················ 215

第八章　签约与履约 ·············· 218
　　知识目标 ····················· 218
　　技能目标 ····················· 218
　　本章知识结构 ·················· 218
　　8.1 签　约 ···················· 219
　　8.2 履　约 ···················· 225
　　8.3 商务对外贸易合同 ··········· 231
　　8.4 索　赔 ···················· 246
　　本章小结 ····················· 252
　　思考与技能训练 ················ 252

第九章　客户关系维护 ············ 254
　　知识目标 ····················· 254
　　技能目标 ····················· 254
　　本章知识结构 ·················· 254
　　9.1 客户满意度测评 ············· 255
　　9.2 客户忠诚培育 ··············· 267
　　9.3 客户投诉处理 ··············· 276
　　本章小结 ····················· 281
　　思考与技能训练 ················ 281

第三部分　商务沟通技巧

第十章　商务礼仪 284
 知识目标 284
 技能目标 284
 本章知识结构 284
 10.1　仪容、仪表礼仪 285
 10.2　商务会面礼仪 295
 10.3　商务洽谈礼仪 301
 10.4　签约礼仪 302
 本章小结 304
 思考与技能训练 305

第十一章　跨文化沟通 308
 知识目标 308
 技能目标 308
 本章知识结构 308
 11.1　文化对沟通理解的影响 309
 11.2　跨文化沟通的障碍 313
 11.3　跨文化沟通的基本原则和技巧 315
 11.4　不同文化的沟通风格 317
 本章小结 325
 思考与技能训练 325

第十二章　商务沟通心理学 328
 知识目标 328
 技能目标 328
 本章知识结构 328
 12.1　商务沟通心理过程 329
 12.2　商务沟通心理效应 334
 本章小结 340
 思考与技能训练 341

参考文献 343

第一部分　商务沟通基础知识

第一章　商务沟通概述

知识目标

1. 掌握商务沟通的基本含义。
2. 从实际数据、成功范例、过程分析各个方面认识商务沟通的重要性。
3. 全面掌握进行有效商务沟通的技巧。

技能目标

1. 适应商务沟通手段和方式的不断变化，具备与客户有效沟通的技能。
2. 掌握有效聆听技能。

本章知识结构

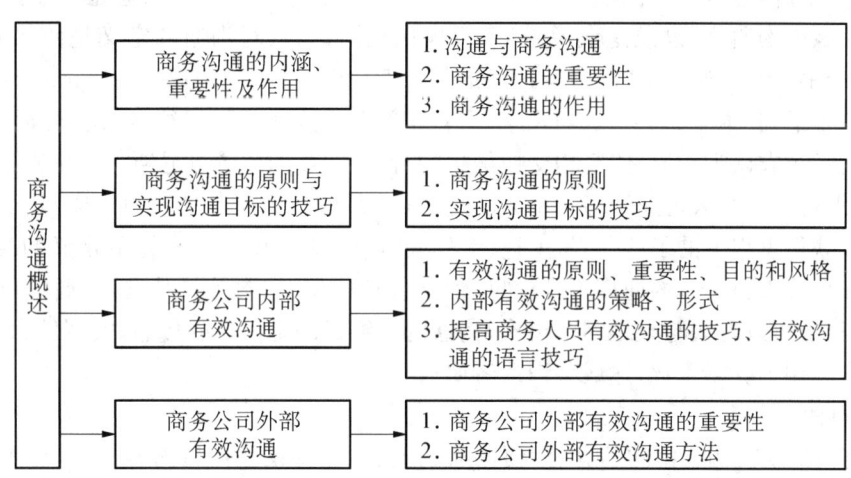

1.1　商务沟通的内涵、重要性及作用

沟通活动 1-1

每位学生在纸上写下 3~5 句描述自己的句子："我是……"不要署名。然后将纸叠好，放在中央。再由组

织者任意抽取一张纸,并读出纸上的句子,让大家猜这张纸是谁所写。

目的:通过该活动,接近师生彼此距离,让学生了解和体会沟通的意义。

1.1.1 沟通与商务沟通

1. 沟通的定义

随着市场经济的发展,沟通活动日益频繁。日常生活中,我们每时每刻都在与人沟通,与自己的家人,与自己的朋友,与陌生人;在一个企业里,与自己的下属、同事、上司等进行内部沟通,对外与客户、政府部门等进行外部沟通,可见沟通无处不在。

沟通在经济活动中所起的作用越来越重要。沟通的成功与否对个人的发展、对企业的生存和发展、对社会经济的发展都起着重要作用。对于个人发展来说,一个沟通能力强的人,能够与他人实现准确、及时的沟通,顺利地建立起良好的人际关系,可以使自己在事业上左右逢源、如虎添翼,最终取得成功。石油大王洛克菲勒说过:"假如人际沟通能力也是同糖或咖啡一样的商品的话,我愿意付出比太阳底下任何东西都珍贵的价格购买这种能力。"对于企业来说,与同事沟通,可以实现信息的共享,可以从他人身上吸取不同的经验和教训;上级关心员工,善于倾听员工的意见和建议,能充分发挥员工工作积极性,提高员工的工作效率和成绩;企业内部部门和部门之间的良好沟通,可以迅速地传递各种信息,增进配合,提高默契,有效地提高工作效率。"经营之神"松下幸之助说过:"企业的活动过去是沟通,现在是沟通,未来还是沟通。"对于社会经济发展来说,人与人之间沟通不畅,容易带来误解,造成社会矛盾,企业组织缺乏有效沟通,会降低工作效率,制约经济活动的开展,最终影响整个社会的经济发展。

1) 沟通的含义

要做好商务沟通,首先就应该了解什么是沟通,以及它的特征。沟通是一个经常使用的词。对于什么是沟通,可以说是众说纷纭。《现代汉语词典》对沟通的定义是使双方能通连。《大英百科全书》中,沟通是指"思想及信息的传递"。在英文中,"沟通"(Communication)这个词来自于拉丁语,其本意是共有、共同的,后来也译作交流、交际、交往、通信、交通、传达等意思。美国学者布农认为沟通是"互相交换信息的行为"。英国学者丹尼斯·奎尔则指出沟通是"将观念或思想由一个人传递给另一个人的过程,或者是一个人自身内的传递,其目的是使接受沟通的人获得思想上的了解"。从上述定义中我们可以看出,关于沟通的定义的共同点在于沟通具有三个要素:首先,沟通离不开信息,信息包括思想、观念等。其次,沟通的对象既可以是个体自身,也可以是人与人之间。再次,沟通的最终目的是信息的传递,实现信息的互通,使沟通双方在思想上获得了解,达成共识或者协议。

2) 沟通的三要素

(1) 沟通信息。沟通中的信息,即要沟通的内容,不仅仅是信息内容本身,更重要的是思想和情感。那么,信息、思想和情感哪一个更容易沟通呢?是信息。例如,今天几点钟起床?现在是几点了?几点钟开会?往前走多少米?这样的信息是非常容易沟通的。而思想和情感是不太容易沟通的。在我们工作的过程中,很多障碍使思想和情感无法得到很好的沟通。事实上我们在沟通过程中,传递更多的是彼此之间的思想,而信息的内容并不是主要的内容。

(2) 沟通对象。沟通的对象,即沟通中的人。参与沟通的人可以是沟通者本人,即自己与自己沟通,我们把它叫作自我沟通。一个好的沟通者首先要了解自己,能够与自我进行对话,认识自我也是与他人进行良好沟通的基本要求。与他人沟通,我们又把它叫作人际沟通。在我们每个人的生活中,一个重要的技能就是维持和改善人际关系。良好的沟通技巧能让自己与对方产生很好的共情,让自己得到自己想要的信息,增进双方的了解,让双方在心情舒畅中达成共识。

(3) 沟通目的。沟通的目的指的是为什么而进行沟通。沟通与闲聊的区别就在于沟通要有一个明确的目的,这是沟通最重要的前提。在和别人沟通的时候,目的是否达到是沟通是否结束的标志。目的达到了还要形成一定的协议。在实际的沟通过程中,我们常见到大家一起沟通过了,但是最后没有形成一个明确的协议,也就表示没有实现沟通的目的。由于对沟通的内容理解不同,又没有达成协议,最终造成了工作效率的低下,有时候还给沟通双方增添了许多矛盾。

案例1-1　　吃鱼的故事

有一位丈夫和妻子相濡以沫几十年,丈夫最喜欢鱼肚子上的肉,他觉得鱼肚上的鱼肉最鲜美,为了将鱼肉让给妻子,每每做出鱼来,他都抢着把鱼头和鱼尾吃掉,妻子看丈夫这么喜欢吃鱼头鱼尾,每每做出鱼来,就把鱼头鱼尾特意让给丈夫。而其实妻子不喜欢吃鱼肉,丈夫也不喜欢吃鱼头、鱼尾。

几十年过去了,夫妻俩都老了,这天丈夫对妻子说:"我好喜欢吃鱼肚子上的鱼肉!"妻子十分惊奇:"其实我不喜欢吃鱼肉,我好想吃鱼头鱼尾,却吃了一辈子鱼肉!"夫妻俩都哭了。

3) 沟通的特征

(1) 沟通行为的主动性。人的命运是自己选择、自己决定的,你就是你要成为的那个人。人与人之间的智商没有什么差别。建立沟通行为的主动性第一要点:随时随地。

(2) 对象的多样性。君子性非异也,善假于物也。最优秀的人都是善于利用别人的时间、别人的金钱、大家一起去干事业的人。在21世纪,我们的财富,我们的成就,我们的事业,都取决于我们跟多少人发生关系,和什么人发生关系,以及发生关系的程度。

(3) 过程的互动性。沟通的效果取决于别人对你的回应,你沟通的品质、沟通的态度取决于你对对方的回应。

(4) 目的的双重性。帮助别人得到他想要的,你就会得到你所想要的。沟通是跟人沟通,做人就是满足别人的需求,那么你就有发现需求、创造需求、满足需求的能力。

2. 商务沟通的内涵

1) 商务沟通的定义

商务,狭义上来说指的是商品的市场交易活动。广义来讲,商务即是指商业上的事务,与经济工作有关的一切事务,如商务公司内部常规工作,也包括推销、洽谈、接待、谈判等专业性强的工作。商务沟通就是企业或个人在商务经营过程中出现的一种信息的传递行为。商务沟通的目的就在于通过与他人沟通交流来影响他人的观点、感受和价值观。广义上的商务沟通不仅仅局限于信息的传播和交换,其核心在于"通",即理解、说服并采取行动。从这个广义角度讲,商务沟通是指不同个体或组织在商务活动中围绕各种信息所进行的传播、交换、理解和说服工作。有时也把商务沟通称为管理沟通、企业组织沟通。

2) 商务沟通的形式

良好的沟通能力体现在具备良好的听、说、读、写、看的能力。

(1) 听。听是沟通技巧的首要环节,如果你听不到、听不懂,那就说不好、讲不对。俗话说,上帝赐给人两只耳朵一张嘴,就是让人多听少说。有一个小故事是这么说的,曾经有个小

3

国向中国进贡了三个一模一样的金人,金碧辉煌,把皇帝高兴坏了。可是这个小国不厚道,同时出了一道题目:这三个金人哪个最有价值?皇帝想了许多的办法,请来珠宝匠检查,称重量,看做工,都是一模一样的。怎么办?最后,有一位退位的老大臣拿着三根稻草,插入三个金人的耳朵里。第一个金人,稻草从一边耳朵进去,从另一边耳朵出来了。第二个金人,稻草从耳朵进去后从嘴巴里直接掉出来了。而第三个金人,稻草进去后掉进了肚子里,什么响动也没有。老臣说:第三个金人最有价值!最有价值的人,不一定是最能说的人。善于倾听,才是成功沟通的最基本的要求。在与人沟通的时候,要有50%用来听,25%用来问和引导,25%用来回答问题。这才真正叫听。

保罗说:"沟通首先是商务沟通的艺术。"伏尔泰说:"耳朵是通向心灵的道路。"米内说:"会商务沟通的人到处都受欢迎。"松下幸之助把自己的全部经营秘诀归结为一句话:"首先细心倾听他人的意见。"艾科卡说得更为动情:"作为一名管理者,使我最满足的莫过于看到某个企业内被公认为一般或平庸的人,因为管理者倾听了他遇到的问题而使他发挥了应有的作用。"他说得很直接:"我只盼望能找到一所能够教导人们怎样听别人说话的学院……假如你要能发动人们为你工作,你就一定要好好听别人讲话。"美国著名的"玛丽·凯化妆品公司"创始人玛丽·凯说得更为风趣:"一位优秀的管理人员应当多听少讲。也许这就是上天为何赐予我们两只耳朵、一张嘴巴的缘故吧。"由此可见商务沟通中倾听的重要性。做好商务沟通工作首先应该是做好"商务倾听"。

商务倾听是指在对方讲话的过程中,听者通过视觉和听觉的同时作用,接收和理解对方思想、信息及情感的过程。依据这种见解,在商务倾听过程中,我们不仅要听到对方所说的话语,还要重视不同的重音、声调、音量、停顿等因素。例如,商务沟通过程中,说话人适当的停顿,会给讲话人一种谨慎、仔细的印象;过多的停顿会给人一种急躁不安、缺乏自信或不可靠的感觉。例如,商务沟通过程中说话的音量不同也会让人区分说话者愤怒、吃惊、轻视或怀疑等不同的态度。依据这种理解,视觉接收到的信息也属于倾听的内容。我们诉说的话往往由于不同的说话方式而具有不同的意义。

商务倾听与物理性质的听是两个互相联系而又有区别的概念。听是人体听觉器官对声音的接收和捕捉,听是人对声音的生理反应,是人的本能,带有被动的特征。只要听觉器官是完善的,就能听,也不得不听。商务倾听必须以物理性质的听为基础,但是,商务倾听是一种特殊形态的听。第一,它是人主动参与的听,人必须对声音有所反应,或者详细地说,在这过程中人必须思考、接收、理解,并做出必要的反馈。第二,它必须是有视觉器官参与的听。没有视觉的参与,闭上眼睛的听,只有耳朵的听,不能称为倾听。在倾听的过程中,必须理解别人在语言之外的手势、面部表情,特别是眼神和感情表达方式。

【案例1-2】

A公司总经理Smith对随时把本公司经济上的问题告诉雇员们的重要性非常了解。她每月向所有雇员发出一封定名为"来自总经理部"的信。她在出现重要情况时还随时召集各部门负责人会议,让他们确实感受到他们是管理部的成员,并参与了重大决策的制定。现在,她看到,由于市场价格不断跌落,公司正进入一个困难时期。她适时召开了各部门负责人会议。在会上她做了全面的讲话。"首先,我们需要积极思想的人、通力合作的人。我们需要使生产最优化,在考虑降低成本时,不能对任何一个方面有所疏忽。为了实现降低成本的应急计划,我在公司外聘请了一个高级的生产经理。我们要做的第二件事是最大限度地提高产品的质量。质量就是一切,每部机器都必须由本部门的监督员按计划进行定期检验,只有经过监督员盖章批准后,机器才能开始运转,投入生产。在质量问题上,再小的事情也不能忽视。在我的清单上列的值得认真考虑的第三个问题是增强我们推销员的力量。顾客是我们这个企业的生命线,尽管他们有时不对,我们还是要态度和气地、灵活地对待他们。我们的推销员必须学会做生意,使得每一次推销都有成效。公司对推销的报酬办法是非常公正的。最后,我要谈谈相互配合的问题。这对我们来说,比其他任何问题都更加重要。要做到这一点,非齐心不可。领导就是配合,配合就是为同一目标共同努力。你们是管理部门的代表,是领导人,我们的目标你们是知道的。现在让我们一起努力工作,并快速地把我们的这项复杂的事情搞好吧!要记住,我们是一个愉快的'大家庭'"。她发表完意见以后,用严厉的目光向在座的人们扫视了一下,似乎是在看是否有人敢讲什么。没有一个人说话,因为他们都知道,发表任何意见都会被她看成持有不同的意见。Smith 结束了她的讲话。参加会议的人都站了起来,静立在各自的椅子旁边。Smith 收起文件,离开会议室朝她的办公室走去。

与口若悬河的 Smith 相反的表现是著名商务沟通专家 Stone 的一次亲身经历。在一次宴会上,Stone 坐在了一个植物学家的身旁,很专注地听植物学家向他谈论各种各样的有关植物的故事。Stone 几乎没有说话,可是分手的时候那位植物学家却称赞 Stone 是一个最有意思的谈话家。

上述案例中口若悬河的 Smith 和沉默寡言的 Stone 截然相反的故事告诉了我们什么,给予我们什么启示?

(2)说。说话时,语言表达要准确。沟通中,说是表达,向他人传递信息的一种主要形式,但并不是我们能开口说话就能很好地表达。我们平常与人面对面的谈话是说,打电话是说,发短信、微信也是说,包括我们用文字、绘画、视频与人沟通时也是"说"。怎么样才能学会更好地表达,传送我们的信息,让接收信息的人完整、正确无误地接收我们的信息,并做出我们所期望的反应,这就需要我们掌握怎么说的沟通技巧。有一个故事说的是一个财主过生日,请了自己的朋友来参加,到了吉时,一些朋友还没有来,他一着急就说:"该来的没有来。"已经来了的朋友听了,觉得他说的是自己不该来,于是就走了一些。财主又说:"不该走的又走了。"这时其他没有走的人,也陆续地走了。最后剩下一个跟财主关系比较亲近的朋友,看了这种情况,就对他说:"你这么说话容易得罪人,把人都赶跑了。"主人大叫冤枉,急忙解释说:"我并不是叫他们走啊!"这位朋友听了非常生气,说:"你不是叫他们走,那就是叫我走了。"说完,头也不回地离开了。我们常说"说者无心,听者有意",说话有说话的技巧,假如说话时没有顾虑到对方的立场,就很容易在无意中伤害到别人,而产生一些不必要的误会。

沟通活动 1-2

为下列句子加上不同的标点,表达不同的意思。
(1) 无米面也可无鸡鸭也可无鱼肉也可无银钱也可
(2) 过路人等不得在此小便
(3) 某家有黄花少女人材十分丑陋全无一双好脚
(4) 今年好,倒霉少,不得打官司

沟通活动 1-3

几乎所有的人都喝过可乐,而且大家都知道可乐喝了有害身体健康。可乐的酸性很强,据说把小动物的骨头(如鸡骨头),扔到可乐溶液里面去,两天时间重量减轻一半,一个星期的时间会完全溶解掉,倒出来连渣子都没有。而且里面含有大量的磷,磷会带走体内的很多钙剂,所以女性和小孩子,不应该喝可乐,因为她们特别容易缺钙。

请用口头语言展示说服你身边的同学不再饮用可乐。

（3）读。读即阅读，我们常说要读万卷书，行万里路。通过阅读我们才能增长自己的知识。阅读是现代文明社会人们不可或缺的智能活动，是人们从事学习的最重要的途径和手段之一。商务人员在开展商务贸易活动时，要能读懂像合同之类的文书，同时为了应对不断变化的经济法律、法规、政策等，商务人员需要具备较好的阅读能力。

（4）写。德鲁克说："一个基本的技能，就是以书面或口头的形式组织和表达思想，你的成功依赖于你通过口头或书面文字对别人的影响程度，这种将自己的思想表达清楚的能力可能是一个人应拥有的最重要的技能。"作为一名商务人员，我们必须具备较好的写作能力，要能够起草一些协议、合同等相关的经济应用文，同时还要学会运用书面表达的技巧与领导、同事、谈判对象进行沟通。

沟通活动 1-4

（1）请写一封信给十年后的自己。

（2）模拟演练：你是一家物业公司的经理，现在，你所管理的小区与你所属的物业公司合同期将满，小区居民对你的物业公司的工作极为不满，想借这次合同期满之际，引入新的物业公司，如果成功，你将面临失业，为了争取到居民的谅解，请你利用良好的沟通来解决居民投诉的问题。投诉问题如下：小区卫生状况差；住户随意圈地违建；住宅出现漏水；物业收费账目不清等。

（5）看。看，指的是沟通过程中，要学会察言观色。我们在沟通过程中会涉及大量的行为或肢体语言，如两个人正在谈话，如果一方用手摸摸后脖颈，或是抬手看表，动作虽然细小，但却会让另一方感到他已经不想谈下去了，便会起身要走。一位美国教授请中国留学生到他家里聚餐，他发现中国留学生关水龙头、拧瓶盖时用力过大；上下车时，关车门力气很重，由此他推断出当时中国的民用工业不好。这些都是我们能通过看来获得的信息。

3）商务沟通的目标

目的与目标是有区别的，所谓的目的指的是想要达到的结果，可以理解为期望和梦想，而目标更具体地指在特定的时间内所追求的最终成果。在商务贸易活动中，目标要围绕目的而进行。一项商务贸易沟通目标的实现往往体现在协议的签订与合同的履约上。

1.1.2 商务沟通的重要性

1. 商务沟通在人的商务工作中占有很重要的位置

根据统计数据，人们在商务工作中和生活中，平均有40%～50%的时间用于商务沟通。事实上，在日常生活中，商务沟通是我们自幼学会的与别人沟通能力的一个组成部分。它能让我们与周围的人保持接触。失去商务沟通能力也就意味着失去与他人共同工作、生活、休闲的可能。在日常工作中，领导者要具备良好的商务沟通能力，一位擅长商务沟通的领导者将通过商务沟通，从同事、下属那里及时获得信息并对其进行思考和评估，以此作为决策的重要参考。有效而准确地获取商务沟通信息，将直接影响管理者的决策水平和管理成效，并由此影响公司的经营业绩。

在当今信息时代，商务沟通更加显示出其重要性。由于科学技术飞速发展，社会化大生产更具有整体性、复杂性、多变性、竞争性。管理者孤身奋战的能力日显弱小。面对纷繁复杂的竞争市场，个人难以做出正确的判断，制定出有效的决策方案。法国作家安德烈·莫洛亚说：

"领导人应善于集思广益,应当懂得运用别人的头脑。"希腊谚语说:"多听少讲有利于统治国家。"唐代贤臣在劝谏唐太宗时一针见血地指出:"兼听则明,偏听则暗。"古今中外,对于商务沟通都是一致肯定,处在信息爆炸的时代,商务沟通更是不可或缺的法宝。

2. 商务沟通是解决商务问题的捷径

许多的案例和经验证明,商务沟通有助于解决商务问题。例如,松下幸之助先生创业之初,公司只有3个人,因为注意征询意见,随时改进产品,确立发展目标,才使松下电器达到今日的规模。玛丽·凯·阿什创业之初,公司只有9个人,也是由于其善于商务沟通,按顾客的需要制作产品,所以企业的效益一直在同行中处于领先地位。

可见,商务沟通是解决商务问题的捷径,这体现在三个方面:

第一,积极的商务沟通可使管理者做出正确决策。尤其对于缺乏经验的管理者,商务沟通可以减少错误。

第二,人们仔细地互听对方的讲话是解决异议和问题的最好办法。这并不意味着他们必须相互同意对方的观点,他们只需表明他们理解对方的观点。

第三,仔细倾听也能为对方解决问题。很多人在生活中都会遇到不需要回答的问题,他们需要的只是一个认真的倾听者,就能帮助其完成艰难的选择,解决难题。

1.1.3 商务沟通的作用

案例 1-3

中国某进出口公司就机械设备进口要与英国的一家公司进行一场贸易谈判,中方主谈人李先生一进入英方负责人的办公室就微笑着说:"在这个城市有你的姓氏的人真不多,下飞机后我查阅资料发现这个城市乃至整个英国都不多,而且彼此之间存在较近的血缘关系,你们家在历史上一定是贵族。"英方负责人听后眼睛一亮,非常热情地向李先生介绍自己姓氏的历史起源和特殊含义,一场外贸谈判愉快地展开了。

在商务沟通过程中,有效沟通能直接激发商务双方的谈话欲,能直接使得说话者感到自己的话有价值,他们会乐意说出更多有用的信息。好的商务沟通者会促使对方更加灵活敏捷,产生更深入的见解。这更深的理解会使双方都受益,这种鼓励也是相互的。在商务贸易活动开展过程中,当别人感觉你在以友好的方式听他讲话时,他们会全部或部分解除戒备心理,并会反过来更有效地听你的讲话,更好地理解你的意思。有效的商务沟通也常常使对方成为认真的商务沟通者。

1. 商务沟通可以改善人际关系

有效的商务沟通通常能改善商务交往过程中人们的关系,这样能给说话者提供说出事实、想法和感情等心里话的机会。商务沟通的时候,你更好地理解他们,而你对他们的讲话感兴趣会使他们感到愉快,这样人际关系会改善。人们大都喜欢发表自己的意见,如果你愿意给他们一个机会,他们立即会觉得你和蔼可亲,值得信赖,这样沟通起来就使你获得友谊和信任。仔细听他人讲话会给你一个线索,了解他们是如何想的,他们认为什么重要,他们为什么说他们现在正在说的话。你并不一定喜欢他们,更不一定会赞成他们,但理解会使双方相处得更好。关键就在于认真倾听是给人留下良好印象的有效方式之一。

2. 商务沟通可发挥获取重要信息的作用

通过商务沟通,我们可了解对方要传达的消息,感受对方的感情,并据此推断对方性格、目的和诚恳程度。商务沟通可使你能够适时和恰当地提出问题,澄清不明之处,或是启发对方提供更完整的资料。为了解决问题和更有效地做出决策,尽可能多地获取相关信息是十分必要的,有效的商务沟通有助于你得到说话者拥有的全部信息。商务沟通是获取信息的重要方式,报刊文献及资料是了解信息的重要途径,但受时效限制。通过商务沟通,可以得到最新信息,交谈中有很多有价值的信息,有时它们常常是说话人一时的灵感,甚至于他自己都没有意识到,但对听者来说却有启发。这些信息不认真进行商务沟通是抓不住的。所以有人说,一个随时都在认真倾听别人讲话的人,可在闲谈之中成为一个信息的富翁,这可以说是对古语"听君一席话,胜读十年书"的一种新解。

3. 商务沟通可锻炼自身能力和掩盖自身的弱点

通过有效的商务沟通,可减少对方的防卫意识,增加认同感,产生同伴乃至知音的感觉。商务沟通者可以训练以己推人的心态,提高思考力、想象力、客观分析的能力。俗话说,"沉默是金""言多必失"。沉默可以帮助我们掩盖若干弱点。例如,如果你对别人所谈问题一无所知,或未曾考虑,或考虑不成熟,在沟通过程中沉默就可以掩盖你的无知,掩盖你准备得不充分。

4. 商务沟通可以发挥调动人的积极性的作用

善于商务沟通的人能及时发现他人的长处,并创造条件让其长处得以发挥作用。商务沟通本身也是一种鼓励方式,能提高对方的自信心和自尊心,加深彼此的感情,激发对方的工作热情和负责精神。美国最成功的企业界人士玛丽·凯·阿什是玛丽·凯化妆品公司的创始人,现在她的公司已拥有几十万名职工。但她仍要求管理者记住沟通是最优先的事。而且,每个员工都可以直接向她陈述困难。她也抽出时间来聆听下属的讲述,并做好详细记录。她还非常重视下属的意见和建议,在规定时间内给予答复,由此满足了他们的自尊心和一吐为快的愿望,调动了他们的积极性。

5. 商务沟通可以发挥善言和更有力地说服对方的作用

只有善听才能善言。可以想象,如果在对方发言时你就急于要发表自己观点,根本无心思考对方在说些什么,甚至在对方还没有说完的时候就在心里盘算,如何反驳,交谈是难以合拍的。只有善听才能更好地说服别人,因为你能从他的讲话中发现他的出发点和弱点,是什么让他坚持己见,从而找到说服对方的契机,你与他认真地沟通会让他感到你充分考虑了他的需要和见解,从而增加了他认同的可能性。

1.2 商务沟通的原则与实现沟通目标的技巧

案例 1-4

国内 A 制鞋厂与 B 国 C 公司做成一笔布鞋生意,因 B 国 C 公司预测失误,加上海上运期长,布鞋运到 B 国后错过了销售的黄金季节,大量积压。B 国 C 公司提出退货,按惯例这显然是行不通的,但 A 制鞋厂原则上却同意了。此事一传开,中方有关部门及一些国际上的朋友立即哗然,认为这是自找麻烦。因为那是价值100万美元的一笔大生意呀!但国内 A 制鞋厂还是坚持同意。

后来,A 制鞋厂在出口替代的一批货物时,不但保质保量,而且迅速按时发货,使 B 国 C 公司大赚了一笔。当然，A制鞋厂也相应地获利不少，而且名声大振，信誉大增。此事在B国见报后，马上就有几家B国大公司来人来函要求与A制鞋厂合作。A制鞋厂不但没有赔钱，反而由此身价倍增，产品供不应求。而B国C公司，经过这次风浪后愈发感到A制鞋厂是个忠实的合作伙伴，提出愿当A制鞋厂在B国销售的总代理，A制鞋厂的产品全部包销，一订就是10年合同，而且还积极向A制鞋厂提供国际市场上的有关信息，两家的合作伙伴关系更加稳固。

商务沟通过程是一个信息沟通的过程，只有双方信息实现准确、全面、顺畅的沟通，才能互相深入了解，才能正确地把握和理解对方的利益和条件。造成沟通障碍的原因是多方面的，如因语言障碍，未听清楚对方说话的内容；因理解方式的差异，对对方陈述的内容产生误解；因文化背景差异，未能理解另一方的某种谈判方式；因个性差异，一方虽理解却不愿意接受已理解的内容等。这些信息沟通障碍使得商务沟通双方不能准确、真实而全面地进行信息、观念和情感的沟通，甚至产生误解和对立情绪，使商务沟通不能顺利进行下去。可见，商务沟通必须讲究和遵守一定的原则并为目标而进行。

1.2.1 商务沟通的原则

当进行商务沟通时，应该遵循6C商务原则，即清晰、简明、准确、完整、有建设性、礼貌。清晰是指表达的信息结构完整、顺序有致，能够被信息受众所理解。简明是指表达同样多的信息要尽可能占用较少的信息载体容量。准确是衡量信息质量和决定沟通结果的重要指标。准确，首先是信息发送者头脑中的信息要准确，其次是信息的表达方式要准确，特别是不能出现重大的歧义。完整是对信息质量和沟通结果有重要影响的一个因素。有建设性是对沟通的目的性的强调。沟通中不仅要考虑所表达的信息要清晰、简明、准确、完整，还要考虑信息接收者的态度和接受能力，力求通过沟通使对方的态度有所改变。礼貌则是在沟通中能给予对方良好的第一印象，甚至可产生移情作用，有利于沟通目标的实现。

1.2.2 实现沟通目标的技巧

1. 搞清前提

我们所谈及的"倾听"，是在相互交谈中的有效商务沟通。双方是在交流思想和观点，联系情感，而不是辩论。基于辩论的对话与基于联系的对话在很多基本点上有本质区别。例如，在辩论中，有效沟通是为了反驳，为了分清正误，为了压倒对手；在交流中，有效商务沟通是为了理解，为了求同存异，为了帮助对手。搞错了前提就难以进行有效的、正确的商务沟通。

2. 建立信任

信任是双方交流的前提。真诚的谈话可以唤起对方的兴趣，激发对方的积极性及参与的主动性，因此，在交谈过程中有意的甚至无意的撒谎，都有可能使对方觉得你是在欺骗他而使交谈中断或效果不佳。

3. 积极投入

1) 进入集中精力的精神状态

随时提醒自己交谈到底要解决什么问题。听话时应保持与谈话者的眼神接触，但对时间长短应适当把握，如果没有语言上的呼应，只是长时间盯着对方，那会使双方都感到局促不安。另外要努力维持大脑的警觉，保持身体警觉则有助于使大脑处于兴奋状态，专心地有效倾听不仅要求健康的体质，而且要使躯干、四肢和头处于适当的位置，比如有的人习惯把头稍偏一点有助于集中精神，全神贯注，意味着不仅用耳朵，而且用整个身体去听对方说话。

2) 采取开放式姿势

人的身体姿势会暗示出他对谈话的态度。自然开放性的姿态，代表着接受、容纳、兴趣与信任。根据达尔文的观察，交叉双臂是日常生活中普遍的姿势之一，一般表现出优雅且富于感染力，使人自信十足。但这常常自然地转变为防卫姿势，当有效商务沟通意见的人采取此姿势时，大多是持保留的态度。既然开放式姿态可以传达出接纳、信任与尊重的信息，而"有效商务沟通"的本意是"向前倾着听"，也就是说，向前倾的姿势是集中注意力、愿意听倾诉的表现。所以二者是相容的。交叉双臂跷起"二郎腿"也许是很舒服的姿势，但往往让人感觉这是一种封闭性的姿势，容易让人误以为不耐烦、抗拒或高傲。开放式态度还意味着控制自身偏见和情绪，克服心理定势，在开始谈话前培养自己对对方的感受和意见感兴趣，做好准备积极适应对方的思路，去理解对方的话，并给予及时的回应。有效商务沟通应是热诚的，不可抱着冷漠的优越感或批判的态度听人说话。热诚的有效商务沟通与口头敷衍有很大区别，"没必要那么担心，事情会好起来的"之类的话于事无益，甚至会使对方产生挫折感：原来自己的担心是没价值的。热诚的有效商务沟通则给人更多的关怀与启迪，并在必要时给予鼓励。

3) 采取开放的兴趣观与心态

"如果他们讲得没有兴趣，他们就不能指望我听！"这是在讲座或讲话之后我们常常听到的话。记住——听者同样有责任。要从中寻找可能与你、与你的工作、与你的兴趣有关的信息。任何信息都可能是有关的。要提出下面这样的问题：我可以利用他们说的哪些话？我如何利用这些信息提供更好的服务，提高士气，提高效率，了解有关自己或他人的事？

要对讲话者表示出兴趣，毕竟没有人想对空墙讲话。把自己放在讲话者的地位，想想自己会感觉怎样。开放的心态是指要意识到自己的成见，或者意识到你会将不符合自己思想观念的信息加以调整。对于与你的信念、态度、想法和价值观相矛盾的信息不要觉得是威胁、侮辱或者有抵触。开放的心态也意味着尽量不要注意讲话者的外表和举止，不要因为你不喜欢他们的外观就排斥他们的想法。如果清楚自己的成见，就更要注意这一点和加以控制。

永远不要过早地对讲话者的人格、主要观点和你自己的反应下结论。你可能会出错，并且如果你过早地做出决定，可能会错过听到真理的每一个机会。换句话说，慢做评论。

4) 明确有效商务沟通的目的

对有效商务沟通的目的越明确，就越能够掌握它。事先为谈话进行大量的准备，这样可以促使我们对沟通的问题或意外有个解决的思路；同时可以围绕主题进行讨论，你的记忆将会更加深刻，感受更加丰富。这就是目的越明确，效果越显著。

总而言之，积极投入就是要贯穿这样一个指导思想：处在有效商务沟通或者说是接收信息的过程中也不能是被动的，而应是主动的——光用耳朵不行，还要用心去理解；光理解还不行，还要做出各种反应，以合乎礼仪，调节谈话内容和洽谈气氛，促进谈话顺利进行。

4. 多加理解

1) 全面有效商务沟通，建立理解的基础

全面有效商务沟通包括三个方面的内容——听取讲话的内容，注意语调和重音，注意语速的变化。只有三者结合才能完整地领会说话者的意愿和情绪。

2) 全面关注，提高理解的效率

首先，听清全部信息，不要听到一半就心不在焉，更不要匆忙下结论。很多单独无法理解的词句放到整体语境当中就容易领会了,而且听对方说完也是礼貌和尊重的表现。

其次,整理出一些关键点和细节,并时时加以回顾。提一些问题,比如"它们都意义清楚吗?""这些观点有事实依据吗?"如果有疑点,应听完以后提问。

此外要听出对方的感情色彩。言语本身可能带有不同色彩,只有深刻体会到说者的潜在感情色彩,才能完全领悟其语之含意。

案例 1-5

一个顾客急匆匆地来到某商场的收银处,对收银员说:"小姐,刚才你算错了 50 元……"未等其说完,收银员小姐立马满脸不高兴地说:"你刚才为什么不点清楚,银货两清,概不负责。"顾客说:"那就谢谢你多给的 50 元了!"

3) 悟出言外之意,分析背景,避免误解

听出"言外之意"也十分重要。要透过对方话语的表象,发掘其真实的动机。一般来说对方隐瞒真情是出于以下"背景"因素:① 持有不同观点又不便直说;② 持有不满情绪又不愿表达;③ 因个性或面子不愿直说;④ 由于特定环境而不能直说。

分析"背景"因素是做出恰当回馈的关键。比如,朋友向你表示他还无法下决心买下某套房子。真正原因可能是他的职位岌岌可危,随时准备卷铺盖走人。若你不了解这个情况,很可能会就房子的构造、环境跟他讨论半天。很多推销员也深有体会,顾客挑剔商品的种种不是,其实很可能只是想压低价格而已。

4) 克服习惯性思维,结合视觉辅助手段,理解对方的身体语言

(1) 克服习惯性思维。

人们习惯性地对听到的话用潜在的假设去评价,要取得突破性的有效商务沟通效果,必须打破这些习惯性思维的束缚。例如,当你听到某个提议时,不要立即开始思量自己是否喜欢或者应该怎么做。先问一些"条件反射"之外的问题,比如"这项提议顾及了哪些东西?""它能带来什么好处?"新型思维往往会带来创造力。

(2) 结合视觉辅助手段。

如果对方提供了传单、讲义、小册子或提纲之类的辅助材料,最好充分利用。因为视觉、听觉刺激若结合起来,理解和记忆都可以得到加深。必要时也可以要求对方画图表予以说明。

(3) 理解对方的身体语言。

身体语言是探测对方心灵的有力手段,往往更加诚实可信。有效商务沟通时注意识别对方的表情大有助益。

① 僵硬型表情。脸上肌肉麻木,面无表情,往往充满憎恶与敌意,他们试图以此种表情来掩盖自己的真实情绪。

② 厌烦型表情。主要包括叹气、伸懒腰、打呵欠、东张西望、看时间、表情无奈等。

③ 焦虑型表情。比如,手指不断敲打桌面,双手互捏,小腿抖动,坐立难安,等等。若厌烦型表情没得到理解,烦躁的情绪积累下去,很可能发展为焦虑。

④ 兴奋型表情。表现为瞳孔放大,面颊泛红,搓手,轻松地跳跃,等等。

⑤ 欺骗型表情。当对方喋喋不休地诉说,语义却不连贯,尤其他平时沉默寡言,多半是想隐瞒什么。另外,下意识地摸下巴、摆弄衣角,或将手藏在背后,都是说谎的征兆。

⑥ 高傲型表情。眼睛眯起,头向后仰,俯视对方,或者双手抱胸,斜视,手叉腰,歪着头,等等,这都表示自负、盛气凌人,对你的话不屑一顾。

5) 有效商务沟通主要观点

不良的听者倾向于只听事实。要学会区分事实和原理、观点和举例、证据和辩解。

提炼主要观点的能力取决于组织信息和传递语言的能力以及讲话者的重复。主要观点可能在讲话的开始、中间或结尾,所以听者必须一直注意着,如果讲话者对讲话做了回顾或总结,那么就要更加仔细地听。

6) 用批判的态度听

应当在无偏见的情况下,对讲话者使用的假设和辩解持评判的态度,并小心估量主要观点背后的证据和逻辑基础。

5. 加强记忆

记忆是过去的经验在大脑中的反映,也可以认为是经验的保持,有时在保持中还经历了一个积极的创造性过程。据调查,平常人们对刚听过的信息的记忆率只有50%,提高记忆力能有效地提高沟通的效率,因此增强记忆力是一件势在必行的事。这里提供一些在沟通中提高记忆效率的简单技巧:

(1) 重复听到的信息。将对方的话用自己的语言重新表达,既加深了记忆,又给予对方纠正错误的机会。

(2) 认清说话的模式。若能总结出对方说话的惯用模式,或者记住其中的典型事例,对其谈话内容重新整理组合,可以帮助记忆。

(3) 采用某些记忆法。例如,联想记忆法、形象记忆法、图表记忆法等。

(4) 记笔记。快速地在纸上记录一些关键词,或自我设计的代表特定含义的符号,在事后再浏览一遍,印象会深刻许多。

6. 配合回应

用各种对方能理解的动作与表情,表示自己的理解,如微笑、皱眉、迷惑不解等表情,给讲话人提供准确的反馈信息,以利其及时调整。还应通过动作与表情,表示自己的感情,表示自己对谈话和谈话者的兴趣。

> **小知识 1-1**　　　　　　　　　**沟通真谛**
>
> 1. 当与小孩沟通时,不要忽略了他的"纯真"。　2. 当与少年沟通时,不要忽略了他的"冲动"。
> 3. 当与青年沟通时,不要忽略了他的"自尊"。　4. 当与男人沟通时,不要忽略了他的"面子"。
> 5. 当与女人沟通时,不要忽略了她的"情绪"。　6. 当与主管沟通时,不要忽略了他的"权威"。
> 7. 当与老人沟通时,不要忽略了他的"尊严"。

1.3 商务公司内部有效沟通

一个商务组织的有效沟通效果决定了商务组织的管理效率,在商务公司的经营管理过程中,如果能做好商务组织有效沟通,对促进商务公司绩效目标的实现能起到事半功倍的效果。畅通而有效的组织沟通,有利于信息在商务组织内部充分流动和共享,有利于提高商务组织工作效率,有利于增强组织民主管理,促进商务组织决策的科学性与合理性。

21世纪是一个社交化的社会,生活中的每一天我们都会与别人交流。有效商务沟通随时随地都伴随着我们,有效商务沟通是我们工作、生活的"润滑油"。有效商务沟通是消除隔膜,达成共同远景,实现共同目标的桥梁和纽带。有效商务沟通更是学习、共享的过程,在交流中可以学习彼此的优点和技巧,提高个人修养,不断完善自我。

而有效商务沟通的关键则在于能否及时、有效地掌握商务信息,因为只有我们正确完整地掌握商务信息,才能更好地进行商务交流与有效沟通。

在当前商务组织当中,商务内部人员的有效沟通已经成为公司的重中之重。商务公司内部人员良好的有效沟通不仅能够节省商务办公时间,提高商务工作效率,更好地为商务客户服务,更加能够为商务公司决策服务,将信息化覆盖到商务公司的战略、商务目标、商务绩效、商务合同、商务客户、商务项目等层面,提供商务数据分析,为商务决策提供依据,擅长商务多项目管理、商务项目进度管理。同时,商务公司内部人员可以进行良好的交流也会使商务公司有一个良好的工作氛围,让大家有一个愉悦的心情,更好地进行商务工作,进而也可以降低商务公司的人员流失率,留住人才更好地为商务公司工作。

1.3.1 商务公司内部有效沟通的原则

商务公司内部有效沟通应遵循以下3个原则。

1. 正确原则

即有效商务沟通信息的正确性。商务信息的正确传递是商务工作顺利开展的基础。在有效商务沟通中,我们可能会因为客观环境或主观情绪影响,不能将商务信息正确地传达给对方,这样将会影响或延缓商务工作的开展。在传递商务信息时,我们的表达和诉求必须完整、系统、准确,必要时还要进行验证确认,确保对方准确无误地接受。只有正确地传递商务信息,才有可能让商务信息落地生根,收获成果,让我们的商务工作生活越来越轻松、愉悦。

2. 完整原则

即在有效商务沟通中,商务双方将自己要说的内容说得完整。商务信息完整是商务工作顺利进行的保证,如果掌握的商务信息支离破碎、残破不全的话,我们将难以做出正确的判断和科学的商务决策,执行起来难免走样。如果我们将商务信息完整地传递给了商务对方,并且还有其他商务方面信息的话,商务对方感受到的不仅是我们的诚心,更可以理解到我们的真心。

3. 言之有物原则

即在有效商务沟通中要有事实,有证据。用商务事实和凭据说话是最有说服力的,特别是在敏感的区域,言之有物更显其作用。抛开感性的关系,理性地有效沟通和处理商务问题,对事不对人,双方都用事实说话,去除猜想、听说之类的内容,理性地传递给对方正确的信息,让彼此知道自己该做什么,该做到什么程度。

1.3.2 商务公司内部有效沟通的重要性

商务公司在商务经营管理和商务日常事务中,由于商务人与人之间、部门与部门之间缺乏有效沟通和交流,常常会遇到一些摩擦、矛盾、冲突、误解。这将影响到商务公司的气氛、员工的士气、组织的效率,使商务公司难以凝聚,人为内耗成本增大,甚至导致商务公司死亡。因此,商务公司文化建设的一个主要内容——有效沟通。

"商务公司即人",每一项经营管理的商务事务都需要人去调研、决策、执行、反馈。人是商务公司最珍贵的资源,也是最不稳定的资源,关键在于开发和整合,因为人是有感情的,有思想的,任何行为无不受到商务观念和情感的支配。随着人本经济和商务公司文化管理模式的深入,商务公司内部有效沟通具有日益重要的战略意义。商务公司内部有效沟通有利于商务公司文化氛围的形成,有利于商务职能部门之间的协作配合;有利于商务员工共识的实现,形成统一的价值观和强大的商务凝聚力;有利于满足商务员工的心理需要,实现商务自主管理和人本管理;有利于增强商务员工的主人翁责任感,调动商务员工参与商务公司经营管理的积极性和创造性,使人力资源向人力资本转变;有利于保持商务公司文化网络畅通和信息资源共享;有利于建立有效商务沟通、学习、交流、协作的奋进商务平台,打造成一支学习型商务员工队伍。

有团队、有管理,就必然需要有效商务沟通,唯有有效商务沟通才能减轻摩擦、化解矛盾、消除误解、避免冲突,发挥商务团队和管理的最佳效能。市场有起有落,当商务公司处于不利的市场环境威胁甚至面临危机时,会造成员工士气普遍低落和群体离心力,这时就需要大范围地交流和有效沟通,鼓动商务员工的战斗精神,激励他们的信心和忠诚,恢复士气。当商务公司有重大举措,如商务领导班子更替、经营战略重大调整、大项目上马、新规章制度出台等,除商业秘密外,事先要尽可能地让更多的员工知情、参与,听听他们的意见,增强员工的主人翁责任感;商务决策后,要迅速地做出详细的解释说明,排除商务员工的疑虑,统一认识,坚定信心。"人上一百,形形色色",由于商务员工之间的思想观念、价值取向、知识结构、性格气质、思维能力、工作方法等方面的个性差异,甚至在一个团队内部存在巨大差异时,必然导致相互不理解、不信任、不合作,造成各自为战的紧张关系。这时需要有效沟通疏导,属于思想观念和工作态度的,要进行耐心细致的说服教育和帮助引导;属于人际关系问题的,要巧妙地去协调,化解矛盾;属于能力问题的,要采取组织措施,尽量不小材大用或大材小用,尽量做到"一室不容二虎"。

有效商务沟通无处不在,是双向互动的。但如果一个商务组织内部缺乏有效沟通氛围,其商务领导人是有很大责任的。有效商务沟通是商务领导的基本素质,是商务管理工作的基本内容。有效商务沟通是商务文化的交流,是商务情感的共鸣,在商务价值取向多元化和性格气质个性化的今天,有效商务沟通更需要科学的技巧和正确的方法,用正确的方法做正确的事,事半功倍;用正确的方法做不正确的事,事半祸倍。

1.3.3 商务公司内部有效沟通的目的和风格

1. 有效沟通的目的

1) 促进商务公司目标实现

商务公司内部有效沟通是促进公司目标实现的基础。没有有效的商务沟通,公司目标就无法实现。在商务公司经营中遇到各种问题时,如果没有进行有效的商务沟通,管理者将无法从内部沟通中获取有价值的信息,用来解决问题;员工也将无法与上级进行沟通,提出自己的建议,最终将影响公司目标的实现。反之,单位内部如果进行了有效沟通,将能为各个部门和人员的决策提供信息,增强判断能力,使决策更加正确、科学、合理,从而有助于公司目标的实现。

2) 促进商务公司文化的建设

沟通已成为企业文化建设中的一部分,商务公司内部良好的沟通机制能有效地整合企业资源,调动员工工作积极性,通过沟通充分尊重员工的感情需求,使员工能够达成精神层面的充分交流,把心里话和内心情感尽量表达出来,调整好自己的位置、行为的位置和心态的位置,创造一种良好的、和谐的、积极向上的企业文化氛围。

3) 促进和谐员工关系的建立

商务公司内部员工良好的人际关系离不开有效沟通,通过沟通可以使员工在思想、感情上增加彼此的了解和认识,消除误解、隔阂和猜忌,即使不能完全理解,至少也可取得谅解,营造和谐的组织氛围,促进员工关系向良性发展。

通过有效沟通可以使管理者了解员工的需要,在决策中考虑员工的要求,从而提高他们的工作热情。同时员工了解领导者的决策,有利于管理者和员工建立良好的人际关系。

4) 增强员工的参与度、归属感、荣誉感和责任心

商务公司内部有效沟通,有利于全员了解组织目标、价值观、管理制度等,统一全员思想和行动,从而在员工内心深处激发起对企业的向心力、凝聚力和归属感。

5) 激发员工的创新意识

科学的决策与公司内部沟通范围、沟通方式、沟通渠道是密不可分的。商务公司通过各种各样的形式开展全方位的沟通活动,如高层接待日、意见箱制度等,可以使员工畅所欲言,激发员工的创新意识,通过各种渠道让员工进行跨部门的讨论、思考、探索,这些沟通活动本身往往潜藏着无限的创意,所以一个成功的商务公司,其沟通渠道往往是畅通无阻的。

2. 商务公司内部有效沟通的风格

商务组织有效沟通风格受组织文化的影响,一般有三种表现形式。

1) 强势沟通风格

如果商务组织的最高领导者是个强势的、独断专行的人,则商务组织的有效沟通风格表现为领导者集权于一身,独裁的个性,很少与商务组织成员进行交流,基本上是自上而下命令式的有效沟通,不太顾及商务组织成员的情感和精神需求。

2) 民主沟通风格

如果商务组织的最高领导者是个民主的人,则商务组织的有效沟通风格表现为上情下达,下情上传的民主式双向有序的有效沟通。民主型的商务领导通过部分授权给商务组织成员,鼓励商务组织成员参与商务管理与决策,注重调动商务组织成员工作的积极性。

3) 自由沟通风格

如果商务组织的最高领导者是个缺少管理经验但注重有效沟通的人,则商务组织的有效沟通风格表现为鼓励商务组织成员自由言论,但商务组织有效沟通缺少有序的管理,导致有效沟通效果不佳,组织效率低,影响商务组织目标的实现。

1.3.4　商务公司要搞好内部有效沟通的策略

1. 树立全员有效沟通理念

通过现代商务公司文化建设,打破商务等级制度,树立商务公司全员有效沟通理念,创造人人能有效沟通、时时能有效沟通、事事能有效沟通的良好氛围。

2. 建立健全有效的商务沟通渠道

商务公司领导人、商务部门主管要带头有效沟通,有商务民主作风,定期开展接待日、座谈会、商务公司形势通报会、联欢活动。尽可能与下属员工多联系,多谈心,增进了解和信任,通

过商务双向交流和信息互动反馈,使商务内部有效沟通渠道畅通无阻。也可以通过商务内部刊物、内部网络系统等形式上情下达、下情上传,做到信息收集制度化,信息内容系统化,信息传递规范化,信息处理网络化。

3. 利用同理心思想有效沟通

遇到有效沟通障碍时,不管是商务个人与个人之间还是商务部门与部门之间,双方要批评与自我批评,换位思考,肯定对方的长处,善于聆听各方面的看法和意见,即使自己有理有据也要谦让三分,不要得理不饶人,要给他人一个改正错误、统一认识的机会,要帮助辅导对方而不是打击报复。商务公司领导人、商务部门主管要放下架子、俯下身子;下属要直起脖子、壮起胆子,双方坦诚平等地交流各自的思想和看法。领导的心胸要开阔些,要大度无私,不要与下属斤斤计较,商务工作作风要正派,以自己的人格魅力去为下属带好头、服好务。

4. 公正地解决问题

首先要及时掌握事态的来龙去脉,分析原因,对症下药。当问题出现时,不要急于判定谁是谁非,不要让它扩散传播,尽可能控制在一定范围内,否则只会进一步扩大问题。在解决问题时,要尊重事实,尊重人性和个性差异,要有理有据有节,争取双方都能接受,不计前嫌,握手言和。

5. 有效运用手中掌握的文化网络

商务公司文化网络是商务公司内部一种非正式的联系手段,网络中人没有等级的界限,他们通过非正式渠道传递并解释商务公司的各种信息,有机而又无形地把商务公司的各部分员工联系起来。网络中人有其特殊的身份和作用,他们一头与商务公司高层关系密切,一头直接活动在员工之中对话,可以起到上情下达、下情上传、左右辐射的信息载体作用。

6. 对权力和制度的思考

现代商务公司管理中,商务公司文化和价值理念等软约束力对员工的规范作用已经超越了过去过分信赖的权力、等级、制度等硬约束力。商务公司领导人、部门主管要与时俱进地树立以人为本、让员工自主管理的理念,对下属的管理主要体现在工作方向和团队目标上,手段体现在文化引导和人格魅力感染上,合理运用手中的职权。一般情况下,不要过多地干涉他们的"内政",要学会当教练而不是当家长,信任下属并放权给他们,让他们在商务公司统一价值理念和整体目标的前提下,放开手脚自主地开展工作,以激励他们的主动性、创造性,锻炼他们独立办事能力,充分发掘自身潜能。同时要扩大下属的知情权和参与权,不要有"武大郎开店"的心态,怕下属超越、取代自己而在工作上疏远甚至于压制他。还有,在用人上要有公开、公正、平等、择优的竞争机制,打破"论资排辈""平衡照顾"的陋习。分管领导不要搞小帮派、小团伙,不要讲亲疏好恶,不要安插亲信排斥异己,要一切为了商务公司利益不拘一格用真才,避免大材小用、小材大用,避免"一室二虎"的人才内耗,否则很难营造良好的有效沟通氛围。

1.3.5　商务公司内部有效沟通形式

1. 商务会议

包括商务董事会、中高层管理者例会、管理质询会、商务部门或项目例会、全员年会、跨部门或商务部门内业务专项讨论会、定期的员工有效沟通会、商务演讲会或商务辩论会等。

2. 商务报告

包括年、季、月、周的商务工作计划与总结、各项商务工作报表(年、季、月、周、天的业绩结果工作报表)、各项商务工作记录(用于商务工作分析或商务知识积累)等。

3. 商务调查

包括商务客户满意度调查、商务市场调查、商务员工满意度调查等,用于了解商务需求,分析不足。

4. 商务培训

包括新员工商务培训、商务领导者及管理者培训、专业培训、通用技能培训等,多以体验式、课堂式、交流研讨会、读书会等形式,须注重培训效果的巩固与应用。

5. 商务面谈

包括商务管理者与员工进行的一对一、一对多或多对多的面谈有效沟通,有效征求员工意见,反馈绩效信息,激励员工行为等。

6. 商务书面交流

通过商务管理流程制度文件发布、商务公司及部门文档管理、邮件系统、内部网络、刊物、展板、BBS、纸质文件批复、小纸条、内部共享服务器等多种形式,促进信息的内部共享、商务公司文化宣传,提高制度知悉度,促进知识积累,促进商务公司管理效率提升。

7. 商务旅游

通过商务组织团队旅游的方式,促进员工亲情及和谐关系,提高商务团队合作的效率。

8. 节日或商务司庆活动

通过春节联欢、圣诞、感恩等节日活动,宣传商务公司文化、增进商务团队凝聚力;在商务司庆日可举办司庆商务典礼活动、商务员工家庭日活动等,提高商务员工对商务公司的自豪感和归属感。

1.3.6 提高商务人员有效沟通的技巧

有效沟通对于商务办公人员来说就像吃喝一样是最基本的需要。下面是一些可以帮助商务办公人员提高有效沟通技能的方法。

1. 理解有效沟通的细微差别

有效沟通早已不再局限于商务办公人员口头的交流,而变成商务办公人员人与人之间联系的有效方式。有效沟通过程中存在着许多干扰和扭曲信息传递的因素,在传达的过程中信息的内容和含义经常会被误解。理解了这种微妙的差别,会使商务办公人员更加意识到自我提高的需要。

2. 说出内心的想法

当信息被传达时,大多数商务办公人员会因为怕达不到社会的期望值而羞于表达他们的想法。商务办公人员常常在谈话中倾向于保留自己的想法。有效的商务沟通最主要的目的就是能在特定的环境中表达出自己的想法。

3. 保持眼神的交流

吸引听众的完美方式就是与其保持眼神的交流。谈话时看着对方的眼睛,往往会将其摇摆不定的注意力吸引到交谈中。如果商务办公人员想提高自身的有效沟通技巧,想吸引住对方的注意力,记得说话时直视对方的眼睛。眼神的交流能使谈话者的注意力无形之中集中起来。如果没有眼神的交流,言语交际甚至是完全无用的。

4. 肢体语言也很重要

肢体语言的表达本身并不需要口头语言。它可以通过商务办公人员个人的特殊动作习惯、表情和肢体行为来完成有效沟通。有效的沟通需要口头交流与肢体语言的完美配合,从而在听众身上达到惊人的效果。要传达给定的信息,丰富的姿势、生动的表情加上肢体语言是极好的传达途径。面无表情的表达只会导致听众的厌倦,反之多变的表情会得到很好的效果。想提高自己的交际技巧,商务办公人员应该多观察别人的说话方式,多和自己对话,对着镜子练习自己的肢体语言,找出自己的缺点并加以改正。

5. 善于倾听

有效沟通不是单向的过程。倾听与说话一样重要。事实上,大多数交际专家都认为,理想的有效沟通者听要比说的多。倾诉能缓解人际关系的烦恼,这听起来令人振奋,但有时候仅仅倾听就能获得成功。它不仅能丰富我们的交际经验,还能在其他人身上获得更多的共鸣。

6. 口齿清晰

一些商务办公人员的发音总是使倾听者很费解。在有效沟通中口齿清晰是非常重要的,我们应加以重视。这不仅需要深入了解口语发音,更需要努力改善语音缺陷。

7. 发音标准

演讲时,演讲者必须发音标准才能达到预期的效果。很多时候,因为糟糕的发音,即使演讲家也会遭遇听众的笑场。错误的发音往往会因此造成所要传达的信息被曲解。我们需要纠正错误的发音以保证沟通的有效性。如果发音需要改进,不要羞于寻求帮助。

8. 增加我们的词汇量

有效沟通的技巧包括时时更新词汇量。很多时候在公众场合由于用词不当,最后只有直面尴尬。这正如盖房子,不打好地基只会导致房屋的倒塌。学习新的词汇是提高有效沟通技巧的宝贵方法。它不仅能提高我们的口头表达能力,还可以帮助我们更好地交流。一气呵成的叙述能帮助我们成功地表达自己的想法,并有效吸引倾听者的注意力。

9. 其他有效的沟通方式

人类是优秀的竞争者,在生活中与他人竞争,并在这个过程中学习新事物。要提高交际技巧,最好的途径是向别人学习。只有通过观察他人才有机会学到一些有用的东西。观察其他的谈话者会使我们学到别人的优点。寻找具有良好有效沟通能力的同伴并密切观察他们,模仿他们的说话方式和习惯,随着时间的推移,不但能像他们一样擅长交际,而且还能形成自己的独特风格。

1.3.7 提高商务人员有效沟通的语言技巧

与人之间的最大问题是有效的真诚沟通,而有效沟通最大的问题恐怕就是语言了。掌握好说话技巧,说话得体,相信一定有助于促进我们的交际。

1. 赞美行为而非个人

举例来说,如果对方是厨师,千万不要说:"你真是了不起的厨师。"他心里知道有更多厨师比他还优秀。但如果告诉他,你一星期有一半的时间会到他的餐厅吃饭,这就是非常高明的恭维。

2. 通过第三者表达赞美

如果对方是经由他人间接听到我们的称赞,就会比直接告诉他本人更多了一份惊喜。相反的,如果是批评对方,千万不要通过第三者告诉当事人,避免加油添醋。

3. 客套话也要说得恰到好处

客气话是表示你的恭敬和感激,所以要适可而止。有人替你做了一点点小事,你只要说"谢谢""对不起,这件事麻烦你了",至于"才疏学浅,请阁下多多指教"这种缺乏感情的客套话就可以免了。

4. 面对别人的称赞,说声"谢谢"就好

一般人被称赞时,多半会回答"还好!"或是以笑容带过。与其这样,不如坦率接受并直接跟对方说"谢谢"。有时候对方称赞我们的服饰或某样东西,如果我们说:"这只是便宜货!"反而会让对方尴尬。

5. 有欣赏竞争对手的雅量

当我们的对手或讨厌的人被称赞时,不要急着说:"可是……",就算不认同对方,表面上还是要说:"是啊,他很努力。"显示自己的雅量。

6. 批评也要看关系

忠言逆耳,即便是好意,对方也未必会领情,甚至会误解好意。除非和对方有一定的交情或信任基础,否则不要随意提出批评。

7. 批评也可以很悦耳

比较容易让人接受的说法是:"关于你的……我有些想法,或许你可以听听看。"

8. 时间点很重要

批评时,千万不要在星期一早上,几乎多数人都会有"星期一忧郁"的症状。另外也不要在星期五下班前,以免破坏对方周末休假的心情。

9. 注意场合

不要当着外人的面批评自己的朋友或同事,有些话私底下关起门来说就好。

10. 同时提出建议

提出批评之外,还应该提供正面的改进建议,才可以让批评更有说服力。

11. 避免不该说出口的回答

例如,"不对吧,应该是……"这种话会显得我们故意在找碴。另外,"听说……",感觉就像是道听途说得来的消息,有失得体。

12. 别说"果然没错!"

这是很糟的说法。当对方听到这种响应时,心中难免会想:"你是不是明知故问啊?"所以可以附和说:"是的!"

13. 改掉一无是处的口头禅

每个人说话都有习惯的口头禅,但会容易让人产生反感。例如,"你懂我的意思吗?""你清楚吗?""基本上……""老实说……"

14. 去除不必要的"杂音"

有些人每一句话最后习惯加上"啊"等语助词,比如"就是说啊""当然啦",这在比较正式的场合,就会显得不够庄重稳重。

15. 别问对方"你的公司是做什么的?"

在一场活动遇到某个人,他自我介绍时说自己在某家公司工作。千万别问:"你公司是做什么的?"这项活动也许正是他们公司举办的,要是不知道就尴尬了。也不要说:"听说你们做得很好!"因为对方可能这季业绩掉了3成。应该说:"你在公司担任什么职务?"如果不知道对方的职业就别问,因为有可能他没工作。

16. 别问不熟的人"为什么?"

如果彼此交情不够,问对方"为什么?"有时会有责问、探人隐私的意味。例如,"你为什么那样做?""你为什么做这个决定?"这些问题都要避免。

17. 别以为每个人都认识你

碰到曾经见过面,但认识不深的人时,绝不要说:"你还记得我吗?"万一对方想不起来,就尴尬了。最好的方法还是先自我介绍:"你好,我是×××,真高兴又见面了。"

1.4 商务公司外部有效沟通

商务公司与外部的沟通,主要包括与客户、供应商、新闻媒体、社区、政府部门等。外部沟通的主要目的是希望与对方达成共识,取得一个双赢的结果。对于供应商和客户,最主要的目的是建立长期互信的关系。所以沟通的方式,必须考核如何双赢,通过沟通消除对方疑虑,获取信任基础。

1.4.1 商务公司外部有效沟通的重要性

商务公司外部有效沟通,可以协调组织间的关系,为企业营造良好的生存空间;通过外部有效沟通,可以树立良好的企业形象,改善企业与供应商,与合作伙伴,与顾客,与政府之间关系。在企业发展过程中,良好的企业形象塑造是至关重要的。企业具备良好形象,可以减少企业在合作中搜寻信息的成本,通过成本的降低,达到市场的有效配置,减少企业与外界信息的不对称,取得相关外部公众之间的谅解。

1.4.2 商务公司外部有效沟通的方法

1. 与顾客有效沟通

(1) 提供优质的产品和完美的服务。企业的外部沟通中,最主要的是与客户的沟通,直接的沟通起到非常重要的作用。提供优质产品及服务是与顾客进行沟通的物质基础。在洽谈过程中,谈判者扮演着一个很重要的沟通角色,客户不能直接看到其所代表的公司,他看到的只是这个人,怎样说服客户,让客户对其产生信任,进而信任该公司,就要靠沟通了。

(2) 收集顾客信息,了解顾客心理。沟通者只有真正了解顾客的需求意愿,才能使其对产品和服务产生兴趣。顾客的信息,包括顾客的年龄、职业、性别、爱好,商务办公人员应及时将顾客信息进行整理、录入公司客户信息系统,同时,可将顾客信息传递给企业内部各相关部门,共同为客户提供个性化产品和服务。

(3) 宣传产品和服务信息,进行消费管理。商务人员应积极地向客户宣传组织的产品和服务信息,使顾客更多地了解企业及其经营的业务范围,获取客户的信任和支持,为顾客提供免费的介绍、示范、指导、咨询和培训等服务,满足顾客的知晓欲望,帮助客户形成科学的消费行为。

(4) 妥善处理客户投诉,获取客户的谅解。当与客户关系出现问题时,应迅速答复和处理,稳定客户的情绪,减少负面的影响,并诚恳地为客户解决问题,争取客户的谅解。

（5）使用多种沟通方式，加强与客户沟通。通过多种沟通方式加强与客户的沟通，如口头沟通、书面沟通、视听沟通和其他沟通方式等。

案例 1-6　惠普公司："知错就改、现金补偿"

2017年惠普在之前发布暗影精灵Ⅲ代Plus游戏本时，官方宣传中为了强调产品散热效果，特别指出其采用双风扇5根散热管的散热设计。但当不少消费者拿到手后发现此前被重点宣传的5根散热管，竟变成了3根，纷纷表示不满。惠普电脑官微发布声明，将对2017年8月1日到3日在大陆地区购买了该产品的玩家进行补偿，如果玩家选择退货的话，则根据实际购买价格提供3倍现金补偿。

沟通活动 1-5

模拟演练：一位顾客生气地对你说："我上月就订了那个东西，而且你说这个星期就会到货的，我看你是想占我的便宜。"

作为职员，你如何理解这句话的意思？准备怎样来回复这个顾客呢？

2. 与中间商有效沟通

如果供应商不能及时稳定地为企业提供质量合格的原材料或半成品，企业就无法正常地生产经营；经销商不能发挥其在企业与顾客之间的桥梁作用，企业就无法实现自己的经营目标。与供应商的沟通也非常重要，因为这是两个企业之间的竞争，也是两条供应链之间的竞争。很多企业在与供应商的沟通中，往往自以为是买方市场，忽视了平等、双赢的原则，而导致在关键时刻，比如整个市场供应趋紧的时候，或者企业资金周转困难的时候，因得不到供应商的支持而导致企业无法正常运转。

（1）建立信息网络，主动沟通。随着计算机和互联网通信技术的快速发展，信息网络在沟通当中发挥着越来越重要的作用。商务公司可以通过与供应商建立信息网络，达成市场信息互通，实现企业与供应商之间有效沟通，提高双方对市场的反应能力和竞争能力。

（2）邀请供应商参与重大决策。企业的某些重大决策可以邀请与其相关的供应商参与，从而加强信息沟通，减少双方之间不必要的猜疑，获取供应商的支持与合作。

（3）给中间商提供培训。给相关的经销商提供产品销售技能培训，通过这种方式，提高经销商与顾客的沟通技巧；给供应商提供培训，通过沟通，使其了解企业对产品的需求。

3. 与政府部门有效沟通

政府部门是一个特殊外部公众，通过有效沟通，处理好与政府的关系，是保证企业生存和发展的根本。

（1）遵守国家的相关法律法规。企业的生产经营要自觉遵守国家的相关法律法规，不做出损害国家利益的事情，要培养和提高商务人员的政治素质，了解政府机构的运作情况，服从管理，做政府的模范公民。

（2）主动反馈企业信息。企业组织应积极主动地向政府部门沟通信息，及时、不断地汇报企业生产经营情况，使政府部门能随时了解企业基本情况和发展动向。商务公司通过多渠道多层次的沟通，可以获取政府的理解和支持。

（3）积极参与政府组织的各项公益活动。作为商务公司，要有基本的社会责任感，通过参加政府组织的各项公益活动，主动为政府分担一定的社会责任，从而增加政府对企业的信赖和赞许。

4. 与新闻媒介有效沟通

新闻媒介是信息对外传播的首要成员。既是企业与外部成员沟通的媒介,同时也是传播企业信息和监督企业的重要主体。企业必须高度关注新闻媒体对商务公司形象的影响,以及对产品和服务销售的影响,商务公司与新闻媒体沟通的方式主要有三种:

(1) 与新闻媒介保持长期接触,经常联系。注重与新闻媒介的沟通,制订长期交往计划,切忌平时"不烧香",临时抱佛脚。

(2) 利用新闻发布会,传递企业信息。企业可以将重要的新闻事件发送给新闻媒体,通过新闻媒体将信息扩散给其他社会公众。

(3) 通过制造新闻,吸引媒体关注。企业可以积极主动地吸引媒体关注,通过制造有价值的新闻事件,利用媒体宣传企业及其产品的信息,扩大企业的影响力。

本章小结

本章主要介绍商务沟通的概念和商务沟通的内涵、技巧及沟通的原则与作用。沟通无处不在,沟通对个人的职业发展是非常重要的。沟通是双向的交流活动,单向的沟通会造成沟通无效或影响沟通效果。对于企业经营来说,内部沟通与外部沟通都具有极其重要的作用,做好内外部沟通,才能实现企业组织的经营目标。

核心概念

沟通　商务沟通　沟通目标　沟通原则　内部有效沟通　外部有效沟通

思考与技能训练

一、基本训练

1. 选择题

(1) 信息受众不仅要能够广泛、深入明了信息的性质、含义、用途和影响,而且要认同、同意信息的内容,这是沟通目标中的(　　)。

A. 理解　　　　　　B. 接受　　　　　　C. 传递　　　　　　D. 行动

(2) (　　)是管理的最基本最重要的职能。

A. 员工管理　　　　B. 组织沟通　　　　C. 薪酬管理　　　　D. 绩效管理

(3) 下列交谈方式中,正确运用了交谈技巧的是(　　)。

A. 话题乏味　　　　　　　　　　　　　B. 主动地、适当地赞美别人
C. 把先到的客人介绍给后到的客人　　　D. 对别人的谈话反应冷淡

(4) 下列选项中属于非正式沟通的是(　　)。

A. 组织之间的公函往来　　　　　　　　B. 文件下达
C. 上级指示　　　　　　　　　　　　　D. 组织成员之间的私下交谈

(5) 下列说法中不正确的是(　　)。

A. 孤立的与外界没有任何关系的组织系统实际上是不存在的
B. 非正式沟通是组织沟通的主流
C. 组织是社会的一个细胞,无论是组织的一般环境还是间接环境都影响着组织活动
D. 管理水平和管理效果与管理过程中信息流动的质量、流动的方式,以及对信息的利用水平密切相关

(9)"你认为我们应该接受这个愚蠢的想法吗?"这句问话属于(   )。
A．提示性提问 B．假设性提问 C．别有用意的提问 D．引导性提问

2．简答题
(1)商务倾听与物理性质的听的关系是什么?
(2)商务沟通的原则有哪些?
(3)当商务沟通陷入僵持状态下,要使商务沟通继续进行下去,商务沟通人员必须采取什么具体原则?

二、案例分析

经过5年的磨练,小罗已经成长为A汽车轴承有限公司的销售经理助理,他准备与可能成为关键客户的B汽车公司的李总经理约定见面时间。李总经理是当初的采购部经理,他工作努力,去年从一家著名的国际工商管理学院的EMBA班毕业,平添了许多现代管理与营销理念。原来的总经理任期期满后调任亚太区总裁,董事会经过讨论任命他担任该公司总经理一职。李总处事严谨而不失风趣,讲究数据但是不拘泥于数据,稳重而又敢于拍板。而小罗与李总的行政助理梅小姐已经改了两次日程表,第一次是因为李总出国了,第二次是因为李总参加临时董事会,现正在商定第三次约会的时间。

梅小姐在电话中告诉小罗说:"如果你能够在3:30到我们公司的话,或许我可以安排你与李总见面,但是你千万不能迟到,一定要分秒不差。若我是你的话,我肯定会将各种资料准备齐全,尤其是贵公司的报价,产品的销量,已购买该产品的公司与厂家,还有技术指标等参数都要一一准备。李总想尽快结束这桩买卖,因为他要出国参加一个第三世界国家建造汽车工厂的招标活动。C公司(竞争者)的副总经理程先生已经来过了,但是他们没有将李总的要求给予回复,这也是李总愿意见你的原因……我们李总曾经……"

问题:
(1)你能够推测李总的个性特征与沟通风格吗?
(2)你能够推测梅小姐的个性特征与沟通风格吗?

三、技能训练

1．根据以上案例,完成以下实训:
(1)你打算如何通过提问来强化对李总的认识与了解?
(2)你准备如何应对李总并接到订单?

2．角色扮演:京东客服中心接到顾客小王打来的投诉电话,称上周购买的电热水器至今仍未安装,导致冬天没有热水器使用,洗澡也只能烧开水,造成生活诸多不便。

试模拟京东客服中心服务人员接打电话解决顾客投诉问题。

第二章 商务沟通的类型与过程

 知识目标

1. 能够准确描述商务沟通的过程。
2. 了解按照不同方式划分的沟通类型。
3. 懂得如何实现有效沟通。
4. 了解导致沟通障碍的原因。

 技能目标

1. 在沟通过程中能够了解导致沟通障碍的原因,并能解决沟通障碍。
2. 通过把握商务沟通的一般过程和沟通所经历的步骤,实现有效沟通。

 本章知识结构

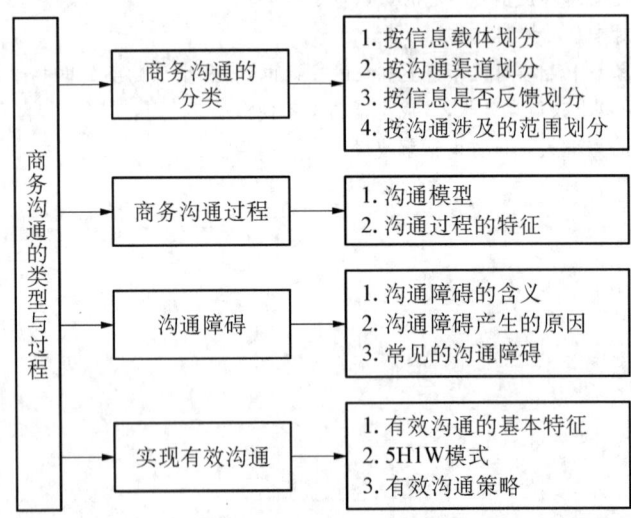

引导案例

小李和同事小王到德国出差,在当地一家餐馆就餐,本欲品尝有名的德国蘑菇,可是服务员根本听不懂中文,而两人又不会说德语。于是,小李和小王灵机一动,拿出纸笔,在纸上画了一个蘑菇图交给服务员。服务员一看,恍然大悟,马上飞奔出去。他俩心想,总算让服务员明白自己的意思了,谁知一刻钟后,服务员气喘吁吁地跑回来,递给两人一把雨伞。

问题提示

请问,如果是你,你会用哪些方法告诉服务人员你的需求?请列出你平时沟通过程中存在的常见问题。

2.1 商务沟通的分类

沟通的方式有多种多样,可以使用语言或非语言进行沟通,也可以使用不同的沟通渠道等进行沟通。当我们使用不同的沟通方式进行沟通时,效果也会不同。那么,沟通的分类有哪些呢?根据不同的分类依据,如沟通信息载体、沟通渠道、沟通是否有反馈、沟通涉及范围等,我们把沟通划分为不同的类型。

2.1.1 按信息载体划分

按照沟通过程中使用信息的载体不同,我们常把沟通分为语言沟通和非语言沟通。语言沟通是指以词语符号为载体实现的沟通。非语言沟通则是指通过身体动作、体态、语音语调、空间距离等方式交流信息,实现的沟通。在日常生活中,最有效的沟通方式是把语言沟通和非语言沟通结合起来。例如,日常生活中,我们要向对方传递信息"我爱你",我们可以用语言说出来,然后做出"我爱你"的手势,产生的效果比单独使用语言沟通或者单独使用非语言沟通更有意义。图 2-1 是按信息载体划分的沟通类型。

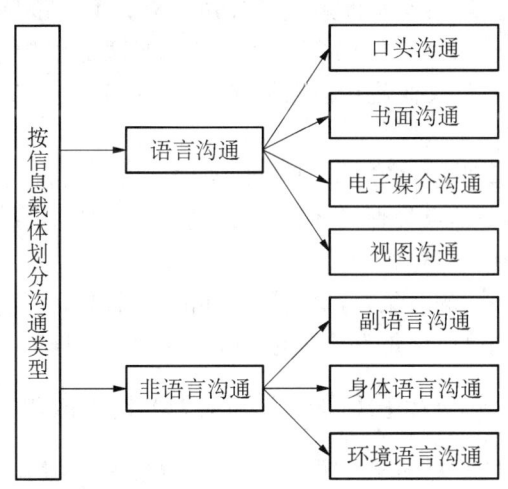

图 2-1 按信息载体划分沟通类型

1. 语言沟通

日常生活中,我们使用最多的是语言沟通。中国有句古话,"良言一句三冬暖,恶语伤人六月寒",可见语言沟通的重要性。语言可以帮助我们去获得他人的理解,让我们与他人顺畅沟通成为可能。他人会通过我们的语言对我们产生不同的印象,了解我们所处的状态和接受的教育。不同的学者对语言沟通的分类也不相一致,我们将语言沟通主要划分成口头沟通、书面沟通、电子媒介沟通和视图沟通四大类。

案例 2-1 **林肯的幽默**

有一次,美国总统林肯正在演讲时,一个青年递给他一张纸条,林肯暂停了演说,拆开一看,上面只有两个字——"傻瓜"。林肯脸上掠过一丝阴云,随即平静地说:"本总统收到过许多匿名信,全都只有正文,不见署名;而今天我收到的这封正好相反,刚才这位递条子的先生,只署上了自己的名字,却忘了写正文。"说完他便继续他的演讲。

1) 口头沟通

口头语言沟通简称口头沟通,是日常生活中最常采用的沟通方式,它指借助于说话来实现信息交流,主要包括口头汇报、讨论、会谈、演讲、电话交流等,是最灵活、最直接的一种沟通方式。

口头沟通的优点在于可以实现快速传递和快速反馈。在这种沟通方式下,信息可以在最短时间里进行传送,并在最短时间内得到对方的回复。如果接受者对信息不确定,还可以进行反馈,让发送者及时核查其中不够明确的地方,因此它能使我们及早更正错误。

口头沟通的缺点是当信息经过多人传送时,卷入的人越多,信息失真的可能性就越大。比方说"传话"的游戏,每个人都以自己的方式解释信息,当信息到达终点时,它的内容常常与最初情况相差甚远。有这样一个故事:有一个老板告诉他的秘书,在周四的会议上,公司的董事长会询问本公司有多少人在华盛顿工作,希望她能帮忙查一查,而且要准备得详细一些。于是,这位秘书打电话告诉华盛顿分公司的秘书,说:"董事长需要一份你们公司所有工作人员的名单和档案,请准备一下,我们在两天内需要。"分公司的秘书又告诉其经理:"董事长需要一份我们公司所有工作人员的名单和档案,可能还有其他材料,需要尽快送到。"结果第二天早晨,四大箱航空邮件运到了公司大楼。第一位秘书在传递信息过程中已经曲解了老板的意图,之后的每一位秘书都用自己的想法加以传递信息,最后的结果完全背离了最初的意思。可见,口头沟通在信息传递时,经过的人越多,信息失真的可能性也就越大。

因此,如果在组织内部把重要的决策,通过口头沟通的方式自上而下传递信息,失真的可能性就相当大了。为了避免信息失真,我们需要建立一个反馈的机制,或者加以使用其他的沟通方式,才能更好地解决有关问题。

另外,口头沟通针对不同的对象,需要使用不同的沟通语言。例如,向成年人和儿童交代同一件事情,使用的沟通词语应该是不一样的,这样才能便于理解。

案例 2-2 **英国女王维多利亚与丈夫的沟通故事**

有一次,维多利亚的丈夫独自回到卧室,闭门不出。女王回卧室时,只好敲门。丈夫问:"谁?"维多利亚十分傲慢地回答:"女王。"

令维多利亚女王没有想到的是,丈夫在里边既不开门,也不说话。她继续敲门。里边问:"谁?""维多利亚。"女王放低嗓音回答。然而,里边还是没有动静。女王耐着性子,又敲了敲门。里边传来依然是那客气的一个字:"谁?"这时,维多利亚彻底放下无比尊贵的女王架子,柔声地回答道:"我是你的妻子啊!"她的话音刚落,门开了。

2) 书面沟通

书面沟通是指使用书面文字进行信息传递的沟通。书面沟通包括备忘录、信件、组织内部

第二章　商务沟通的类型与过程

发行的期刊、布告栏等。

书面沟通的优点是沟通信息看得见而且可以核实，沟通的信息可以无限期地保存下去，如果对信息的内容有所疑问，可以重新进行查询。对于一项复杂或长期的沟通来说，使用书面语言沟通尤为重要。例如，制订一个市场推广计划，需要做大量的工作，长时间的积累，以书面形式记录下来，而不是口头的方式，可以使我们能反复查阅，产生更周全的方案。可见，书面沟通比口头沟通显得更为严谨，逻辑性强，而且条理清楚。

书面沟通的缺点是耗费时间、缺乏反馈。正常情况下，使用口语表达意义和传播信息，语速约为每分钟240个音节，广播电视新闻播音员的语速要求在每分钟300字左右。事实上，花费1个小时写出的东西只需10~15分钟就能说完。所以，虽然书面沟通更为精确，但它耗费了大量的时间。

另一方面，口头沟通能使接收者对于自己听到的东西迅速做出回应，而书面沟通则不具备这种内在的反馈机制。书面沟通无法保证接收者按照发送者的本意对信息进行解释。

3）电子媒介沟通

电子信息技术的发展，带来了新的语言沟通方式，如计算机网络、微信、QQ等电子媒介。

电子媒介沟通除了具备书面沟通的某些优点外，还具有传递快捷、信息容量大、成本低和效率高等优点。一份信函要从国内寄往国外，恐怕要数天才能到达收信者的手中，而通过电子邮件或传真，可实现即时收到。

早期的电子媒介沟通看不到对方的表情，无法完全理解对方的信息。但随着互联网的不断发展，QQ表情、微信表情、emoij表情以及颜文字的队伍不断壮大，使电子媒介沟通增加了许多沟通便利，如发送者可以通过选择微笑、大笑、哭笑不得等表情来传递自己的信息，同时，还可能利用计算机网络进行视频对话，这样使运用电子媒介沟通的信息准确性越来越高，大大提高了信息传递效率。

4）视图沟通

视图沟通指的是在沟通的过程中，利用形象直观的表格、各种图示和多媒体等手段，来增加沟通的效果和效率，使得沟通双方能够准确表达彼此的思想和观点的一种沟通手段。

视图沟通的优点是使沟通更直观，信息简洁，能更好地突出重点。在沟通的过程中，使用语言表达，速度快，内容繁杂，我们的大脑可能来不及接收太多的信息，这时有效地借助于视图（一幅图，一个表，或者一段视频），就可以很轻松地展现要表达的意思，其直观性是其他任何沟通方式无法比拟的，同时可以将复杂的信息用简洁的图或表等方式简单地展示出来。当要强调某个定义或某个要突出引起注意的重点，就可以通过将字体变粗，或不同的颜色来表达，使重点更为突出。

视觉沟通的缺点是要结合其他语言、非语言等沟通方式，才能使信息被接受者更好地理解。

但需要注意的是，视图沟通不能随便滥用，在使用视图沟通增强视觉效果时要充分考虑是否需要视图进行帮助，应当选择哪种视图，视图的色彩及效果是否理想。

一般来说，当数据较多而复杂，语言描述比较晦涩难懂，要使相互之间形成对比，时间紧，需要陈述的信息太多时，我们可以使用视图沟通。

小知识 2-1　　　　　表 2-1　视图沟通的主要类型及其运用

视图名称	作　用	使用要求
表格	记录和归纳各种数字或文字信息	标注表头、编号、数字、计量单位、资料来源
柱形图或条形图	比较某一项内容与其他多项内容之间的分布状况及相互关系	标注标题、编号,线条排列顺序要注意,比较的线条宽度要一致
线形图	表示趋势和一段时间的移动平均数,常用于计划和预测	标注编号和标题、纵横轴,区分同一图上的多条曲线,避免使用三维图
流程图	表示办理某事所经历的步骤和顺序	注意过程与步骤,连接符号
结构图	直观地表示组织结构的层级和关系	减少使用过多符号,可添加注解,注意流向
PPT 文件	利用播放技术,生动直观地再现需要演示的内容	制作应当简洁,注意过渡与动画,图片质量要高,使用适当的图表,色彩搭配有讲究,字体大小要合适,适当加入音频和视频
饼形图	可以帮助人们比较某一部分在整体状况中的份额	标注编号、图示,注意突出强调部分,用圆形而不是椭圆,分割的块数不宜多

2. 非语言沟通

在日常的沟通活动中,人们总是会不自觉地使用非语言进行沟通,比如说,在人们日常的沟通和交流当中,常常使用微笑来表达自己的善意、友好和鼓励,用鼓掌表示同意、欢迎,用点头来表示认同。根据美国心理学家、传播学家梅拉比安的研究发现,一个人要向外界传达完整的信息,单纯的语言成分只占7%,声音占38%,另外55%的信息需要由肢体语言来传达,即语音、语调、语速、语气、动作、表情等,这些非语言沟通符号,在沟通中具有非常重要的作用。法国著名的精神分析学家雅克·拉康说过:"语言是可以用来欺骗它的倾听者的。"而肢体语言通常是一个人下意识的举动,所以,它很少具有欺骗性。正如人们常说,我们不仅要听别人说什么,更要看别人是怎么做的。

在商务沟通中,商务人员的姿势、表情、眼神、形体动作、身体接触以及服装的选择、装容、香水气味的选择和时间与空间的使用形式等都具有符号意义,双方可以通过视觉、听觉、触觉、嗅觉等感知渠道解读它的意义。当然,在商务活动中,单独使用非语言沟通传递的信息比较少,它通常要与其他语言沟通配合使用。

1) 非语言沟通的特征

非语言沟通包含着非常丰富的内容,一个眼神、一个微笑、一个不经意的手势、一秒钟语言的停顿,都可能蕴含着十分重要的含义,对于沟通双方的交流有着非常重要的作用。非语言沟通有着与语言沟通截然不同的特点。

(1) 非语言沟通具有独立存在性。非语言沟通中,有些非语言信号是不需要与其他沟通方式相结合使用的,它能脱离语言沟通,以独立存在的沟通方式表现出来,比如说世界性语言——微笑,往往代表正面的意义,这在全球可以说是通用的,而无须要语言沟通加以辅助。

(2) 非语言沟通具有强化性与弱化性并存的特点。一方面,非语言沟通可以起到强化语言沟通效果的作用;另一方面,它也可以弱化、抵消语言沟通的效果。例如,当需要表达个人强有力的论断时,可以通过语言进行传递,比如:我坚信这样做是最好的! 但如果加上坚决的面部表情,以及握紧的拳头等,能够更有效地表达自己的坚定性。反之,如果语言表达时语调低沉,加之表情表现言不由衷,眼神飘忽不定,则会让人怀疑你的论断不够坚定。

(3) 非语言沟通具有普遍性与地域性。部分非语言沟通符号是社会历史文化发展积累的产物,具有普遍的适用性,许多身体语言、姿态语言为全世界大多数人所识别、接受,并被理解为基本一致的含义。例如,微笑、点头和握手就是跨国界通行的语言,代表友善、认同,有赖于此,人类的跨文化沟通才能实现。

部分非语言沟通的符号带有地域性的特征,如代表 OK 的手势,在中国代表"好的""没有问题",以及数字"3",而在日本则表示"金钱"的意思。

(4) 非语言沟通具有情境性与多样性。同样的非语言沟通符号针对不同的场合,不同的沟通对象,沟通主体具有多种不同的意义。

案例2-3　　　　　　　　　爱斯曼实验

1957 年,美国心理学家爱斯曼做了一个实验,他在美国、巴西、智利、阿根廷、日本等五个国家选择被试者。他拿出一些分别表现喜悦、厌恶、惊异、悲惨、愤怒和惧怕等六种情绪的照片让这五国的被试者辨认。结果,绝大多数被试者"认同"趋于一致。实验证明,人的面部表情是内在的,有较为一致的表达方式。因此,面部表情多被人们视为是一种"世界语"。

(5) 非语言沟通具有外在性与内在性。人们进行非语言沟通时,会以动作、表情、姿态、空间距离等直观的外在形式表现出来,这就是非语言沟通的外在性。但同时非语言沟通会受到个人的气质、性格等心理因素的支配和影响。有些人痛苦时会流泪,害怕时手脚会表现出抖动,这类人的个性比较柔弱、内向,而有些人则会把这种情感压抑在内心深处,加以掩饰。从心理学的角度,非语言信号具有内在性的特征。

2) 非语言沟通的形式

非语言沟通有各种不同的形式,按照非语言沟通信息传递的介质不同,我们把非语言沟通划分为副语言沟通、身体语言沟通及环境语言沟通。

(1) 副语言沟通(辅助语言)。说话者的音质、音调、语速以及停顿和叹词,有声但没有具体意义的辅助语言,本身没有具体的语义,但在某些场合甚至胜似语言,副语言沟通能传递出非常丰富的信息。同样的一句话,用不同的声调、语气和语速,产生的效果是不同的。比方说,上级领导给下级下达指令时,用一种温和的声音给大家下指令,下级可能不会重视这样的命令,但如果上级领导用强硬的语气下达任务,下级就会认为任务很重要,值得重视,会赶紧行动。

(2) 身体语言沟通(形体语言)。身体语言,又被称为形体语言。人们在沟通过程中会有意识或者无意识地通过身体的外观、姿势、动作传递信息,身体语言既包括人们的身体特征及外在装饰,如体形、体格、身高、发型、服饰等,也包括手势、脚势、头部动作、四肢动作等。因此,身体语言既有先天性的因素,如人的身高、体形,又有后天性的特征。德国精神病学家和心理学家恩斯特·克雷奇默就把人按体型分成几种,他认为不同体型的人具有不同的个性特征,如矮胖型的人善于交际,好活动等;瘦长型的人不善交际,孤僻、沉默、羞怯、固执等。

在日常沟通中,身体语言是人们最常采用的非语言沟通工具,正确识别和利用身体语言,是实现有效沟通的前提。

(3) 环境语言沟通。环境语言是指人们自身因素之外的环境因素传递沟通信息的过程,可细分为空间、时间、物理环境。空间环境,如沟通中的座位安排,人际交往中的空间距离等;时间环境,包括沟通时间的安排、长短、是否守时等;物理环境,如沟通场所的设计、布局、布置、光线等,理想的谈判场合的布置要选择适合的温度、灯光以及其他的装饰物,通常认为最理想的谈判场所温度在20℃,相对湿度在40%～60%之间是最合适的。可采用自然光线,也可以采用人造灯光,装饰物可挂几幅风格协调的书画,室内也可装饰适当的工艺品、花卉、标志物,但要求简洁实用,不宜过多过杂。

小知识2-2　　常见的手势语言

手势语(Sign Language)是身体语言的一种。下面是一些常见的手势语在不同文化中的含义。

表2-2　常见的手势语言

手势	国家	含义
竖大拇指	中国	表示"好",用来称赞对方干得不错、了不起、高明
	美国	意为"It's good"或"It's OK"
	尼日利亚	侮辱性手势
	德国	代表数字1
	日本	表示数字5
	澳大利亚	表示骂人
OK手势	美国	表示"OK"
	日本	表示钱
	拉丁美洲	表示下流低级的动作
V手势	英国、美国、捷克	含有"胜利"之意
	塞尔维亚	代表"英雄气概"
	荷兰	代表"自由"
伸出中指	法国、美国、新加坡	表示"被激怒"和"极度不愉快"
	墨西哥	表示"不满"
	澳大利亚、美国、突尼斯	表示"侮辱"
	法国	表示"下流行为"
伸出食指	美国	表示让对方稍等
	法国	表示请求对方回答问题
	缅甸	表示请求,拜托
	新加坡	表示最重要的
	澳大利亚	表示"请再来一杯啤酒"
伸出小指	日本	表示女人、女孩子、恋人
	韩国	表示妻子、妾、女朋友
	菲律宾	表示小个子、年轻或表示对方是小人物
	泰国、沙特阿拉伯	表示朋友
	缅甸、印度	表示要去厕所
	美国、韩国、尼日利亚	表示打赌

非语言沟通中最为人知的领域是身体语言和副语言,即人的仪表、举止、语气、声调和表情等。现实生活中一个眼神、一个细小的动作、一个简单的身体姿态、一件衣服、一个特别的位置、一件衣物等,都代表了沟通的含义。例如,上课时,看到学生的眼神无精打采,打呵欠或者是许多学生在翻阅手机时,老师就可以知道,课程可能枯燥无味,学生已经厌倦了。一个学生穿上正装来上课,意味着他可能要参加某种活动,或者他准备去面试等。一个人所用的办公室和办公桌的大小,一个人的穿着打扮都在向别人传递着某种特定的信息。有人分析过领导的办公室,办公室里摆放许多私人物品,如全家福相片,这样的领导可以在工作时间与人谈论生活中的事情;而办公室里仅仅摆放各种工作文件的领导,则告诉你工作时间禁止谈论任何与工作无关的私事;办公室摆放比较杂乱的领导,往往比较平易近人,易于与其沟通。

在语言沟通的过程中,善于利用非语言沟通,能更准确、更清晰地传递信息,也能使沟通对象更完整、更正确接收相关信号。成功的管理者除了需要熟练掌握语言沟通技巧之外,还需要能够正确地运用非语言工具增强自己语言的表达能力和感染能力。同时,在沟通过程中要有敏锐的洞察力,及时发现对方在沟通中通过各类非语言因素所释放出来的信号。

案例2-4 语言与非语言沟通的巧妙结合

1930年,年仅22岁的徐铸成先生奉命前去太原了解阎锡山和冯玉祥联合反蒋介石局势能否形成。当徐铸成抵达太原时,传闻冯玉祥已移往太原城内傅公祠,徐铸成几次探访,皆不得入其门。一天,徐铸成到冯玉祥驻太原的办事处采访,看到几个秘书正在打麻将,心里一动,估计冯玉祥已经脱身走了,因为冯治军甚严,如果他在家的话部下是不敢打牌的。徐铸成赶紧跑到冯玉祥的总参议刘治洲家采访,见面就问:"冯玉祥离开太原了?"对方大吃一惊,神色紧张地反问:"啊?你怎么知道?"这个简短的对答,完全证实了徐铸成的判断。徐铸成就这样通过一桌麻将和采访对象的神色语气,获得了冯玉祥脱身出走的重要信息。以后他又经过深入的访谈,摸清了冯玉祥、阎锡山将再度联合的政治动向,在当时这是一条极其重要的政治新闻。

[资料来源:邱健.不用扬鞭自奋蹄——记著名老报人徐铸成[J],今日中国(中文版),1984(6)]

现将各种沟通方式的优缺点进行归纳,如表2-3所示。

表2-3 各种沟通方式优缺点比较

沟通分类	沟通方式	举例	优点	缺点
语言沟通	口头	交谈、讲座、讨论会、电话	快速传递、快速反馈、信息量很大	传递中经过的层次愈多信息失真愈严重,核实越困难
	书面	报告、备忘录、信件、内部期刊、布告	持久、有形,可以核实	效率低、缺乏反馈
	电子媒介	传真、闭路电视、计算机网络、电子邮件(E-mail)	快速传递,信息容量大,一份信息可同时传递给多人,廉价	单向传递,电子邮件可以交流,但看不见表情
	视图	表格、柱形图、线形图等	直观、简洁、突出重点	需要结合其他沟通方式
非语言	副语言	语音、语调、停顿、叹词的运用	传递的信息丰富	理解因人而异
	身体语言	身体外观、姿势、动作	信息意义十分明确,内涵丰富,含义隐含灵活	传递距离有限,界限模糊,只能意会不能言传
	环境语言	物理、空间、时间	恰当选择,并与其他沟通方式相结合使用	

2.1.2 按沟通渠道划分

根据沟通过程中使用的信息渠道不同,可以把沟通分成正式沟通与非正式沟通。

1. 正式沟通

正式沟通是指由组织内部明确的规章制度所规定的沟通方式,它和组织的结构息息相关。这种沟通方式沟通效果好,易于保密,约束力强,并且具有权威性。但沟通速度较慢,缺少相应的反馈和互动交流。

正式沟通的渠道和方式很多,什么情况下使用何种方式进行沟通,通过何种渠道,必须要有明确的规定和管理手段。一般来说,企业管理制度越完善,正式沟通就越规范。

正式沟通主要有4种类型。

1)向上沟通

向上沟通,又叫作上行沟通,是组织内部下级向上级传递信息进行的沟通。一般来说,向上沟通主要有4种形式:会议、工作汇报、与上级交谈、意见反馈。向上沟通,可以提高员工参与管理的机会,减少员工因不能理解向下传递的信息而造成大的失误,提高企业的创新能力,缓解工作压力。向上沟通最理想的状态是上级领导者可以由下级持续不断地提供大量的信息给上级决策者。但事实上影响信息向上传递的障碍有很多,比如说管理者不相信下级,不愿意倾听下属意见,喜欢命令式的工作方式,则下级不愿意敞开心扉沟通,信息无法向上传递。另外,如果企业的组织系统不完善,也会影响沟通的效果,因此许多大型的企业或跨国公司都会采用"建议箱"、座谈会、领导接待日、电子邮件等措施激励下级将信息及时传递给上级。

2)向下沟通

与向上沟通刚好相反,是管理者向下级传达意见、发出指示和通知等形式进行的沟通。即通常所说的上情下达。向下沟通,也被称作下行沟通,主要是上级向下级传达工作指令,进行工作解释,解说工作程序及方法,以及对下级的意见反馈等。一般来说,向下沟通的形式要比向上沟通的形式更为多样。例如,书面沟通,可以采用公告信函、备忘录、指南等。口头沟通,可以采用口头指示、谈话、电话指示、会议的形式。电子媒介沟通,可以采用电话会议、传真、电子邮件、微信等。

3)平行沟通

平行沟通,又称横向沟通,指的是组织中平级间进行的与业务有关的信息交流。平行沟通可以发生在组织内部,也可以发生在组织外部。平行沟通能够加强各部门间的相互了解,简化办事程序,节省时间,提高工作效率。但是,平行沟通头绪过多,信息量大,易于造成混乱。此外,平行沟通尤其是个体之间的沟通也可能成为员工发牢骚、传播小道消息的一条途径,造成团体士气涣散的消极影响。

4)越级沟通

越级沟通又称为斜向沟通或交叉沟通,是指组织内部不同层级部门间或个人的沟通,发生在组织内部既不属于同一隶属系列,又不属于同一等级层次间的信息沟通。例如,营销经理与品管组长之间的往来,营销经理主要负责产品销售策划,而品管组长与其不是同一级别,营销经理直接和品管组长沟通产品的生产情况等就是一种越级沟通。当然,越级沟通是一种特殊形式的沟通,既包括群体内部非同一组织层次上的单位或个人之间的信息沟通,又包括不同群体的非同一组织层次之间的沟通。越级沟通有利于促进上行沟通、下行沟通和平行沟通,但易造成多头管理,下级无所适从,工作难以安排,因此需要严格加以限制,或形成规范化管理制度。

案例 2-5　联想公司的隔级面谈制度

从2002年起,联想集团采用"隔级面谈"的形式来实现更有效的沟通。隔级面谈,要求所有的管理者至少"向下看两级",使自己对团队了解的深度和广度进一步扩大,同时,也为员工提供一个越级反映问题的合理渠道。隔级面谈的形式强调"单独和轻松",每次面谈都是一对一的,地点不选在办公室,以便营造一个非正式的、放松的环境,使沟通双方能更加自如地交流。

两杯清茶、一碟瓜子,不在办公室,而在茶馆式的环境中,除了谈工作还问生活——形式轻松,话题也不完全严肃,这是2002年时杨元庆隔级面谈的场景。

一次,通过人力资源部与企划部的安排,杨元庆分别与40多名中层管理人员进行了每次50分钟的单独沟通。杨元庆对隔级面谈给予了充分的肯定,直接与下级面谈则有助于了解更多的人、更多的事,获得更直接的信息,掌握第一手资料。

一位参加过隔级面谈的员工说:"原来准备好谈工作的,没想到元庆还问了个人、家庭和生活,距离一下就拉近了。通过跟元庆交流,也给我不少与下属沟通的启发。"

从联想人力资源部收集的反馈信息来看,80%以上的员工认为,隔级面谈可以帮助他们了解部门的目标和自身岗位的价值。隔级面谈是对管理的一种创新,是对于克服大企业病、加强沟通的一种新的尝试。

(资料来源:李伟.管人先做人.外文出版社,2013.)

2. 非正式沟通

非正式沟通是指以人们的社会关系为基础的、正式渠道以外的信息沟通。例如,员工之间对企业内部或个人私下交换意见,通常是组织成员在感情和动机上的需要而形成。

非正式沟通可以弥补正式沟通的不足,传递正式沟通无法传递的信息,如可以使办公室领导了解在正式场合无法获得的重要情况,了解办公室人员私下表达的真实看法,为决策提供参照,减轻正式沟通渠道的负荷量,促使正式沟通提高效率等等。非正式沟通往往具有偶发性和随机性的特征,它可能会对正常的商务活动造成一定的影响,因此任何一家公司都要重视非正式沟通的地位和作用,努力减少和控制非正式沟通的影响。

1) 非正式沟通的主要形式

非正式沟通的两种主要形式是传闻和小道消息,传播的渠道是非正式的,传播的消息不一定是确切的,但又有一些符合事实的成分。

2) 非正式沟通的优缺点

非正式沟通的优点是传播的速度快且覆盖面广,内容多样,不受限制,方式灵活,具有多变性和动态性,常用于传播一些不便于正式沟通的信息。而且由于在这种沟通中比较容易把真实的思想、情绪、动机表露出来,因而能获得一些正式沟通中难以获得的信息。一位总经理曾经说过:"如果我散布一条谣言,我知道在一天内我就能听到反应;如果我传递一份正式备忘录,我要等待三个星期才能听到反应。"

非正式沟通的缺点是难以控制,传递的信息不确切,容易失真,容易传播流言蜚语而使原意被曲解。并且,它可能促进小集团、小圈子的建立,影响人际关系的稳定和团体的凝聚力。在实际工作中,企业管理者如果能够对企业内部非正式的沟通渠道加以合理利用和引导,就可以获得许多无法从正式渠道取得的信息,在达成理解的同时,解决潜在的问题,从而最大限度地提升企业内部的凝聚力,发挥整体效应。

2.1.3 按信息是否反馈划分

沟通按照是否存在信息反馈,可分为单向沟通和双向沟通。

1. 单向沟通

单向沟通是指发送者和接收者两者之间的地位不发生改变(单向传递),一方只发送信息,另一方只接收信息。常见的单向沟通方式有演讲、做报告、广播等。

单向沟通的优点是信息传递的速度快,信息发送者的压力小。缺点是接收者没有反馈意见的机会,不能确认信息是否被接收者所理解,不能产生平等和参与感,不利于增加接收者的自信心和责任心,不利于建立双方的感情,容易产生不满和抗拒心理。

2. 双向沟通

双向沟通中,发送者和接收者两者之间的位置不断交换,且发送者是以协商和讨论的姿态面对接收者,信息发出以后还需及时听取反馈意见,必要时双方可进行多次重复商谈,直到双方共同明确和满意为止,如交谈、组织内部的协商、讨论等。

双向沟通可以提高沟通信息的准确性,接收者有反馈意见的机会,容易产生平等感和参与感,增加自信心和责任心,有助于建立双方的感情。

单向沟通与双向沟通的区别见表2-4。

表2-4 单向沟通与双向沟通比较

项目内容	结 果	
	单向沟通	双向沟通
时间	时间少,沟通速度快	耗费时间较长,沟通速度较慢
信息和理解的准确程度	无反馈,准确度无法验证	有反馈,可反复进行沟通,传递准确程度高
接收者和发送者的置信程度	接收者无法确定自己对信息的理解	接收者和发送者都比较相信自己对信息的理解
满意	发送者比较满意	接收者比较满意
噪音	与问题无关的信息难于进入沟通渠道,噪音较小	与问题无关的信息较易进入沟通渠道,噪音较大

沟通活动 2-1　　　　**我来说你来画**

活动形式:全体成员参与。

所需材料:两张样图,每人一张小白纸,一支笔。

活动过程:

1. 请一名学生上台担任"传达者",其余参与游戏的学生都作为"倾听者"。"传达者"根据事先准备好的样图,背对全体"倾听者",下达画图指令。

2. 第一轮活动:"倾听者"根据"传达者"的指令画出样图上的图形,"倾听者"不许提问。

3. "倾听者"展示自己所画的图,"传达者"和"倾听者"谈自己的感受。

4. 第二轮活动:再请一位学生上台,根据样图二,面对"倾听者"传达画图指令。同时允许"倾听者"不断提问。

第二章 商务沟通的类型与过程

5. "倾听者"展示自己所画的图,"传达者"和"倾听者"谈自己的感受。

学生讨论:

1. 第一轮游戏和第二轮游戏的结果是否有差别?为什么?
2. 这个游戏给了你什么样的启示?

目的: 通过该活动说明单向沟通与双向沟通具有不同的特征,信息沟通的结果也会不同。在第一轮游戏中没有信息反馈的过程,倾听者无法将自己所接收到的信息反馈给信息的发布者,属于单向沟通。而在第二轮的游戏中,当传达者发布指令时,倾听者接收到信息,对信息进行分析,遇到不明白的地方可以直接向信息传达者进行询问,这是一种双向沟通。

2.1.4 根据沟通涉及的范围划分

根据沟通所涉及的范围不同划分,可以将沟通分为自我沟通、人际沟通和群体沟通。

1. 自我沟通

信息发送者和接收者为同一行为主体,个体自行发出信息,自行传递并自我接收和理解的过程。通俗地说,自我沟通就是自己与自己对话,个体对自我的了解与认识,个体通过自身独立思考、自我感知、自我激励等手段,实现自我认同,达到内心平衡。在日常生活中无论是遇到快乐的事情,还是悲伤的事情,无论是遇到成功还是失败,我们都会通过自我调节来消除所遇到的负面影响,从不安、忧虑和困境中把自己解脱出来,这就是一个自我沟通的过程。

自我沟通是其他任何一切沟通活动的基础,包括认识自我和自我定位。认识自我是自我沟通的第一步,认识自我包括认识自己的形象、气质、性格、能力、品德修养等。正确地认识自我是在对自我的认识中,既不过高地评价自己,也不过低地评价自己,既不在别人的赞美中忘乎所以,也不会因他人的否定而自暴自弃,这样才能够辨清楚自己的位置和方向。

自我定位就是要找准自己的位置,在这个位置上努力奋斗,打造自己的生活。每个人都是独一无二的,不可重复的存在。

良好的自我沟通,可以使自己保持良好的心态、乐观的情绪和理性的思维,使个人保持积极向上的工作作风,使个体在遇到困难时不会随便妥协,从而才能在实际工作中取得成功。

2. 人际沟通

人的一生都在同其他人打交道,在家里,我们跟父母、兄弟、姐妹进行沟通;在工作场合,我们跟同事、同行、朋友、上下级以及各行各业的更加复杂的人进行沟通。人际沟通,即两个人以上的信息和情感传递与交流的过程。在人际沟通中,沟通者的表达能力、理解能力、文化水平等个体因素,以及时间、空间、沟通环境等外部因素,都直接影响到沟通的成功与失败。

人际沟通,既有单向性沟通也有双向性沟通。在信息和情感传递交流的过程当中,如果沟通的一方无沟通的意愿,则沟通活动会中止,这就是单向沟通;如果沟通中的双方表现积极主动,在信息传递过程中付出行动,沟通的双方位置相互发生改变,就是双向沟通。

人际沟通是一个连续发展的过程,人与人之间通过沟通,从不认识到认识,甚至形成友谊,都是具有阶段性和连续性的。如果剥夺一个人的正常交往,不允许他和别人进行正常沟通,必然会造成心理或生理上面的疾病,可见人际沟通是维持人的身心健康的重要保证,可以促进个体进一步认识自我,协调和改善个人的人际关系。成功的人际沟通可以改变对方的思想和行为,使双方的态度和行为表现一致,达到正确地传递信息、消除误解和增进感情的目的,从而实现社会和谐。

3. 群体沟通

群体是相对于个体而言的,所谓的群体是指由两个或两个以上的人,为了达成共同的目标,以特定的方式结合在一起进行活动的组织。群体中的成员具有共同的目标,对所属的群体有认同感和归属感,因此群体中的成员往往表现出一致性的行为规范。

群体沟通是组织中两个或以上相互作用、相互依赖的个体,为了达到基于其各自目的的群体特定目标而组成的集合体,并在此集合体中进行交流的过程。群体沟通,不是一个人为沟通的个体,而是以群体与群体之间进行沟通。

2.2 商务沟通过程

沟通是信息和意图从一个人或群体向另一个人或群体传递的过程,因此信息传递是沟通的主要目标。只有当接收者理解了发送者要表达的意图时,沟通过程才成功完成。所以,沟通是发送和接收信息的过程。沟通有时以口头或书面文字的形式,有时以非语言沟通的形式,比如面部表情、动作或声调等,因此,如果有人将信息传送给我们,而且我们接收到了这些信息,那沟通就发生了。沟通都有特定的流程,即沟通过程,沟通的过程就是发送者将信息通过选定的渠道传递给接收者的过程。一般来说,沟通过程包括信息发送、编码、传递、解码、信息接收和反馈等。此过程中还有影响和干扰信息传递的因素存在。

2.2.1 沟通过程

信息如果被传递、接受和理解,需要经过下述变化:由信息的发送者发布的信息,经过用语言、文字等媒介的编码转换进入书信、文件、电话、电视频道、广播、面谈等信息渠道,再经过对信息进行必要的加工处理的译码阶段,最后由接收者接受,从而构成一个思想、意见或信息沟通的全过程。

1960 年传播学家贝罗综合多种理论解释传播过程,提出了 SMCR(Source Message Channel Receiver)模式,以直观的方式揭示了信息传播过程。该模型将传播过程分成四个要素,即信息源、信息、渠道以及接收者。每个要素又各含有几个因素。用此模型来解说传播过程,说明在传播过程中影响的因素有很多,要提高传播的效率,需要综合考虑各方面的因素。

$$S \to M \to C \to R$$

S 为发讯者或信息来源(Source)。M 为讯息或信息(Message)。C 为途径或渠道(Channel)。R 为收讯者(Receiver)。

发讯者(信息来源),需要考虑传播方法、传播者的态度、社会地位、知识、社会文化背景等因素;讯息(信息),需要考虑成分、内容、结构、符号等因素;途径(渠道),可以使用视觉、听觉、触觉、嗅觉、味觉各种感官工具及信息的载体等因素;在传播过程中,发讯者与收讯者的地位可以互相交换,所以需要考虑的方面与发讯者是一样的。

贝罗传播模式说明了信息传递过程中需要考虑的因素,从单向沟通来讲包括信息的来源、解析、传播渠道、接收者,但是从双向沟通的特点来看,信息被接收以后,还包括一个接收者主动反应和理解的阶段。所以,后来贝罗的解释中增加了反馈环节。另外,该模式也未考虑传播过程中存在的干扰因素。因此,从双向沟通角度来讲一个完整的沟通过程一般由六个基本要素构成,如图 2-2 所示。

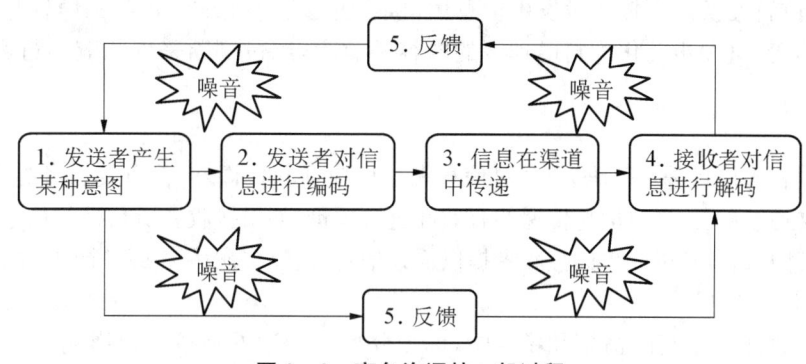

图 2-2 商务沟通的一般过程

1. 发送者产生某种意图

当我们进行沟通的时候,都是带有特定的目标的,希望自己所发出的信息能够被对方所认可,使对方做出来的行为达到自己的预定目标。发送者即信息的发出者,也称作信息的来源。发送者在沟通中居于主导的地位,发送者决定一个信息沟通过程何时开始,采用什么形式进行传送,传送的内容是什么,以及将信息传递给谁。

由贝罗模式可见,发送者发出信息时可能会受到许多因素的影响,如发送者个人的情绪、文化水平以及对专业知识的掌握程度等,这些在不同情况下都会影响到沟通效果。

2. 信息编码

发送者把自己的想法意图通过语言或非语言的方式变成符号,即接收者能够理解的词语或者行为表现,这就是信息的编码过程。信息传递过程中的内容即信息。信息本身具有非常丰富的内涵,有可以公开的,也有秘密的,有需要通过正式途径进行传递的,也有需要通过非正式途径传递的。假如学校食堂要提高饭菜的销售价格,如果直接发布饭菜涨价的信息往往难以让学生和老师接受,容易造成不良的影响及连锁反应。对于产品涨价的信息一般不适合采取直接发布方式。通常情况下,学校食堂应先对外释放产品的生产成本,原材料采购成本,人力成本在上升而销售利润在下降等信息,让消费者理解到产品的成本在上升,食堂只能对饭菜进行涨价的信息。在信息传递的过程当中,信息的价值如何与信息发送者的理解有很大的关系。信息编码最重要的工作是力求避免信息的失真。

3. 信息传递渠道

传递的途径和方式也可称为渠道(或通道、路径),是指由发送者选择的,借由传递信息的媒介,包括语言和非语言等媒介。不同的信息内容要求不同的渠道。有效的传递,要注意选择合适的辅助工具和渠道,使用的沟通工具也要相互协调。随着科学技术的不断发展,为信息发送者提供了更多的选择,如电子邮件、微信、视频对话等等。

不同的沟通途径可同时使用,亦可以单独使用。但同时使用效果好些。例如,一部电视机与幼儿园老师集动作、声音、表情、手势一起配合使用相比,显然后者传递出来的信息效果比前者好。

4. 接收者解码

信息传递的对象,即接收信息的人。传送者和接收者共同构成沟通主体。沟通具有一定的目的性,是要把一定的信息传送给特定的对象。因为沟通多以双向沟通的形式出现,所以沟通中传送者和接收者的划分也是相对的,当接收者将自己的反应或问题反馈到传送者那里的时候,二者的位置互换。当传送者发出信息后,接收者通过一定的渠道收到信息并有选择地吸收消化这些信息,进一步转化为自己理解的内容和意念,经过判断采取相应的行为,这就是接收者解码的过程。

5. 反馈

信息接收者对信息进行解码后,会对信息做出反应,同时可能向信息发送者提供反馈意见,当发送者接收到信息后,会对信息传递的有效性进行评价,如果接收者所获得的信息与传递者不相符合,则信息发送者有可能再向接收者提供反馈信息,重复多次后完成一个沟通的过程。

6. 信息传递障碍

沟通总是发生在一定的情景和场合中,称为环境。沟通的环境可以影响其他要素或者整个沟通过程。在信息传递过程中会受到文化的影响和制约,在不同地区和环境内人们表达的方式、交换信息的内容等都会有很大差别,同样的信息在不同场合下会引起接收者不同的理解。无论何种类型的信息在沟通过程中都可能因为某些因素的影响,或沟通系统本身存在问题而失真或误传,这种现象被称之为障碍,或称之为噪声。

2.2.2 沟通过程的特征

任何一项沟通活动都应具备以下几个特征。

1. 沟通过程的动态性

从双向沟通的角度来说,沟通过程是一个动态发展的过程。一方面,信息传播是流动性的,信息从发送者传递到接收者,再由接收者反馈信息回到发送者,不断地循环往复,直到接收者做出相应的行为,沟通过程才会完成。另一方面,信息的传播还伴随着情感的沟通,且会随着信息沟通过程变化而变化,需要在交流中表达出来。

2. 沟通障碍存在的必然性

在沟通过程中,我们每个人对每个字都有着自己的理解,而每个人的理解又不尽相同,当人们对彼此的意图理解不到位时,就会产生沟通歧义。比方说,你的老板让你"帮忙"联系一大宗客户订货。当你以为你只需要做自己相应的那部分就可以,才发现老板实际上是要你自己把工作全部做完。还有其他,如情绪不稳定,使用语言沟通时带有不良情绪,使其他人觉得我们在指使他们,这些都会产生沟通障碍。只有认识到沟通障碍存在的必然性,才能更好地掌握沟通的技巧,达成有效沟通。

3. 沟通活动具有长期性和反复性

商务沟通必须是长期、反复进行的,至少也要进行某次沟通活动的总结与反馈。商务活动者只有在反复的沟通过程中不断分析复述,寻找合适的沟通信息、沟通手段,才能将商务工作进行得相对长久。

4. 沟通过程的连续性与可中断性

从产生沟通的意图到沟通的编码,从接收者接收到信息到信息解码再反馈信息,最后由发送者根据反馈回来的信息进行再次沟通,体现出沟通过程具有连续性。但沟通活动也会因为各种原因而被中止,如在商务谈判过程中,由于价格谈判破裂,一方中止与对方进行的谈判行为,沟通即已中断。

2.3　沟通障碍

由于沟通过程的复杂性,信息未必会按照发送者想传达的意思被接收,有时候信息完全不会被接收,有时候信息被不完全地或者错误地接收。有研究表明,沟通是管理的一项重要职能,而工作中70%的错误是由于不良沟通造成的。且企业机构越复杂,沟通越困难。沟通失效是隐藏在每一个失败组织背后最基本的原因之一,沟通不良是每个企业都存在的问题。

商务沟通是一个过程,这个过程当中的每一个步骤都存在诸多干扰沟通的障碍,只有充分认识和克服可能产生的沟通障碍,才能保证沟通顺利完成。

2.3.1　沟通障碍的含义

所谓沟通障碍,是指信息在传递和交换过程中,由于信息意图受到干扰或误解,而导致沟通失真的现象。在人们沟通信息的过程中,常常会受到各种因素的影响和干扰,使沟通受到阻碍。

2.3.2　沟通障碍产生的原因

根据沟通的基本过程,沟通障碍的来源有三个方面:一是来自信息发布者;二是来自信息沟通渠道;三是来自信息接收者。

1. 来自信息发布者的障碍

1) 信息发送者知识水平不足

作为信息的发送者,受教育水平不高,专业知识掌握不足,对自己所传递的信息本身了解不够,在传递信息过程不能准确地把自己所要传递的信息表达清楚,就会造成对方的不理解,产生沟通障碍。

2) 目标不明确

沟通目标是双方进行有效沟通的前提,发送者在信息交流之前必须有一个明确的目的,即"我要传递什么信息,通过什么渠道,向谁传递,最终达到什么目的"。沟通的目的决定了沟通的内容,发送者如果目的不明确,就会导致信息内容不确定,沟通效果不理想。

3) 信息传播方式不协调

信息传播方式不协调,指的是口头沟通与书面沟通的信息不一致。或者当我们使用语言和肢体语言(如手势、表情、体态等)表达同样的信息时,语言表达的信息与肢体语言表达的信息不一致,会使人感到困惑不解。例如,在交往中要表现认识对方很高兴,我们通常会说,认识你很高兴。而如果你的脸上不带一点笑容,即语言表达上面展示出来的,跟自己的面部表情不相符合,就容易使人误解,认为你是一个言不由衷的人。

2. 来自沟通渠道的障碍

1) 沟通渠道选择不当

商务沟通中,信息传递可以采用多种方式,如口头沟通、书面沟通。口头沟通又可以使用面对面沟通,还可以用电话等其他途径进行沟通。书面沟通又可以使用信件、电子邮件、传真等。信息发出者对有些重要的事情采用电话沟通方式,接收者可能不会重视,沟通效果可能不佳。或者对重要事情不做详细记录,只是简单口头描述,就可能影响工作的开展。

2) 不同媒介信息互相冲突

在进行沟通过程当中,往往有多种沟通媒介,如书面沟通与口头沟通相结合,有时口头传达的精神与文件不符,或者信息接收者对文件的解读与口头传达的信息理解不一致,容易造成矛盾。

3) 沟通渠道过长

沟通渠道过长,中间环节多,信息在传递过程中有了改变,甚至颠倒。例如,非正式沟通过程当中,传闻与小道消息中参与的人员过多,信息在传递的过程当中就会发生改变,也会造成最终的沟通障碍。

4) 缺乏反馈机制

沟通是一种双向交流活动,如果缺乏反馈,在沟通过程当中接收者没有有效的途径将信息反馈给发送者,就无法判断信息是否被理解,就会造成沟通的障碍。

3. 来自信息接收者的障碍

1) 过度解读

不同的信息接收者对所见到的同一信息会有不同的解释,同一个信息接收者,或者同一精神状态下,也可能对同一信息有不同的理解。接收者在信息交流过程中,对信息进行加工的过程,加入了个人的因素、个人好恶、个人的认知,过度地解读了信息,如在解码过程中,解读书面沟通信息时加入个人的情感,过度地猜测领导的意图,从而导致信息的模糊或失真。

2) 知觉偏差

从心理学的角度来讲,人们的知觉是具有选择性的。在沟通过程中接收者总是选择与自身关系密切的信息加以重视,而忽略与自己无关的信息。或选择自己认为值得注意而忽视了其他信息的重要性,习惯于以自己为准则,对不利于自己的信息,要么视而不见,要么熟视无睹,甚至颠倒黑白,最终导致对信息理解的偏差。

3) 心理状态不良

接收者对个人的能力认识不足,过高评价自己或者过低评价自己,沟通过程当中,受到的不良体验都会导致信息接收者拒绝接收信息或者拒绝参与信息的交流,影响沟通的效果。

4) 思想观念差异

由于接收者认知水平、价值观和思维方式上的差异,往往会造成思想隔阂或误解,引发冲突,导致信息交流的中断以及人际关系的破裂。

5) 信息过量

互联网技术的发展,给人们带来了太多便利,我们已经开始过上一种前所未有的网络生活。但它也给我们带来许多意想不到的新问题,如信息量过多带来的信息爆炸,造成信息接收者容易出现自以为是的心理。当信息接收者接收到信息时,遇到不明白的地方,不是去向发出者反馈信息,而是通过互联网查找解决办法,其结果有可能错误解读发出者的意图。

2.3.3 商务活动中常见的几种沟通障碍

1. 目的不明确

目的明确,是双方进行有效沟通的前提,信息发送者在发出信息时一定要明白自己的目的是什么,接收者同样要弄清楚发送者的意图,才能正确地解读接收到的信息。如果没有明确的沟通目标,就会影响到沟通信息的编码、沟通渠道的选择以及信息的解读,最终难以实现有效的沟通。双方要首先明确沟通的目的,然后围绕沟通的目的来开展商务活动,才能避免沟通失败,达成双赢协议。

2. 立场不一致

商务活动过程中,沟通双方各自的立场不一致,如组织间商务人员代表不同公司的利益,往往从自身的角度出发思考问题容易导致沟通的障碍。这就如同买房者与卖房者的博弈,买房者想以最低价钱买到最好的房产,而卖方却想卖出最高的价钱,双方站在各自的立场,考虑问题的角度不同,卖房者看到的是房子地段好、交通便利,而买房者看到的是没有配套学校且环境嘈杂。

3. 文化水平差异、知识不对称

商务活动过程中,沟通双方存在着较大的文化差异,如中西方文化背景不同,对信息的理解也不同,或者同一文化背景下文化教育水平不同,也会造成沟通障碍。

4. 沟通技巧不足

发送者和接收者的沟通技巧不足,如发送者对传送信息的时机把握不准,缺乏审时度势的能力,信息沟通通道或对象选择失误,这些都会影响信息交流的效果。当进行跨国之间的商务活动时,什么时候与人进行沟通,时机的把握很重要。例如,中国时间跟美国时间相差12个小时以上,那么就要按照对方的时间来与其洽谈。再如,要向领导请假时,要考虑领导的心情,如果在领导心情愉悦时向领导提出请求,将会比在领导遇到麻烦而心情不痛快时要容易得多。对于信息的接收者来讲,对信息的解码是否恰当,能否正确反馈信息,采用什么样的方式进行反馈等,都会影响到沟通的效果。

案例 2-6　　　　　　　　　　**沟通中的不良心理**

阿丽是某公司的女职员,因其家境不好,长相一般,平时很少与其他同事相交往,她害怕与人谈起自己的情况,害怕与人交往,在别人面前,总感到很不自在,却又常常故作冷傲。每一天除了上下班,不会与其他人主动说话,要是没有唯一一位要好的闺蜜做伴,她会一句话也不和别人说,即使是其他人主动找她聊聊,她也会冷漠地予以拒绝。

2.4 有效沟通

在沟通过程中存在许多障碍,实际工作中我们可以通过努力实现有效沟通,使工作获得事半功倍的效果。美国著名未来学家奈斯比特指出:"未来竞争是管理的竞争,竞争的焦点在于每个社会组织内部成员之间及其外部组织的有效沟通上。"沟通对于任何企业组织都是非常重要的。有效沟通是企业管理活动中最重要的组成部分,有效沟通意味着良好的管理。

2.4.1 有效沟通的基本特征

1. 明确的沟通目的

有效的沟通,首先沟通者要清楚沟通的目的是什么,需要解决的是什么问题,要达到怎样的目标,只有有了明确的目标,才能在沟通目标引导下选择正确的沟通方式,在沟通过程中针对需要解决的问题进行交流。

2. 有针对性的沟通对象

沟通双方在性格、需求、个性等方面具有差异性,对信息的接受程度不同,作为沟通对象来讲,会对企业的目标实现产生影响,在沟通时要充分考虑沟通对象的利益,才能做到有针对性。有效的沟通会针对不同的沟通对象,采用不同的沟通手段。

3. 清晰、准确、简明的沟通信息

有效沟通中所传达的信息往往简单易懂、清晰、准确,不会使信息的接收者感到模棱两可,信息的清晰性包括逻辑性清晰、表达方式的清晰。沟通中包含大量的信息,在有效沟通中,要善于筛选信息,保留有价值的信息,删除无用的、过量的信息。

4. 友好的沟通过程

沟通是一个反复多次的过程,有效沟通双方在整个沟通过程,会感到被理解与接受,心里感到愉悦和舒服,而不是斤斤计较,针尖对麦芒,无休止的争论。有效沟通,不仅能够实现各自的利益,而且能够改善和提高双方的人际关系。

5. 双赢的沟通结果

有效沟通双方不仅看到眼前的利益,更看重长远利益,既看到自己的利益,还在沟通过程当中充分考虑到他人的利益,本着利己也利人的原则去沟通,从而将对手变成朋友,既壮大了自己,也帮助了别人,最终达到双赢的沟通结果。

小知识2—3　彼得·德鲁克:有效沟通的四个基本法则(节选)

基本法则一:沟通是一种感知

无论使用什么样的渠道,沟通的第一个问题必须是:"这一讯息是否在接收者的接收范围之内?他能否收得到?他如何理解?"

基本法则二:沟通是一种期望

在进行沟通之前,了解接收者的期待是什么显得尤为重要。只有这样,我们才可以知道是否能利用他的期望来进行沟通,或者是否需要用"孤独感的震撼"与"唤醒"来突破接收者的期望,并迫使他领悟到意料之外的事已然发生。因为我们所察觉到的,都是我们期望察觉到的东西;我们的心智模式会使我们强烈抗拒任何不符合其"期望"的企图,出乎意料的事通常是不会被接收的。

基本法则三:沟通产生要求

一个人一般不会做不必要的沟通。沟通永远都是一种"宣传",都是为了达到某种目的,如发号施令、指导、斥责或款待。沟通总是会产生要求,它总是要求接收者要成为某人、完成某事、相信某种理念,它也经常诉诸激励。换言之,如果沟通能够符合接收者的渴望、价值与目的的话,它就具有说服力,这时沟通会改变一个人的性格、价值、信仰与渴望。假如沟通违背了接收者的渴望、价值与动机时,可能一点也不会被接收,或者最坏的情况是受到抗拒。

基本法则四:信息不是沟通

信息与人无关,不是人际间的关系。它越不涉及诸如情感、价值、期望与认知等人的成分,它就越有效力且越值得信赖。信息可以按逻辑关系排列,技术上也可以储存和复制。信息过多或不相关都会使沟通达不到预期效果。而沟通是在人与人之间进行的。信息是中性的,而沟通的背后都隐藏着目的。

(资料来源:https://new.qq.com/omn/20180825/20180825A07EFG.html,彼得·德鲁克:关于有效沟通的四个基本法则)

沟通活动 2-2　　　　　　　　沟通自检

德鲁克提出的四个"简单"问题,可以用来自我检测,看看你是否能实现有效沟通:
一个人必须知道说什么;
一个人必须知道什么时候说;
一个人必须知道对谁说;
一个人必须知道怎么说。

2.4.2　5H1W 模式

如何实现有效沟通?这是沟通中最复杂的问题。1932 年美国政治学家拉斯维尔提出了 5W 传播模式,后经过人们的不断运用和总结,逐步形成了一套成熟的"5W1H"模式,被广泛运用到企业管理当中。所谓的"5W1H",即为什么(Why),是什么(What),在哪儿(Where),谁(Who),什么时候(When),如何(How)。在这里我们运用 5W1H 理论,讲讲如何实现有效沟通。

第一步,确认信息发送目的(Why)。

为什么发送信息?这是实现有效沟通的第一步,即确认沟通的目的,判断自己对沟通的目的是否清晰、明确。

第二步,描述信息内容(What)。

确定信息的内容,即在沟通目的确认的基础上,考虑如何描述自己的信息内容,包括信息的内容表达是否简洁,能否准确描述信息发出的目的,有没有突出信息传递的重点,在内容的表达上是否需要使用多种沟通方式。

第三步,分析信息接收者(Who)。

在我们要发出信息时要考虑信息接收的对象,对信息接收的对象的个性特征进行分析,包括信息接收者个人的价值观、需要以及心理状况等,然后来调整信息发出的目的以及确认信息内容的表达方式。

第四步,选择发送信息地点(Where)。

对发出信息的地点进行选择,考虑不同的信息内容以及信息接收者的特征,选择恰当的信息沟通场合,对场地的选择会影响到信息传达的有效性。例如,要向老板提出加薪的问题,应该在老板的办公室还是在私人的场合呢?地点的选择会影响到最终沟通的效果。

案例 2-7　　　　　　　　恰当地选择沟通地点

一家百货公司由于受网店销售的影响,公司经营受到严重打击,最后公司决定裁员。第一次裁员,地点选在公司的会议室,通知全部被裁人员到会议室开会,在会议上宣布被裁员,并且每一个人立即要拿走自己的东西离开办公室,公司所有被裁员工都感到非常沮丧,甚至包括很多留下的人也感到沮丧不已,极大地影响了公司的士气。第二次裁员的时候,公司接受上次的教训,不是把大家叫到会议室里,而是选择了另外一种方式:单独约见被裁人员到星巴克咖啡厅。在这样的环境里说出公司的决策:由于公司的原因致使他暂时失去了这份工作,请他谅解,并给他一个月的时间寻找下一份工作。这次裁员的效果和上一次相比有天壤之别,基本上所有的员工得知这个消息后,都会欣然地去接受,并且表示,如果公司需要他的时候随时可以通知,他会毫不犹豫地再回到公司。那么,这样一种方式无论是对于被裁者还是仍然留在公司的员工,他们得到的不仅仅是裁员这个信息,而是感受到公司对每一位员工的情谊。为什么两次裁员,选择了不同环境,会产生截然不同的效果?

第五步,确认信息发送时机(When)。

确定沟通地点后,还要考虑信息发送的时机。假设我们要向客户推销产品,应该在什么时间呢?首先,我们要避免因个人的工作而影响到他人的工作,所以客户工作繁忙时间以及个人的休息时间都不是理想的沟通时机。

第六步,决定信息发送的方式(How)。

确认信息的发送方式,考虑用什么样的方法去发送信息。在日常生活中有电话、邮件、传真以及面谈等多种沟通方式,根据沟通信息目的、信息内容、信息接受对象等,选择一种或多种沟通方式将信息发送出去。

沟通活动 2-3

你作为接待人员,向顾客说:"欢迎光临"。

2.4.3 有效沟通策略

1. 端正沟通态度

人们常说:态度决定一切,在进行商务沟通过程中,沟通的双方首先要有正确的工作态度,拥有合作型的沟通态度。态度决定工作作风,摆正位置,把工作当事业来经营,才能以积极健康的心态与其他人进行沟通。

2. 恪守职业道德

道德是影响社会行为、被人们普遍接受的行为准则。职业道德对员工的行为进行了规范,明确了员工有权做什么和什么事情该做,什么事情不能做,如规定了制造产品的工人要怎样对用户负责,营销人员怎样对顾客负责,医生怎样对病人负责,教师怎样对学生负责等等。沟通行为涉及企业的公众形象,商务人员要自觉遵守员工职业道德,遵守公司的规章制度,开展沟通活动。

3. 学会换位思考

沟通中断,或者沟通失败,常常是因为双方没有站在对方的立场思考问题,而只想要自己占尽好处。因此,为了使沟通顺利进行,我们要学会换位思考,试着站在对方的立场上去想问题。在商务贸易活动中,真正的成功谈判,应该是能够让双方都有利可图的,双方都积极地解决存在的问题,共同研究解决方案,而不是推卸责任。

4. 用专业知识武装自己,提高沟通效果

正所谓"活到老,学到老",我们的一生中都要不断地学习,提高自己的专业素养。沟通中的专业知识,既包括与业务有关的专业知识,也包括如何开展有效的沟通即沟通技巧,只有不断地学习,才能提高沟通效果。

5. 采用新型沟通媒介,改进沟通

今日的沟通与昔日的沟通有了很大的变化,科技的发展,使沟通超越了时间与空间。科学技术的日新月异,带来了许多新的沟通媒介,如 QQ、微信、MSN、YouTube 等聊天社交工具,为我们的沟通提供了便利,商务人员想要以不变应万变,已经不符合社会发展的新态势。在工作生活中,我们会发现,要接近彼此,就要学会使用对方的沟通工具,如母子之间的对话,已经更多地采用网络的方式进行,在微信上与孩子进行沟通,更容易让孩子接受。从事商务贸易活动的从业人员也应学会使用新型沟通工具来改进沟通工作,提高沟通效果。

小知识 2-4　　内部沟通的基本原则

1. 不越级报告、不越级指挥，但可以越级聆听意见

沟通对象不能错位，必须明确某一事项的沟通对象。应该与同事沟通的，却与上司沟通，容易造成误解。小的事情尽量水平沟通。应该与自己上司沟通的，却与旁部门上司沟通，这样会使内部沟通变成对外沟通。应该对内的沟通变成了对外沟通，就成了家丑外扬。

2. 不传递负面信息

企业里面需要正能量，出现负面信息应及时进行引导。

3. 谈论行为不谈论个性

对特定的事件进行评价，针对事件本身进行评价，不进行个人评价，而是就事论事。

4. 理解和尊重

先理解别人才能被别人所理解，沟通的过程中，不打断、反驳对方，可以有不同的意见，但需要尊重别人的意见。

5. 理性沟通

想好再说，不在冲动和未经理智思考的情况下轻易进行沟通。

6. 积极聆听

具有管理的同理心，设身处地，先听后说，听是为了理解。

7. 内省思维

沟通过程中出现冲突很正常，只要明确一点，那就是冲突只是个人理念的不一致，但双方的共同目标是一样的，都是为了公司整体运营目标的实现，所以出现冲突，无论错在谁方，都先在自己身上寻找原因及问题。

（资料来源：https://wenku.baidu.com/view/2fae9c6183c4bb4cf7ecd156.html）

小知识 2-5　　与上级沟通的五个原则——摘自《哈佛商业评论》

第一原则，充分理解上级希望你做什么。千万不可凭经验主观臆断，说"我知道，就是那么回事"。

第二原则，确保指示具体明确。

第三原则，在一定范围内（职权内）勇于提出不同意见。

第四原则，以目的为中心，在资源方面与上级获得一致意见。

第五原则，确定上级希望完成的期限和回报形式。

以上五个原则，都只是说明了一件事情：用营销的思维做管理，理解上级的需求，并用职业化的方式给予满足。

本章小结

本章主要介绍依据不同的分类标准，可将沟通分成不同的类型。按照信息的载体沟通分为语言沟通和非语言沟通。根据不同的沟通信息渠道，可以把沟通分成正式沟通与非正式沟通。按信息是否反馈可分为单向沟通和双向沟通。根据沟通所涉及的范围不同，可以将沟通分为自我沟通、人际沟通和群体沟通。沟通过程包括信息发送，编码，传递，解码，信息接收和反馈。沟通过程中还有影响和干扰信息传递的因素存在。本章还介绍了有效沟通的特征与实现有效沟通的策略。

核心概念

沟通类型　沟通过程　沟通障碍　有效沟通

思考与技能训练

一、基本训练

1. 选择题

(1)（　　）是最灵活、最直接的一种沟通形式。

A. 口头沟通　　　　B. 书面沟通　　　　C. 电子媒介沟通　　　　D. 非语言沟通

(2) 根据不同的沟通信息渠道，可以把沟通分成（　　）。

A. 语言沟通　非语言沟通　　　　B. 正式沟通　非正式沟通

C. 向上沟通　向下沟通　　　　D. 平行沟通　越级沟通

(3) 按照沟通过程中使用信息的载体不同，我们常把沟通分为（　　）。

A. 语言沟通　非语言沟通　　　　B. 正式沟通　非正式沟通

C. 向上沟通　向下沟通　　　　D. 平行沟通　越级沟通

(4) 沟通的核心是（　　）。

A. 信息　　　　B. 渠道　　　　C. 接收者　　　　D. 反馈

2. 简答题

(1) 口头沟通和书面沟通各有何优缺点？各适用于什么样的沟通场合？

(2) 视图沟通中应注意的事项有哪些？

(3) 简述沟通的一般过程。

(4) 什么是沟通障碍？沟通障碍产生的原因有哪些？

(5) 简述5W1H传播模式。

(6) 试述如何克服沟通障碍。

二、案例分析

1. 案例：研发部陈经理的沟通小故事

研发部陈经理才进公司不到一年，工作表现颇受主管赞赏，不管是专业能力还是管理绩效，都获得了大家的肯定。在他的缜密规划之下，研发部一些延宕已久的项目，都在积极推行当中。

部门主管李副总发现，陈经理到研发部以来，几乎每天加班。他经常第二天来看到陈经理电子邮件的发送时间是前一天晚上10点多，接着甚至又看到当天早上7点多发送的另一封邮件。这个部门下班时总是陈经理最晚离开，上班时第一个到。但是，即使在工作量吃紧的时候，其他同仁似乎都准时走，很少跟着他留下来。平常也难得见到陈经理和他的部属或是同级主管进行沟通。

李副总对陈经理怎么和其他同事、部属沟通工作觉得好奇，开始观察他的沟通方式。原来，陈经理都是以电子邮件交代部属工作。他的属下除非必要，也都是以电子邮件回复工作进度及提出问题，很少找他当面报告或讨论。对其他同事也是如此，电子邮件似乎被陈经理当作和同仁们合作的最佳沟通工具。

但是，最近大家似乎开始对陈经理这样的沟通方式反应不佳，除了不配合加班，还只执行交办的工作，不太主动提出企划或问题。李副总趁着在楼梯间抽烟碰到另一处黄经理时，以闲聊的方式问及陈经理的工作，黄经理表示陈经理工作相当认真，可能对工作以外的事就没有多花心思。李副总发现，陈经理似乎比较喜欢用电话、电子邮件讨论工作，而不是当面沟通。

了解这些情形后，李副总找到了陈经理，谈话中了解到，陈经理觉得效率应该是最需要追求的目标，所以他希望用最节省时间的方式达到工作要求。李副总以过来人的经验告诉陈经理，工作效率固然重要，但良好的沟通绝对会让工作进行顺畅许多。

问题:
(1) 试分析在实际工作中电子邮件、电话沟通的优缺点。
(2) 什么是口头沟通?口头沟通的优缺点有哪些?
(3) 针对陈经理的沟通方式,你有哪些建议或意见帮助其提高沟通效率?

2. 案例:李开复的"午餐会"沟通法

李开复在2000年回到微软总部出任全球副总裁,管理一个拥有600名员工的部门。作为一个从未在总部从事领导工作的人,他需要倾听和理解员工的心声。为了达到这样的目标,他选择了"午餐会"沟通法。

每周选出10名员工,与他们共进午餐。进餐时,他一般会先跟对方谈一谈自己最兴奋和最苦恼的事,鼓励对方发言。然后,引导大家探讨一下所有部门员工近来普遍感到苦恼或普遍比较关心的事情是什么,一起寻找最好的解决方案。

午餐会后,他一般会立即发一封电子邮件给大家,总结一下"我听到了什么""哪些是我现在就可以解决的问题""何时可以看到成效"等等。

使用这样的方法,在不长的时间里,他就认识并了解了部门中的每一位员工。

李开复认为最重要的是,他通过午餐会可以在充分听取员工意见的基础上,尽量从员工的角度出发,合理地安排工作,更加顺利地开展工作。

午餐会的沟通方法,至今仍在使用。吃饭对象不仅包括员工、同事,还有合作伙伴、朋友。

问题:
(1) 李开复午餐会的沟通法有何特点?
(2) 与员工、同事进行沟通有哪些沟通方式?应如何选择恰当的沟通方式?

3. 案例:小李的委屈和烦恼

小李是一家企事业单位部门的负责人,手下有几名员工,这几名员工学历比小李低一些,而且进单位的时间也不是很长,小李一直不放心把工作交给他们完成。前段时间,单位进行一些专项改革工作,小李所在的部门承担了部分工作,包括制度的制定、考核办法的实施以及大量的文字工作,所以工作任务相比其他时候更重,但小李并没有怨言,把大多数的工作都自己承包了,手下乐得个清闲自在。

有一天,分管小李部门的领导赵经理,突然打电话给小李,质问小李,上个月部署的一份关于客户市场调研计划的报告怎么没有完成。小李听后,大吃一惊,原来自己把这事给忘记了,前几天还记得这事,由于手头工作多,一放就给忘记了,而且他还记得当时觉得这份报告有很大的难度,特别是执行思路和客户信息这一块,不属于自己的业务范畴,需要别的部门配合,因此就拖了下来,也没有及时把困难向赵经理报告,没想到这一拖把这事拖黄了。

小李满头大汗,只能实事求是地告诉赵经理,由于工作太多,而且这项工作有很大的难度,他给忘了。赵经理要求小李在全体员工会议上做深刻检讨。小李听后,心里充满了委屈,心想自己一直任劳任怨,没有功劳还有苦劳,这赵经理也太没人情味了,不就是工作没按时完成,至于这样兴师动众地让自己难堪么!

问题:
(1) 小李的问题出在哪?
(2) 什么是向上沟通?向上沟通的方式有哪些?
(3) 在工作中应如何做好与上司之间的沟通?

三、技能训练

根据本章内容,完成以下实训。

1. 完成下列表格,思考你在准备与他人进行沟通时,是否注意到以下几个问题,分析自己在与人沟通过程中存在的优缺点。

需要注意的问题	要　点	具体内容确认
问题1：Why？为什么发送信息？	明确沟通目的 清晰 简明	
问题2：What？信息内容是什么？	简洁 准确 突出重点 是否需要配合恰当的肢体语言	
问题3：Who？信息接受者是谁？	谁是你的信息接受者 接收者的个性特征 接受者的观念 接受者的需要	
问题4：Where？何处发送信息？	地点选择是否恰当 环境是否不被干扰	
问题5：When？何时发送信息？	时间是否恰当 己方情绪是否稳定 对方情绪是否稳定	
问题6：How？采用何种信息发送方式？	电话 面谈 会议 信函 备忘录 短信 其他 微信 邮件	
个人在沟通方面的优点		
个人在沟通方面的缺点		

2. 模拟演练，当客户存在异议时，你有哪些应对技巧？学生分成一对一进行模拟演练，一名学生扮演客户，另一名学生扮演推销人员。

客户存在的异议	你的应对技巧
我要考虑考虑	
我们的预算已经用完了	
我要和我的老板（上司、领导、同事、老婆）商量	
我还没有准备要买	
最近没空，三个月后再来找我吧	
没有钱买	
现在生意难做，不景气	
这不是我负责的	

续 表

客户存在的异议	你的应对技巧
我们已经有合作伙伴了	
你们的价钱太高了	
我们还要比较一下其他的供应商	
其他	

3. 职场沟通自检表

你在传递信息时,是否有效地利用了口头语言和肢体语言两种方式来明确信息的内容?

	确定信息内容	是	否
肢体语言	① 上级呼叫时,是否立刻有精神地回应?		
	② 面对上级时是否携带笔记用具及备忘录?		
	③ 是否详细地记录下上级的命令内容?		
	④ 是否耐心地听上级把话讲完?		
口头语言	⑤ 不清楚的地方是否向上级说明了?		
	⑥ 是否就自己的能力、完成期限、命令的难易度检讨自己执行的可能性?		
	⑦ 是否及时地向上级反馈了任务完成进程中遇到的问题?		
	⑧ 是否及时地向上级汇报了任务的完成情况?		

第三章 商务沟通战略

 知识目标

1. 理解商务沟通战略的内涵。
2. 理解商务沟通的基本战略。
3. 能够进行商务沟通战略选择。

 技能目标

1. 根据实际情况,在商务沟通中灵活运用回避、和解、竞争、合作等沟通战略。
2. 根据实际情况,在商务沟通中能够灵活运用价值创造与增长战略。

 本章知识结构

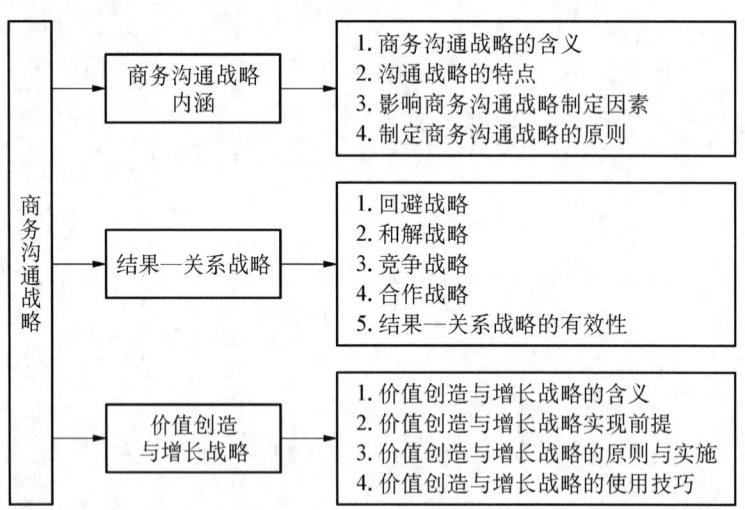

引导案例

华信集团是业内知名企业,拥有数量庞大的分支机构,遍布全国各地。由于受经济危机的影响,集团人事部门决定进行人事精简。初步估计,此次人事精简涉及各分部约上千名员工,其中大部分为外地员工。总部人事部门具体安排部署如下。

部门组建:总部先成立负责人事精简的管理部门,同时在各地分部临时组建专门小组来共同负责具体事宜。分部的专门小组人员构成为两名,一名全职和一名兼职,兼职人员需要在日常工作之外来处理人事精简的相关事宜。

具体工作安排:总部将有关换岗和自愿离职的详细信息经由分部专门小组传达给涉及人事精简的所有员工。这些信息包括以下五点:

(1) 涉及人事精简的相关员工选择如下:第一,换岗(薪水更低,但公司提供岗位培训);第二,自愿退休。

(2) 当地人才市场机会有限,且大多数涉及人事精简的员工的技能也并非人力资源市场所急需。

(3) 换岗以及调入集团下其他公司的机会虽然存在,但数量极其有限。需要换岗的员工需要先提交换岗申请,由换岗单位根据申请员工具体情况择优选择,详细岗位信息和要求也都一并通知。

(4) 公司会给予相关员工详细的财务咨询并帮助他们做出选择,同时也会举办一系列讨论会和这些员工讨论调岗和退休各自存在的优劣。

(5) 公司总部制定的再就业培训也对全部员工开放。

结果,大多数员工选择自愿退休,但是在统一签约时,员工代表团和集团发生激烈争执,焦点在于员工认为集团没有提供全面的调岗信息和足够、及时的再就业培训。此事惊动了行业商会,公司总部立刻安排人员调查,发现目前存在以下问题:

(1) 一些分部部门无法完全了解所有员工的个人要求,员工的个人能力也得不到充分发掘,无法保证每个员工特别是外地员工是否真正理解他们所能够享有的权益。

(2) 通知虽然涵盖每个地区和部门的职位调换机会,但是员工并不能彻底了解跨地区职位调换的机会情况。

(3) 管理部门和员工关系恶劣,导致摩擦和冲突日益激化。

人事总监叶扬经过调查研究,向公司高层提出了自己的看法:导致此次冲突事件的关键因素是此项行动没有重视人事管理上的沟通战略,具体就是缺乏足够的反馈和监督体系来明确总部和分部的角色和责任。这导致了:

(1) 总部做出了错误估计,认为分部员工能够得到足够的帮助。

(2) 分部缺乏足够的资源来开展这项人事管理行动,但却未及时向总部报告。

(3) 总部忽略了各分部员工对于全国性、跨地区的换岗需求,将员工换岗的可能性局限于当地,而非全国。

(4) 集团没有建立有效的沟通网络,从而使这些信息在总部、各分部之间充分共享。

他的汇报引起了高层的重视,并因此被任命重新开展这项行动。

问题提示

如果你是叶扬,你应该采取什么策略和行动来实现更有效的沟通战略呢?

3.1 商务沟通战略的内涵

3.1.1 商务沟通战略的含义

所谓商务沟通战略,是指为实现特定的商务沟通目标而对某项商务活动实施的统筹规划与行动纲领。商务沟通战略属于商务沟通的宏观层面,指实现沟通总目标的原则和方案,着眼于长远利益和全局性,有完整性、层次性、阶段性、相对稳定性等特点。而商务沟通策略则属于商务沟通的微观层面,是实现战略的具体方案、手段和战术的总称。商务沟通战略作为沟通过程中的总体把握,对整个沟通过程以及沟通的结果显然起着提纲挈领的作用。

3.1.2 商务沟通战略的特点

跟具体的商务沟通策略和技巧相比,商务沟通战略具有以下特点。

1. 宏观性

商务沟通战略是一种宏观层面的概念,它是对商务沟通全局的一种总体设想,它的着眼点是整体而不是局部,是从宏观角度对商务沟通的一种较为理想的设定。商务沟通战略所提出的是商务沟通的总任务和总要求,同时,它所规定的是整体发展的根本方向。因此,商务沟通中所提出的商务沟通战略总是高度概括的。

2. 长期性

商务沟通战略是一种长期战略。它的着眼点是未来和长远,因为商务沟通战略是关于未来的设想,它所设定的是商务沟通过程中综合各方因素而试图达到的对现实状况的一种根本性的改造。商务沟通战略所规定的是一种长期的发展方向,它所提出的是一种长期的措施和目标,绝不是一蹴而就,而是要经过相当长的努力才能够保证其达到满意效果。

3. 相对稳定性

既然商务沟通战略是一种长期战略,是总方向、总任务,那么它在其所规定的时间内就应该是相对稳定不变的。这样,在商务沟通战略总体的实施和调整过程中,才会有比较明确的方向,对商务沟通目标的实现才会树立起坚定的信念。当然,强调商务沟通战略的稳定性并不排斥根据客观需要和情况的发展而对战略做必要的修正。

4. 全面性

商务沟通战略是一种整体性要求。它虽着眼于未来,但却没有抛弃现在;它虽着眼于全局,但又不排斥局部。科学的沟通战略,总是对现实利益与长远利益、局部利益与整体利益的综合反映。科学的沟通战略虽然总是概括的,但它对具体的策略要求,却又总是全面的,甚至是相当具体的。

5. 可分性

商务沟通战略作为一种实现沟通总目标的原则和方案总是可以分解成某些具体目标、具体策略和具体要求的。这种分解既可以在空间上把沟通战略分解成一个方面又一个方面的具体目标和具体策略,又可以在时间上把长期战略分解成一个阶段又一个阶段的具体目标和具体策略。只有把沟通战略适当分解,才能保证其可操作性。因此,只有保证商务沟通战略的可分性,战略才会是可实现的。

6. 可接受性

商务沟通战略的实施主要是通过商务沟通的具体实施人员以及沟通对象来实现的,因此,沟通战略必须能够被他们理解并接受。企业在制定沟通战略时一定要注意协调,保证沟通战略能够被沟通双方所接受。

3.1.3 影响商务沟通战略制定的因素

商务沟通战略至关重要,了解影响商务沟通战略制定的相关因素自然就非常有必要了。一般来说,影响商务沟通战略制定的主要因素有以下几种。

1. 利益契合度

在商务沟通的过程之中,利益契合度是影响商务沟通的首要因素之一。沟通双方的利益契合度如何,直接影响着沟通战略的选择与实施。对于利益契合度较高的沟通双方,制定沟通战略的重点就在于如何让双方利益更大化,最大程度上实现双赢。而对于利益契合度并不是太理想的沟通双方,一方面需要双方具有战略眼光,从长远和各个综合方面去创造出更高的利益契合度;另一方面可以根据实际情况调整沟通战略,让沟通双方在战略化沟通的过程中实现各自效用最大化。可以说,双方的利益契合度在商务沟通的整个过程中均影响着沟通战略的选择和调整。

2. 市场势力对比

沟通双方的市场势力对比对沟通战略的选择而言是至关重要的。所谓市场势力对比,指的是双方在沟通过程之中,对双方所持有的市场的优劣和筹码的对比。显然,具有优势的一方在沟通过程中所选取的战略和具有劣势的一方在战略重点上一定会有所不同。沟通的双方应该及时意识到双方市场势力对比情况,根据自身情况制定适当的沟通战略。

3. 合作意愿与态度

合作意愿和态度是决定商务沟通是否能够顺利进行的重要因素,也是制定商务沟通战略的过程中非常重要的影响因素。对于合作意愿和态度不甚理想的沟通项目,在制定沟通战略的初期,重点显然是要提高对方的合作意愿与积极性。因为只有较高的合作意愿与积极的合作态度,才是沟通战略发挥最大作用的保证。

4. 目标重合度

在进行商务沟通之初,明确各自沟通的目标是第一步,然后根据沟通的战略目标制定和实施具体的沟通战略。但是一般情况下,双方各自的战略目标显然是有所不同甚至会背道而驰,此时,考查双方的目标重合度显然就非常有必要。根据双方目标重合度情况,合理制定沟通战略,把握沟通的正确方向,是保证沟通效果的重要一环。

5. 双方谈判风格与态度

商务沟通战略是大方向,但是确定方向的同时,也不可忽略沟通过程中双方的谈判风格与态度对沟通战略的影响。因为谈判的战略虽然在总体上存在着一致性和稳定性,但是在实施过程中显然也要考虑双方具体的谈判风格与态度的影响,根据具体情况,结合沟通目标和所处阶段,及时调整和把握沟通的战略方法,保证沟通效果。

3.1.4 制定商务沟通战略的原则

1. 知己知彼原则

"知己"即首先了解自己,了解自身的各方面实际情况,看清自己的实际水平与现处的市场地位,这对于商务沟通地位的确立及决策的制定十分重要。只有对自身情况了如指掌,才能更全面地分析自己的优势、劣势,评估自己的力量,从而认定自我需要,满怀信心地坐在谈判桌前。然而,仅仅了解自身是不够的,代表对方进行商务沟通的人员作为直接参与商务沟通的当事人,其沟通技巧、个人素质、情绪及对事物的分析应变能力直接影响商务沟通的结果。因此,制定商务沟通战略时不仅要"知己",还要"知彼"。

"知彼"即对商务沟通对手调查分析,越了解对方,越能掌握商务沟通的主动权。在制定商务沟通战略初期,应针对对手的一系列基础性信息进行全面调查,分析对方市场地位,明确其商务沟通目标,即了解对方为什么沟通,是否存在一些会对沟通战略产生影响的因素,将其优势、劣势细细分析,使自己能避实就虚,在商务沟通中占主动地位。

除了"知己"与"知彼",制定商务沟通战略时还需要做到"知同行"。"知同行",顾名思义,就是关注行业内其他企业的各种状况。随着经济的发展,企业所面临着的国内外同行业的竞争越来越激烈。为了避免在商务沟通过程中被忽视的第三方坐收渔翁之利,我们必须以主动的姿态对整个市场、整个行业的相关状况及形势展开调查和进行研究,把握行业和其他对手的信息,对比优势及差距,便于我方在商务沟通的具体过程之中,扬长避短,选择最优的谈判战略。

2. 互利互惠原则

商务沟通是为了追求利益,让自己利益最大化的同时,也要让对方获利,实现双赢。在商务沟通过程中,以维护利益为前提,每一方都应该明白:在商务沟通中所做的一切都是要维护己方的利益。但是要避免只站在己方的立场上去解决问题。这是因为片面地坚持己方立场,无法达成一个明智、有效而又友好的协议。为捍卫立场所进行的商务沟通,最常见的就是沟通的一方或双方不顾对方的客观情况,不考虑对方利益,一味地强调己方的得失。在这种情况下,即使某一方有时争取到近期利益,但却损害了长远利益,这显然是违反商务沟通战略的制定初衷的。因此,要想使己方利益得到长远、彻底地维护就要消除双方的敌意,寻找双方利益的共同点,这样达成的协议才会使双方的利益持续不断地增长。

在商务沟通中,商务沟通战略一直被视为是一种合作或作为合作而进行的准备。因此,商务沟通最圆满的结局,应当是所有参与者各取所需,各偿所愿,同时也都照顾到其他各方的实际利益,是一种多赢的局面。互惠互利原则要求商务沟通双方在适应对方需要的情况下,互通有无,使双方都能有所得;在考虑己方利益的同时,也要照顾双方利益,使商务沟通结果实现等价交换,互惠互利。当然,互利互惠不等于利益均分,双方可能一方获得利益多一些,另一方获得利益少一些,这主要取决于双方各自拥有的实力和沟通战略效果等因素。

3. 目标确定原则

在商务沟通正式开始之前,就必须确定沟通目标,因为整个商务沟通活动都要围绕确定的目标来进行。沟通目标是对商务沟通所要达到结果的设定,是制定沟通战略的核心。分析企业的内部条件和外部环境,根据企业的经营目标提出明确的商务沟通目标。商务沟通目标是一种体系,包括最低目标(基本目标)、可接受的目标(争取目标)、最高目标(期望目标),在具体沟通战略制定和实施的过程之中,应按其重要性,确定商务沟通双方各自的目标的优先顺序。

沟通目标设定好之后,沟通双方明确商务沟通任务,制定和调整沟通战略,从而激励相关人员努力实现这一目标,进而带来对己方有利的商务沟通结果。在设定商务沟通目标时,应注意目标需有弹性,即要制定多层次目标——理想目标、可接受目标、最低目标。商务沟通前所制定的目标不是盲目的,而是在分析了对方情况,考虑了对方合理的利益基础上做出的,不是单方面的意愿。只有这样,谈判才能顺利进行下去,双方才有可能获得"满意"结果。

4. 灵活变通原则

灵活变通原则是指沟通者在把握己方最低利益目标的基础上,为了使商务沟通达到自己的目标,用多种途径、多种方法、多种方式灵活加以处理的原则。商务沟通具有很强的随机性,因为它受到多种因素的制约,其变数很多,所以,只有在整个商务沟通过程中随机应变,灵活应对,加以变通,才能提高沟通成功的概率。这就要求商务沟通战略的制定者具有全局、长远的眼光,敏捷的思维,灵活地进行运筹,善于针对商务沟通内容的轻重、对象的层次和事先决定的沟通战略部署和方案设计,而随时做出必要的改变,以适应商务沟通过程中的各种变化。在维护自己一方利益的前提下,只要有利于双方达成协议,商务沟通战略的调整和变动是必然选择。在商务沟通中,往往是冲突利益之中体现着共同利益,只有把握灵活应变原则,才能发挥商务沟通战略的最佳效用。

3.2 结果—关系战略

根据商务人员对沟通结果及现在、今后与对方关系的关注程度,萨维奇、布莱尔和索伦森(Savage,Blair and Sorenson)在普瑞特双重关注模型的基础之上提出了一个商务沟通战略的模型,如图3-1所示。

		沟通结果	
		重要	不重要
现在及今后的关系	重要	合作	和解
	不重要	竞争	回避

图 3-1 结果—关系战略模型

由结果—关系战略模型可知,在商务沟通中,我们可以根据沟通结果的重要性和现在及今后关系的重要性不同选择回避、和解、竞争、合作等四种不同的沟通战略。接下来我们一一分析各种战略。

案例 3-1   **越谈越慢的沟通**

美国要求日本开放市场,日本人说,我是愿意开放市场,但是开放到什么程度才算符合开放市场的要求,这点我们必须先确定。所以,他们花了很长一段时间去研究如何建立一个"评估是否开放市场"的标准。接着日本又说,开放市场有两种途径,一是降低关税,二是减少对日本国内业者的补贴,这样才能让进口商品和本地产品站在同一个起跑线上竞争。这两种方式如何配合才能减少市场冲击?这样,新议题不断被加进来,沟通过程也越愈来愈慢。

思考:该案例用到了什么样的商务沟通战略?具体采用了什么样的方法和手段呢?

3.2.1 回避战略

1. 回避战略的概念

回避战略是指既不合作又不武断,既不满足自身利益又不满足对方利益的冲突管理战略。奉行这一战略者无视双方之间的差异和矛盾对立,或者保持中立姿态,试图将自己置身事外,任凭冲突事态自然发展,回避冲突的紧张和挫折局面,以"退避三舍""难得糊涂"的方式处理冲突问题。回避战略可以避免冲突问题扩大化。当冲突主体相互依赖性很低时,还可避免冲突或减少冲突的消极结果;但当冲突双方相互依赖性很强时,回避则会影响工作,降低绩效,并可能会忽略某些重要的看法、意见和机会,致使对手受挫、招致非议、影响冲突的解决,故拟长期使用回避战略时,务必三思而后行。

回避战略无须进行商务沟通,因为沟通的结果以及现在和今后的相互关系都无足轻重,所以没有必要进行商务沟通。但这种避开对方的方式又不至于使双方关系破裂,另外,回避战略不等于妥协。

2. 回避战略的应用场景

回避战略会导致冲突各方进入僵局,所以也有人称之为回避——僵局方法。

回避战略常被使用或经常发生在以下场合:

(1) 冲突主体中没有一方有足够力量去解决问题;
(2) 与冲突主体自身利益不相干或输赢价值很低;
(3) 冲突一方或多方不关心、不合作;
(4) 彼此缺少信任、沟通不良、过度情绪化等,不适合解决冲突;
(5) 己方所有的要求及利益无须商务沟通也可实现;
(6) 追求的结果不值所费的时间及努力,也就是在投入与产出上不对称;
(7) 达到目标有其他可选择的方法;
(8) 己方要求很低或根本不存在。

3. 回避战略的表现和使用

回避战略的常见表现情形有:忽略冲突并希望冲突消失;以缓慢的程序节奏来平抑冲突;思考问题,该问题不作为主要考虑对象或将此问题束之高阁;以保密手段或言行控制来避免正面冲突;以官僚制度的政策规则作为解决冲突的方式方法。

个人、群体或组织采用回避战略时,一般遵循以下规律:

首先,思考避免冲突的理由何在:是因为不相信能够达成解决冲突的协议?还是缺乏相互依赖的利益,缺少对问题的关心?亦或是因为缺乏冲突处理的知识,惧怕对立对抗等?

其次,应当判断实行回避战略对冲突问题解决的建设性(生产性)影响和破坏性影响后果。

再次,应根据不同情况和目标需要实施不同层次的回避战略。

(1) "不予注意"式回避——第一层次的回避,指有意回避或忽视冲突存在,"冷却"冲突或寄希望于到一定时候冲突自行消失。

(2) "中立"式回避——第二层次的回避,指的是对冲突保持"中立"立场,限制相互作用,减少摩擦,或不表示看法的做法。

(3) 分开或"隔离"型回避——第三层次的回避,指的是冲突双方虽存在利益冲突,但工作任务已明确划分,双方相互关系有限;为了防止公开冲突或冲突的发展破坏,一方采取与冲突对方"隔离"或冻结互动关系,独自向其他方面追寻利益的做法。

(4) "撤退"式回避——第四层次的回避,指的是当己方实力远逊于对方,冲突失败的概率很高时,为了避免招致新的失败,确保继续生存而采取的主动"撤退"、避让的做法。

4. 回避战略的具体方法

在商务沟通中,回避战略有许多方法和手段,这里只分析常见的几种。

1) 模棱两可

一般说来,商务沟通中一方的立场、原则以及主要观点应该是鲜明的,但是,这些鲜明的东西在许多场合下却需要似是而非地表现出来。在商务沟通中,往往会遇到一些缠手问题,这时采取一种含糊其辞的战略,进可攻,退可守,这就比简单地说"是"或"否"更为可取。

案例 3-2　　含糊其辞的主席声明

中国台湾地区加入 GATT 的主席声明,也是模棱两可沟通战略的成功案例。1990 年 1 月,中国台湾要求以"台湾、澎湖、金门和马祖单独关税区"的名义,申请加入 GATT。1992 年 2 月,中国代表团团长在与 GATT 副总干事、美国驻 GATT 大使谈话中明确表示,中方认为 GATT 理事会主席关于中国台湾入关声明,应该明确地确认理事会须先审议中国工作组的报告并通过中国议定书之后,才能审议中国台湾工作组报告及议定书。美国政府同意一个中国,中国台湾加入 GATT 应遵循不得早于中国的原则。但美国政府这样做又会遭到美国国会的指责和反对。美国政府处于两难的境地。经过谈判,主席声明的最后定稿写道:"在承认一个中国的原则下,照顾到中国和一些缔约方的立场,必须首先审议中国工作组报告书,并通过中国恢复 GATT 地位议定书。"但声明同时还写道"一些国家赞成中国立场,另一些国家持有不同意见"。赞成的与持不同意见的在声明中也没分主次。

2)故意拖延

商务沟通中的故意拖延是指对必须进行的沟通工作不按时进行而往后推迟,这是通过拖延而实行的回避战略。

案例 3-3　　打瞌睡的外交总长

第一次世界大战期间,日本向北洋政府提出二十一条要求时,年迈的外交总长陆征祥招架不了日方的凌厉攻势,最后只好使出最原始的招数——在谈判桌上打起瞌睡,睡着了……

想一想: 年迈的外交总长陆征祥为什么要在谈判桌上打瞌睡?

3)抽象承诺

抽象承诺是回避实质性问题的一种手法,它使对方得不到实际权利。在商务沟通中,抽象承诺的具体实施办法有两种:一是将承诺赋予某种弹性或可塑性;二是将承诺的实施附加某种苛刻条件。

案例 3-4　　西奈半岛之争

1987 年,世界最紧张的焦点是位于埃及与以色列之间的西奈半岛(Sinai Peninsula)。这块地区是以色列军队在 1968 年的"六日战争"时,从埃及手上夺下来的。11 年后,双方终于能够面对面坐下来开始谈判。但是埃及坚持要以色列归还整个半岛地区;以色列说办不到。埃及说:"这块土地在法老王时代就属于我们。它是我们的文化,我们的自尊!"以色列说:"放弃西奈就如同放弃我们的盔甲。如果埃及拥有西奈,他们的坦克车随时都可以打过来!"眼看事情要僵,甚至可能又引发战火,门突然打开,双方和平地走出来了! 最后这个难题是如何解决的呢? 埃及总统萨达特回去对他的人民说:"整个半岛都是我们的!"以色列的总理比金则对他的民众说:"不错,但埃及同意把西奈的大部分划为'非军事区'。所以沙子上虽然插着他们的国旗,却不会有他们的坦克!"

3.2.2　和解战略

1. 和解战略的概念

和解也称妥协,实质上是一种交易。和解战略指的是一种合作性和武断性均处于中间状态,适度(居中)地满足自己的关心点和满足他人的关心点,通过一系列的谈判、让步,避免陷入僵局,"讨价还价"的部分满足双方要求和利益的冲突管理战略。和解战略是一种被人们广泛使用的处理冲突方式,它反映了处理冲突问题的实利主义态度,有助于改善和保持冲突双方的协和关系。尤其在促成双方一致的愿望时十分有效。奉行此战略时,应在满足对方最小期望的同时做出让步,冲突双方应当相互信任并保持灵活应变的态度,着重要防止满足短期利益在前,牺牲长远利益在后的妥协方案或妥协策略的消极影响。

因此,当商务沟通的结果并不重要,但保持或增进与对手的关系十分重要的时候,选择和解战略。如果商务沟通的目标是致力于长远,愿意牺牲眼前的利益去换取今后与对方的长期战略合作,将关系延伸到某一次具体的商务沟通之外,以巩固和加强双方的联系,则采用和解战略是必要的。商务沟通中的和解战略是有得有失的一种选择,"此一时的所失"是通过维持长期交易关系的"彼一时所得"来加以补偿的,和解战略的平衡机制是"关系"。因而,和解战略也称为让步战略,通过降低自身的目标和要求取得谈判中的灵活与主动,达成协议的可能性会大大增强。

案例 3-5

在一次引进设备的谈判中,某公司根据两家外国公司报来的信息与价格,同两家公司分别做了初步洽谈,发现 A 公司虽然名声不是很响亮,但是设备质量较好,该公司选择 A 公司作为可能的合作伙伴。A 公司的报价为 380 万美元。根据各方面情况的综合考虑,这个价格偏高,谈判的关键是要把它降下来。

于是,该公司邀请 A 公司派代表来洽谈。通过几轮谈判,A 公司几次降价,最后报出价格为 320 万美元,并声明再降 1 美元,他就不干了。然而事实上根据得到的情报,按照这个价格 A 公司仍可获得可观的利润,因此这个价格似乎还是高了些。

这个时候,该公司坦率地告诉 A 公司谈判代表:虽然贵公司做了很大让步,但我们在该项目上的定价是 300 万美元,超过这一限度,要另向上级申请,能否批准,心里也没底;希望贵公司再做一次最后的报价,否则,虽然非常希望购买贵公司的设备,也只能另找供应商了。

A 公司谈判代表虽然不大乐意,但眼看着就要到手的合同就要泡汤,只得再紧急与公司总部磋商,最后终于以 298 万美元同该公司达成购买设备协议。

思考:该案例运用了怎样的沟通战略?对你有什么启发?

2. 和解战略的应用场景

和解策略可能发生或经常使用于以下场合:

(1) 商务沟通的时间压力大,为了在临近期限达成协议,只有做出让步;
(2) 存在某些可以让步的利益,但这些利益无关大局;
(3) 商务沟通的底线目标与理想目标有较大退让空间,存在较多的可谈判区域;
(4) 为了建立长期战略关系;
(5) 冲突双方无一方有能力包赢,从而决定按各方所见的有限资源和利益来分配(结果);
(6) 双方未来的利益有一定的相互依赖性和相容性,有某些合作、磋商或交换的余地;
(7) 双方实力相当,任何一方都不能强迫或压服对方;
(8) 双方各自独立,互不信任,无法共同解决问题,但赢的赌注较多。

3. 和解战略的表现和使用

和解战略的常见表现情形有:① 谈判;② 寻求交易;③ 寻找满意或可接受的解决方案。

和解战略中讨价还价技巧有 4 个层级:一是不做实际承诺,但表明灵活的立场;二是做很少让步,但须等对方做出反应之后才会有实际进展;三是提供双方都能接受的具体交易条件;四是非正式地暗示对方的让步将有所报答。

4. 和解战略的使用原则

1）目标价值最大化原则

应当承认，在商务沟通中的很多情况下的目标并非是单一的一个目标，在沟通中处理这些多重目标的过程中不可避免地存在着目标冲突现象，沟通的过程事实上是寻求双方目标价值最大化的一个过程，但这种目标价值的最大化并不是所有目标的最大化，如果是这样的话就违背了商务沟通中的平等公正原则，因此也避免不了在处理不同价值目标时使用和解战略。不可否认在实际过程中，不同目标之间的冲突是时常发生的，但是在不同目标中的重要价值及紧迫程度也是不相同的，所以在处理这类矛盾时所要掌握的原则就是需要在目标之间依照重要性和紧迫性建立优先顺序，优先解决重要及紧迫目标，在条件允许的前提下适当争取其他目标，其中的和解战略首要就是保护重要目标价值的最大化，如关键环节——价格、付款方式等。

成功的商务人员在解决这类矛盾时所采取的思维顺序是：① 评估目标冲突的重要性，分析自己所处的环境和位置，在不牺牲任何目标的前提下冲突是否可以解决；② 如果在冲突中必须有所选择的话，区分主目标和次目标，以保证整体利益的最大化，但同时也应注意目标不要太多，以免顾此失彼，甚至自相混乱，给对手以可乘之机。

2）刚性原则

在商务沟通中，双方在寻求自己目标价值最大化的同时也对自己最大的让步价值有所准备，换句话说，沟通中可以使用的让步资源是有限的，所以，和解战略的使用是具有刚性的，其运用的力度只能是先小后大，一旦让步力度下降或减小则以往的让步价值也失去意义；同时对手对于让步的体会具有"抗药性"，一种方式的让步使用几次就失去了效果，同时也应该注意到对手的某些需求是无止境的。

必须认识到，让步战略的运用是有限的，即使我们所拥有的让步资源比较丰富，但是在沟通中对手对于我们的让步的体会也是不同的，并不能保证取得预先期望的价值回报。因此，在刚性原则中必须注意到以下几点：① 对手的需求是有一定限度的，也是具有一定层次差别的，让步战略的运用也必须是有限的、有层次区别的；② 让步战略运用的效果是有限的，每一次的让步只能在一定时期内起作用，是针对特定阶段、特定人物、特定事件起作用的，所以不要期望满足对手的所有意愿，对于重要问题的让步必须给予严格的控制；③ 时刻对于让步资源的投入与我们所期望效果的产出进行对比分析，必须做到让步价值的投入小于所产生的积极效益。在使用让步资源时一定要有一个所获利润的测算，我们需要投入多大比例来保证所期望的回报，并不是投入越多回报越多，而是寻求一个二者之间的最佳组合。

3）时机原则

所谓让步战略中的时机原则就是在适当的时机和场合做出适当适时的让步，使让步的作用发挥到最大、所起到的作用最佳。虽然让步的正确时机和不正确时机说起来容易，但在商务沟通的实际过程中，时机是非常难以把握的，常常存在以下种种问题：① 时机难以判定。例如，在对方提出要求时就认为让步的时机到了或者认为让步有一系列的方法，结束时是最佳的时机。② 在商务沟通中，商务人员仅仅根据自己的喜好、兴趣、成见、性情等因素使用让步战略，而不顾及所处的场合、沟通的进展情况及发展方向等，不遵从让步战略的原则、方式和方法。这种随意性导致让步价值缺失、让步原则消失，进而促使对方的胃口越来越大，在沟通中丧失主动权，导致沟通失败，所以在使用让步战略时千万不得随意而为之。

4) 清晰原则

在商务会谈的让步战略中的明晰原则是：退让的规范、退让的对象、退让的来由、退让的详细内容及施行细节该当精确清楚明了，防止由于退让而招致新的问题和矛盾。经常见到的问题有：① 退让的规范不清楚，使对方觉得他的希冀与我们的退让意图错位，甚至觉得我们没有在问题上退让而是模糊其词；② 方法、内容不明晰，在沟通中我们所做的每一次退让必须是对方所能明白感触到的，也就是说，退让的方法、内容必须精确，有力度，对方可以清楚地觉得到我们所做出的退让，然后激起他的反应。

5) 弥补原则

如果迫不得已，再不做出让步就有可能使沟通失败的话，也必须把握住"此失彼补"这一原则。即这一方面（或此问题）虽然给了对方优惠，但在另一方面（或其他地方）必须加倍地，至少均等地获取回报。当然，在沟通中，如果发觉在此问题上若是让步可以换取彼处更大的好处时，也应毫不犹豫地给其让步，以保持全盘的优势。

因此，在商务沟通中，为了达成协议，让步是必要的。但是，让步不是轻率的行动，必须慎重处理。成功的让步战略可以起到以局部小利益的牺牲来换取整体利益的作用，甚至在有些时候可以达到"四两拨千斤"的效果。

3.2.3 竞争战略

案例 3-6

一个犯人被单独监禁，监狱当局已经拿走了他的鞋带和腰带，因为担心他会伤害自己。这个囚犯整日无所事事，在单人牢房里无精打采地走来走去。他提着裤子，不仅是因为他失去了腰带，而且因为他失去了 15 磅的体重。从铁门下面塞进来的食物是些残羹剩饭，他拒绝吃。但是现在，当他用手摸着自己的肋骨的时候，他嗅到了一种万宝路香烟的味道。他喜欢万宝路这个牌子。通过门上一个很小的窗口，他看到门廊里一个卫兵正在吸烟，只见他深深地吸一口烟，然后慢悠悠地吐出来。这勾起了囚犯的烟瘾。于是，他用他的右手指关节客气地敲了敲门。卫兵慢慢地走过来，傲慢地哼道："你要干什么？"囚犯回答说："对不起，请给我一支烟，就是你抽的那种万宝路。"

卫兵感到很惊异，囚犯还想要烟抽，真是异想天开。他嘲弄地哼了一声，就转身走开了。这个囚犯却不这么看待自己的处境。他认为自己有选择权，他愿意冒险检验一下他的判断，所以他又用右手指关节敲了敲门，这一次，他的态度是威严的。那个卫兵吐出一口烟雾，恼怒地扭过头，问道："你又想要什么？"囚犯回答道："对不起。请你在 30 秒之内把你的烟给我一支，否则，我就用头撞这混凝土墙，直到弄得自己血肉模糊，失去知觉为止。如果监狱当局把我从地板上弄起来，让我醒过来，我就发誓说这是你干的。当然，他们绝不会相信我。但是，想一想你必须出席每一次听证会，你必须向每一个听证委员会证明你自己是无辜的。想一想你必须填写一式三份的报告，想一想你将卷入的事件吧——所有这些都只是因为你拒绝给我一支劣质的万宝路！就一支烟，我保证不再给你添麻烦了。"

卫兵会从小窗里塞给他一支烟吗？当然给了。他替囚犯点上烟了吗？当然点上了。为什么呢？因为这个卫兵马上明白了事情的利弊得失。不管你的境遇如何，总会比那个用左手使劲提着裤子的囚犯好一些。尽管这一囚犯与卫兵处于不平等的地位，但他有效地利用自己的权利改变了双方的实力对比，达到了他的目的。

想一想：案例中的囚犯运用了什么样的沟通战略？

1. 竞争战略的概念

竞争战略又被称为强制战略，是一种"我赢你输"，武断而不合作的冲突管理战略。奉行这种战略者，往往只图满足自身目标和利益却无视他方的目标和利益，常常通过权力、地位、资源、信息等优势向对方施加压力,迫使对方退让、放弃或失败来解决冲突问题。这种战略难以使对方心悦诚服,并非解决冲突佳法,但在冲突主体实力悬殊或应付危机时较为有效。竞争战略就是在商务沟通中只关注自身的结果而不考虑与对方关系保持、发展的沟通思维。竞争战略只关注一方利益,是一种有得有失的选择。

2. 竞争战略的应用场景

竞争战略适合下列情形:

(1) 获得结果对自身绝对有利,必须赢;
(2) 不存在退让条件,竞争并不会影响与对手的关系;
(3) 预计对方也是采取竞争战略;
(4) 双方目标相差悬殊,重合区域较小,沟通具有"零和"特征;
(5) 实力强大的一方不关注对方的利益;
(6) 对手找不到替代方案或只存在为数不多的替代方案;
(7) 产生"赢—输"局势;
(8) 敌对争斗;
(9) 迫使对方认输;
(10) 运用权力等优势以达到自身目的。

3. 竞争战略的使用

选择竞争战略时,需要进行权衡与思考,看是否满足以下条件:

(1) 冲突各方中有一方具有压倒性力量;
(2) 冲突发展在未来没有很大的利害关系;
(3) 冲突中获胜的成本很高,赢的"赌注"很大;
(4) 冲突一方独断专行,另一方则消极而为;
(5) 冲突各方的利益彼此独立,难以找到共赢或相容部分;
(6) 冲突一方或多方坚持不合作立场。

另外,任何主体在决定是否采用竞争战略时,应当认真权衡实行此战略之成本与利益,慎重回答这样几个问题:

(1) 自身有无足够实力保证一定能赢?输的概率有多大?输的结果是什么?
(2) 此策略是否导致最希望的结局?
(3) 此策略导致的结局是否能以更缓和的策略、更节省的时间或更低的成本取得?
(4) 该领域的竞争是否会导致其他领域的竞争?对自身的损害可能有多大?

需要注意的是,采用竞争战略的谈判各方,其冲突不可避免,但他们冲突的激烈程度及其表现方式是不同的。通常采用的竞争策略主要有货比三家、联合取胜、制造竞争、放低球、渔翁得利等。

案例 3-7

美国通用汽车公司曾经启用了一个名叫罗培兹的采购部经理,他上任半年,就帮通用汽车公司增加了净利润 20 亿美元。他是如何做到的呢?汽车是由许许多多的零部件组成的,其大多是外购件,罗培兹在上任的半年时间里只做了一件事,就是把所有的供应配件的厂商请来谈判,他说,我们公司信用这样好,用量这样大,所以我们认为,现在要重新评估采购配件的价格,如果你们不能给出更好的价格,我们就打算更换供应配件的厂商。这样谈判下来之后，罗培兹在半年的时间里就为通用汽车公司省下了20亿美元！

3.2.4 合作战略

案例 3-8

一位买方收到卖方报价：14 750 美元，提供 10 台计算机及相应的软件，报价包括送货及安装软件。买方货比三家，研究了几份不同的报告后，要求卖方将价格降到 12 500 美元。12 500 是买方最高承受价，高于这个价根本不考虑购买；而卖方的底价是 12 875，低于这个价格就会亏损，有亏损自然不会卖。这样，眼看 375 美元的差价就要棒打鸳鸯了，怎么办？卖方这时想，我们能否创造什么新的价值来调节买方因为价格带来的心理不平衡，我们在价格上或许不能让步，然而，能够提供什么样的附加服务或者附加价值呢？买方这时也在想，我们能否在某些方面获得其他实质性补偿呢？双方一合计，新的解决方案出来了，价格按照卖方的底价走，但可以为买方提供免费培训，而卖方所提供的这种培训正是买方所需要的。每周举办一期培训班，收费是 187 美元。卖方可以免费为买方提供几个培训名额。

于是卖方向买方提出了每周送 1 至 2 人免费参加培训的建议，总共 5 个名额。另外，还可以以较低的价位向买方提供大的控制器或其他硬件设备。这个建议令买方很满意，虽然产品本身价格高于心理预期，但可以获得更多的培训机会，节省了更多的培训费用。卖方也非常高兴，因为他为买方提供培训名额，费用几乎不增加。

思考：上述案例使用了什么沟通战略？

1. 合作战略的概念

合作战略指的是在高度合作精神和不武断的情况下，尽可能地满足冲突主体各方利益的冲突沟通战略模式。合作战略是指在沟通中不仅关注自身的沟通结果，同时也关注与对方关系的保持和发展。奉行这种战略者必须既考虑自己关心点满足的程度，又考虑使他人关心点得到满足的程度；尽可能地扩大合作利益，追求冲突解决的双赢局面。因而，合作战略是一种共同努力的双赢模式。当关系及目标的实现都很重要时，沟通各方的通力合作成了必然的战略选择，相互依赖性决定了这样的战略选择对任何一方都是明智的和满意的。因而，追求一种合作或者互利的战略，通过交流、创造及理解来使双方的利益最大化。

竞争与合作战略似乎是水火不相容的，但往往需要在沟通中同时采用这两种战略。双方必须竞争，因为对方与自己的偏好不一致；同时又必须合作，这样才能保证最终达成协议。沟通就是在争论中寻求统一，在竞争中实现合作。在普瑞特看来，沟通就是尽量使双方最大限度地挖掘共同的整体潜能（Integrative Potential），即找到对沟通双方来说比原来那些方案更为合适的解决方案的可能性。

2. 合作战略的应用场景

合作战略的基本前提是：冲突是双方不可避免的共同问题；冲突双方相信彼此平等，应有平等待遇；双方充分沟通，信任对方，了解冲突情景；每一方都积极理解对方的需求和观点，寻找双赢方案。

合作战略是多数商务沟通中采用的战略，适合于下列情形：

(1) 很难做出让步；
(2) 竞争战略不具有可行性；
(3) 承受不起拖延的代价；
(4) 双方的目标存在较大的重合区域，可沟通的弹性大；

(5) 存在沟通的整体潜能,能够找到很好地协调双方利益的新方案。

3. 合作战略的实施原则

1) 解决双方需要

在沟通中,如果我们把对方看作是利益合作伙伴,我们就需要找到一个共同的解决问题的办法,朝着双赢的方向努力,双方都有使自己的需要得到尽可能多的满足的机会。对于这个问题的解决,不管达成什么样的协议,沟通双方将会有一个更加明确的观点,并可以使双方的需求在未来的商务沟通中更多地得到满足。

2) 寻求共同点

在人与人的交往之中,最重要的是求同。随着沟通的深入,即使是素不相识的人也会发现越来越多的共同点。商务沟通更是如此,沟通双方是本着合作的目的走到一起的,共同话题本来就会偏多。伴随着沟通的进展,双方会越来越熟悉,在某种程度上也会感到亲近,这时,心里的疑虑与戒备逐渐减轻,这无疑对达成协议大有裨益。寻求双方的共同点可以从以下方面入手:

(1) 工作上的共同点,比如共同的职业、共同的追求、共同的奋斗目标等;

(2) 生活上的共同点,如共同的国籍、共同的家乡、共同的信仰等;

(3) 兴趣爱好上的共同点,如共同喜欢的电影、体育比赛、国内外大事等;

(4) 共同熟悉的第三者,在同陌生人交往时,如果想要说服他,可以寻求双方都熟悉的另外一个人,这样双方就容易交流。

在商务沟通中,如果能够顺利地找到对方与我们在个人需求上的共同点,就可以很快地让棘手的问题迎刃而解,达成利于己方需要的条款。找到共同点,可从以下做起:

(1) 开阔视野,为共同利益提出多种解决方法;

(2) 从各种角度看待商务沟通所涉及的问题;

(3) 为沟通所涉及的问题解决方案提出多种选择;

(4) 在沟通中,努力强调共同利益给双方带来的好处;

(5) 着眼于对方的利益,而非观点;

(6) 为自己的利益努力的同时替对方的利益努力;

(7) 努力从对方的角度及观点看待商务沟通。

3) 引进新因素

沟通中的双赢局面,有时候是从几近破裂的沟通中获得的,关键在于及时引进新的因素。

4. 合作战略的使用

合作战略在使用中应充分考虑是否满足以下因素:冲突双方不参与权力斗争;双方未来的正面关系很重要,未来结果的赌注很高;双方都是独立的问题解决者;冲突各方力量对等或利益互相依赖。

合作战略旨在达成冲突各方的需求,而采取合作、协商,寻求新的资源和机会,扩大选择范围,"把蛋糕做大"的解决冲突问题方式。相比之下,妥协战略则局限于对固定资源、眼见的利益进行划分。实施合作战略一般应经由六个步骤:检查解决问题的程序与愿望;研讨需求和利害关系;定义问题;拟定与评估备选方案;选择各方能够接受的方案;确定执行方法及监控程序等。

3.2.5 结果—关系战略的有效性

上述四种结果—关系战略若从冲突双方相互间的得失权衡来看,竞争为彼失己得,合作为各有所得,和解为各有得失,回避为各无所得。但是,我们需要知道的是,影响商务沟通战略有效性的因素很多,每一种战略的有效性必须放到具体冲突的情形、环境、情节、矛盾、资源等实际状况中去考察,具体问题、具体处理、具体比较更能准确地说明问题。也有人提出,当运用某一战略处理特定冲突问题时,如果它能够使组织效益的贡献,社会需要和效益,组织成员的精神需要和伦理道德需要都得到满足,那么就可以说,此时的冲突管理策略是有效的。

五种结果—关系战略的有效情境和无效情境如表 3-1 所示。

表 3-1 冲突管理基本策略的有效性

策略方式	有效的情境	无效的情境
合作方式	• 总是很复杂; • 为了得到更好的解决办法,双方的结合是有必要的; • 为了成功地实施,另一方承担一定的义务是必须的; • 时间上允许彻底解决问题; • 一方不可能单独解决问题; • 为了解决共同的问题,需要利用双方拥有的资源	• 问题或任务很简单; • 要求迅速做出决策; • 另一方不关心最终的结果; • 另一方没有解决问题的技巧
迁就方式	• 相信自己是错的; • 问题对另一方更为重要; • 愿意放弃某些利益以从另一方获取一定的未来收益; • 从处于弱势的角度出发处理问题; • 维持双方的关系非常重要	• 问题对我们很重要; • 相信自己是对的; • 另一方是错误的或不道德的
竞争方式	• 问题很琐碎; • 必须尽快做出决策; • 有必要征服执己见的下属; • 对我们来说,另一方做出的不受欢迎的决策成本太高; • 下属缺乏做出技术性决策的能力; • 问题对我们很重要	• 问题很复杂; • 问题对我们并不重要; • 双方实力相当; • 一定要立即做出决策; • 下属的能力很强
回避方式	• 琐碎的问题; • 与另一方进行对抗的潜在破坏性超出了问题得到解决的收益; • 需要一定的"冷处理"的时间	• 问题对我们很重要; • 做出决策是我们的责任; • 双方都不愿意拖延,问题必须马上解决
妥协方式	• 双方的目标都是排他的; • 双方的实力相当; • 双方之间不可能达成一致; • 结合方式或强迫方式都不可能成功; • 需要一种解决问题的临时方案	• 一方更有实力; • 问题复杂到需要通过"解决问题"的方式来解决

3.3 价值创造与增长战略

案例 3-9

有一个妈妈把一个橙子给了邻居的两个孩子。这两个孩子便讨论起来如何分这个橙子。两个人吵来吵去,最终达成了一致意见,由一个孩子负责切橙子,而另一个孩子选橙子。结果,这两个孩子按照商定的办法各自取得了一半橙子,高高兴兴地拿回家去了。第一个孩子把半个橙子拿到家,把皮剥掉扔进了垃圾桶,把果肉放到果汁机上打果汁喝。另一个孩子回到家把果肉挖掉扔进了垃圾桶,把橙子皮留下来磨碎了,混在面粉里烤蛋糕吃。

在上述案例中,两个孩子各自拿到了看似公平的一半,然而他们各自得到的东西却未物尽其用。因为他们在事先并未做好沟通,也就是两个孩子并没有申明各自利益所在。没有事先申明价值导致了双方盲目追求形式上和立场上的公平,结果双方各自的利益并未在沟通中达到最大化。

如果两个孩子充分交流各自所需,可能会出现什么结果?

情况一:两个孩子想办法将皮和果肉分开,一个拿到果肉去喝汁,另一个拿皮去做烤蛋糕。此时,通过沟通双方各自获利将大大增加。

情况二:如果恰恰有一个孩子既想要皮做蛋糕,又想喝橙子汁,可能会出现什么结果?此时,如何创造价值就非常有必要了。假如,想要整个橙子的孩子提议可以将其他的问题拿出来一块谈。他说:"如果把这个橙子全给我,你上次欠我的棒棒糖就不用还了"。其实,他的牙齿被蛀得一塌糊涂,父母上星期就不让他吃糖了。另一个孩子想一想,很快就答应了。他刚刚从父母那儿要了五块钱,准备买糖还债。这次他可以用这五块钱去打游戏,才不在乎这酸溜溜的橙子汁呢。两个孩子的沟通思考过程实际上就是不断沟通,创造价值的过程。双方都在寻求对自己最大利益的方案的同时,也满足对方追求最大利益的需要。

商务沟通的过程实际上也是一样。在商务沟通过程中并不是一味地固守立场,追求寸步不让,而是要与对方充分交流,从双方的最大利益出发,创造各种解决方案,用相对较小的让步来换得最大的利益。

3.3.1 价值创造与增长战略的含义

商务沟通会涉及利益分配与价值创造这两个重要的因素。大部分商务人员在实际沟通中都紧盯前者,认为商务沟通必然是为了利益的划分,任何一方都要努力争取较大的那一块"蛋糕",谁也不会主动地向对方让步,主动放弃自己的利益。这种观念,在特定类型的商务沟通中是正确的。

但是,商务沟通本身也是一个价值创造和增长的过程。所谓价值创造与增长,就是在商务沟通的过程中,不局限于利益的分配,而更注重额外价值的创造,通过额外价值创造,让沟通的双方实现双赢。

所以说,通过沟通不仅能够协调利益的分配,更重要的是能够创造出更大的价值,即通常意义上说的把"蛋糕"做大,这样双方都可以获得更多的利益,因为多重的协议具有潜在一致性,即具有创造附加值的可能。

很多商务人员由于受传统观念的束缚,头脑中压根没有创造价值的潜意识,导致沟通成为没有硝烟的战场,沟通的结果让双方都不满意,甚至是两败俱伤。但在价值创造与增长战略思想的指导下,商务沟通的重点是在沟通各方利益冲突的情况下如何创造更多的财富,即谋求价值创造与增长的战略。

3.3.2 价值创造与增长战略实现前提

1. 有足够的创造力和合作能力

要在沟通中创造更多的价值,首先,沟通双方要有足够的创造力和合作能力,从而才能提出一个协议,与没有达成协议的情况相比,这个协议可以给双方都带来相当多的好处。也就是说,在商务谈判中,创造性的活动可以把利益这块"饼"做大,实现价值的增长。

案例 3-10　　　　　商务沟通中的神奇创造力

一位乡下小伙子来应聘大城市"应有尽有"百货公司的销售员。老板问他："你以前做过销售员吗？"他回答说："我以前是村子里挨家挨户推销的小贩。"老板很喜欢小伙子的机灵，对他说："你明天可以来上班了。等下班的时候，我会来看一下。"

第二天下班的时候，老板真的来了，问他："你今天做了几笔生意？""一笔。"小伙子回答道。"只有一笔？"老板非常吃惊，"这儿的售货员一天基本上可以完成20～30笔生意呢。那你卖了多少钱呢？""300 000美元。"小伙子答道。"你怎么卖到那么多钱的？"老板目瞪口呆，半天才回过神来问道。

"是这样的，"小伙子说，"一个男士进来买东西，我先卖给他一个小号的鱼钩，然后卖给他一个中号的鱼钩，最后卖给他一个大号的鱼钩。接着，我卖给他小号的渔线，中号的渔线，最后是大号的渔线。我问他上哪儿钓鱼，他说海边，我建议他买条船，然后我带他到卖船的专柜，卖给他20英尺有两个发动机的帆船。他说他的大众牌汽车可能拖不动这么大的船。于是我带他去汽车销售区，卖给他一辆丰田新款豪华型'巡洋舰'。"老板后退两步，几乎难以置信地问道："一个顾客仅仅来买鱼钩，你就能卖给他这么多东西？"

"不是的，"小伙子答道，"他是来给他妻子买发卡的。"我就告诉他："你这个周末算是毁了，干吗不去钓鱼呢。"

思考： 该案例中的小伙子有着怎样的创造力？

2. 信息分享与沟通

沟通与分享信息有利于双方创造共同价值。信息是沟通中很重要的一项。信息是沟通双方相互传递的思想、情感和具体要求，一般由语言符号和非语言符号组成。沟通中包含有大量的信息，有些信息是显性的，有些是隐性的，在商务工作中要善于筛选信息，尤其是潜在的、隐性的、有价值的信息，这样才能保证沟通的畅通和有效。

沟通的过程其实就是信息传递、理解并反馈的过程。信息的价值如何，与筛选和理解有很大关系，并最终对能否创造和增长价值产生重大影响。只有有效的信息分享与沟通，才有可能创造更好的合作共赢机会，才能够实现价值的创造和增长。

案例 3-11　　　　　充分的信息是成功的关键

信达公司的刘经理要收购一家煤炭企业，因此他要与这家煤炭企业的张老板洽谈关于收购的问题。刘经理经过多方调查，认为可以给出的价格是580万元到650万元之间，但是张老板对自己经营多年的煤矿有着深厚的感情，于是坚持要价750万元，双方在价格的问题上都不肯让步。

张老板说："刘先生，您是在开玩笑吗？现在煤矿资源越来越少了，煤炭的价格也有看涨的趋势，您的出价未免也太低了，这让我很怀疑您的诚意。"

刘经理说："我们也是经过多方调查才给出这样的价格的，毕竟我们公司的实力有限。如果把资金都用在收购上，那么我们用来经营的资金就没有了，因此请您多多体谅我们。"

但是，张老板仍然坚持自己的价格不肯退让，因此洽谈陷入了僵局。

刘经理想知道张老板坚持750万不退步的原因，于是就私下里找到张老板，与他聊起了家常。在两个人的谈话中，张老板谈到了自己建立煤矿的过程，说："创建煤矿那年我才25岁，现在已经过去20年了，矿上的那些人跟了我很多年了，我卖掉了煤矿，他们以后怎么生活呢？"

听了张老板的一番话，刘经理终于知道怎么办了。他对张老板说："听了您的一番话，我知道你对煤矿的感情很深，我想在收购煤矿后，请您当煤矿的顾问；对于煤矿的员工，采取自愿原则，如果他们想留下来工作，可以继续和我签合同，如果他们想离开，每个人发放500块的生活补助，您看怎么样？"

听到刘经理开出这样的条件时,张老板非常惊讶,也很感动,说:"这才是我最想要的结果啊。"于是双方终于就煤矿的收购价格达成了协议。

思考:该案例中的信息分享与沟通起到了什么样的作用?

3.3.3 价值创造与增长战略的原则

价值创造与增长战略的运用应遵循以下的基本原则:

首先,通过交流沟通,了解双方的各自需求,申明各自寻求的价值。

其次,通过寻找双方的利益切入点创造价值,使之达到双赢的目的。

最后,克服各种障碍,顺利达成协议。

商务人员必须深入地理解沟通的内涵,从陈述价值、创造价值、实现双赢的思路去满足利益冲突中的依赖性目标。

3.3.4 价值创造与增长战略的实施

通常而言,价值创造和增长战略在商务沟通过程中的实施有以下两种情况:

(1) 双方突破了各方达不成协议的局面,达成了某种协议,从而创造出比达不成协议的替代选择更高的价值。

(2) 双方在原有的基础上发现了对大家都更有利的新协议,从而创造了比原有沟通结果更高的价值。

在商务沟通过程中,所涉及领域越宽阔,各方可能达成共识的"点"就越多,在这些点上达成协议不仅有利于一方,也有利于其余各方,即某些目标点上达成协议都要优于单方面考虑的目标协议点。例如,某产品卖方的底线价格是1元,最优价格是2元;买方可以接受的价格是2元,最优目标是1元。通过沟通实际达成的协议点是(1.6,1.6),则优于双方的(1,2)或(2,1)所形成的联合利益,创造整体利益的最大化。大多数的商务沟通战略应沿着这种思路去谋划,沟通各方之间具有潜在的整体利益一致性。沟通就是在冲突中协调利益,争取联合利益的最大化,其中一方的收益并不代表着另一方的等量损失。

目前世界上的企业强强联合,如跨国汽车公司的联合、世界许多大银行的联台等均属于价值增长与创造战略,这种强强联合造成的结果是资金雄厚、生产技术先进、在世界上占有的竞争地位更优越,发挥的影响更显赫。总之,他们将"蛋糕"做得越大,双方的效益也就越高。

3.3.5 价值创造与增长战略的使用技巧

1. 给出利益,才能收获利益

互惠原理认为:当对方给予我们恩惠或者帮助时,我们往往会产生愧疚心理,有回赠或回报的欲望。商务沟通中,如能有效地运用互惠原理,那就有可能让对方做出相应的让步,从而在沟通中达成一致意见,促成某种目标的实现,最终实现双赢的局面。

因此,在商务沟通中,不妨充分运用一下互惠原理,先给出利益。例如,主动跟对方说:"您有什么要求尽管提,我们尽量满足。"甚至可以明确告诉对方,"对于贵公司所提出的某某条件,我们将竭诚满足。"

2. 换位思考,实现共赢

商务沟通中,如果双方都能换位思考,那自然是最好的。但是,一般情况下,双方会更多坚持自己的看法,很可能会让洽谈陷入僵局。此时,假如有一方能说出"我们重新核算了一下贵公司的运营成本,考虑到你们的盈利情况,我们可以适当调整报价"这种类似的话,那么僵局就可能就会轻而易举地被打破。

任何一个具有战略眼光的商务洽谈者都知道,在商务沟通的时候绝不能太贪心,绝不能妄想拿走谈判桌上的最后一分钱,否则会损害商务沟通双方的长远利益。一般来说,商务洽谈中的最后一分钱是特别昂贵的,因为说不定什么时候就要为它付出更大的代价,因此适当地换位思考可能会达到双赢。

本章小结

本章主要介绍商务沟通中的结果—关系战略和价值创造和增长战略。其中,结果—关系战略又根据沟通结果的重要性和现在和今后关系的重要性不同分为回避、和解、竞争、合作等四种具体战略选择。价值创造与增长战略是以双方足够的创造力和合作能力、充分的信息分享与沟通为前提,最终实现从陈述价值、创造价值到最终实现双赢。

核心概念

回避战略　和解战略　竞争战略　合作战略　价值创造与增长战略

思考与技能训练

一、基本训练

1. 选择题

(1) 商务沟通战略属于(　　)层面,商务沟通策略属于(　　)层面。
A. 微观　　　　　　B. 宏观　　　　　　C. 理论　　　　　　D. 实践

(2) 商务沟通战略是一种(　　)战略,着眼于未来和长远。
A. 长期　　　　　　B. 短期　　　　　　C. 现实　　　　　　D. 发展

(3) 在商务沟通过程中,(　　)是影响商务沟通的首要因素之一。
A. 合作意愿　　　　B. 目标重合度　　　C. 利益契合度　　　D. 市场势力

(4) 制定沟通战略的核心是(　　)。
A. 信息　　　　　　B. 沟通目标　　　　C. 沟通对象　　　　D. 沟通环境

2. 简答题

(1) 什么是商务沟通战略?商务沟通战略具有哪些特点?
(2) 影响商务沟通战略制定的因素有哪些?
(3) 制定商务沟通战略的原则有哪些?
(4) 怎么理解商务沟通战略制定的互惠互利原则?
(5) 哪些场合适合使用沟通中的回避战略?
(6) 什么是和解战略?和解战略适用于哪些场景?
(7) 什么是竞争战略?竞争战略适用于哪些场景?
(8) 价值创造与增长战略的原则有哪些?

二、案例分析

案例 1   两岸水泥业巨头战略合作共同开发大陆市场

2013年,台湾的台泥集团与大陆的中国建材集团签署了"战略合作协议",宣布双方交叉持股合资经营四川泰昌水泥厂,合作完成并购赛德水泥。台泥集团董事长辜成允表示,双方已踏出全面合作的第一步,未来将强强联手,一同做大。

报道称,台泥集团与中国建材集团分别是两岸的水泥建材龙头企业,此次双方携手合作,将为两岸龙头企业的结盟铸造新的里程碑。辜成允指出,台泥集团将与中国建材集团共同在大陆其他地区交叉持股或合作并购。台泥集团原先计划2016年产能达1亿吨,现在不排除因此次合作提前达成。

据报道,两岸水泥巨擘此次除签署"战略合作协议"外,还进行了子公司股权交换的合作。台泥集团将原持有四川泰昌水泥厂70%股权,转售给中国建材集团下的西南水泥,台泥仍持有剩下的30%,未来由双方合作经营。此外,西南水泥将持有的2.06%的赛德水泥股权转让给台泥集团。

据悉,两强合作框架下,四川泰昌水泥厂合资经营后,台泥拥有100万吨产量,中国建材拥有200万吨产量。至于贵州赛德水泥的6座分厂共计700万吨产能,经协商分配,台泥集团拥有3座400万吨,中国建材集团拥有3座300万吨。

辜成允表示,中国建材集团2012年产能达3亿吨,是大陆最大也是全球最大的水泥集团,在大陆各地拥有并购优势。双方在完成"战略合作协议"后,台泥集团可提供生产技术和环保技术,中国建材集团则可发挥并购优势,相互合作,从而以双方最有利的地位,强强联手,共创双赢。双方除了在技术和环保上合作外,最重要的是市场开拓。双方合作后,市场有一定的实力可以对价格产生主导优势,这对未来营运绩效会有一定的保障。据台泥集团方面透露,除了此次泰昌、赛德合作,双方手中还有四五个并购案正在洽谈,他们将依据"战略合作协议",按各自最有利的方式,或交叉持股,或买断。

问题:

(1) 根据商务沟通知识,对台泥集团和中国建材集团的战略合作协议成功的原因进行分析说明。

(2) 本案例中,双方采取了什么样的沟通战略?说明其特点。

案例 2

日本一家公司欲购买美国一家公司的设备,谈判一开始,美方打开投影仪,展现各种数据和资料。日方代表提问,美方代表解释,日方边听边记录。美方代表便滔滔不绝地向日方介绍情况,而日方代表则一言不发,认真倾听,埋头记录。当美方代表讲完,征求日方代表意见时,日方代表却说:"对不起,我们还不明白。"美方代表问:"哪里不明白?"日方代表说:"全部不明白,请允许我们回去研究一下。"于是第一轮谈判休会。

几个星期后,日本公司换了另一个代表团,第二轮谈判一开始,日方代表便申明不了解情况,美方代表只好再重复说明一次,不料讲完后,日方代表仍然以"不明白,请允许我们回去研究研究"为由,使第二轮谈判不得不又宣布休会。

几星期后举行第三次会谈时,日方代表团又换了成员,仍是故技重演,美方生气地问:"到底哪里不明白?"日方代表微笑着回答:"从屏幕打开,到屏幕关闭"。美方非常生气,日方只是在最后告知,回去后一旦有了结果,就立即通知美方。

半年过去了,当美方责怪日方没有诚意,解散谈判小组,将资料封存时,日方突然派出一个由公司董事长亲自率领的代表团飞抵美国,在美国人毫无准备的情况下,要求立即谈判,并抛出最后的"一揽子"方案,催逼美国人讨论所有细节。措手不及的美国人最后与日本人达成了一项明显有利于日方的协议。

问题:

(1) 这个案例中,日本公司采取了哪些商务沟通战略?

(2) 如果你是美国公司,你会用什么样的战略来应对?

案例 3

嘉利公司要引进一项生产技术,日本一家公司与我国香港一家公司报价分别为22万美元和18万美元。

经调查了解，两家公司技术与服务条件大致相当，嘉利公司有意与香港这家公司成交。在终局谈判中，嘉利公司安排总经理和总工程师同日本公司谈判，而全权委托技术科长与香港公司谈判。香港公司得知此消息后，主动动大幅度降价至 10 万美元与嘉利公司签约。

问题：

(1) 简述嘉利公司和香港公司的商务沟通战略？

(2) 如果是你是香港公司，你会怎么做？

三、技能训练

中合服装有限责任公司计划与国际上达集团进行商务沟通，请你根据不同情况分别选择不同的沟通战略(要求分别写出中合服装有限责任公司与国际上达集团的战略计划)。

第一种情况，双方有过合作。

(1) 国际上达集团需要加工 5 000 套服装，布料由国际上达集团提供，要求 2 个月完成，允许加工费上涨底线 6%。另外，中合与上达的上一次合作中，中合没能及时完成，且服装有瑕疵，但是上达仍然付账及时。

(2) 中合服装要求加工费最低上涨 5%(理由：人工费上涨，更换新机器，加强检查等)。

第二种情况，双方第一次合作。

(1) 国际上达集团需要加工 5 000 套服装，布料由国际上达集团提供，要求 2 个月完成。

(2) 中合服装能够提前完成，保证质量，希望提高加工费。

第三种情况，双方有过合作。

(1) 国际上达需要加工 5 000 套服装，布料由上达提供，要求 2 个月完成，允许加工费上涨底线 6%。上次合作中合按时完成，上达付账晚到一周。

(2) 中合服装要求加工费最低上涨 8%(理由：人工费上涨)。上次合作服装质量好，且目前有其他客户要求加工服装。

第二部分 商务沟通实务

第四章 沟通前的准备

知识目标

1. 了解商务人员应具备的素质要求。
2. 掌握如何打造求职形象。
3. 学会掌控自身不良情绪。
4. 掌握沟通前的信息收集工作。

技能目标

1. 自觉提高自身素质。
2. 能运用职场沟通等礼仪知识打造个人的求职形象。
3. 具备从事商务贸易工作所需要的心理素质。
4. 能够做好沟通前信息收集准备工作。

本章知识结构

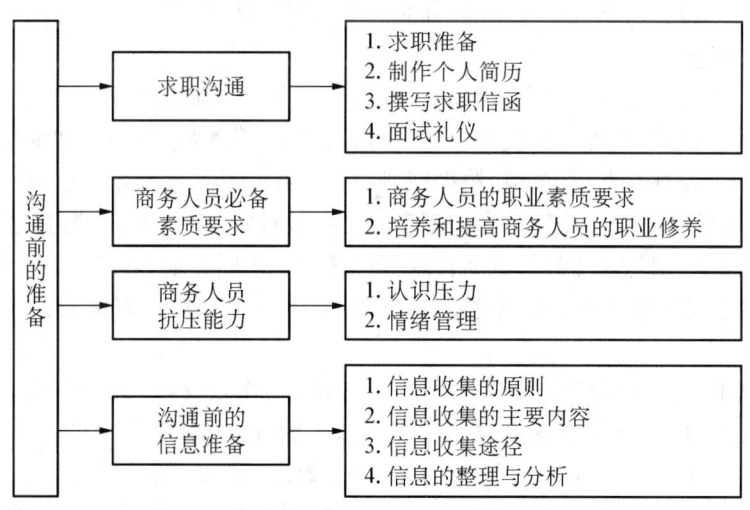

问题提示

某公司因业务发展壮大,急需招聘大量营销专业人才,你想去应聘。请你为此次应聘工作打造自己的职业形象,并思考从事商务洽谈工作开展前应该做好哪些准备工作。

4.1 求职沟通

当我们准备步入职场时,将面对的第一件事是求职应聘,那么应该怎样做好求职应聘工作呢?如何在竞争激烈的人才市场中,力压群雄,一举应聘成功呢?在具备良好的专业素质的前提下,还要掌握必要的求职技巧,掌握求职中的礼仪礼节,从而给面试官留下良好的第一印象,达到求职的目的。

4.1.1 求职准备

每个人在社会中都要从事各种各样的职业,但并不是任何人天生就会承担某种职务或从事某种职业,他需要或长或短的求职准备期。所谓求职准备就是指应聘人员为了能从事某种职业或获得某种职位在一定阶段内所做的准备工作。对于从业人员来讲,要不断适应社会发展对人才的客观要求,做好充分的就业准备,更好地为社会做出贡献。

1. 心理准备
1) 认识自我

每个人都有自己的长处和短处,正如人们常说的"尺有所短,寸有所长",每个人对自身能力要有客观正确的评价,了解自己的个性,如性格、气质、能力、需要等,能够明白自己能干什么,不能干什么,不同的职业对人的个性特征要求也不同。个性是在社会生活实践中形成的相对稳定的心理倾向和心理特征。在很大程度上,个性受社会文化教育教养等方式的影响,人的个性一旦形成,就很难发生改变,所以通过分析自己的个性,了解自己所适合的职业,才能对自己的职业进行恰当的选择。正像不同的人有适合自己不同的职业一样,职业对适合从事的人群也有要求。例如,从事推销工作需要性格外向、抗压能力强的人员,而在流水线上工作更适合性格内向的人。当然职业只有分工的不同,没有高低贵贱之分。

(1) 气质与职业。

气质是指一个人与生俱来的先天性的个性心理特征。气质具有天赋性、稳定性、可变性、差异性,心理学把人的气质类型分成四大类,包括胆汁质、多血质、黏液质和抑郁质。

胆汁质类型的人具有直率、热情、精力旺盛、易于冲动、性情急躁、心境变化剧烈、难以克制等特征。因此,胆汁类型的人比较适合做记者、作家、设计师、实业家、企业中的外勤人员、业务员、营销员等外向型的职业。同时,也适宜选择那些工作不断转换、环境不断变化、不断有新活动的职业,而不适宜从事那些需要注意力高度集中、事情处理过程需细心检查核对等特点的职业。

多血质类型的人往往表现出活泼、好动、反应迅速、喜欢交往、兴趣广泛、注意力容易转移、情绪易起伏波动、善于适应变化的环境等特征。因此,多血质类型的人适宜从事与人打交道的职业,如售货员、服务业、咨询、导游、外交、管理、公关、驾驶员、医生、律师、运动员、冒险家和侦探。多血质的人对所有职业都有一定的适应性,无论哪一门类的工作他们都可以胜任。

黏液质类型的人的特征是安静、稳重、反应缓慢、沉默寡言、善于忍耐、注意力稳定难以转移、情绪不易外露、交际适度等。黏液质的人聪明,有较强的能力,处世精明,他们不仅能从事教育、研究和医生等内向型的职业，也可以选择商人、律师、外交官等外向型职业。他们对工作岗位的适应性也很强。

抑郁质类型的人的特征是行动迟缓、感情体验深刻、心细敏感、感受力强、情感细腻、乐于独处、不善交际、孤僻多疑等。抑郁质类型的人适宜选择事务管理人员、记账、资金、统计等工作。

沟通活动 4-1

气质与职业匹配

试分析《西游记》中师徒四人（唐僧、孙悟空、猪八戒、沙僧）分别属于哪种气质类型的人，并为其介绍匹配的职业。

（2）性格与职业。

日常生活中，我们会发现每个人的性格特征千差万别，有的人诚实、正直，有的人活泼好动，有的人乐观，有的人悲观，有的人外向，有的人内向，有的人情绪稳定，有的人易于激动，在工作方面有的人积极进取，也有的人消极被动。顺应自身的性格，才能找到成功之路。美国心理学家、职业指导专家霍兰德认为性格与职业环境相匹配。他将人的性格分为六种类型，分别是现实型、研究型、艺术型、社会型、企业型、传统型，这六种类型的个性特点和适宜的职业环境具有明显的差异。

现实型：不善言辞，对社交没有太大兴趣，更注重实际的、物质的利益，喜欢安定的生活，动手能力强，做事手脚灵活，协调性好。这一类的人适合各类工程技术工作或农业工作，比如工程师、技术员等。

研究型：有强烈的好奇心，抽象思维能力强，善于思考，重视分析，行事慎重，善于内省，肯动脑，不善于领导他人，乐于从事有观察、科学分析的创造性活动和需要钻研精神的职业。从事自然科学和社会科学研究人员、化学、电子等方面的工程师或技术人员，电脑程序员等都属于此类型的人。

艺术型：有理想，易冲动，想象力丰富，善于创造，自我表现欲强，具有特殊的艺术才能和个性，喜欢以各种艺术形式来表现自己的个性和才能，实现自身价值，乐于从事自由的、对艺术素质有一定需求的职业。音乐、舞蹈、影视等方面的演员、编导、广播电视节目主持人，以及文学、艺术方面的评论员，编辑、撰稿人员，绘画、书法、摄影家等都属于此类型的人。

社会型：善于社交与合作，乐于助人，责任感强，渴望发挥自己的社会作用，乐于从事直接为他人服务，为他人谋福利或与他人建立和发展各种关系的职业。适合从事教育、医护、行政、服务行业等。

企业型：精力旺盛，充满自信，善于交际，勇于冒险，喜欢支配别人，喜欢发表自己的见解，具有领导才能，对权利、地位、物质财富的欲望较强，乐于从事可直接获得经济效益而活动的职业。职业经理人、企业家、政府官员、公务员、管理者等都属于此类型的人。

传统型：善于自我克制，易顺从，喜欢稳定、有秩序的环境，习惯接受他人的指挥和领导，按计划和程序办事，没有支配欲，工作踏实，遵守纪律，乐于从事按规定要求工作、比较简单又比较刻板的工作。会计、出纳、统计、文书、人事、图书馆管理员等都属于此类型的人。

当然人的气质与性格不是一成不变的，我们要不断地实施自我评价，认识自我，做到"知人者智，自知者明"，只有这样才能树立良好的求职心态，在求职中抓住机遇，避免盲从和减少失败，树立良好的择业心态，做好职业生涯规划，消除从众心理、理想主义以及依赖心理。

沟通活动 4—2　　　　　　　　性格与职业匹配

试分析你身边的同学，举例说明他们各属于哪种性格类型的职业人，并为其介绍匹配的工作。

（3）能力与职业。

我国劳动和社会保障部确认了八种通用能力，即在各种职业活动中都需要的、能够普遍适用的能力：沟通交流能力、数字运算能力、革新创新能力、自我管理能力、人际关系能力、问题解决能力、信息处理能力、外语应用能力。不同的个体具备不同的能力，具备同样能力的人，能力的强弱也不同。而不同的职业需要不同的能力，因此能力与职业也是相互匹配的。作为求职者来讲，要对自己的能力进行分析，客观评价自己所具备的能力，找到与之对应的工作。

（4）需要与职业。

需要是一种促使个体采取行动来改善状况的不满意的状态。人们的需要总是指向某种具体的事物。换句话说，需要总是和满足需要的目标联系在一起。例如，在逛街的时候，当人感觉到渴了就要买水喝，饿了就要买东西吃。需要一旦获得满足，能带给人们生理或心理上的满足。按照不同的划分方式，需要可以分成不同的类型。按照需要对象的不同，我们把人们的需要分为物质需要和精神需要。物质需要是人们对衣、食、住、行以及社会交往中所需要的物质产品的需要。精神需要是人们对精神生活和社会交往中所需的有形或无形产品的需要，它更多的是心理上的需要。从事职业活动，首先是人们为了满足物质方面的渴求，包括衣食住行等诸多方面，是人们最基本的、最重要的欲求，也是其他一切需求的基础，因此我们把人们这种职业需要称为物质职业需求。精神职业需求则是一个人在职业活动中对精神文化方面的渴求。比如掌握知识、对美的享受、实现自我价值等；再比如，职业活动促进了同事、朋友之间的感情交流，使人们看到了自己的力量和智慧，使我们的精神愉悦。例如，75岁高龄的林俊德院士在生命中最后一刻仍然坚持坐在电脑前将关系国家核心利益的技术文件，所带学生的毕业论文拷贝完成，作为一位将军，参与了中国全部的45次核试验任务，对于这样一位院士来讲，工作就是他的精神职业需求。人在选择工作时，出于不同的职业需要而表现出不同的工作态度和工作积极性，职业正是人们为满足自己的不同需要而做出的选择。

2）找准位置

选择职业就是选择未来，只有正确地选择职业才能为未来成功奠定基础。正确地认识社会，不把就业期望值定得太高，同时在求职过程中不断地调整自我的期望，使理想切合实际，才能在激烈的竞争中掌握主动权，找到理想的工作。

3）改变就业观念

我们要改变一次就业定终生、一步到位的就业观念。作为职业来讲，它是人一生中从事时间最长的工作，在就业过程中要认识到失业和就业是人一生中经常遇到的事情，我们要做好多次就业的思想准备，刚开始就业一般很难一下子就能找到适合的工作，通常要在多次的工作变更中，才能实现自己的人生抱负。

4）克服心理障碍

求职是从学生生涯迈向职业生活中的一次重大转折，它会给我们心理带来重大的心理压力，使我们产生心理障碍，这样既不利于就业，也影响我们的工作和生活，在这个过程中我们要有意识地克服焦虑心理、自卑心理和怯懦心理。

沟通活动 4-3

运用 SWOT 分析方法,进行自我分析。
(1) 对自身进行优势、弱势、机会、威胁的分析;
(2) 制定个人职业生涯规划发展目标;
(3) 制定一个大学四年的行动方案。

2. 信息准备

求职信息的准备内容十分广泛,我们要了解国家的就业方针、政策,相关的就业法律、法规,以及地方的一些用人政策、人才引进政策等等。有不少的地区为了吸引人才,制定了许多优惠的政策,可以了解这些地区求职市场的供求信息,与自己的专业培养的目标,发展方向是否一致,找到对口的单位信息等等。

1) 就业政策

就业信息是指有关求职就业方面的消息和情况,如国家政治经济状况、高校就业指导计划,社会各部门需求情况以及未来各产业、职业的发展趋势等宏观情况。微观方面包括某些行业、部门对就业者素质的要求,某一职业的发展情况,地区的差异性,用人单位的具体情况,如规模、人际关系、待遇等。了解就业信息可以通过新闻媒介,如报纸、杂志的一些求职专栏,各式各样的供需见面会、招聘洽谈会,还可以通过学校就业办公室。搜集就业信息范围越大越好,越具体越好,要善于捕捉和分析求职信息,把主动权掌握在自己手里,增加求职成功的机会。

2) 用人单位信息

在决定去应聘前,求职者应对用人单位有个初步的印象,了解单位所属行业的基本知识,主要产品或经营项目,单位的人员构成,单位的用人及对人才的重视程度,单位的历史及发展背景,单位的性质、位置、福利待遇等情况。如果对招聘单位一无所知,面试必遭失败。了解单位,可以帮助求职者认明主要方向,更精确、更客观地审视单位,选择适合自己发展的单位,避免走弯路。了解的途径可以是新闻报告、杂志文章和网络,有可能的话,还可以到单位去实地侦察,亲自了解情况。

3) 就业办法

求职者应了解签订就业协议必须履行的手续,毕业时户口和档案的转变,调整改派的程序和办理手续等问题,同时了解毕业、就业由政府的哪个部门或哪个机构来负责管理,在遇到求职困难和问题时,就可以随时向有关的机构咨询。

3. 知识准备

一个人的科学文化水平的高低,知识结构是否合理,决定了其在求职时的成功率和职位高低,要想在激烈的人才竞争中获胜,就要掌握扎实的基础知识,提高对事物的分辨能力,掌握本专业学科发展动向,使自己所学的专业知识保持在学科专业的前沿。日常学习生活中,要不断地充实和完善自己的基础知识和专业知识,同时根据社会的需要不断地调整自己的知识结构,拓宽知识面,增加自己的适应能力。

4. 着装准备

第一印象非常重要,一旦形成便很难发生改变。初次见面者通常会在见面的几分钟内,其至几秒之内便形成对对方的印象。第一印象主要是根据对方的表情、姿态、身体、仪表和服装等形成,所以得体的着装无疑会增加求职成功的概率。

一般公司对面试者的着装没有特别的要求,基本本着大方得体、清爽整洁为原则。

女士面试着装要求:

(1) 套装和连衣裙是比较正式的。要求简洁、大方、得体,深色套装是最稳妥、最保险的。
(2) 裙子不宜过短,也不宜过长。太短有失庄重,太长显得不利落。
(3) 穿着丝袜,以透明近似肤色最好,但丝袜很容易刮破,所以在面试时要多带一双,避免穿着破洞的丝袜的尴尬。
(4) 面谈时应穿着高跟鞋,鞋跟3~5厘米,最好避免穿着平底鞋。不宜穿着露脚趾的凉鞋。
(5) 面试时宜采用清爽自然、轻松明快的淡妆,切忌浓妆艳抹。
(6) 发型要中规中矩,如果是长头发最好束起来,不要披头散发,最好不要烫发。
(7) 不宜涂抹过多的香水,指甲一定要保持干净清洁。
(8) 饰物宜少不宜多,能不戴尽量不戴。
(9) 结婚戒指、订婚戒指可以佩戴,小巧的耳环可接受,项链手镯佩戴时需要配合套装使用。
(10) 携带挎包不要太大,款式可多样,颜色要和服装颜色相搭配。

女士面试着装禁忌:

(1) 忌穿超短裙(裤),领口过低的衣服;
(2) 夏天,内衣(裤)颜色应与外套协调一致,避免透出颜色和轮廓。

男士面试着装要求:

(1) 穿正式西装,夏天要穿长袖衬衫,系领带,不穿短袖衬衫或休闲衬衫。
(2) 西装应保持同色配套,并且面料最好以深色或深蓝色为主。
(3) 所穿的长裤需要熨烫笔挺,裤子长度以直立状态下裤脚遮盖住鞋跟部为佳。
(4) 衬衫白色调为佳,而蓝色衬衫是IT行业男士的最佳选择,能体现出智慧、沉稳的气质。
(5) 尽量选择颜色明亮的领带,以带给他人明朗良好印象较为适宜,尽量采用真丝领带。
(6) 领带的长度以至皮带扣处为宜,最好不要使用领带夹。
(7) 西装和皮鞋的颜色以冷色调为好,黑色皮鞋是最佳选择。
(8) 袜子颜色最好和鞋、裤子的颜色一致,保持足够的长度。

小知识 4-1　　　　　　　　**面试着装之服装篇**

行政类:服装风格以典雅为原则,采购套装,给人以简洁干练的感觉。
技术类:简单素色、中性的西服套装是最佳选择,选择冷色调一般来说都比较合适。
市场类:主要选择能够感觉舒服以及能给人感觉干练的服饰。
会计与律师:比其他行业更需要简单、干练、质感佳且色调中性的服饰。
艺术类:兼具时髦与沉稳,有创意色彩穿着会更合适些。

小知识 4-2　　　　　　　　**男士西装十忌**

(1) 忌西裤短,标准的西裤长度为裤管盖住皮鞋;

(2) 忌衬衫放在西裤外;

(3) 忌衬衫领子太大,领脖间存在空隙;

(4) 忌领带颜色刺目;

(5) 忌领带太短,一般领带长度应是领带尖盖住皮带扣;

(6) 忌不扣衬衫扣就佩戴领带;

(7) 忌西服上衣袖子过长,应比衬衫袖短1 cm;

(8) 忌西服的上衣、裤子袋内鼓鼓囊囊;

(9) 忌西服配运动鞋;

(10) 忌皮鞋和鞋带颜色不协调。

面试着装很重要,但并不是全部,保持自然的微笑会是最好的脸部"着装",其次应注意自己的仪容、仪表、仪态等。

5. 物资准备

1) 书面材料

求职书面材料主要包括毕业生的推荐表、求职信、简历、学业成绩和各种证书,已发表的文章、论文都是求职必备的材料。可以将这些材料进行复印,放在文件夹里,以防用人单位需要时查阅。

2) 物件准备

物件的准备主要有公文包、求职记录笔记本、打印好的简历、个人身份证、学历证书、获奖证书等等。如果面试的时候,公司的人事主管提出要查看正本,而面试者又没有带的话,是非常尴尬和不礼貌的,应该避免这些疏漏。

4.1.2 制作个人简历

1. 简历制作的注意事项

对于每一位求职者来说,一份好的个人简历,可以说意味着成功的一半。简历是一份重要的自我推销文件,是求职者和用人单位沟通的第一座桥梁。一份好的简历能充分展现求职人员的才能,能在众多求职简历中脱颖而出,能吸引招聘人员的注意力,为自己赢得面试的机会。在制作个人简历时要把握好以下几个要点。

1) 真实

个人简历最基本的要求就是真实,要诚实地记录自己的个人情况,让阅读者通过个人简历对自己有一个较全面的认识。真实是指不夸大自己的能力,不虚报自己的信息,不隐瞒自己的经历。企业对求职人员最基本的要求就是诚实,切忌为了赢得用人单位的好感而弄虚作假,夸大自己的业绩,夸大个人能力,甚至篡改个人成绩,杜撰一些社会实践活动等。用人单位的招聘负责人通常是阅历丰富的人事经理,他们对简历有敏锐的分析能力,只要稍加分析,就能鉴别真伪。即使你通过了简历的筛选,在面试的阶段,面试者只要进行一些简单的提问,就知道你是否诚实。所以与其弄虚作假,不如老老实实地把自己的真才实学展示出来。

2) 全面

全面指的是内容的完整性,要使招聘单位负责人在短时间内能够全面了解你的基本情况,让其有一个比较全面的印象,因此简历要在重点突出的基础上,做到全面展示自己。

3) 重点突出

简历通常要求简明扼要突出重点,能够通过简历快速地了解一个人的基本情况。重点突出,包括突出个人的优点优势给人留下深刻的印象。对于应届毕业生来说,可以根据求职的岗位突出相应的表述,如学习成绩、参加过的社会活动以及实习经历等。在个人简历的制作上,可以通过简历中栏目颜色、字体大小等来突出重点,展示自己的与众不同,给招聘人员留下深刻印象,从而获得面试机会。

4) 富有个性

简历不一定非要追求与众不同,但是一份出色的简历往往具有自己的独特魅力。求职的简历要能够体现求职者的个性,不同的用人单位对人才的要求不尽相同,简历的制作也可以根据不同的单位有所差异。简历制作应能体现求职者的个性和创意,同时要尽可能地与应聘的职位要求相一致。

5) 篇幅适宜

传统的观念认为,简历的篇幅以一页 A4 纸为宜,即使要书写的内容过多,也不要超过两张 A4 纸。因为招聘人员每天要面对大量求职简历,工作非常繁忙,通常只能粗略地进行阅读和筛选简历,篇幅过长容易造成遗漏,会让人觉得过于烦琐,对求职者产生做事不干练的印象。当然,也不宜篇幅过短,这会让人觉得求职者实力不强,敷衍了事,不重视等。一项针对 150 名高管的调查表明,52%的受调查管理者认为 1 页的长度对于员工级别而言是理想的状态,而 44%的人认为他们更喜欢 2 页的长度,接近 1/3 的受调查高管认为 3 页的长度对于管理职位是最理想的。因此,简历篇幅要适宜,可根据所应聘的岗位、职务进行选择。总的来说,简历要言简意赅,让人一目了然最好。

6) 美观

版面设计是否美观,是吸引用人单位注意力的第一要素。一般来说,求职的资料准备,通常采用 A4 复印纸打印或复印,因此要做到排版端庄美观,条理清楚,标示明显,字体大小适中,不长篇累赘,令人感到厌烦,也不要出现一页纸上只有几行字,空白太多,华而不实的情况。

2. 简历的主要内容

一份完整的简历,主要包括以下几个方面的内容。

(1) 个人基本情况:姓名、性别、出生日期、身高、体重、兴趣爱好、联系方式(电话号码、邮箱)和个人照片。照片务必进行挑选,它是给用人单位留下第一印象的重要因素之一。

(2) 求职意向:描述目前的求职目标,对自己的求职意向进行概括。有些招聘人员认为职业目标明确表明应聘者对自己的职业生涯有一定的承诺,能明确自己想要做什么,因此应聘者描述的职业目标要与企业的职位相一致。

(3) 教育背景:毕业院校、所学专业、主修课程,以及其他与应聘岗位有关联的各种课程,注意不一定要把所有课程全部列出,可按照与所选职位的相关程度大小进行排列。教育背景还可以把大学期间所发表的论文、研究成果和参加过的培训列出来。

(4) 个人经历:包括求职人员的工作经历、学习经历和社会实践经历。学习经历,包括自己所就读的学校,还有在校期间所取得的荣誉如"三好"学生、优秀学生干部、奖学金等。工作经历,对于应届毕业生来说主要是在一些学生组织、学生社团中所担任的职务,如班长、学生会主席、组织部长等。社会实践经历要记录个人的实习、兼职等情况,写清楚实习单位,实习或兼职时间,所从事的工作。

(5) 个人能力:列出你的具体技能,如拥有较好的沟通、管理和社交能力,团队精神,抗压能力等。

（6）相关证明材料：可以将自己的学历学位证书、获奖证书、考取的资格证书以及实习单位评语等情况进行说明，也可以在简历后面附上学历学位证书、获奖证书、英语等级证书、计算机等级证书的复印件。表4-1是个人简历的一般样式。

表4-1　个人简历

姓名		性别		出生年月	
政治面貌		身高		体重	
毕业院校					
专业		学历		学位	
兴趣爱好		个人特长			
电话		E-mail		邮政编码	
家庭住址					
求职意向					
教育情况					
主修课程					
技能水平					
个人经历					
获奖情况					
自我评价					

3. 简历封面

简历的封面设计要美观大方，有个性，能给用人单位留下良好的第一印象，注意不可过于花哨。封面设计要有重点，能体现所学专业的特色，注意与简历内容风格一致。在简历封面上可以设计简单的图案，但不可把图案当成封面的主体，显得喧宾夺主。但简历封面不是非必要的，可以根据具体情况而选择是否制作封面。一方面，招聘人员工作繁忙，为节省招聘人员工作量，要求简历尽可能简洁，则没有必要设计封面。另一方面，封面设计不成功，容易影响用人单位对求职者能力的评价。

4.1.3　撰写求职信函

求职信是向用人单位推销自己过去的经验和技能，说服用人单位考虑自己的申请。求职者通常对简历很用心，却忽视了求职信的重要性，某些人发送简历时，甚至没有附上求职信，这有可能让他失去工作的机会，即使没有要求也应确保附上一封具有说服力的求职信。求职信的目的主要是介绍简历，强调求职者的优势，帮助求职者获得面试机会，所以说求职信也是一封推销信。

1. 求职信与求职简历的区别

求职信与求职简历都是求职面试中所使用的文件资料,两者都是为了向用人单位介绍推荐自己,从而达到获得某项工作或职位的目的。但求职信与求职简历还是有所区别的。主要表现在以下几个方面。

1) 形式不同

求职简历主要是记载个人的基本信息,如姓名、性别、出生年月、学历学位、求学经历、工作经历等,一般使用表格的方式展示;而求职信是信函的方式,有称呼,前后有落款,有签名,后有祝颂语等。

2) 内容不同

求职简历主要是个人基本信息,包括求职意向、教育背景、实践或工作经历、外语及计算机水平,以及获奖情况等。而求职信的内容比较有针对性,主要是表述对所应聘的岗位个人所具备的素质、能力。

3) 使用效果不同

求职简历一般带有群发性,即不管是哪个用人单位或岗位,都可以使用同一份简历,很少有求职者会专门针对不同的职业岗位而设计不同的求职简历。而求职信往往要求求职者根据所要谋求的商业组织职位,每一封求职信仅是写给某一用人单位的,目标十分明确,体现在内容上往往能紧扣所谋求的工作或职位进行自我介绍和推荐,灵活机动、重点突出、针对性强。

2. 求职信的注意事项

1) 避免一般化

这里讲的一般化是指不能使用一封求职信来应聘所有的工作岗位,求职信的写作要针对所应聘的岗位。

2) 长短适宜

招聘人员对于求职信的长短,并没有一致的意见,传统意见认为求职信尽可能短,最好不超过三段。哈佛人力资源研究所的一份调查数据表明,一封求职信,如果内容超过400个单词,则其有效度只有25%,即阅读者只会对1/4的内容留下印象。也有的人希望更长一些,以便能让求职者提供更多的信息,给招聘人员更好的机会评估应聘者的资质和能力。所以求职信的长短并没有固定的要求,重点是要能向用人单位详细地介绍自己能干什么,为什么适合用人单位的招聘岗位要求。

3) 个性化

千篇一律,没有任何针对性的求职信,会使求职命中率降低,因此求职信应能够突出个性化,展示求职者的个性特征。

4) 实事求是

一方面受求职信长短的限制,切忌面面俱到,没有重点。另一方面,不过分夸大自身的优点和特长,以免给招聘人员留下不够踏实和自大的不良印象。

5) 字迹工整

如果写得一手好字,不妨使用手写的方式来书写求职信,这无疑会为求职者加分不少。但倘若字写得不太好,建议还是用打印的方式来提交求职信,这样可以保证用人单位看到求职信时字迹工整。

案例 4-1　　　　　求职信

尊敬的黄处长：

您好！本人欲应聘贵学院网站上招聘的思想政治辅导员一职，我自信符合贵校的要求。

我是某某大学硕士研究生，我的专业是思想政治教育，曾在我校思政部从事教学行政秘书助理工作，并从事中国近代史纲要以及形势与政策课教学工作。

在大学期间，我多次获得各类奖学金，而且发表过多篇论文，还担任过班长、团支书、组织部长等学生干部，具有很强的组织领导能力。强烈的事业心和责任感，使我能够面对任何困难和挑战，目前贵校正处于迎评促建高速发展的阶段，我愿为贵校的发展做出自己的贡献。

随信附上我的个人简历。如有机会与您面谈，我将十分感谢。

此致

敬礼！

李三
2018 年 12 月 29 日

3. 求职信的主要内容

一封好的求职信，要能够突出自己的优点，将自己的长处展示给用人单位以增加获得面试的机会。求职信的主要内容一般包括开头、主体和结尾部分。

1) 开头部分

（1）主要内容。

开头部分主要是称呼，是写明收信人的姓名或者职务，如某某先生、某某女士或某某经理。求职信的称呼，要根据求职方向而定，如果求职方向很明确，而且知道具体的收件人是谁，称呼可以写得具体一些。如果收件人不清晰可以用"尊敬的领导"来称呼。有调查数据表明，如果求职信以招聘者的姓名开头，那么你的简历将有可能被阅读，因此，应尽量明确招聘者个人的名字，而不是寄信给招聘经理或人力资源部。招聘专家建议在写求职信时，应先浏览企业的网站，利用互联网搜索名字或者打电话给人力资源部的接线员，询问招聘者的名字。

其次是说明此次应聘的职位，表明个人想应聘的决心。包括从何处知悉该招聘信息，如果招聘信息是公开发布的，那么你可以直接使用开头方式；如果你并不知道这个职位是否空缺，而你正在找工作，你可以使用间接的开头方式。无论是直接还是间接的，开头部分应该能吸引招聘者的注意力，争取通过开头，令人印象深刻。

（2）开头部分的技巧。

怎样使开头部分具有吸引力？如果招聘信息是公开发布的，建议在开头部分提及企业中其他员工的名字，因为人们通常希望招聘熟人而不是完全陌生的人。第二，明确招聘信息的来源，如招聘广告写上广告的具体职位，以及发布的名称和时间。第三，提到职位头衔并描述求职者的能力符合该岗位要求。如果是非公开招聘的职位，求职者并不确定这个职位是否存在，需要使用更具有说服力的开头，说服对方继续阅读求职信。求职者可以展示对该公司的兴趣和了解，告诉招聘者，对公司做了哪些调查，可以为公司带来哪些效益，具备的特殊才能和背景。

2) 主体部分

主体部分主要是向用人单位推销自己。在求职信开头部分，如果能很好地抓住招聘者的注意力，招聘者就会继续阅读你的求职信。正文部分主要是说明自己具备胜任某项工作的条件,向招聘单位说明你的知识、经验、技能,与工作相符合的特长性格和能力,总之,最主要的是突出自己适合说应聘岗位,可以向招聘单位介绍自己曾经从事过的各种社会工作,以及取得的成绩,展示自己的潜在才能。

正文部分,最重要的是要强调招聘者的利益,换句话说,求职者应该描述其可以给他们的企业做什么?可以给他们带来哪些利益?这比只告诉他们在大学里面学了什么课程以及曾经承担了什么重要职务更重要。

3) 结尾部分

在做完自我推销后,不要直接要求获得工作机会,而应该表明可以通过面试来决定是否招聘你。务必记住要提供你的电话号码,以便用人单位可以直接打电话给你。结尾部分还包括落款、签名和日期。如果你的字写得不错,手写签名也是个不错的选择,可以让招聘人员眼前一亮。

4. 发送求职信

世界500强企业收到的简历通常都是通过电子邮件发送的,或者通过企业的网站提交。当我们向应聘单位发送电子邮件或传真简历时,尤其要注意附上求职信。如果只有简历,没有求职信会让接受者不知道这是怎么回事?为什么会发送过来?如果你非常地渴望获得某个招聘职位,那么有必要花费时间准备一份专业的求职信,在你通过电子邮件发送简历时,同时发送一封求职信。如果你是通过传真提交简历的,也应同时发送你的求职信。另外,特别强调要注意把回复的地址标注清楚,注意在求职信结尾处写上你的电子邮箱地址和联系电话。

简历和求职信制作完成后,接下来将进入紧张的面试环节。

4.1.4 面试礼仪

1. 面试过程中的礼仪

1) 守时很重要

守时是最基本的职业道德要求,对于应聘者来说,应提前10到15分钟到达面试地点,效果最佳,可以提前到面试的地点休息片刻,稳定情绪,做好准备。提前的时间过长,有可能会被视为没有时间观念,还有可能造成给用人单位工作带来不便。但是面试迟到或者匆匆忙忙,更致命。如果面试迟到,那么不管有什么理由,也会被视为缺乏职业能力而给面试官带来非常不好的印象。不管什么理由,迟到都会影响到自身的形象,不仅是对自己,对他人,甚至对其他公司的工作都会带来影响。一般来说求职者应该提前熟悉到应聘单位的路线,提前做好准备,了解该用人单位的交通路线,避免因塞车或找不到应聘单位而丧失求职的机会。

2) 重视第一印象

在进入用人单位时应随时注意给用人单位留下最好的印象,在行走过程当中,不要东张西望,一旦询问清楚面试地点,应径直走到面试地点,到达后不要向其他工作人员询问单位情况,或向其索要资料,更不应该对用人单位进行评论。遇到用人单位工作人员工作时,不围观,不指手画脚,不随便接听不必要的电话,也不要与其他应聘人员聊天。在应聘单位遇到朋友或熟人,更不要旁若无人地大声说话笑闹,以免让人觉得不重视该应聘而留下不好的第一印象。

3) 掌握进屋时机

当听到用人单位喊自己的名字时,应有力地回答"到",然后再敲门进入面试场所,敲门次数一般两三下较为标准,不可敲的次数过多,敲门时不可敲得太用劲,以能听到的力度就可以。

听到回答"请进"后再推开门,进入房间。开门,关门尽量要轻。进入面试室后,要听从面试官的指挥,提交个人简历等资料,并在指定的位置站立或落座,如携带有公文包,应将其放在座位的旁边。

4)注意面试时的礼仪

面试开始时,用人单位通常会要求先做自我介绍,自我介绍时声音要清晰明亮不结巴,把自己的基本情况交代清楚即可。交谈过程中要注意认真倾听面试官的问题,做到有问有答,不随便打断面试官的话语,时刻表现出自己专注认真的态度,但也无须过于紧张,表现自如即可。同时,恰当使用非语言沟通的技巧,如手势、眼神、面部表情,它们在交往中往往起着无声胜有声的效果。这些形体语言对面试成败非常关键,一个眼神或者手势都会影响到整体评分。交谈过程当中要保持适当微笑,可以展示个人乐观、豁达、自信的特征,增强求职竞争力。

案例4-2　　高材生失去了银行工作的机会

某银行招聘职员,大学生小强参加应聘。小强长得又高又帅,口才也比较好,在大学期间得到多个获奖证书:论文比赛一等奖,学习优秀奖,学习标兵等,英语六级证书。各方面条件都比较好。

在面试现场,参与面试者有一个行长、两个副行长,还有单位的人事部主任。由于准备不充分,他的眼睛时而向下看、时而向上看、时而左右看。银行行长很惋惜地对小强说:"你很优秀,可是你一直不看我,我以为你不喜欢我。我希望你以后无论和谁说话,要看着别人的眼睛。"最终小强失去了到银行工作的机会。

案例4-3

小李大学本科读的是法律专业,而且有两年工作的经验,准备去应聘一个文秘的岗位,因为觉得自己有一定的资本,就没把别的竞争者放在心上。

面试当天他把自己的简历看了一遍,穿上平时休闲服和运动鞋,没怎么准备就去了。到了现场一看,已经有几个应聘者在了,看样子都经过了一番细心打扮,一个个嘴里念念有词,显然是在温习。面试官有两位,看上去都非常严肃,被他们眼睛一盯,小李就慌了神,头不由自主地低了下去,事先准备的说辞全忘了,脑子里一片空白。这时候比较年长的面试官让他做自我介绍,他把自己的简历背了一遍,语调就像一根直线,声音也发虚,手又习惯性地去摸头发。

另一个面试官问他,应聘这个岗位的优势在哪里。这对小李来说,本来是个大好机会,只要他把自己的特长、经验说清楚,胜出的概率还是很大的。可小李一紧张,平时的那些小动作全出来了,一会儿摸摸头发,一会儿摸摸耳朵,擦鼻子……两位面试官看着他直皱眉头,问了两个问题就把他叫了出去。

5)面试后致谢

面试的时间长短,会因面试内容及交谈情况反应不同而定,一般面试者认为该结束面试时往往会说一些暗示性的语言,如"很感谢你对我们公司的支持!""感谢你来我们公司应聘!""我们决定后再通知你。"当求职者听到这些暗示后,就应该立刻表达感谢后主动告辞,离开面试场所。

2. 面试中的语言技巧

1)自我介绍的技巧

(1)自我介绍的内容。

基本情况:姓名、学历、专业名称和学校名称。

应聘职位:重点阐述你对该职位的理解和设想。

社会阅历:参加过某些与应聘职位相关的实践经验等。

自我评价：对自我能力进行科学评价，但要注意扬长避短，而不是全盘托出。

（2）自我介绍的"3P"原则。

人力资源专家指出，在做自我介绍时，应记住"3P"原则，即自信（Positive）、个性（Personal）、中肯（Pertinent）。自信是指自我介绍的时候一定要显得有底气，不能有气无力，或者紧张得不敢看面试官，这是一种非常不好的现象。个性指的是要突出个人的优点和特长，但一定要实事求是，真实可信。既不过分谦虚，一味贬低自己去讨好别人，也不能自吹自擂，夸大其词。可通过一些具体的事例来展示个人形象，给面试官留下难忘的记忆。中肯指的是以事实说话，少用虚词、感叹词，介绍的事例要符合常规，注意语言逻辑，做到层次分明，重点突出，使自己的优势自然地显露出来。

2）问答技巧

（1）口齿清晰，语言流利。交谈时要注意发音准确，吐字清楚，还要注意控制说话的语速、语调、音量的高低，忌使用口头禅、网络语言及一些不文明用语。

（2）把握重点，简单明了，条理清晰，有理有据。在回答问题时要结论先行，论据在后，先将自己的中心意思表达清楚，然后再做论证，避免长篇大论，让人不得要领。

（3）忌简单使用"是""否"作答。对面试官所提出的一些问题，不可简单地使用"是"或"不是"来作答，要针对所提出问题的不同，加以解释，或者说明情况，才能让用人单位了解具体的情况。

（4）遇到自己不知、不懂、不会的问题，既不要默不作声，也不要不懂装懂，要坦诚地承认自己的不足之处，这样更容易赢得面试官的信任和好感。

案例 4-4　　　　　一句话丢了工作

小云接到了一家知名的高薪企业的面试通知。这让她既高兴又紧张。面试的那一天，当她走进面试室后才发觉，一同面试的其他五个人都是男生。面试地点是一个很小的会议室，中间是一张圆桌。面试官坐在圆桌一边，面试者几个人坐在另外一边。这时秘书拿来了六杯水，其他几个男生直接拿起自己面前的水杯就开始喝。小云一转念，不对啊，几个面试官都还没有水喝呢，于是很有礼貌地把杯子递给离她最近的一个面试官。

坐在中间的一位面试官说，"还是女孩子心细啊。"另几个正在喝水的男生立刻窘住了，面面相觑。她暗暗自得，不忘对考官们露出谦逊的微笑。

几位面试官介绍了公司运营方面的具体情况，也聊了聊小云几个人的专业和对公司的想法。由于刚才的"喝水事件"，另外几个男生都比较拘谨，反倒是小云和考官们谈笑自如。这时，坐在正中央的主考官看到小云简历上写着会跳舞，就问小云会跳哪种舞。小云立刻懵了。小时候小云的确学过一点舞蹈，但后来就没再进行过舞蹈训练。小云觉得要是说了实话，太丢面子了。于是，她就扯个谎说会跳新疆舞，说完之后就觉得脸有些发热。接着面试官又要求小云随便摆个姿势看看。小云只好站起来原地转了个圈。

好不容易面试结束，面试官们走出会议室讨论了一下，把小云叫了出去。

"根据你的性格特点，我们想把你安排在外事部门，不过户口方面可能还需要再争取。"

听到这句话，小云马上问道："你们不是答应可以解决吗？"小云想要是户口解决不了，她根本就不会来应聘……接着她轻轻咬着下唇说："要不，我跟爸爸妈妈商量一下。"

面试官愣了一下，微笑着说："好吧。"接着面试官又说，"不过要记得，以后你参加面试的时候，不要说'和爸爸妈妈商量'的话，因为这样会显得你没有主见，明白吗？"

小云抬头看了看他的眼睛，他眼里满是真诚。她意识到，她错失了这个机会。

第四章 沟通前的准备

沟通活动 4-4　　角色扮演

甲同学扮演面试官,乙同学扮演应聘者,进行模拟面试。
常见面试问题:
1. 请介绍一下你自己。
2. 如何评价你的优缺点?
3. 谈谈你的兴趣爱好是什么。
4. 你为什么想到本公司工作?
5. 你希望得到的薪水是多少?
6. 你的老师同学对你的评价如何?
7. 你最崇拜的人是谁?
8. 你的座右铭是什么?
9. 如果我录用你,你将怎样开展工作?
10. 如果你的意见与上级不一致,你将怎么做?
11. 作为一名应届毕业生,你缺乏经验,应如何胜任这项工作?
12. 你在上一家公司离职的原因是什么?
13. 对我们公司,你还有什么问题要问吗?
14. 在完成某项工作时,你认为领导要求的方式不是最好的,自己还有更好的方法,你会怎么做?
15. 如果你的工做出现失误,给公司造成了经济损失,你认为该怎么办?

小知识 4-3　　面试中的问答技巧

问题一:你服从公司领导吗?

有一则故事说,某公司正进行招聘面试,老总对 A 说,请把走廊尽头的玻璃窗打碎。A 照做了。老总又对 B 说,请把门口的那桶水泼到楼下车库里坐着的那个工人身上。B 照做了。老总又对 C 说,请到厨房将厨师打一拳,C 立即回绝道,"我不能这样做,因为我的良知不允许,尽管我应该服从你的命令,但我更要服从我的良知。"后来,C 被录用了。可见,公司要的是服从而非盲从。

问题二:你最感兴趣的是什么?

你也许对什么工作都提不起劲来,但没有人会期望听到你这种答复,面谈者所需要的就是值得你下工夫的地方,你可以谈谈你非常欣赏公司的行销理念或其他方面,并且解释为什么欣赏它。

问题三:你能承担得了压力吗?

别急着回答,说没问题,也许这个压力确实太重了,也许这个压力根本不必加在你身上,不管怎样,先别做上面的答复,避免说你多么善于面对压力,你可以说压力从未给你带来过麻烦,或是你很喜欢压力给工作带来的喜悦。

问题四:你要求的薪水是多少?

遇到这类问题,最好先问面谈者一个问题,"我觉得先让我们弄清楚在薪水之中包含了哪些项目,这样谈起来会更有意义。"如果面谈者坚持让你先说出你的要求,可以告诉他你现在的薪水,不要欺骗。

问题五:你觉得什么人在工作中难于相处?

你应学会千方百计地避免做否定回答的技巧,你很可能简单地回答说:"我觉得没什么人在工作中难相处。""我跟大家都很合得来。"这两种答法都不算坏,但却都不十分可信。你应该利用这个机会表明你是个有集体协作精神的人。在工作中不容易相处的是那些没有集体协作精神的人,他们不肯干却常抱怨,无论怎样激发他们的工作热情,他们都无动于衷。

(资料来源:张韬.沟通与演讲.清华大学出版社,2006.)

4.2 商务人员必备素质要求

成功的商务沟通离不开对沟通知识的掌握,更与沟通者自身的素质密不可分,具备良好的素质要求的沟通者,在实际沟通活动中,能正确地选择恰当的沟通方式,创造友好的沟通氛围,实现沟通目标。那么,作为一名优秀的商务人员应从哪些方面培养和提高个人职业素质呢?

案例4-5　　　　　良好的道德修养是人生第一课

某大学有一批应届毕业生共16人,在实习时被校内实习指导老师带到大型国有企业进行参观。全体学生坐在会议室里等待该公司黄总经理的到来,这时办公室秘书给大家倒水,同学们都面无表情地看着她忙活,其中一个还问了句:"有茶吗?天太热了。"秘书回答说:"抱歉,刚刚用完了。"有一个名叫林佳佳的同学看着有点别扭,轮到她时,她轻声说:"谢谢!"秘书抬头看了她一眼,满含着惊奇。虽然这是很普通的客气话,却是她今天唯一听到的一句。

门开了,黄经理走进来和大家打招呼,不知怎么回事,静悄悄的,没有一个人回应。林佳佳左右看了看,犹犹豫豫地站起来,鼓了几下掌,同学们这才稀稀落落地跟着拍手,由于不齐,越发显得零乱起来。黄经理挥了挥手,说:"欢迎同学们到这里来参观。平时这些事一般都是由办公室负责接待,因为我和你们的指导老师是老同学,关系非常要好,所以这次我亲自来给大家讲一些有关情况。我看同学们好像都没有带笔记本,这样吧,刘秘书,请你去拿一些公司宣传手册送给同学们作纪念。"接下来,更尴尬的事情发生了。大家都坐在那里,有些同学很随意地用一只手接过黄经理双手递过来的手册。黄经理的脸色越来越难看,走到林佳佳面前时已经快要没有耐心了。就在这时,林同学礼貌地站起来,身体微微前倾,双手接过黄经理递过来的宣传手册,并恭敬地说了一声:"谢谢!"黄经理闻听此言,不觉眼前一亮,伸手拍了拍林佳佳的肩膀问道:"你叫什么名字?"林佳佳照实作答。黄经理微笑着点头回到自己的座位上。早已汗颜的指导老师看到此景,微微松了一口气。两个月后,毕业去向表上,林佳佳的去向栏里赫然写着该公司。有几位颇感不满的同学找到指导老师:"林佳佳的学习成绩最多算是中等,凭什么选她而没选我们?"指导老师望了望这几张尚显稚嫩的脸,笑道:"是人家点名来要的。其实你们的机会是完全一样的,你们的成绩甚至比她还要好,但是除了学习之外,你们需要学的东西太多了。"

4.2.1 商务人员职业素质要求

《现代汉语词典》对素质的解释是事物本来的性质,心理学上指人的神经系统和感觉器官上的先天的特点,素质即素养。一个人的素质是由先天生理因素和后天环境因素结合造就的,因而既具有稳定性又具有可塑性。职业素质可以理解为职业素养,百度百科对职业素质的定义是劳动者对社会职业了解与适应能力的一种综合体现,其主要表现在职业兴趣、职业能力、职业个性及职业情况等方面。

商务人员工作开展是否顺利,能否取得成就,在很大程度上取决于个人的职业素质。一般来说,职业素质越高的人,获得成功的机会就越多。一名合格的商务人员应具备以下职业素养。

1. 良好的道德素养

道德是对一个人的思想、品德和处事能力的全面要求。由于沟通行为涉及企业的公众形象,因此,商务人员应具有良好的道德品德,如爱岗敬业。如果没有敬业精神,就不会有无私奉献的思想境界，在工作上就不可能表现出积极向上，对客户热心和诚信，对企业忠心。同时在沟通中注意保护企业资源，不随意将本公司一些商业信息传播出去。

2. 广博的知识

商务人员应当具有较宽的知识面，在日常工作生活中，能积极地从自己所在的环境中向他人学习，能从他人的成功失败中获得经验教训。由于市场运作往往会出现各行各业相互渗透、交叉的情况，这就需要商务人员具有多方面的知识素养，掌握商务活动过程中所涉及的各种业务知识，包括经济知识、政策法律知识、商品营销知识、财税知识、外语、计算机、数学和应用文写作等知识。这样才有助于商务人员更好地为企业服务，提高工作质量。而且，市场经济是千变万化的，这就需要我们不断地更新知识来适应市场变化，从而跟上市场的脚步。

3. 全面的能力素质

1) 逻辑思维能力

逻辑思维能力是指在给予解决方案，表达对问题的看法时，能够运用非常结构化，有逻辑性的思维方式进行。有的人往往只关注事物的某一方面，而不能够着眼全局，对事物的原因进行推理，而优秀的商务人员，善于从全局把握事物，能够发现问题，分析清楚，并具有条理性，能够抓住事物的本质。商务人员应该努力提高自己的思维能力。思维能力强的人，必定是善于独立思考的人，看问题不片面，能从不同角度整体地看待事物。对问题能提出创造性见解，别人没想到的，他能够想到。

2) 沟通协调能力

沟通协调能力是人际交往能力的一个重要体现方面，商务人员应具备妥善处理与上级、同级、下级等各种关系，使其减少摩擦，能够调动各方面的工作积极性的能力。在职场工作中，良好的沟通协调能力能减少员工与顾客之间、部门与部门之间、管理者与员工之间产生误解。

3) 语言表达能力

语言表达能力包括商务人员书面语言表达能力、口头语言表达能力等。

书面表达能力即运用文字书面形式反映客观情况、传递信息、表达思想的能力。文字表达能力是商务人员的必备条件和基本功。

商务人员良好的口头表达能力能减少交流中的误解，消除沟通障碍，同时能有效表达自己的诉求。口头表达较文字表达使用频率更高，使用范围更广。能说会道的商务人员既能表达自己的理解和见解，又能实现与对方的沟通。

因此，商务人员应自觉提高自己的语言表达能力，注意语言表达的规范性以及语言表达的逻辑性，准确使用专业术语，在叙述过程中做到条理清晰，用词准确明白，讲究语言使用的灵活性、创造性、艺术性。

4) 观察能力

商务人员要有敏锐的观察能力，在与人沟通的过程中，能从对方的口头语言、动作姿势、书面语言等方面了解对手，选择恰当的沟通方式。

5) 开拓创新能力

商务人员要勇于接受挑战，超越自我，对富有挑战性的工作感到兴奋，对工作方法、工作流程等能提出改善建议或采取行动提高工作效率，主动对产品服务提出改进建议或意见。同时具备良好的创新力，对企业的经营，不墨守成规，习惯打破思维定势，为老问题寻找新的解决办法，不断挑战自我，创新新的理论，并将其转化为切合实际的计划。

4. 良好的抗压能力

现代人的工作压力都非常大,商务人员经常会面对各种各样的工作压力,压力既有来自于组织外部的,也有来自于组织内部的。来自于组织内部的压力,包括领导不了解实际情况,提出过高要求,自身急于求成,以主观意志代替客观分析,从而影响了工作的完成。来自于组织外部的压力,主要是竞争对手。所以在从事商务活动中,商务人员要具有抗压能力,具备耐心和毅力,从工作实际出发,顶住来自各方面的压力,实现良好沟通效果。

5. 良好的身体素质

商务人员往往工作比较繁忙,需要具备良好的身体素质,才能保持顽强的意志力和敏捷的思维。对商务人员的身体素质要求是身体健康,精神状况良好,精力充沛,思路敏捷,接受新事物快,反应能力强,具备强烈的事业心、责任感和进取心,社会阅历丰富,思想成熟。只有具备良好的身体素质才能更好地从事节奏紧张、压力大的商务贸易活动。

小知识 4-4 　　　　　　　　　　　　**如何说话**

说话真有好听难听之别。

最普通的例子是英国人从来不说"你听不听得见?"而是讲"我语气是否清晰?"客气与不客气差了十万八千里。

同样的一句话,负面的说法是:"他妒忌我。"正面的讲法是"我可能有叫他不顺眼之处。"

"他要价那么贵,交的又不是行货。"不如改为"我们用不起他的货。"反正不要,何苦再得罪人家。"我不知道你说什么。"是怪对方表达能力差,"我没听懂。"是自己笨,或许真是我们资质欠佳呢,无所谓啦。"我嫉恶如仇,不吐不快。"会不会是"我心胸狭窄,凡事牢骚特多?""众人均针对我,故意刁难。"可能是"我得罪四方君子,犯了众怒!"

切莫走入我是人非的窄巷,芝麻绿豆,完全是人家的错;面子里子,统统是人家的不是。

(资料来源:亦舒.月是故乡明.)

4.2.2 培养和提高商务人员的职业素养

在日常生活中,我们要自觉提高自身的职业素质,使自己严肃而不孤僻,活泼而不放浪,稳重而不呆板,热情而不轻狂,沉着而不寡言,和气而不盲从。培养和提高个人职业素质的途径主要有七个。

1. 树立自信心,消除不良心理障碍

影响商务人员工作的不良心理有很多,如自卑心理、自负心理、狭隘心理等。自卑心理缺乏对自己的正确认识,容易过低地评价自己,使人在办事中没有自己的主见,办事无胆量,畏首畏尾,随声附和,一遇到有错误的事情就以为是自己不好,这样会导致失去交往的勇气和信心。自负心理容易使人以自我为中心,过高评价自己,不会换位思考,容易使沟通进入僵局。狭隘心理容易使商务人员心胸狭隘,难以接受他人。因此,商务人员应加强心理平衡,增加社会交往,树立自信心,为开展商务贸易工作打下坚实基础。

2. 培养高尚的道德情操

具有高尚道德的人,才是一个真正有用之人,也才能成才。例如,在商务谈判中,谈判人员要秉承廉洁奉公、忠于职守,不损公肥私,集体利益高于个人利益的原则,才能在谈判过程中自觉维护企业组织利益。

3. 多读书，提高专业技能

学习是一件终生的事业。通过学习，可以不断提高自己的综合素质，从事商务活动人员需要具有渊博的知识，只有在工作和生活中，养成多读书、读好书的习惯，特别是读与自己职业相关的书籍，同时掌握最新行业信息，不断拓宽知识面，了解不断变化的形势和政策，让自己不会和社会脱节，才能跟上社会发展的节奏和脚步，提高自身的专业技能。

4. 学会取长补短

在工作中要善于总结，发现自身存在的问题，克服自身的短板，学会从他人身上发现别人的优点，学习他人的长处。好多同行都是身经百战的，特别是领导和上司，他们一定有很多值得借鉴和学习的地方，一定要多向他们去请教，多去学习他们好的处事方式和工作习惯，这对于提升自身的职业能力有很大帮助。

5. 建立良好人际关系

商务人员要认识到现代社会人际交往与人际关系错综复杂，要能够与同事、顾客及不同的沟通主体建立良好的人际关系，针对不同的沟通对象调整自己的沟通方式和方法，努力与他人建立起融洽的关系。

6. 工作中谦虚谨慎

谦虚谨慎的工作态度，可以使我们在工作中不骄不躁，可以看到别人的优点，学习他人的长处，学会换位思考接纳别人，使沟通活动顺利开展。

7. 勇于承担责任

勇于承担责任是人的一种品质，也是身在职场生存的基本条件。无论职位高低，能力大小，还有身在何种性质的企业，必须立足本职，独当一面，肩负起应有的责任。

4.3 商务人员抗压能力

《现代汉语词典》对压力的解释是物体所承受的与表面垂直的作用力，以及制伏人的力量。从心理学上讲，压力与人的心理问题有关，即指心理压力。压力无处不在，社会就像一个"高压仓"，想在社会上混得好，就得忍得了如大山一样沉重的压力，只有抗压能力够强的人才能获得更大的成功。商务人员应正确看待商务工作中的压力问题，自觉提高个人的抗压能力，塑造良好的心理素质。

案例 4-6　　　　　　　　　　　认识"习得性失助"

美国心理学家塞利格曼用动物做实验时发现，当动物遭到不可预料又无法控制的电击时，最终会停止任何逃避电击的努力，只是趴在地板上哀鸣、害怕、退缩，被动地承受电击，陷于一种失助状态之中，被称为习得性失助。随后，许多心理学家进行了大量实验，得出了人也会产生习得性失助的结论。在现实生活中，失助现象是相当普遍的。从生到死，人们经历着种种艰难险阻，会遭遇到不同的失败与挫折：儿时游戏中父母的强制与干涉、升学失败、失恋的打击、工作失误、不良人际关系等都会使人产生失助感，从而悲观失望，灰心丧气，丧失自我价值。

营销人员每天都要面临的拒绝，新客户资源的开拓，业绩考核等等。其中，拒绝是营销员心中永远的痛。销售的工作性质决定了你不可能永远遇到好打交道的客户，永远看到客户肯定、感激的眼神，做销售，拒绝是不可避免的。长期生活在拒绝中的业务员，会在心里沉淀下诸如挫折感、沮丧感等很多负面的情绪，如果处理不好，就会形成很大的心理压力。经常遭到拒绝的业务员也会在心里逐渐形成这种习得性失助的情绪。市场太难做了，再也不想去面对这些拒绝了。

(资料来源：http：//xl.39.net/xltm/106/6/1322197.html.经改编.)

4.3.1 认识压力

1. 压力的内涵

任何能扰乱人们心理、生理健康的因素都可称为压力。心理压力是个体在生活适应过程中的一种身心紧张的状态，源于环境要求与自身应对能力不平衡；这种紧张状态倾向于通过非特异的心理和生理反应表现出来。

每个人都会有心理压力，压力来源于生活中的方方面面，尤其是现代社会，工作、房子、婚姻、感情等问题，让我们的心理压力越来越大。对于心理压力，我们要学会调整它，当压力过大时要学会释放它，让心理压力远离我们。

完全没有心理压力的情况是不存在的，没有压力本身就是一种压力，它的名字叫作空虚。假定我们没有压力，那一定比有巨大心理压力的情形更可怕。

2. 压力的分类

根据压力来源的不同，可以将压力分为环境压力、工作压力、组织压力和个体压力等四种主要的类型。

1) 环境压力

环境压力是来源于环境变化所带来的压力，如经济衰退，职业岗位减少，给人们带来失业的威胁；社会治安恶劣，使人们产生人身安全无保障感，需要提升自身防御能力的压力；科技变革，带来的新技术、新方法，使人们产生不适应感而产生学习、进修压力等。

2) 工作压力

工作压力有工作中工作业绩不良，带来的个人成就感的缺失，工作开展容易受阻的压力；工作岗位变换，带来的不适应性；一些工作岗位本身需要承担较高的工作压力，对于喜欢从事常规工作，不喜欢或惧怕具有挑战性的人来说感到难以负荷；工作量过大，需要在一定时间内完成的工作任务量超过了员工所能承受的能力；工作难度大，产生的不适应感。特别是从事商务贸易活动人员在工作中，完成任务的期限很短，工作任务繁重，工作常常需要外出，社交时间过多等造成压力过大。

3) 组织压力

组织中的人与人之间的关系状态，也会带来压力，良好的人际关系可以促进个人和组织目标的实现，而紧张、复杂的人际关系会使人感到相当的压力感。组织结构过于复杂，等级制度森严，管理模式过于封闭，员工无参与决策机会，会让人感到压抑和压力。组织内上级领导常采用命令式和任务式的管理作风，容易导致员工产生紧张、压抑、焦虑等不良情绪，影响组织发展，同时使员工常处在压力包围圈中无法自拔，不利于工作开展。

4) 个体压力

个体能力、气质、性格等特征不同，压力产生的影响也不同。商务人员个性差异会导致其用不同的态度看待压力，并以不同的方式来对抗压力。例如，当人们面临着职业岗位变换时，一些人把它看作是学习新技术、新思想的好机会，一个接受挑战的机会；另一些人，则认为这是一个巨大的威胁，担心自己能否胜任等等。而且对自我要求过高的人，往往压力也比较大。

3. 压力的不良影响

1) 压力对个体身心健康的影响

适当的压力能促进人的进步与发展,但一旦超过人的承受能力,会影响人的身心健康,带来各种疾病。压力过大会引起肌肉紧张、消化不良、心跳加快、血压升高、不断出汗、身体变凉、血栓增多、糖和脂肪溶入血液等问题。据医学专家们发现,压力过大会伤害人体神经系统、骨骼肌系统等7个系统的健康。压力得不到释放会导致各种心脏疾病,甚至可以导致心脏病的发作。有时些人为了缓解压力,会沉溺于吃零食、吸烟或喝酒等不良行为。

2) 压力对工作的影响

压力过大会造成注意力不集中,记忆力下降,理解力、创造力下降,表现出经常担忧,烦躁不安,焦虑,失眠,使人精神萎靡不振,思想受限,从而降低人的工作效率。

3) 压力对他人的影响

压力大容易使人情绪不良,暴躁、易怒,与他人的矛盾冲突增多,进而影响工作绩效。

4) 压力对社会的影响

压力过大会使人体对烟、酒、茶、咖啡的依赖性增加,出现强迫行为。心理压力过大的人会变得冷漠而轻率,虽然能够处理小问题和日常活动,但是不能面对重大问题,无法做出正常决策,进而易做出不负责任的草率行为。

适当的压力可能是一次提高自己的机会,也能让我们按期完成任务,会更努力地工作,以更积极、高度的感情投入工作。

4. 提高抗压能力策略

日本著名作家、积极心理学学校校长久世浩司认为,全世界精英不断取得成绩的必备能力是良好的抗压力,他将企业精英分为石头型精英和玻璃型精英,并提出真正的精英与普通的精英的不同之处就在于精神上的抗压力,这种抗压力能让企业精英从失败中重新站起,突破逆境。那么,什么是抗压力呢?抗压能力就是在外界压力下处理事务的能力,也可以称为抗挫力。其根源其实就是面对外界压力与挫折时的抵抗能力。有的人抗压能力强,有的人抗压能力弱,这跟一个人的心理素质有关。

美国教育家戴尔·卡耐尔在调查了很多名人的经历后指出:"一个人事业上成功的因素,其中学识和专业技术只占15%,而良好的心理素质要占85%。"抗压能力的高低,会影响一个人的生活与工作,只有那些内心强大的商务从业人员才能够不断提高业绩,在公司内外的残酷竞争中游刃有余,在职业生涯中取得非凡的成就。抗压能力越高,越容易适应社会,所以说,提高抗压能力是非常必要的。

1) 克服不良情绪,培养积极心态

压力容易带来不良情绪,如担忧、焦虑等问题,提高抗压能力要学会以乐观向上的精神去面对问题,以积极心态去营造安静、低压力的工作环境,商务人员要主动培养个人乐观的情怀,学会自我调节。在日常生活中,可以通过运动、听音乐、旅游、与人聊天来缓解压力。

2) 正确评估自己,设置可行目标

对于自我要求比较高的人来说,往往承受比较大的压力,我们需要对自身能力进行评估,不过高地要求自己。要知道世界上没有一个人是完美无缺的,不要对自己要求过高,如果对自身的目标与价值设置过高,超过了个人的承受能力,会适得其反。要给自己适当的压力,又不能让自己一无所成。要知道每个人承受压力的能力是有限的,学会用一颗平常心去把自己力所能及的事情做好，目标适当，心情舒畅，会让你收获更多。

3）提高沟通能力，发挥自我优势

善于沟通的人，往往更容易在与人交往中释放个人的压力。有句话是这么说的，将快乐与人分享，快乐就会加倍，将痛苦与人分担，痛苦就会减半。沟通能力强的人比沟通能力弱的人要更喜欢与他人分享自己的喜与悲，通过分享减轻自己的压力。习惯与他人沟通的人，会在沟通中寻找到解决问题的办法，或者更容易找到帮助自己解决困难的人。因此，我们要主动学习和提高自己的沟通能力。

在工作中发挥自我优势，尽可能与其他人进行面对面交谈，建立良好的工作关系，遇到问题多向其他同事请教以获得更多信息，与他人意见不一致时，要坦诚地提出自己的看法和意见。

4）培养乐观个性，增强自信心

面对同样的问题，外向性格的人容易产生正面的情绪，而焦虑性格的人容易产生负面情绪。所以，培养乐观个性是提高抗压能力的有效手段。自信心是相信自己有能力实现目标的心理倾向，是健康的心理状态，它能推动人们进行主动活动，也是人们完成活动的有力保证。一个人不相信自己的能力，任何工作都做不好。有自信心的人才能够正确地评估自己的能力，虚心接受他人的意见，相信自己所从事的事业必将取得胜利。

5）主动帮助他人，获取主观幸福感

通过帮助他人，获得快乐、欢欣、知足、自豪、欣喜等愉悦情绪。虽然这些情感体验大多是人们与生俱来的生理反应，但在帮助他人的过程中，人们可以强化对这些情感体验的强度和持久度。美国心理学家弗莱德逊发现，愉悦心情的人思考问题会更开阔。她指出："感觉好，远远不等同于没有威胁，它可使人们变得更好，更具有乐观精神和压弹能力，更与他人合得来。"

6）培养幽默感，提高创新思维

一个人幽默、诙谐能调整心态，幽默可以化解烦恼，释放情绪，并使人不断体验愉悦心情。在国外对幽默的研究中，幽默一向被视作是健康人格的突出表现。可惜，中国人自古以来就不重视幽默对健康的重要性，中国人亟须加强幽默训练，学会以幽默来升华生活烦恼。幽默不仅可以提高一个人的抗压能力，也可以提高一个人的创新思维。具有幽默感的人往往思维能力比较活跃，思维跳跃性强，擅长联想，发散思维尤其突出，因此更容易产生新的想法。

沟通活动 4—5　　　　　　　**测试你的抗压能力**

你是一个抗压性很强的人吗？你是否能在社会上站住脚？来做个抗压能力测试吧。

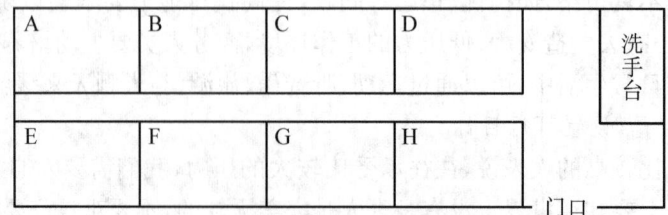

（资料来源 http://bbs.tiexue.net/post2_8645114_1.html）

第四章 沟通前的准备

题目：你要去一个布局如上图的公共卫生间，里面没有一个人，那么凭直觉你会选择去哪个小间方便呢？

测试结果：

选择 A："承受压力指数为 3 分"

你喜欢简单朴实的人生、诚恳的生活态度，使围绕在你身边的人很有自信和安全感，你会全力以赴地去照顾和体贴心爱的人和所有亲朋好友，多愁善感是压力指数的致命伤。

建议：使你最感骄傲的是人都因你而有福，希望得到别人的鼓励和赞扬，使你疲倦，不如放下标准，自由自在地过自己的人生。

选择 B："承受压力指数为 8 分"

你生命力旺盛，能快速了解别人的需要，善于理解复杂的人际关系，容易成为富贵中人。品位高，条件好，并重视个人成长，是一个极有智慧的人。

建议：容易自以为是而粗心犯错，使别人深感困扰，不听别人劝导而惹来烦恼，会因此而情绪失控，要记得小心，不要触犯他人。

选择 C："承受压力指数为 9 分"

诚恳地对待他人，使你能透视这个世界，找到纯真善良一面，充满自信又肯上进。你的特长是能找到机会，创造健康快乐人生，与人和平共处，人缘极佳。

建议：胆小怕事使你包容他人的缺点，任由他们做坏事，不知后果的严重性，小心受牵连，多交一些世故的朋友，帮助你认清事实。

选择 D："承受压力指数为 7 分"

你有喜感十足的性格，活泼、浪漫、天真，像未失童心的人，永远能陶醉在欢笑声中，快乐时会想欢呼或手舞足蹈，你不会让痛苦或不安打扰你欢愉的心情，是典型适者生存者。

建议：你的持续能力不长，有碍事业发展。若喜欢把事业放在娱乐之后，更需检讨人生失败的缘由，因为你会因此而导致太多困扰。

选择 E："承受压力指数为 6 分"

个性细致、敏感度很高，适合从事有创意的工作，工作能力很强。能主动关怀他人与事物，即使相貌平凡也露出纯朴实在的气质。你永远都会把感情和事业放在非常重要的地位，不断走向前程。

建议：你是勇气十足的人，胆识高人一等，但无法恰当地表现自己，你应该先懂得生活，人际关系才会处理好，压力因此而消失。

选择 F："承受压力指数为 4 分"

容易为生活琐碎担心，不在乎物质生活，却强调生活品位的重要，能理性分析事情，但又因缺乏感性生活而十分无奈。你需要同时兼具理性和感性的人生，才能感到满足。

建议：当你无法承受生活压力时，不妨让自己平凡一点，别在乎别人的期望，因为常常是你自己设定了太高的期望，使自己无法喘息。

选择 G："承受压力指数为 5 分"

你的个性孤独又不能被他人肯定，使你不喜欢了解自己的缺失，像被丢掉的石头，不知道它的价值何在，别人欠你的钱，你也懒得去追讨，以不变应万变的心态度过生活难题。

建议：只要你懂得努力追求自己所爱，坚持在一个固定的职业上，不在乎艰难日子，才能平安过一生，千万不要三心二意，使自己失去生活重心。

选择 H："承受压力指数为 10 分"

你不在乎生活压力时，什么都可以看得很开，你的人生永远在追求完美和理想，只要能帮助你完成或顺利达成目标，你的苦干精神无人可以比较。你的快乐是单纯而自然，能时时知足又懂得不断去追求。

建议：你不需要别人帮助解决生活压力，但需要别人指导解决生活难题，因此建议你多交一些有智慧和远见的朋友。

就如同"家家有本难念的经"一样，每个人身上都有各自的压力，有些人压力轻，有些人压

93

力重,只是自我感觉不一样;即使是同样的压力,有些人能通过自我调节,感觉压力轻,有些人不会释放压力,感到压力重。我们要学会掌控压力,而不能轻易被压力所打败。当压力过大,无从释放时,压力就会产生负面情绪,继而影响我们的生活。因此,我们要了解自己的抗压能力,同时要学会减压方法,要学会对自身情绪进行管理。

4.3.2 情绪管理

1. 情绪的内涵

心理学中情绪是指有机体的天然需要是否得到满足而产生的心理体验。情绪通常是由环境中的事件引发,如喜、怒、哀、乐、爱、惧、恨等。情绪是内心的可知感受经由身体表现出来的状态,如对朋友的遭遇表示同情,对敌人的凶残表示愤怒,事业有成时感到欢乐,考试失败时感到悲伤。《现代汉语词典》对情绪的解释有两个意思:一是指人从事某种活动时产生的兴奋心理状态;二是指不愉快的情感。在这里,我们主要指由压力产生的不愉快的主观体验,如压力导致的暴躁、易怒。

一名出色的商务人员要具有良好的情绪管理能力,学会控制自己的情绪反应,避免因过激情绪使自己做出错误的决策。

案例 4-7 **纪晓岚趣事**

有一天,纪晓岚和几个好友在集市上游玩。闲来无事,他和几个好友打赌。他说:"你们看,前面有一个饭馆,老板娘正在热情地招待客户。我跟你们打个赌,我能说一句话就让老板娘笑,也能再说一句话就让老板娘生气。"

这几个朋友觉得纪晓岚虽然很有能耐,但是这个事他好像并不擅长。于是他们打赌,谁输了谁就请客吃饭,吃饭的地点就在老板娘的饭馆。

只见纪晓岚来到这个饭馆前,对着看门狗鞠了一躬,说:"爹,早上好!"老板娘一看,纪晓岚是何等人物,居然给自家看门狗鞠了一躬,不知占了多大便宜,于是乐得前仰后合。

紧接着,纪晓岚几步来到老板娘面前,又一鞠躬道:"娘,你也好。"老板娘听了之后非常生气,拿起笤帚就打。纪晓岚早有心理准备,自然没有被打到。为了补偿老板娘,他们的中午饭就在这里享用了。

2. 情绪管理

情绪管理就是指一个人在情绪方面的管理能力,相对的也对人的一生造成深远的影响。有关调查表明,企业领袖、出色的创业家成功的秘诀在于拥有高情绪智慧,即具有处理感情、人际关系、人际沟通能力的高情商。

人的情绪管理能力的高低差别很大,与遗传因素、后天环境和努力的影响关系密切。情绪管理能力高的人,能够理解情绪的本质,自主控制自己的情绪,时刻生活在轻松快乐的心境中,生活在幸福之中。情绪管理能力低的人不知道如何面对自己的情绪,甚至被情绪所困,经常处于悲惨的心境中。因此,情绪管理能力的高低直接关系到我们的生活质量。

情绪管理能力可以学习,也可以经过努力不断提高。

认知自己的情绪,对自己的状态保持高度觉察,对自己当下的每个情绪和感觉,都有清晰的洞察,可以和自己的情感做亲密的交融互动,会明确表达出"我现在很生气,很难过,很悲伤,很愤怒"等。提高正面情绪的能力,明白自己的情绪来源不是外部,而是内心的价值观和信念的反映。提高自身的修养和自信,就能获得更多的正面情绪。

小知识 4-5　　职场减压法

（1）量力而行。对事业心重的朋友来讲，他们总是对自己有过高的要求。标准定得越高，自己的压力就越大，往往这种标准就像一座大山似的压得人透不过气，结果还适得其反。如此情形，就要懂得量力而为，根据自己的能力，能做到什么程度就到什么程度。不要高估自己的能力，也不要低估自己的能力，这样才能做到压力的均衡化。

（2）讲究方法。做事要分轻重缓急，不要什么事情都一把抓，毕竟人的精力是有限的。正确客观地评价工作的绩效，给自己找寻一种合理的工作方法，这样才能信心满满，心情愉悦。

（3）忙里偷闲。学会科学、合理地安排时间，忙而不乱，该休息的时候就休息，要相信别人也能将事情做好。

（4）规律生活。规律的生活，能保持乐观的心态。休息日陪家人，享受生活的乐趣，可以舒减心理压力。

（5）情绪宣泄。情绪积累到一定程度，一定要注意及时进行宣泄。可以去健身、远足，也可以去找自己感兴趣的事情来做。这样积极地进行心理的调适，才能保持心理的舒畅。

沟通活动 4-6　　情绪管理你、我、他

期末考试马上就到了，你很认真地进行复习准备，但却发现虽然花了很多的时间，仍然还是有很多知识点记不住，有些东西之前看过，可就是忘记答案是什么，因此对自己感到很生气。你会怎样安抚自己的情绪呢？

4.4　沟通前的信息准备

随着科学技术的发展，我们已经进入了信息时代，了解信息、掌握信息已成为人们成功地进行各种活动的保证。在开展商务洽谈前，人们要运用不同的方式收集所需要的信息，而获取自己所需信息也是一种商务活动。现代商务活动对信息的依赖越来越强烈。因此，商务人员的信息收集就成为了解己方与对方信息、开展商务洽谈工作的基本前提。

4.4.1　信息收集的原则

信息的掌握对商务交往的各方来说都是至关重要的，掌握信息的多少，决定了我们在洽谈中所处的地位，如果通过调查或其他渠道得到了对手没有的信息情报，在开始洽谈之前，我们就已经有了基本获胜的把握。在进行信息收集时，要遵循以下原则。

1. 真实性

信息收集的第一原则是信息必须真实、准确，这样才能看清问题，抓住时机，因此要对收集的信息进行筛选、整理、分析。如果收集的信息存在错误就会给洽谈工作埋下隐患，有可能会造成不可估量的损失。

2. 全面性

收集的资料要力求全面系统，要从整体上来反映事物的本质，对于一些重要的信息，如市场状况、商品销售情况、洽谈对象的实力和商誉要进行更全面的信息收集，力求所收集到的信息覆盖全面。

3. 针对性

信息收集是一项内容繁杂的工作，需要耗费大量的时间和精力，短时间内不可能把所有的

信息都调查清楚,因此在必要的时候,要有针对性地开展,将最急需了解的问题优先进行处理,争取时间,提高信息收集的效率。

4. 时效性

在现代市场活动中,时间就是机遇,也就意味着金钱。丧失了机遇,将会导致整个经营活动的失败。时效性就是及时捕捉和抓住市场上任何有用的情报、信息。在信息收集的过程当中,把握最新的、最近的信息才是最有价值的信息。

5. 连续性

信息收集的连续性指的是对信息的收集工作要有一个持续不断的过程,企业在经营过程当中应不间断地将一些重要的信息进行收集存档。

6. 经济性

信息的收集费时费力,需要人的体力和脑力的付出,但有时也可以通过付费的方式进行购买。但不管是利用自身收集信息,还是通过其他手段获取信息,都要注意经济性的原则。收集信息要根据自己的财力去衡量费用支出,力求使收集到的信息价值高于成本。

4.4.2 信息收集的主要内容

信息收集的内容主要是与某次商务活动密切相关的信息,我们将其分成宏观方面和微观方面信息,宏观方面包括政府的方针、政策、法律等,微观方面包括市场信息、行业状况、产品资料、洽谈方的资信情况和竞争对手信息等。

1. 宏观环境信息

任何国家的经济活动都离不开政府的控制,社会经济活动都是在国家的宏观政策调节下进行的,政府的各项方针、政策,为经济发展指明了方向,形成了现有的市场环境,从而保证了经济活动的顺利进行。因此,企业的各种经济活动,也是在这些方针、政策、法律制度的指导下进行的,这就要求商务人员在进行洽谈前必须了解党和政府的有关方针、政策,以及与此相适应的各种措施、规定,以保证洽谈内容,方式符合政府的有关规定,保证合同协议的有效性和合法性。

对于国际间的贸易活动,从事商务活动人员还要了解掌握有关国际贸易的各种法规条例,了解对方国家政府的关税政策、贸易法规、进出口管理制度,对我国是否实行禁运或限制进出口的种类范围,以利于制订正确的洽谈计划,避免经济活动中出现不必要的分歧、误会,促使交易的顺利进行。

2. 微观环境信息

1)市场信息

在市场上销售着同类产品,这些商品的品质、规格、花色、包装等是否适应市场的需求。这些商品各自在市场的占有率多大,是否与商品的自身因素相关等。

市场信息主要包括下面几点:

(1)商品的市场分布情况。收集与交易相关商品的市场信息,包括商品市场的分布区域、地理位置、运输条件、辐射范围、市场潜力以及与其他市场的经济联系等等。

(2)商品的市场需求情况。收集与洽谈方有关的商品的消费需求信息,主要包括消费者的数量及其构成、消费习惯、消费水平、消费质量、家庭收入以及购买力、消费趋势、消费偏好、对该商品的消费有无特殊的服务要求等等。

(3)商品的市场销售状况。收集商品的市场销售状况,主要包括商品在该市场的销售路径和销售区域、销售价格、销售量、销售的季节变化以及在该市场行之有效的销售策略等等。

(4) 商品的市场竞争情况。市场竞争情况指在该市场上竞争对手的相关信息,主要包括竞争对手的数量、经济实力、营销能力,商品的数量、种类、质量、特性、知名度、信誉度,商品的性能以及提供售后服务的质量等等。

(5) 商品的市场价格变动。价格信息主要指在该市场上价格受经济周期、通货膨胀、垄断和投机活动、自然灾害、季节变化等因素的影响的变动信息或变化规律。根据价格的变动信息就可以推测出价格的变动趋势,从而决定推销商品或采购商品的时机。

2) 行业状况

行业的状况主要指行业规模、行业和产品生命周期、行业成本结构和决定行业成功的因素。在涉及对外投资、合资办厂或开发新产品,进入新领域时这些都是必须要了解的信息。

(1) 行业规模。收集现有的同行业的相关资料,分析其发展趋势,处于扩张、不变还是紧缩状态,得出该行业潜在的发展趋势和可能的规模,从而决定本企业的发展趋势和规模。

(2) 行业和产品生命周期。收集行业发展周期和同类产品的生命周期,以及在各个时期产品的竞争力。

(3) 行业成本结构。成本与经济收益直接相关。因此对行业状况信息的收集需要对行业成本进行估算,对行业成本的结构进行调查,这样才有可能知道该行业的成本有无下降的可能,利润是否有上升的空间。

(4) 决定行业成功的因素。一种产品可以带来一个行业的兴盛,同样行业的繁荣也可以给产品带来无限生机。要使产品在市场上占有一席之地,可以通过对行业成功材料的收集来分析其成功的因素,从而分析相关产品的前景。

3) 产品的资料

关于产品的资料,首先收集的是与产品本身有关的技术、工艺、包装、商标等信息;其次,要收集该产品与其他同类产品在性能、质量、规格等方面的优缺点;最后收集与产品有关的技术资料,包括新产品的开发等,应尽可能收集与产品有关的信息。

4) 洽谈方的资信情况

对洽谈对手资料的收集、调研和分析是商务贸易活动成功的必要条件。对洽谈方资料的调查主要包括对对方公司状况的调查、对对方公司能力的调查、对洽谈方代表的个人资料等的搜集准备。

(1) 对方公司状况。对方公司的状况主要包括公司的规模、经营状况(增长率、盈利情况和成本结构)、资信情况、企业文化、商业信誉、高层管理者的特点、经营理念、目前和过去的经营战略,以及在管理、营销、财务、创新、服务等方面的优势与弱点等。这些有助于判断对方公司的实力,判断在合同签订之后对方的履约能力。

(2) 对方公司能力。对方公司的能力如对方的财务状况、支付能力、经营范围、经营能力、销售能力、销售额、销售地区、销售方式、营业中的利润、增长率、在市场中的地位、支付方式和付款条件等等。实际上就是从整体上判断对方公司是在盈利还是在发展,是一个问题型的公司,还是一个发展型的公司。

(3) 洽谈方代表的个人资料。在充分了解上述资料之后,还应了解对方代表的有关资料,如对方代表的职务、年龄、生活习惯、性格、专长、爱好、需求,当然如果可能的话最好了解他们各自的弱点等。

5) 竞争对手信息

所谓竞争对手,是指商务洽谈中有可能参与竞争,使自己一方的地位受到削弱的竞争者。由于竞争对手的加入可以增加洽谈方的选择,因此要了解竞争对手的情况。主要包括以下两个方面:

(1) 竞争对手的实力。具体包括竞争对手的生产能力、技术设备水平、市场和产品的供求状况、价格水平、信用状况等。

(2) 了解竞争对手的优势和合作的可能性。当竞争对手有明显的竞争优势且有强烈的合作动机时,竞争者加入会导致洽谈难度大大增加。

4.4.2 信息收集途径

在确定好要调查的内容和收集的资料之后,就应该确定如何收集充分的资料,通过哪些途径能够收集到客观的、公正的、准确的资料。

1. 利用有关单位或部门收集资料

国内有专门的部门或机构进行信息收集和信息咨询工作。这些机构有政府部门,也有商业性的机构,以营利为目的。比方说在国内可能提供信息资料的单位有商务部、对外经济贸易促进委员会及各地的分支机构、中国各大银行的咨询机构以及一些提供咨询服务的公司。当然还可以联系与其有过业务往来的国内企业以及国内的报纸、杂志和新闻媒介等。

2. 从已出版和未出版的资料中获取信息

利用营利或非营利的一些公共机构提供的已经出版的各类资料,包括报刊、网络和各类专业杂志,这是收集信息最容易的渠道。例如,图书馆中关于贸易统计数据的年鉴、有关市场基本经济信息的资料、各种产品交易的统计资料和各类企业的信息等,以及国家统计机关公布的统计资料,行业协会发布的行业资料,专业组织或研究机构提供的调查报告等。这些都可以作为资料的来源。

3. 直接派专人开展实地考察,收集资料

在商务活动中,如果涉及复杂的交易、涉及金额较多、工程项目较大、交易履行期较长时,为确保能够获得客观全面的信息资料,可以由企业直接派人到对方企业进行实地考察和了解信息,从而获得大量的资料。

4.4.3 信息的整理与分析

收集资料就是为洽谈中所利用,因此在收集之后,就应该对所需要的材料进行整理和利用,否则,所收集的资料将毫无用处。首先,应该鉴别资料的真实性与可靠性。只有真实的、可靠的资料才能反映对方的真实情况。基于真实的资料,才能分析得出客观的结论,在洽谈中占有优势。其次,要分析各种因素与洽谈项目的关系。准备工作时,收集的资料通常会有很多,这就需要商务人员对所有真实可靠的资料进行分析。最后,将资料进行整理,包括评价、筛选、分类、保存和保密。

1. 对资料的评价

对资料的评价是资料整理的第一步。各种资料由于其重要程度不同，其作用也不同。有些需要立即用到，有些后来才能用到，还有部分资料可能一直都用不上。因此，评价资料时，可以将资料直接区分开。没有用的直接舍弃；有用的分为几类：一类是立即用的资料，一类是以后肯定要用的资料，还有一类是以后可能会用得上的资料。这样区分，以后在使用起来才能快捷地找到。

2. 对资料的筛选

舍弃费时费力收集到的资料并不是一件容易的事。但是，如果不剔除不需要的或者用处很小的资料，就会延长查找所需要的材料的时间，同时也会因为材料占用太多空间，不易保存。因此应及时对所收集的材料进行筛选。资料的筛选大致有以下几种方法。

1）查重法

这是筛选资料的最简单的方法。实际上就是剔除重复的资料，选出有用的资料。当然，不完全重复的重要信息也可以保存一部分备用。

2）时序法

对所收集的资料按时间顺序进行排序。在同一时期内，比较新的资料留下，旧的资料可以舍弃，这样选出的资料会更切合实际。

3）类比法

将信息资料按市场营销业务或按空间、地域、产品层次，进行分类对比，接近实质且真实、可靠的资料留下，其余的舍弃。

4）评估法

应该由具有深厚的市场学专业人员来进行操作，保证评估的准确性。专业人员对资料进行评估时，主要依据自己所熟悉的业务范围，从资料的主要内容或题目进行评估、取舍。

3. 对资料的分类

对筛选后的资料进行分类整理是资料整理分析阶段耗时最长也是最重要的工作。因此资料的整理者极具耐心。分类的方法大致有两种。

1）项目分类法

这种分类方法主要是根据使用的目的来进行分类。大致可以分为商务开发资料、市场信息资料、技术信息资料、金融信息资料、交易对方资料以及有关的政策法规等等。

2）从大到小分类法

从设定大的分类项目开始，大项目最好不要太多，如不要超过10项，经过一段时间使用之后，可以分得再细一些，但是不能太细，以免出现重复。

4. 对资料的保存

把分类好的资料妥善保管。即使经常使用的资料也要放好，按分类放入相应的文件夹中以便随时查找。

5. 做好资料的保密工作

最后，对收集回来处理后的信息要做好保密工作。对于商务贸易谈判来讲，一旦让对手知道了我们的信息，就有可能让我们失去有利的地位，所以客户谈判中资料保密、信息安全很重要。

本章小结

本章主要介绍商务人员进入职场求职应聘礼仪,以及商务人员应具备的职业素质要求,商务人员应有的抗压能力,如何做好情绪管理,最后介绍了进行商务活动前应做好的信息工作。

核心概念

求职　沟通　素质　抗压能力　情绪管理　信息准备

思考与技能训练

一、基本训练

1. 选择题

(1) 气质具有的特征是(　　)。
A. 天赋性　　　　　B. 稳定性　　　　　C. 差异性　　　　　D. 可变性
(2) 心理学把人的气质类型分成(　　)大类。
A. 2　　　　　　　B. 5　　　　　　　C. 4　　　　　　　D. 9
(3) 进入面试室前,应敲(　　)下门。
A. 4~5　　　　　　B. 1　　　　　　　C. 2~3　　　　　　D. 6~10
(4) 女士面试时应穿(　　)。
A. 高跟鞋　　　　　B. 平底鞋　　　　　C. 凉鞋　　　　　　D. 运动鞋
(5) 人力资源专家指的"3P"原则,包括(　　)。
A. 自信　　　　　　B. 个性　　　　　　C. 中肯　　　　　　D. 诚心

2. 简答题

(1) 试述应如何打造个人的求职形象。
(2) 面试前如何做好信息收集工作?
(3) 面试前应做好哪些物资准备工作?
(4) 根据压力来源可将压力分成哪些类型?试述压力对工作的有哪些影响。
(5) 如何提高个人的抗压能力?
(6) 信息收集的原则有哪些?
(7) 在确定好要调查的内容和收集的资料之后,可以通过哪些途径收集到客观的、公正的、准确的资料?
(8) 洽谈前资料的筛选大致有几种方法?

二、案例分析

1. 案例

小林是某大学工商管理专业应届毕业生,百胜集团正在招聘前台文员,对此她信心百倍,因为她专业对口,而且其他条件也非常符合。面试当天,小林为了给招聘单位留下好印象,决定好好打扮一下自己。在寝室忙了半天,她最后选中了一条大花的连衣裙,穿上高跟凉鞋,戴上项链、耳环、手链,还化了现在最流行的闪亮妆,她想这样一定能在外形上取得优势。面试当天,小林与其他面试者一起在办公室外等候。当看完发下来的题目后,小林更觉得胜券在握。快轮到她时,为了给面试官留下好的印象,她准备在进入面试室时给自己补妆,由于时间紧迫,她匆忙地拿出化妆包开始补妆,以致面试官叫了她的名字三次才听见。面试时,小林看到

第四章 沟通前的准备

题目有点陌生,忍不住挠头抓痒,在座位上扭来扭去。多年以来,小林有一个不良习惯,一遇到不懂的问题,一紧张,她就会不自觉地用手去搔头皮。面试最终草草结束。

问题:请问小林在这次面试中成功的概率高吗?如果不高,请指出她失礼的地方。

2. 案例

一家上市公司招聘总经理助理,有30多人前来应聘。公司人事部经理在众多的应聘者中选中了一名普通的年轻人。其助手说:"怎么选了他呀,他没有任何工作经验啊?"公司经理回答:"他一定能适应这个工作,首先,他在进门之前妥善地放好了自己的雨具,进门后随手关上了门,说明他做事很仔细。在等候的时候,他不像其他应聘者那样在外喋喋不休地谈论,当一名老年人向他咨询时,他礼貌耐心地为老人解答。进了办公室其他应聘者都没有注意到我故意放倒在门边的扫把,只有他俯身捡起并把它放在了墙角。最后,他衣着整洁,回答问题简明干脆。这些都足以证明他能够胜任这份工作。"

问题:从案例中分析面试时应注意的礼仪要求。

3. 案例:洽谈前信息收集

李先生经营一家牛肉火锅餐厅,去年营业额600万元,税后利润90万元。这家店开业已经数年,位置极佳,附近是地铁口和公交总站,餐厅周围有各类饮食店,人流量较大。

李先生打算趁生意还算红火的时候尽快把这家餐厅盘出去,广告上要价380万元,计:存货值5万元,厨房设备估价15万元;餐厅设备在三年前新置时花费300万元;其余部分为店堂不动产和商业信誉无形资产的估价。假如你在本市其他处所已拥有两处经营烧烤的餐厅,为了扩充营业,打算只要价格公道、位置适中就购进一家新店。原有两处营业都相当不错,你也信心十足,认为自己管理严格,加上产品适销对路,购进新店后一定能再次获得成功。你为此曾和多家餐厅进行接触,但均因价钱谈不拢而作罢。现在你看中了李先生的店和另外一家,认为条件都不错,符合自己的要求。存在的问题是:你虽能从银行获得贷款,但还不足以支付李先生的要价,即便先付60%仍然力不从心,希望能分四年付清。

问题:关于李先生的餐厅,你必须弄清的主要情况有哪些?

三、技能训练

根据本章内容,完成以下实训。

1. 模拟演练:某汽车集团现需要招聘"专卖店销售员""汽车销售顾问""招商助理""投资客户经理"等职位,试选择应聘某一职位,打造自己的职业形象。

要求:

(1) 全班分为若干个小组(每组4~6人为宜),确定本小组应聘职位。

(2) 每小组选定一名同学进行求职形象塑造。

(3) 上台展示相关的面试礼仪。

(4) 小组学生代表走秀表演,展示职业形象。

2. 模拟面试。通过模拟真实的求职过程,完成求职的准备工作,提高学生求职意识,掌握求职沟通技巧和求职礼仪。

(1) 学生模拟求职面试。

(2) 填写招聘面试记录表。

_____公司招聘面试记录表

姓　名		应聘职位	
评价项目	权重	得分	备注
仪容、仪表	10		
精神面貌	10		

续 表

健康状况	10		
语言表达能力	10		
领悟、反应	10		
对应聘岗位及有关事项的了解	10		
工作经验	10		
前来本公司服务意愿	10		
社会交际能力	10		
外语能力	10		
合计	100		
面谈人		日期	

考核要点：
(1) 学习态度端正；
(2) 发型、容貌修饰、衣着打扮符合应聘职业要求；
(3) 成员展示符合角色特征；
(4) 小组成员充分表现出团队合作精神。

考核指标		学生自评	小组互评	教师点评
指标	分值			
态度端正	20			
发型、容貌修饰、衣着	50			
团队合作	10			
走秀展示	20			

3. 沟通前信息准备

(1) 实训目的：了解在商务洽谈开始之前的信息收集方法及内容。
(2) 实训要求：掌握商务洽谈前信息收集的基本方法，填写相关表格。
(3) 实训内容：根据企业要求或给出实例，分小组根据实例中的角色（卖方或买方）收集信息。

宏观环境方面

	收集的信息项目	信息获取的方法和渠道	获取的具体信息内容
宏观环境信息			

第四章 沟通前的准备

微观环境方面

微观环境信息	收集的信息项目	信息获取的方法和渠道	获取的具体信息内容
市场信息			
行业状况			
产品资料			
洽谈方的资信情况			
竞争对手信息			

第五章　商务联系

知识目标

1. 认识到在具体商务沟通活动中自身倾听行为的不足,做到积极倾听,实现有效沟通。
2. 运用语言沟通的基本知识,进行有效的语言沟通。
3. 适应新形势进行电子商务沟通。

技能目标

1. 适应沟通手段和方式的不断变化,具备语言、电话、电邮联系客户的技能。
2. 实现客户接近。

本章知识结构

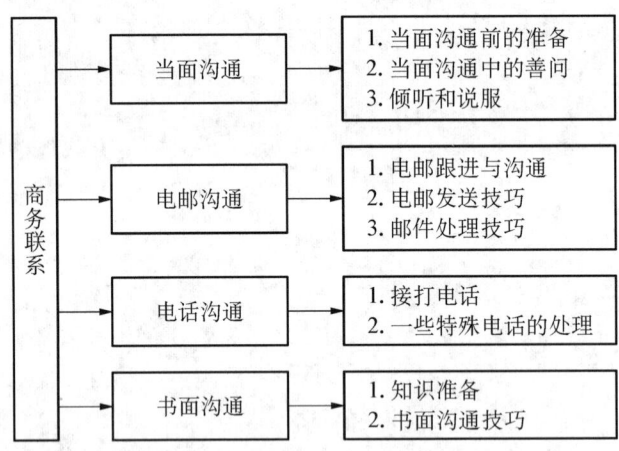

引导案例

周林是某大学经济贸易系的三年级学生,刚刚接受了一份阳光度假区俱乐部的暑期工作。周林第一次参加销售会议,刘经理在阐述他对销售人员的希望。

刘经理: 我知道当你们被聘时就已经知道需要做什么。但是,我还想再次就有关事情做进一步说明。现在你们的第一项工作是销售阳光俱乐部的会员卡。每一张会员卡价值为2 000元人民币。如果你们有什么问题,可以直接提问。

周林: 每笔买卖我们可以提取多少佣金?

第五章　商务联系

刘经理：每销售一张会员卡，你可以拿到其会员卡价值的10％，也就是200元。会员卡赋予会员很多权利，包括每年可以到阳光度假区免费入住2天，届时可以享受度假区的桑拿浴与健身，可以获得两份免费早餐。若会员平时到度假村度假的话，住宿、餐饮、娱乐、健身等都可以享受50％的优惠折扣。而且，你还可以从会员的所有费用中提取5％的报酬。

周林：不错，我可以获得双份的报酬了。

刘经理：不错。你销售得越多，提取的佣金就越高。

周林：我到哪里去寻找阳光度假区的会员呢？

刘经理：你完全可以自己决定如何做。但是，寻找潜在顾客是你成功的关键。根据以往的经验发现，每10个你找到的潜在顾客中，你将会与其中的3个顾客面谈，最后与1个顾客成交。或者可以从你的亲朋好友开始。还有问题吗？

问题提示

周林的潜在客户是谁？该如何寻找与实现客户接近？

5.1　当面沟通

当面沟通，就是面对面交流的沟通交流方法，这种沟通方式是一种自然、亲近的沟通方式，这种沟通方式往往能加深彼此之间的友谊、加速问题的冰释。

当面沟通的好处是，所提出的计划与构想可以立即得到对方的反应；再者，面对面也比较容易鼓舞或说服对方，以达成目的。

当面沟通时，为了表示对对方的重视，应注意倾听对方所说的话。

倾听别人说话，看起来似乎很容易，但事实上，这需要有好的注意力、听力、理解力和记忆力。可以尝试做整个会谈的摘要记录，来验证自己的倾听能力如何。

如果会谈的范围广泛而且散乱，对于所谈论之各点，应该做提要性的结论，以免含糊不清。

当别人前来与我们做当面的沟通时，我们要保持警觉以确保自己的反应得当。因为对方可能当场要求我们改变立场去支持或赞同某一项的提议；或要求我们去分摊某项过错的责任；或要求我们立即下仓促的决定。如有这种状况，千万不可掉以轻心。

我们可以主动进行面对面的晤谈，来争取同事赞同我们的改革计划，或恳求他们的协助，或说服他们放弃原先坚持的立场，也可以透过晤谈，来赞美或责备我们的部属。

时机是非常重要的因素，在进行面对面的沟通之前，要先确定自己有足够的时间，不会受到其他事情的干扰。在沟通过程的前段，要设法探测对方的心态与对讨论主题的看法，再伺机进言，这样比较容易得到对方的支持。

如果发现沟通的时机不对，最好停止讨论，另择较好的时机，再进行沟通。

5.1.1　当面沟通前的准备

案例 5-1

某企业的一位销售员小张在这个岗位上工作多年，经验丰富，关系户较多，同时，他积极肯干，在过去的几年中，成交量在公司内始终首屈一指。谁知自从一位新的销售员小刘参加销售员培训回来后，不到半年，小刘的成交量直线上升,当年就超过了小张。对此小张百思不得其解,就向小刘请教:"你出门比较少,关系户没我多,为什么成交量比我大呢?"小刘指着手中的资料说:"我主要是在拜访前分析这些资料,有针对性地拜访。比如,我对124名老顾客分析后,感到有购买可能的只有94户,根据以往经验,94户中21户的订货量不大,所以,我只拜访73户,结果,订货率较高。其实,我的老顾客124户中只有57户订货,订货率不足50%,但是我可以节约出大量时间去拜访新顾客。当然,这些新顾客也是经过挑选的,尽管订货概率不高,但建立了关系,还是值得的。"

1. 潜在客户

1) 概念

潜在客户是指对销售人员的产品或服务确实存在需求并具有购买能力的个人或组织。而顾客是指那些已经购买"你"产品的个人或组织。有可能成为潜在客户的个人或组织称为"线索"或"引子"。

2) 潜在客户的寻找方法

(1) 逐户访问法也称"地毯式"访问法,是指销售人员在任务范围内或特定地区、行业内,用上门探访的形式,对预定的可能成为准顾客的单位、组织、家庭乃至个人无一遗漏地进行寻找并确定准顾客的方法,也称"扫街"。

(2) 连锁介绍法又称为客户引荐法,是指销售人员请求现有顾客去介绍未来可能的准客户的方法。连锁介绍法在西方被誉为是最有效的寻找顾客的方法之一,因此又被称为黄金客户开发法。这种方法对于有特定用途的产品、专业性强的产品、服务性产品都有较好的推销效果。

小知识 5-1

连锁介绍法是吉拉德使用的一个方法,任何人介绍客户向他买车,成交后,他都会付给介绍人25美元,25美元虽不是一笔庞大的金额,但也能够吸引一些人,举手之劳即能赚到25美元。吉拉德的一句名言是:"买过我汽车的顾客都会帮我推销。"他的60%的业绩就来自老顾客及老顾客所推荐的顾客。他提出了一个"250定律",就是在每个顾客的背后都有"250人",这些人是他们的亲戚、朋友、邻居、同事,如果你得罪了1个人,就等于得罪了250个人;反之,如果你能发挥自己的才能,利用1个顾客,就等于得到250个关系。这250个关系中,就可能有要购买你的产品的顾客。

(3) 中心人物法也叫名人介绍法,是指推销员在某一特定推销范围内发展一些有影响力的中心人物,并在这些中心人物的协助下把该范围内的组织或个人变成准顾客的方法,是连锁介绍法的特殊形式。

(4) 个人观察法也叫现场观察法,是指推销人员依靠个人的知识、经验,通过对周围环境的直接观察和判断,寻找准顾客的方法。个人观察法主要是依据推销人员个人的职业素质和观察能力,通过察言观色,运用逻辑判断和推理来确定准顾客,是一种古老且基本的方法。

案例 5-2

原一平搭出租车出去办事,在一个红绿灯的十字路口,红灯亮起,司机把车停在那儿。原一平无意中转头向窗外看了一眼,正好看到与他同行的一辆黑色豪华轿车,车里坐着一位很气派的老人。原一平心想,这老人一定大有来头。于是他让司机跟上那辆车,抄下那辆车的车牌号。随后,原一平打电话去交通管理所查这个车牌号的车主。原来这辆车的车主是一家大型公司的董事长。

然后他打电话到该公司,说:"你好,是××公司吗?今天我在出租车上看到坐在那辆黑色豪华轿车上的那位老先生,非常面熟好像在哪见过,但我一时想不起来,您能帮忙提醒一下吗?我没有其他的意思。"对方说:"那是公司常务董事的车。"

原一平终于知道那辆车的车主是××公司的董事长山本先生。然后，原一平开始调查他的学历、出生地、兴趣、爱好等。

当一切都调查清楚后，就直接去拜访山本先生。由于原一平对山本先生情况的熟知以及对他公司的全面了解，这件事就容易入手了。后来，山本先生成了原一平的客户。

（5）委托助手法也称"猎犬法"，就是推销人员雇佣他人寻找准顾客的一种方法。在西方国家，这种方法运用得十分普遍。一些推销员常雇佣有关人士来寻找准顾客，自己则集中精力从事具体的推销访问工作。这些受雇人员一旦发现准顾客，便立即通知推销员，安排推销访问。这些接受雇用的人员被称为推销助手。

小知识 5-2

西方国家的汽车推销员，往往雇请汽车修理站的工作人员当"猎犬"，负责介绍潜在的购买汽车者，这些推销助手发现有哪位修车的车主打算弃旧换新时，就立即介绍给汽车推销员。所以，他们掌握的情报稳、准、快，又以最了解汽车性能特点的内行身份进行介绍，容易取得准顾客的信任，效果一般都比较好。

（6）广告开拓法又称广告吸引法，是指推销人员利用各种广告媒介寻找准顾客的方法。这种方法依据广告学的原理，利用广告的宣传攻势，把有关产品的信息传递给广大的消费者，刺激或诱导消费者的购买动机和行为，然后推销人员再向被广告宣传所吸引的顾客进行一系列的推销活动。

案例 5-3

一位女推销员认为潜在的准顾客太多，她希望把自己宝贵的时间花在一些最佳的准顾客身上，于是她向所辖推销区域内的每一个人都寄去推销信，然后首先拜访那些邀请她的客户。再如，一位房地产经纪人，定期向所辖推销区里每一个居民寄去一封推销信，打听是否有人准备出售自己的房屋，每一次邮寄都会发现新的准客户。除了邮寄广告之外，西方推销人员还普遍利用电话广告寻找客户，推销人员每天出门访问之前，先给所辖推销区里的每一个可能的客户打电话，询问当天有谁需要推销品。

（7）资料查阅法。在西方社会，一些国家拥有十分发达的情报资料系统，为推销人员查阅各种信息资料提供了方便，因而资料查询法是西方国家推销员寻找顾客的一种常用方法。而在我国，各类信息资料的收集、整理和汇编还较为欠缺，现阶段尚未形成较为系统化的情报资料网络，可供推销人员查阅的资料比较有限，主要有工商企业名录、统计资料、产品目录、工商管理公告、信息书报杂志、专业团体会员名册、电话簿等，如表 5-1 所示。

表 5-1 推销人员经常利用的资料

统计资料	名录类资料	大众媒体类资料
统计年鉴 　国家相关部门的统计调查报告 　行业团体公布的调查统计资料 　行业在报刊或期刊等上面刊登的统计调查资料等	客户名录（现有客户、旧客户、失去的客户） 工商企业目录和产品目录 同学名录 会员名录 协会名录 职员名录 名人录 电话黄页 公司年鉴 企业年鉴等	电视、广播、报纸、杂志等大众媒体

（8）市场咨询法，是指推销人员利用社会上各种专门的行业组织、市场信息咨询服务等部门所提供的信息来寻找准顾客的办法。一些组织，特别是行业组织、技术服务组织、咨询单位等，他们手中往往集中了大量的客户资料和资源以及相关行业和市场信息，通过咨询的方式寻找准顾客是一个行之有效的方法。

市场中专门的市场信息咨询服务公司，专门从事市场调查和市场预测工作，收集各方面的市场供求信息，为社会上各行各业的推销员提供市场咨询服务，便于推销员利用咨询信息寻找顾客。例如，服装推销员可以通过服装咨询业者来寻找顾客，婴儿用品推销员可以通过育儿咨询业者寻找顾客等。

推销人员可以从以下部门获得市场信息：

① 专业信息咨询公司。例如，一些专业建筑信息公司能提供详细的在建工程信息，包括工程类别、建筑成本、工程时间表，以及发展商项目经理、建筑师等人的联系方式，且信息每天更新。这为建材生产企业的销售人员节约了大量时间。虽然要向信息公司付一些费用，但总体成本还是合算的。

② 工商行政管理部门。该部门涉及面十分广阔，包括工业、商业、交通运输等各个行业，是一个理想的市场咨询单位。

③ 各级统计和信息部门。这些部门提供的信息准确、可靠。

④ 其他相关部门，如银行、税务、物价、公安、大专院校、科研单位等。

⑤ 当地行业协会。每个行业基本上都有自己的行业协会，如软件行业协会、电子元件行业协会、仪器仪表行业协会等，虽然行业协会只是一种民间组织，但恐怕没有人能比行业协会更了解行业内的情况了。如果潜在客户恰好是某某协会的成员，能得到协会的帮助是直接接触到潜在客户的有效方法。

2．接近准备

1）心理准备

推销的最高境界是先把自己推销出去。也就是说，如果要客户买你的产品，那你就先要让客户相信你这个人，让他觉得你是可以值得信赖的人。所以，每一位推销员都要注意自己的形象，这不仅包括外在形象，还包括自信、乐观等内在形象。

案例5-4

一家代理用纳米技术生产的车内空气净化器的公司在成立之初，准备招聘3～4个业务员。从上百份应聘材料中，初步选出了20个人参加面试。此次来应聘的大部分都是本科生，有3个是研究生，只有1个是大专毕业。这位大专毕业生身高虽然只有1.63米，但他在简历的"自我评价"一栏中说自己喜欢的人生格言是"江山代有才人出，我领风骚几百年"，这样的评价让他获得了面试的机会。当时，他排在20个面试的人中最后一个。面试完第十九个应聘者，面试经理对着门外走廊上叫了几遍，没有人应答，经理又起身出去看了看，来面试的人都走光了。当时已经快到中午十一点半了，于是，面试人员正准备收拾东西出去用工作餐时，一个人闯了进来，"对不起，我迟到了"。这位大专毕业生鞠躬道歉，同时，又露出笑容说："今天风也实在太大了，我这么苗条，差点被吹到天津去了，所以迟到了5分钟。"这个玩笑让他重新获得了面试的机会。

2）顾客资料的准备

对顾客资料进行收集后要进行归类整理，要学会挖掘提炼有价值的信息，使收集的各类资料最大限度地服务于企业的销售工作。

对顾客资料准备的第一要务就是要收集客户的背景资料。客户背景资料包括以下几个方面：① 客户组织机构，是总公司、分公司，还是加盟商。② 各种形式的通信方式，如手机号、微信号、固定电话、传真、邮箱地址等。③ 区分客户的使用部门、采购部门、支持部门等。④ 了解客户具体使用维护人员、管理层和高层客户。⑤ 同类产品安装和使用情况。⑥ 客户的业务情况，最近的经营状况等。⑦ 客户所在的行业基本状况等。

身处激烈的市场竞争条件下，不得不多关注自己的对手，以防止竞争对手突如其来的攻击，从而影响本企业的销售。可以从以下几方面来收集竞争对手的信息，诸如竞争对手的产品使用情况，他们的客户对他们所提供的产品的满意度，竞争对手的销售代表的名字、销售的特点，以及销售代表与客户之间的关系等。

在产品同质化和越趋严峻的市场上，如何制胜？销售员要做的就是要挖掘到客户的实际内在需求，去打动客户，可以先从了解客户的家庭状况、毕业的学校、喜欢的运动、喜爱的餐厅和食物、饲养的宠物、喜欢阅读的书籍、上次度假的地点和下次休假的计划、日常行程、在机构中的作用、同事之间的关系、今年的工作目标、个人发展计划和志向等着手收集信息，从心底里让客户信任你，喜欢你。

3) 做好必要的物质准备

销售人员为了要引起潜在顾客的注意，适当地准备一些小礼物是非常有必要的。除此之外，就是要为面谈准备相关的物资材料，比如记录用的笔、备忘录等，演示用的产品、笔记本电脑、U盘，以及销售人员自己的着装等。

4) 确认约会

我们在出发去拜访之前，需要向潜在顾客发出确认约会的询问。同时，我们也应该在出发前问自己下面的问题：① 我明确地知道初次拜访客户的主要目的吗？② 我在与顾客见面之前做了哪些细致的准备工作？③ 我准备与顾客说的前三句话是什么？④ 在我与顾客面谈的时间里，我会考虑是我说的话多，还是顾客说的话多吗？

案例 5-5

一家生产梳子的公司招聘销售业务员，经过一轮面试后剩下三个人。他们三个人面临的最后一道考题是：谁能把梳子卖给和尚？半个月后，三个人回来了。

甲：经过努力，我最终卖出了1把梳子。在跑了无数的寺院，推销了无数的和尚之后，碰到一个小和尚，因为头痒难耐，我就说服他把梳子当作一个挠痒的工具卖了出去。

乙：我卖出了10把梳子。我跑了很多寺院，但都没有推销出去，正在绝望之时，忽然发现烧香的信徒中有名女香客的头发有点散乱，于是就对寺院的主持说，外观不洁是一种对菩萨的不敬，终于说服了两家寺院每家买了5把梳子。

丙：我卖了1500把，并且可能会卖出更多。在跑了几个寺院之后，没有卖出一把，感到很困难，便分析怎样才能卖出去。想到寺院一方面传经布道，但一方面也需要增加经济效益，前来烧香的信徒有的不远万里，应该有一种带回点什么的愿望。于是和寺院的主持商量，在梳子上刻上各种字，如虔诚梳、发财梳等等，并且分成不同档次，在香客求签后分发。结果寺院在应用之后反响很好，越来越多的寺院要求购买这样的梳子。

把梳子卖给和尚是件很不容易的事情。因此这三个人都应该算是很优秀的销售人员。从三个人完成任务的方式上我们能学到什么东西呢？

5) 方法准备

(1) 介绍接近法。

介绍接近法是指推销员通过自我介绍或他人介绍接近推销对象的方法。这种接近方法是最常见的一种方法,通常以口头或者书面方式介绍。

在接近推销对象的时候,推销人员的主要任务是简要介绍自己和有关企业的背景、概况以及推销产品的特点和利益,引起顾客的注意和兴趣。在接近过程中,推销人员还要了解顾客的需求,帮助顾客确定其真实的购买动机,提出适当的购买建议,以满足顾客的需要,解决他们的问题。

接近是一种双向沟通的过程,推销人员在输出推销信息的同时,也在输入购买信息,成功的交易往往需要成功的接近作为前奏。这种方法包括自我介绍、他人介绍和产品介绍三种。

自我介绍,主要通过自我口头介绍以及身份证件与名片来达到接近顾客的目的。为了让我们的自我介绍引起对方的注意,最好在顺利接近了可能的买主之后再做自我介绍,或者在买主可能已经决定要了解产品详情时,才适当地做些自我介绍。他人介绍是利用与顾客十分熟悉的第三者,通过写信、打电话或当面介绍的方法来接近顾客。产品介绍法,是直接将产品摆在顾客面前,使顾客对产品产生极大兴趣,从而让产品做无声的介绍。例如,某表壳厂的推销员,到一家手表厂推销,他事先准备了一个产品箱,里面放着制作精美、琳琅满目的新产品。进门后,不说太多的话,只让顾客看箱内产品,箱子一打开就吸引了该手表厂的采购人员,达到了接近的目的。

案例 5-6

一位推销员到某公司推销产品,被拒之门外。该公司的女秘书给他提供了一个信息:总经理的宝贝女儿正在集邮。

推销员在快速翻阅有关集邮的书刊,充实自己的集邮知识之后,第二天,他带上了几枚精美的邮票又去找经理,告诉他是专门为他女儿送邮票的。一听说有精美的邮票,经理热情相迎,还把女儿的照片拿给推销员看,推销员趁机夸他的女儿漂亮可爱,于是两人大谈育儿经和集邮知识,非常投机,一下子熟识起来。

(2)馈赠接近法。

馈赠接近法是指推销人员以一些小巧精致的礼品赠送给顾客,进而和顾客认识并接近,借以达到接近顾客目的的一种方法。

一些小而有意义的礼品符合顾客求小利、求雅趣的心理,极易形成融洽的气氛,因此,在实际推销中经常被推销员用作接近顾客的"跳板"。在实际馈赠过程中,需要弄清楚几个问题,那就是顾客会不会把赠送礼品看成是不正当行为,会不会把送礼的推销人员看成是骗子,以怎样的方式将礼品送给顾客,选什么样的礼物才能做到送其所爱、送其所用。

为了消除顾客对送礼是不正当行为的疑虑,销售人员首先应慎重选择馈赠礼品,注意礼品的内容与金额的大小必须符合国家的有关规定,不可把馈赠变成贿赂。同时,礼品只能当作接近顾客的见面礼与媒介,而绝不能当作恩赐顾客的手段。由此看来,将自己推销的产品或与推销相关的产品作为见面礼,之前的三个实际问题都可以解决。

案例 5-7

有一位推销人员了解到,他需要接近的准顾客是一家企业的厂长,此人喜好书法,于是,该推销人员决定从爱好入手开始推销接近。当这位推销人员第一次走进这位厂长的办公室时,首先映入眼帘的是墙上挂着的几幅装裱精美的书法作品,而厂长正在小心翼翼地拂去一幅书立轴上的灰尘。见此情景,他走上前去对厂长说:"看来您对书法有一定的研究啊。唔,这幅书法写得真好,称得上'送脚如游鱼得水,舞笔如景山飞云',妙!看这悬针垂露之法的用笔,就具有多样的变化美。好极了……"

厂长一听,此人对书法很内行,一定是书法同好,便说:"请坐,请坐下细谈……"

这样,两人便从书法开始谈起,越谈越投机,双方的距离迅速缩小,很快便建立起融洽的关系。时间不知不觉地流过,整整一个下午的时间很快就过去了,直到此时,这位厂长才想起来,还不知道来者的身份、姓名、所来何事。后来,推销员做了自我介绍,并且谈到想与这家工厂合作时,自然就"好说"多了。

(3) 赞美接近法。

赞美接近法是指推销员利用顾客的求荣、求美的心理引起顾客的注意和兴趣,进而转入正式洽谈的接近方法。

沟通活动 5-1

是不是所有的顾客和客户都适合赞美接近法来加强面对面沟通呢?为什么?

赞美接近法是一个较方便的接近顾客的好方法。在采用赞美接近法时要注意把握要点:首先,赞美应该是非清楚,爱憎分明。其次,赞美应尽量切合实际。推销人员应细心观察与了解顾客,对值得赞美的地方加以赞美。第三,赞美时态度诚恳,语气真挚,使顾客感到心情舒畅。第四,要克服推销的自卑与嫉妒心理,尽量赞美顾客,不要吝惜语言。应注意赞美顾客本人,例如,不应只赞美顾客的衣服好看,应赞美顾客会选择衣服与懂得颜色搭配。

(4) 利益接近法。

利益接近法是指推销人员以顾客所追求的利益为中心,简明扼要地向顾客介绍产品能为顾客带来的利益,满足顾客的需要,达到正式接近顾客目的的一种方法。

从现代推销原理来讲,这是一种最有效、最省力的接近顾客的方法。

首先,利益接近法符合顾客求利的心理。这种接近法迎合了大多数顾客的求利心态,销售人员抓住这一要害问题予以点明,突出了销售重点和产品优势,有助于很快达到接近顾客的目的。

其次,利益接近法符合商业交易互利互惠的基本原则。顾客购买商品的目的是想通过商品使用价值的实现而从中获得某种利益,而工商企业的销售更是直接以盈利为目的的。

正是由于利益接近法是最有效、最省力的接近方法,这就对产品和营销人员提出了较高的要求。为避免失去顾客的信任感或导致推销本身没有实际效益,产品的优势以及推销能带给顾客的利益一定是实实在在的,销售人员主要以直接陈述方式,告诉客户购买产品的好处,语言不一定要有惊人之处,但必须引起客户对产品利益的注意和兴趣,才能达到接近的目的。

案例 5-8

一位文具销售员这样说:"本公司出售的各类账册比其他公司生产的同类产品便宜三成,量大还可优惠!"

一位推销大型机器设备的业务员这样说:"李经理,您是否发现我们的控制器能在一年中节省25%的能源?"

一位代理生活用品的业务员对连锁超市经理这样说:"王经理,请问您昨天有没有留意到网络上一家知名的调研公司断言,将来会有越来越多的消费者更喜欢我们的产品!"

一位国际货运代理业务公司的销售员这样说:"刘经理,你是否知道通过我们的服务,你公司可以比其他公司更快地将产品从广州航运到里约热内卢!"

(5) 产品接近法。

产品接近法也称为实物接近法,是指推销员直接利用推销产品实物或者模型摆在顾客面前,以引起顾客对其推销的产品产生足够的注意与兴趣,进而转入洽谈的接近方法。

案例 5-9

一个女孩在推销一种洗地毯的水,她敲开了一家主妇的门,当时女主人很忙,对这位推销员确实不太感兴趣,而这个女孩子经过专业化的训练,她说:"太太,您不买没有关系的,我只是告诉您,现在市场上已经推出了这种洗地毯的水,真的很好,你们家的房子那么大,地毯很漂亮,有没有什么地方有一点点脏,我帮你去清洗清洗。"结果这位女主人只好打开了大门,让她进来,餐厅的地毯上有小孩弄洒的牛奶,这位女士就说:"你看看能不能帮我清洗掉。"推销员就倒了一点清洁剂在污渍上,擦一擦,然后再拿毛巾一抹,那里的污渍就不见了。这位女士也觉得很吃惊,一下子就买了两瓶。

(6) 表演接近法。

表演接近法,也叫马戏接近法、戏剧化接近法,是指推销人员利用各种戏剧性的表演技法引起顾客注意和兴趣,进而接近顾客的方法。

案例 5-10

一家铸砂厂的推销员为了重新打进已多年未曾往来的一家铸铁厂,多次拜访这家工厂的老板。但是工厂老板始终避而不见,推销员死缠不放,于是工厂老板迫不得已给了他 5 分钟的见面时间,希望这位推销员能够知难而退。

这位推销员胸有成竹地走进办公室后,一声不响地在工厂老板面前摊开一张报纸,然后从皮包里取出一个砂袋,直接将里面的铸砂猛地倒在报纸上,顿时屋内砂尘飞扬,几乎令人窒息,呛得工厂老板接连咳了好几声。

工厂老板十分恼火地大吼起来:"你在干什么?"

这时推销员才不慌不忙地开口说话:"这是贵公司目前使用的铸砂,是上星期我从你们的生产现场向领班取来的样品。"

说着他又在地上另外铺上了一张报纸,然后又从皮包里取出另一袋铸砂倒在报纸上,这次却不见砂尘飞扬,面对静静躺在这张报纸上的这堆铸砂,工厂老板面露惊异之色。

紧接着这位推销员又取出两袋样品,对其性能、硬度和外观都做了详细的对比和介绍,使工厂老板对他的产品惊叹不已。

(7) 提问接近法。

提问接近法也叫问答式接近法或讨论接近法,是指推销人员通过直接提问来引起顾客的注意和兴趣进而转入面谈的方法。

案例 5-11

一名矿泉水推销员上门推销,下面是他与一位家住七楼的女士的对话。

推销员:"夏天到了,自来水供应正常吗?水质如何?"
女士:"供应不正常,水质也不好。"
推销员:"如果有一种既纯净又有保健功能的饮用水,您的家庭愿意接受吗?"
女士:"可以考虑。"
推销员:"如果我们每周两次送水上门,既经济又方便,这样的服务方式您会满意吗?"
女士:"非常好,那我就订三个月的用量吧。"

(8) 请教接近法。

请教接近法是指推销人员虚心向客户讨教问题,利用这个机会,以达到接近顾客目的的一种方法。

第五章 商务联系

案例 5-12

林先生是一家杂货店的老板,他非常顽固保守,非常讨厌别人向他推销。这次,日化用品推销员小张来到店铺前,还未开口,林先生就大声喝道:"你来干什么?"但小张并未被吓倒,而是满脸笑容地说:"先生,您猜我今天是来干什么的?"

杂货店老板毫不客气地回敬他:"你不说我也知道,还不是向我推销你们那些破玩意儿的!"

小张听后不仅没有生气,反而哈哈大笑起来,他微笑地说道:"您老人家聪明一世,糊涂一时,我今天可不是向您推销的,而是求您老向我推销的哦!"

杂货店老板愣住了,"你要我向你推销什么?"

小张颇为认真地回答:"我听说您是这一地区最会做生意的,日化用品的销量最大,我今天是来讨教一下您老的经营、销售之道的。"

杂货店老板觉得,在他与这家小杂货店打交道的大半生时间里,还从来没有人登门向他求教过,今天看到眼前这位年轻的推销员对他是如此地崇敬有加,心中不免得意万分。

于是,杂货店的老板便兴致勃勃地向小张大谈起他的生意经来,谈他的杂货店,从他小的时候跟随父亲做生意,谈到后来自己接过这间小店,最后一直说到现在:"人都已经老了,但我仍然每天守着这个杂货店,舍不得离开它。在这里,我可以每天见到我的那些老朋友、老顾客,为他们提供服务,同他们一起聊聊天,我过得非常愉快。"

老人家与推销员聊了整整一个下午,而且聊得非常开心,直到推销员小张起身告辞。小张刚到门口,林先生突然想起什么来了,大声说:"喂,请等一等,听说你们公司的沐浴露、洗衣液之类的商品很受欢迎,给我订30箱。"

案例 5-13

英国的十大推销高手之一约翰·凡顿的名片与众不同,每一张上面都印着一个大大的25%,下面写的是约翰·凡顿,英国××公司。当他把名片递给客户的时候,几乎所有人的第一个反应都是相同的,"25%,什么意思?"约翰·凡顿就告诉他们:"如果使用我们的机器设备,您的成本就将会降低25%。"这一下子就引起了客户的兴趣,约翰·凡顿还在名片的背面写上这么一句话:"如果您有兴趣,请拨打电话××××××。"然后将这个名片装在信封里,寄给全国各地的客户。结果把许多人的好奇心都激发出来了,客户纷纷打电话过来咨询。

(9) 好奇接近法。

好奇接近法是推销人员利用顾客的好奇心理而接近顾客的方法。

(10) 震惊接近法。

震惊接近法,是指推销人员设计一个令人吃惊或震撼人心的事物来引起顾客的兴趣,进而转入正式洽谈的接近方法。

案例 5-14

有一位从事人寿保险的业务员拜访了一位完全有能力投保的客户,那位客户虽然表明自己很关心家人的幸福,但当业务员劝告他投保时,他却提出不少异议,并进行了一些琐碎且毫无意义的反驳,业务员意识到,如果不用点什么好对策的话,这次谈判大概不会成功了。

业务员凝视着那位客户说:"先生,我真不明白您为什么还那么犹豫不决!您已经对我说了您的要求了,您也有足够的经济实力去支付有关的保险费,您也爱您的家属。不过,可能是我对您提出了一个不合适的保险方式。也许我不应该让您签订这种方式的保险合同,而应该签订'29天保险合同'"。

业务员稍作停顿,又说道:"关于'29天保险合同'问题,我想简单地说明一下:第一,这个合同的金额和您所提出的金额是相同的;第二,满期退还金也是完全同额的;第三,'29天保险'兼备两个特约条件,那就是设想您万一失去支付能力而无力交保险费,或者因为事故而造成死亡时,则约定'免交保险费和发生灾害时增额保险期'的条件,这种'29天保险'的保险费,只不过是正常规模保险合同保险费的50%。单从这方面来说,它似乎更符您的要求。"

那位客户吃惊地瞪大了眼睛,脸上放出异彩:"那么,如果根据我的钱包考虑,比以前所说的就更合适了。可是,所谓'29天保险'到底是什么意思?"

5.1.2 当面沟通中的善问

面对面沟通中抓住客户的需求是非常关键的,只有善于提问才能在面对面的商务沟通过程中占据主动地位。

案例 5-15

一条街上有三个水果店。

一天,有位老太太来到第一家店里,问:"有李子卖吗?"店主见有生意,马上迎上前说:"老太太,买李子啊?您看我这李子又大又甜,还刚进回来,新鲜得很呢!"没想到老太太一听,竟扭头走了。店主纳闷着,哎,奇怪啊,我哪里不对,得罪老太太了?

老太太接着来到第二家水果店,同样问:"有李子卖吗?"第二位店主马上迎上前说:"老太太,您要买李子啊? 我这里李子有酸的,也有甜的,那您是想买酸的还是想买甜的?""我想买一斤酸李子。"于是老太太买了一斤酸李子就回去了。

可能今天时间还早,老太太又来到了第三个水果小贩张嫂这里,张嫂一向为人热情,见老太太走过来,马上站起来,笑着说:"哟,老奶奶,菜买好了呀,想买点什么水果回去呢?"老太太说:"想买点酸的水果。"张嫂接着问:"为什么要买酸的水果呀,是家里有人特别爱吃吗?"老奶奶说:"是呀,儿媳妇怀孕了!""哦,原来是这样呀,怪不得呢,老奶奶你对你儿媳妇可真好! 人家都说酸男辣女,老奶奶,你儿媳妇可能是要给你生个大胖孙子呢!"老太太听得眉开眼笑,说:"这事说不来的,说不来的。"张嫂接着说:"老奶奶,你知道怀孕的人最应该补充什么吗?""不知道。""怀孕的人呀最需要补充维生素,维生素对小孩的头脑发育很重要呢,如果维生素补充得够了,小孩子将来才会聪明。老奶奶您知道补充维生素吃什么最有效吗?"老太太说:"不知道呢,吃什么最有效呀?"张嫂接着说:"所有的水果当中,数猕猴桃含的维生素最高,素有'维C之王'的称号。你看看要不要买点回去,说不准给你媳妇补充维生素补充够了,你媳妇就会给你生一个聪明的大胖小子呢。"老太太听了,说:"我们老人家不懂科学,也不知道这些讲究,不过现在小孩都金贵,我就买点回去吧。"就这样,老太太又称了两斤猕猴桃,然后才喜滋滋地回家去了。

为什么第一个店主没做成生意? 为什么第三个店主能获利最多?

销售会谈一般要经历以下四个阶段,分别是初步接触、调查研究、证实能力、获得承诺,如图5-1所示。

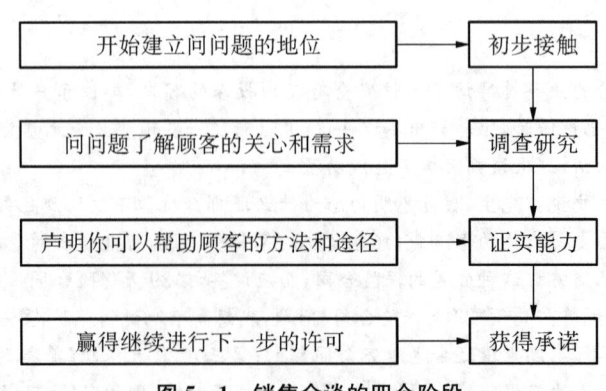

图 5-1 销售会谈的四个阶段

从上图可以发现,只有通过问问题来发现顾客关心的是什么以及这些关心背后的真正需求,才能向顾客证实销售人员能帮助顾客解决他们的问题。可见,提问题在整个销售会谈过程中发挥着承上启下的作用。

1. 问话——所有沟通销售的关键

问话一般有六种作用:问开始、问兴趣、问需求、问痛苦、问快乐、问成交。在当面沟通过程中,销售员使用的问话方式一般有四种,分别是开放式、约束式、选择式、反问式。

开放式询问通常使用"什么""如何""为什么""能不能""愿不愿意"等词来发问,让求助者就有关问题、思想、情感给予详细的说明。

一般带"什么"的询问往往能获得一些事实、资料,如"你为解决这个问题做了些什么呢?"带"如何"的询问往往牵涉到某一件事的过程、次序或情绪性的事物,如"你如何看待这件事?"而"为什么"的询问则可引出一些对原因的探讨,如"你为什么不喜欢在寝室里了?"有时用"愿不愿""能不能"起始的询问句,以促进求助者做自我剖析,如"你能不能告诉我你为什么这么害怕黑夜?"从中可见,不同的询问用词可导致不同的结果。

若固定于某一种方式询问客户,就会失去了解客户各个方面的机会。例如,仅仅用"什么"引导的询问句,则咨询的重心就可能仅限于事实与资料的获得上,而只用"为什么"起始的问句,则往往使客户把注意力集中于挖掘过去的经验来解释自己的行为。

使用开放式询问时,应重视把它建立在良好的咨询关系基础上,离开了这一点,就可能使客户产生一种被询问、被窥探、被剖析的感觉,从而产生阻抗。同一句话,因询问方式不同,会产生截然不同的效果。有些询问尤其要注意问句的方式,询问的语气语调,不能轻浮,不能咄咄逼人或指责,尤其是涉及一些敏感的隐私问题。询问是咨询的需要,而不是为了满足好奇心或窥探隐私的欲望。封闭式询问通常使用"是不是""对不对""要不要""有没有"等词,而回答也是"是""否"式的简单答案。这种询问常用来收集资料并加以条理化,澄清事实,获取重点,缩小讨论范围。当客户的叙述偏离正题时,用来适当地中止其叙述,并避免会谈过分个人化。

若过多地使用封闭式询问,就会使客户陷入被动回答之中,其自我表达的愿望和积极性就会受到压制,使之沉默甚至有压抑感和被讯问一样的感觉。面谈应使客户有机会充分地表达自己,而封闭式询问则剥夺了客户的这种机会。有时,销售员再三地用封闭式询问,而不是开放式询问,会花费时间而且不得要领,因为有时客户更清楚问题是什么,原因何在。咨询中,通常把封闭式询问与开放式询问结合起来,效果更好。

沟通活动 5-2

你是不是……
你对……的看法是什么?
你是……
你认为对……最重要的因素是什么?
你有没有……
在什么情况下你会……
难道你不喜欢……
你是怎样处理那个问题的?
你做出那个决定的原因是什么?

然后怎样?
怎样才能知道什么是真正的问题?
我们去……你来不来?
你吃饭了吗?
这么说你不是……

讨论:以上这些问题属于什么提问方式?你还能举出哪些问题来?列举你问话的目的。

案例 5-16

一位推销成套设备的推销员指着某公众号的一篇关于一些企业进行设备更新的软文对顾客说:"你听说了吗?一个企业购买了这种产品之后,取得了很好的效益,其他一些企业都在考虑购买呢!这份行业公众号里都详细介绍了哦!"

2. SPIN 模式

尼尔·雷克汉姆小组分析了 35 000 多个销售实例之后,历时 12 年,提出了开创新纪元的 SPIN 模式,即按背景问题、难点问题、暗示问题和"需求—效益"问题逐步引导客户到成交阶段。一次 SPIN 面对面沟通的过程如图 5-2 所示。

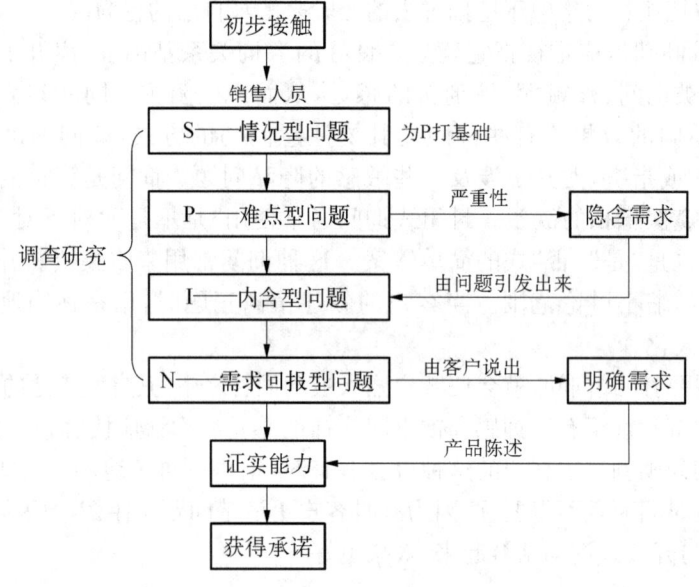

图 5-2 一次销售沟通过程

SPIN 模型归结起来,就是四大问题模型。

S:Situation,即情况型问题。在面谈之初,销售成功人员趋向于询问有关客户现状与背景的问题。例如,你们用这些设备有多久啦?您能和我谈谈你们公司的发展计划吗?

P:Problem,即难点型问题。一旦关于买方状况的信息已经足够多了,销售人员应转而了解客户的困难与不满。例如,这项操作是否很难执行?您担心那些机器的质量吗?

I:Implication,即内含型问题。在小生意中,卖方只要知道询问难点型问题就会成功,而在大生意中还需要销售人员扩大客户的难点和不满,使之变得清晰严重,并揭示出潜伏的严重后果。例如,这个问题对你们的远期目标有什么影响?被拒绝的方案对客户的满意程度有什么影响吗?

N:Need-Payoff,即回报型问题。这是调查的最后阶段,需要销售人员询问需求回报型问题,即针对客户需求介绍自己提供的产品的卖点以及为他带来的好处。同时,尽量让顾客自己说出解决的方法以及获利情况。例如,如果把它的运行速度提高10%,对您是否有利呢? 如果我们可以将软件的运行质量提高,会您带来帮助吗?

可见,SPIN模型就是通过一系列提问激发客户的潜在需求,使其认识到购买行为能为他带来多少价值。

案例 5-17

一个顾客在考虑购买一辆卡车时说:"我不需要这种大型卡车。某某公司制造的中小型卡车适合我们的需要。"在这种情况下,推销员的正常反应是,尽力向顾客证明他确实需要较大型的卡车。

推销员:您需要的货物平均重量为多少?

顾客:那很难说,两吨左右吧!

推销员:有时候多,有时候少,对吗?

顾客:对!

推销员:究竟需要哪种型号的卡车,一方面要根据运输的货物,另一方面要看在什么公路上行驶,您说对吗?

顾客:对。不过……

推销员:假如您在丘陵地区行驶,而且在冬天,这时汽车的机器和车身所承受的压力是不是比在正常情况下大一些?

顾客:是的。

推销员:您冬天开车外出的次数比夏天多吧?

顾客:多得多! 我们夏天的生意不太兴隆。

推销员:那么,我们也可以说您的卡车一般运载货物为两吨,有时候还会超过两吨。冬天在丘陵地区行驶,汽车是否经常处于超负荷状态?

顾客:对,那是事实。

推销员:而这种情况也正好发生在您使用卡车最多的时候,对吗?

顾客:是的,正好在冬天。

推销员:在您决定购买多大马力的卡车时,是否留有一定的余地比较好呢?

顾客:您是什么意思?

推销员:从长远的观点看,是什么因素决定一辆车值与不值呢?

顾客:那当然要看它能使用多长时间了。

推销员:有两辆卡车。一辆马力相当大,因此从不过载;另一辆总是满负荷。您觉得哪一辆卡车的使用寿命长呢?

顾客:当然是马力大的那辆车了!

1) 情况型询问

情况型询问的目的是获得关键性资料而又不使客户失去兴趣,用最直接、有效的询问来触及客户的问题和不满的领域。情况型询问用于了解客户的现状,此类问题对于销售的价值远大于对于客户的价值。

沟通活动 5-3

下面哪些是情况型询问：
您是否有×××超市的打折卡？
您如何处理废纸？
会议是否常因要抄写显示屏上的资料而有被中断的困扰？
您对目前这种电脑的配置满意吗？
贵公司目前的产品好像正面临很大的竞争，是吗？
上次来拜访时，听说您去了欧洲，您玩得很高兴，是吗？

在 SPIN 模型中，情况型询问对于收集信息大有益处，但这种问题是最缺乏力度的，使用太多，买方会感到厌烦和恼怒，将招致客户的反感，反而降低销售机会。由于此类询问使用太多对于成功率有负面影响，建议事先做好面谈前的准备，应尽量避开面谈过程中这类问题可能存在的高风险区。表 5-2 为情况型询问的高/低风险区。

表 5-2 情况型询问的高/低风险区

高风险区	低风险区
销售末期 与销售无关时 使用过度 太敏感时	新客户 销售初期

如果要避开这些面谈过程中情况型询问的高风险区，销售人员应注意提出的每个问题都有清晰的目的和方向，同时注意慎重选择询问的内容和发问的次数，再选择有效的陈述，让客户感到你是真的关心他的问题。

2）难点型询问

难点型询问的目的是发掘隐藏性需求。当我们发掘的问题点——隐藏性需求越多，就会有更多的机会将它们发展为明显性需求。

案例 5-18

现在竞争如此激烈，我们怎样在现有产量下提高我们的利润呢？
您对现在的设备是否满意？
你们正在使用的方案有什么缺陷？
您现在使用的系统在负荷高峰时是不是很难承受？
有没有考虑过供应商的信用问题？

沟通活动 5-4

下面哪些是难点型询问：
贵公司目前有多少员工？
招募专业技术人员有困难吗？
在控制品质上您是否有困难？
目前贵公司组织上仍在扩大吗？
在过程中有任何部分成本超出预算吗？

第五章　商务联系

难点型询问比情况型询问更有力度，从事销售工作的时间越长，提问难点型问题也就越多，When，What，Why，How 是帮助提出问题询问的关键，但不久前的决定、敏感区及本公司的老客户是难点型询问使用的高风险区。因此，销售员应多思考自己所提供的产品和服务在帮助客户解决问题方面能做到什么，而不是一味地考虑特征和性能。

3）内含型询问

内含型询问的目的是将客户的注意力由问题点转移到问题所带来的后果，让客户明了问题点对其深刻的影响，是将客户隐藏性需求转化为明显性需求的工具。

案例 5-19

如果有一天，你的老客户都在阿里巴巴上找到比你价格更低的供应商，那么你的工厂停了，机器停了，工人停了，到时候怎么办？到时候我们还来得及开发新客户吗？

你说它们比较难操作，那么对你们的产量有什么影响？

如果只培训三个人使用这套设备，那不会产生工作"瓶颈"问题吗？

这种人事变动对培训费用来说意味着什么？

这样会导致成本增加吗？

沟通活动 5-5

以下哪些是内含型询问：

是否有因为品质不良而造成退货？

没有自选纸功能的复印机，是否造成不方便？

你目前的文件处理过程中有何问题？

你目前雇佣多少人？

由于这些故障，会影响其他部门的生产吗？

内含型询问是 SPIN 询问法中最有影响力的提问，成功的销售人员会问很多的内含型问题，但这也是最难问的问题。因此，这就要求销售人员事先必须做好充分的面谈准备，避免在面谈过程中出现内含型询问的高风险区。表 5-3 是内含型询问的高/低风险区。

表 5-3　内含型询问的高/低风险区

高风险区	低风险区
拜访初期阶段 产品无法解决的 高敏感性问题点（内部组织政策、部门竞争）	问题点很重要 客户对问题点不太清晰 对问题点需要进行重新定义

4）需求回报型询问

需求回报型询问的目的是将客户的注意力引导到解决方案上。

案例 5-20

您一边在阿里巴巴上开发优质新客户，一边到国外会见老客户，考察新市场、开发新产品，企业不断提升，您也越来越轻松，难道这不是您想要的么？

解决这个问题对您很重要吗？

您为什么觉得这个对策如此重要？

还有没有其他可以帮助您的方法?

销售精英会大量地提问此类问题,通过对客户的调研,这类询问方式被认为是非常具有建设性而且真正能够帮助到他们。同时,在使用这类询问的过程中,我们也要注意到,使用需求回报型询问的最佳时机是你已经确定了优先顺序,以及客户已经明了了方案与问题点的联系时,最好是让客户告诉你,你所提供的解决方案能够给他们带来什么好处。

沟通活动 5-6

(1) 两人一组,一人做老板,一人做销售员,分成若干组,同时进行演练;

(2) 老板每人领取字条一张(上面写着:企业不同的经营性质,企业目前所处的困境);

(3) 要求扮演销售员的同学在不知道字条内容的情况下,通过询问做到:判断客户的经营性质,了解目前客户的困境,挖出客户的痛处,扩大客户的需求。

5.1.3 倾听和说服

沟通活动 5-7　　　　　　小游戏——荒岛逃生

游戏背景

一架私人飞机坠落在荒岛上,只有 6 人存活,这时逃生工具只有一个能容纳一人的橡皮气球吊篮,没有水和食物。

人物

怀胎 8 个月的孕妇;

正在研究新能源(可再生无污染)汽车的发明家;

研究癌症的基因治疗方案,已取得突破性进展的医学家;

即将远征火星,寻找适合人类居住的星球的宇航员;

负责热带雨林抢救工作的生态学家;

流浪汉。

游戏方法

针对由谁乘橡皮气球吊篮先离岛的问题,各自陈述理由。

第一个人先陈述自己离岛的理由;

第二个人先复述第一人的理由,再表明自己的理由;

接下来第三个人先复述第一、第二个人的理由,再表达自己的理由;

依次类推(每人复述和表达的时间控制在 3~5 分钟以内)。

最后,由全体人员根据角色扮演者复述别人逃生理由的完整程度与陈述自身离岛理由的充分程度,进行举手表决,决定可先行离岛的人。

思考: 从这个游戏中学你到了什么?为什么会出现越往后越难进行表达的情况?听重要还是说重要?

1. 倾听——有效沟通的起点

1) 倾听的含义及其重要作用

倾听,就是通过视觉、听觉媒介接收、吸收和理解对方思想、信息和情感的过程。一般认为,听的过程中不说话不等于倾听,倾听不只用耳朵,还要留心对方的"弦外之音",倾听时应该主动给对方以反馈。表 5-4 为听与倾听的区别。

表 5-4 听与倾听的区别

听	倾 听
身体本能反应 与生俱来的生理能力 可以同时听见很多声音 收集信息	心智与情绪的感觉 必须通过学习的、具备分析解释和翻译的能力 只选择特定的意义与概念的声音 自私的动机下才做的事(听众急于想知道谈话内容或是从中得到有价值的资讯) 创造个人与工作上的利益

我们要想从面谈对象那里获取有用的信息,唯有认真倾听才能做到。同时,倾听是表达对人尊重的一种方法,能很好地改善人际关系。要想真正了解面谈的对象,我们应鼓励对方多说,这就要求我们在正确提问的前提下认真倾听,正确理解面谈对象,让我们提出的方案具有说服性,从而提高沟通的效率。

2) 倾听的过程和影响倾听的因素

倾听,属于有效沟通的必要部分,其主体者是听者,而倾诉的主体者是诉说者。两者一唱一和有排解矛盾或者宣泄感情等优点。倾听者作为真挚的朋友或者辅导者,要虚心、耐心、诚心和善意地为诉说者排忧解难。因此,倾听按照心理的变化历程,可以将倾听过程分为预言、感知、理解、评价和反馈五个阶段。

我们在与客户进行面对面沟通交流的过程中,理所当然地认为倾听是不需要刻意练习的,这就影响了最后我们能理解接受的内容。有效倾听等主要受存在环境因素、语言因素、理解能力、心理因素(选择性知觉)、生理差异、文化因素等。

3) 倾听的原则、策略和技巧

倾听的原则主要体现在听的过程中做到专心,适当换位思考、移情、客观、完整地复述出面谈对象所讲述的内容,并适时适当地反馈给面谈对象。倾听也不存在什么高深的技巧,只要我们能克服自身不良的倾听习惯、明确倾听目的、营造良好的倾听环境、保持良好的倾听状态、积极反馈,那样我们就能与面谈对象建立起信任关系。

沟通活动 5-8　　"倾听"技能测试表

(答:"几乎都是"计 5 分,"常常"计 4 分,"偶尔"计 3 分,"很少"计 2 分,"几乎从不"计 1 分)

态度

1. 你喜欢听别人说话吗?
2. 你会鼓励别人说话吗?
3. 你不喜欢的人在说话时,你也注意听吗?
4. 无论说话人是男是女,年长年幼,你都注意听吗?
5. 朋友、熟人、陌生人说话时,你都注意听吗?

行为

6. 你是否会目中无人或心不在焉?
7. 你是否注视听话者?
8. 你是否忽略了足以使你分心的事物?
9. 你是否微笑、点头以及使用不同的方法鼓励他人说话?
10. 你是否深入考虑说者所说的话?
11. 你是否试着指出说话者所说的意思?

12. 你是否试着指出他为何说那些话?
13. 你是否让说话者说完他(她)的话?
14. 当说话者在犹豫时,你是否鼓励他继续下去?
15. 你是否重述他的话,弄清楚后再发问?
16. 在说话者讲完之前,你是否避免批评他?
17. 无论说话者的态度与用词如何,你都注意听吗?
18. 若你预先知道说话者要说什么,你也注意听吗?
19. 你是否询问说话者有关他所用字词的意思?
20. 为了请他更完整解释他的意见,你是否询问?

评价结果

将所得分加起来:

90～100分,你是一个优秀的倾听者;

80～89分,是一个很好的倾听者;

65～79分,你是一个勇于改进、尚算良好的倾听者;

50～64分,在有效倾听方面,你确实需要再训练;

50分以下,你注意倾听吗?

4) 倾听中的禁忌

我们在当面沟通的过程中,一定要注意不要对谈话内容漠不关心,不能只听内容而忽略感受,更不可以无故打断客户的说话。

2. 说服——有效沟通的关键

沟通,从某种意义上说就是推销自己、说服他人。说服(Persuasion),心理学的定义为"通过接收他人的信息产生态度的改变",在早期传播学研究中,占有很重要的位置,霍夫兰的"学习理论"(Learning Theory)开始了说服理论的研究。

霍夫兰的观点是:态度是由学习得来的,并且态度改变是在学习的过程中同样进行的过程。该理论是基于一个非常重要的试验而得出的,在第二次世界大战中,霍夫兰选择四部电影对美军士兵放映,然后问卷调查士兵看电影之前和之后态度与否,结果发现,电影想要激励战斗意志和鼓舞军心的目标没能达到。随后,霍夫兰转向对"单方面和正反两方面的消息"的研究,也就是对"宣传策略"之一的"洗牌作弊"的研究。试验通过对两个组分别给予正面、正反面消息,另外一个控制组不给予任何消息,然后调查得出"单方面消息对最初赞同该消息者最有效,而正反两方面消息则对最初反对该消息者最有效。"后来的研究还发现,正反面消息对高文化程度者更有效。

说服理论的目的不但希望能够通过宣传使态度改变,还希望说服能引起行为的就范。但是费斯廷格认为:态度改变可能并不自动带来行为改变,其中一个原因是造成原来态度改变的环境因素在态度改变之后仍然在起作用。

说服具有过程性:首先,我们需要了解对方的需要和目的;其次,我们需要设计有效的方法和策略与客户进行沟通;再次,我们需要用提问的方式引起对方的注意,然后激起对方的兴趣循序渐进地说服对方;最后,我们要进行当面沟通的总结评估修正调整。

在当面沟通的过程中,说服客户需要一定的技巧:注重仪表举止,给人留下可信印象;考虑对方的处境和需求,顺应对方;营造和调整良好的交流基调;动之以情、晓之以理;巧妙的语言艺术;恰当提问,始终让对方回答"是的";准确解读和运用身体语言。

5.2 电邮沟通

案例 5-21

王经理将一名客户分配给小李负责。这名客户是西南地区最有影响的报社之一,对于公司来讲,是一家新客户。为了确保赢得这一客户,小李必须事先做一些周密的准备工作。小李首先登录到该客户的网站,了解报社的组织结构、经营理念、通信地址和电话,然后把这些资料记录到客户资料中。接着又给另一家报社信息中心的主任打了一个电话,了解到新客户的计算机、编辑排版和记者采编等系统。然后,向行业界的朋友打听了关于这家报社的相关资料,并了解到新客户的信息中心主任经常与厂家联系,负责计算机的采购。

请举例说明小李使用了哪些手段来跟进客户,并列举小李通过这些手段所获得的信息。

5.2.1 电邮跟进与沟通

1. 跟进

1) 跟进的定义

跟进是在与你的朋友在一起时的,对你朋友的,有方向性的在时间上相续的促动。

跟进是有方向性的,其中,向上跟进是跟进领导人,向下跟进是跟进销售的部门成员,向外跟进可以跟进课堂及各类活动,而向内跟进是在跟进自己。

一次性谈成客户与发展的市场的概率不高,其中 80% 的客户及市场是在跟进中实现的,因此,得当的跟进方法和技巧可以大大提高业绩。跟进是提高销售能力发展市场的重要方法。

2) 跟进的类型

时下客户跟进方式主要有三种:服务性跟进、转变性跟进和长远性跟进。服务性跟进是已经做成生意的跟进。转变性跟进是指通过预约或者拜访知道通过努力可以达成合作的一种跟进方法。长远性跟进是指短期内还难以达成合作的跟进方法。

3) 跟进的技巧

针对有兴趣购买的客户,积极地电话跟进;而考虑、犹豫的客户,多做几次电话、邮件、QQ沟通,了解客户的需求、兴趣,拉进与客户的距离;针对近期不买的客户,销售人员要确保与客户保持联络渠道的畅通;而肯定不买的客户,做好方向性的转移,看看是不是有什么样的问题没有解决,或者在原有的跟进方向上还有机会;已经知道产品及机会的没有信息回馈的客户,可以利用 QQ 及邮件交流,也可以电话跟踪沟通。

4) 跟进的方式及选择

跟进的方式有许多,主要有电话、实地拜访、电子邮件、信件、资料、借力等方式。在跟进的过程中,跟进方式的选择受很多因素影响,比如是否最能有效传递我们的信息,是否方便,接收方的数量多寡,具体的接收方是谁,接收方在哪里,跟进所需要的费用。在跟进方式中,以电子邮件为代表的网络跟进,费用相对比较低,而无论接收方数量多少,他们都能接收到销售人员需要传递的信息,因此,在选择跟进方式时,很多销售人员会选择成本较低的电邮跟进方式。

沟通活动 5-9

请例举网络如何改变人们的思维方式和交流方式。

2. 电邮跟进

1) 通过网络跟进客户的优势

网络跟进方式的快捷回复使跟进客户的效率更高。企业会针对一些客户提出较高频率的问题设置快捷回复，这无疑轻松而快捷地解决了用户的疑问，同时也节省了许多工作时间以及不必要的麻烦，从而在极大程度上提升了商家的工作效率。

其次，无缝沟通是网络跟进的第二大优势。所谓无缝沟通就是客户仅需要安装聊天应用的情况下就可即时交流，不但降低了沟通的门槛，也提高了交易成功的概率。企业也可以根据系统自动显示访客的时间以及地理位置及时调整销售策略，通过观察客户正在访问的地址来判断客户有可能提的问题从而精准作答。

另外，网络跟进能极大减少面谈带来的高费用。同时，在网络在线客服的协助下，营销人员也能做出更加精准的解决方案，从而降低成本，提高客户疑问的回复质量，提高工作效率，因此，网络营销方式一直都在企业营销的发展中占据着不可取代的地位。

小知识 5-3

我是做机械和模具出口生意的对外贸易部经理。我入行 7 年，实际上都是在不断摸索中前进，在阿里巴巴和中国制造网的论坛上，获得了很多帮忙，所以总结一下自己的经验，与网友分享。但在之前，先和大家明确一下，这些经验方法只适合如下类型的外贸销售：

(1) 适合机械、模具这类一个单金额比较大的。

(2) 不适合拼价格的产品，比如外贸礼品、手机一类的。

(3) 跟进时间会比较长。

方法一： 到 google.com 上找国外某行业的 E-mail 地址，然后群发邮件。

很多人在 google.cn 或者 yahoo.cn 或者 bing.com 上面找客户，实际上这是有问题的。因为这些搜索引擎都是国内的，应该到真正的国外搜索引擎上。比如：可以去外贸导航网上找，如龙之向导。搜索"texas @ mould email"类似这样的词，就会跳出很多搜索结果，里面有非常多的 E-mail，一个个选出来，这些就可能是潜在客户。

方法二： 利用 E-mail 筛选工具，找出国外用户的网站，然后电话沟通。

如果一个一个选择，速度会比较慢，可以把整个页面拷贝下来，然后使用邮件提取工具，拷贝进去，点一下"确定"，所有的 E-mail 地址就会跑出来了。我记得这个全速 E-mail 提取工具有免费版的，我现在用的就是。我自己试过，用 3 个小时拷贝了 500 个网页的信息到 notepad 上面，然后一下子放到这个软件里面，筛选出来 2 万多个邮件，发了 10 天，找出来 13 个客户，最后成交了 2 个，大约 20 多万的单吧。

方法三： 利用方法二的网站域名，进一步找客户公司老板的 E-mail。

老板的 E-mail 找出来了，也发送邮件了，一般来说回复率不高的。如果有耐心的话，还可以把那些公司的域名挑出来。上面我说到我找了 2 万个 E-mail，其中有公司邮件的，大概是 3 000 个，其余多数是 hotmail 的或者是 yahoo 的邮箱。

然后我就开始查域名信息(Whois)。比如我查询了

Administrative Contact：

Yu, Charles wyu100@yahoo.com

483 Carlaw Ave. Toronto, ON M4K3H9 CA 4164666069

Technical Contact Administrator, DNS dnsadmin@bluegenesis.com

56 Aberfoyle Crescent Suite 606 Toronto, ON M8X 2W48 k2 CA

+1.8002664881

上面的信息，一般来说，都是老板的信息了，包括 E-mail、电话、地址还有姓名。这个信息很有用，我就可

以直接给对方老板发送邮件了。

方法四：用客户管理软件，做好销售记录，进行长期跟进。

我用了很多 CRM 软件，觉得最简单的是创思，客户跑不了。软件功能也不少，不过都比较直观，可以很方便地登记客户资料、联络记录，还可以设置跟进提醒。其实我们要那么多复杂的东西也没用，关键是简单免费。

方法五：利用群发软件定期 E-mail 最新资料给客户老板。

这个就不多说了，大家各有各的方法，有的人用免费邮箱，有的人用 google 的邮箱。不过 google 的邮箱反垃圾邮件很厉害，经常封锁的，很累。也有些人用一些专门的国外邮件发信通道，可以发送高频率的邮件。

方法六：建好黑名单库，小心被投诉。

国外对于垃圾邮件的监管非常严格。你的邮件在末尾一定要加上退订链接，人家看了你的邮件不爽，一点这个链接，就会链接进入数据库，以后就再也不会发送邮件骚扰人家了。这个非常重要，否则有人投诉你，你的域名可能就被屏蔽了。

方法七：使用一个好的外贸邮箱，不是用来发群发邮件的，而是用来和意向客户联系的。

如果你已经开发出来了客户，就绝对不要再群发邮件给他们了。要用一个发送国外邮件比较稳定的邮件系统，比如尚易或者全速企业邮箱发送邮件给他们，要保证邮件不退信。

（资料来源：福步论坛.）

2）电邮沟通

如果使用当面沟通和电话跟进，对方左耳进右耳出，也许就忘了，许多事情从此"死无对证"。为了使所有参与方对于所讨论的论题、事实根据和结论以及达成的共识一目了然，并保持跟进直至工作完成，我们可以采用能留下痕迹的邮件沟通，这种沟通方式还能准确及时地记录事项进程、讨论内容以及行动细则，并充当每个工作项目的历史档案，同时也便于意见不合、起争端时的查证。

电邮沟通的水平代表着公司的形象，能显示公司的管理水平和实力，同时直接影响到客户对公司的感受。首先，邮件的语言文字是经过一定的斟酌梳理过的，时间、事件、人物、备注一目了然，有时甚至只看标题即可。其次，和口头、IM 沟通不同，邮件可以直切正题。群发、抄送可以有效减少重复沟通，也能让更多人检查。再次，口头或电话沟通完后，如果双方没有将此次沟通列入日程或 GTD 内，很快就会遗忘。邮件是个很好的检查节点，如果想加入日程操作也更高效。多次沟通，显示往来邮件，知道每次说到什么事，是否落实，清晰可见。最后，随时随地通过使用客户端或提醒机制，使用电脑时可以第一时间获取邮件，即使出门在外也能方便收发，或标记重要紧急度稍后处理。

5.2.2　电邮发送技巧

1. 写作技巧

案例 5-22

尊敬的王女士：

主题：对于合并问题的答复

全程参加了我司上周的讨论以后，我很高兴地通知您：到 4 月 15 日我们就成为艾特公司的合资子公司了。

我们为此付出了巨大的努力，这个结果对于我们无疑是一个非常好的消息，合并的优势主要体现在两个方面：第一，我们将更易被公众所接受，我们的生产资金将更充裕；第二，我们将能更迅速、有效、周到地为我们的顾客服务。为了使您了解更加详细的情况，我们将于 3 月 15 日中午，在新世纪酒店召开全公司范围的午宴,您可以借此了解您所关心的问题。

艾特公司的负责人将回答您提出的问题,并表达他们的诚意。请于3月8日前与我的行政助理张小姐联系,通知她你们对于午餐的要求,比如想吃鸡、鸭还是鱼。这次宴会是很有意义的,时间比较仓促,我希望您能尽快做决定。期待与您的会面。

此致敬礼

张楠

尊敬的王女士:

主题:我们将与豪恩公司合并

2018年4月15日,我们公司将成为艾特公司的合资子公司。我们为此付出了巨大的努力,这次合并对于我们来讲是一个好消息。合并的两点优势显而易见:

1. 将有更多的公众接受我们,我们的生产资金将更充裕。
2. 我们将能更迅速、有效、周到地为我们的顾客服务。

您可通过午宴来了解更多详情。

我们将举办全公司范围的午宴,借此磋商我们共同关心的问题。艾特公司的负责人将回答有关问题,您将感受到他们的诚意。

时间:2018年3月15日中午

地点:新世纪酒店

午宴供选择的食品:鸡、鸭、鱼

下一步

请您于3月8日前与我的行政助理张小姐联系,通知她您选择的午餐,期待与您的会面。

此致敬礼

张楠

请比较两封邮件的区别有哪些?哪一封信对于读者来说是来更友好的?哪一封信使你能更快地找到答案?你更愿意读哪一封信?

1)格式

电邮的通常格式如下:

From:写信人电子邮件地址

To:收信人电子邮件地址

Cc:抄送收信人电子邮件地址

主题摘要(Subject)—URGENT—急件标示方法

称呼 Dear ×××(Salutation)

开头(Beginning)

正文(Body)(Reasons for writing)(Request for action)

结尾(Ending)

礼貌结束语(Complimentary Close)

写信人全名(Writer's Full Name)

写信人职务及所属部门(Writer's Title and Department)

2)内容

(1)主题。

填写主题是写邮件时一个非常重要的环节,因为收件人收到邮件时首先看到的就是邮件的主题,主题到位与否决定着收件人对邮件的"第一印象"。例如,周五下午,经理告诉秘书小张,原定下周一下午3点的讨论会需要提前到2点半举行,要他通知所有的与会人员。小张赶紧写了一封通知邮件发送给了所有人。周一下午开会时,还是有一半的人3点才来,一问原因才得知:原来小张发出的邮件没有写主题,结果多数收件人就没有予以理会。如果小张能对所发邮件的主题重视一些,也许就不会出现重要通知被忽视的问题了。

(2)正文。

正文是邮件的主体部分,主要包括称呼、问候语、主体内容、结束语、签名等内容。为了能和收件人进行良好有效的沟通,以上内容要尽量书写完整。

主体内容是邮件的核心,它决定了沟通信息能否被有效传达和接受,通常采用内容结构模型:

[情境]1~3句话,写数字或者对方熟知的事实。

[冲突]问题点,危害双方的什么利益?

[解决方案]挽回双方的什么利益?

[要求]希望对方做什么动作、反馈?

结束语可以是对邮件内容的总结、提出要求、表达感情等,如"若有疑问,请您致电垂询""希望我们能够达成合作""请您在百忙之中予以回复""感谢您对我们的支持"等。结束语可以说是向对方传递邮件中心内容的最后机会,因此应该予以珍惜。

签名应包括姓名、公司、公司地址、联系方式等内容。签名的完整不仅使邮件结构完整,也便于对方及时通过有效方式和你进行沟通反馈。例如:

人事行政部/张楠

公司:广州市艾特科技有限公司

地址:广州市花都区狮岭镇海布光明路5号

邮编:510850

电话:86-020-28030775

传真:86-020-28030747

邮箱:hr8@mail.at.com

网址:www.at.com.cn

(3)附件。

大多数的邮件都不需要添加附件,只有那些需要传递正式文件或非文字信息的邮件才需要使用附件。正是因为附件不常用,因此在撰写邮件时总是会被忽视,以致发生差错。

常见的差错一般有以下几种情况,有的忘记添加附件;有的添加错了附件,或者在正文中没有对附件予以说明以致收件人忽略了附件,或者附件随意命名让收件人产生疑惑;有时候附件过大,以致耽误了收件人对正文的了解;有时候附件被服务器过滤掉,以致收件人无法收到。

针对这些问题,可以采取以下对策:事先与收件人确认允许的附件类型和大小;附件命名应符合文档内容,同时命名要简练;在书写正文之前就把附件添加好;在正文中对附件内容进行交代。

另外,如果在正文中要叙述的内容较多或较复杂,建议把这些内容单独写在一个文档里,然后以附件的形式发送。

2. 发送技巧

首先,使用邮件沟通的营销人员需要了解邮件接受者,他(她)是谁,什么时间发邮件比较合适,什么样的内容会更容易被接受。第二,要正确填写地址栏,以免发送给错的对象。第三,合理使用抄送和密送,尤其是在向上以及同级沟通时,谨慎使用抄送和密送。最后,设置邮件发送确认。

5.2.3 邮件处理技巧

1. 分析邮件真实意图

1) 询盘的分类

有的询盘回复了以后石沉大海,有的往来几封邮件后也杳无音信了,甚至有的样品都寄出去了可也是未果而终。那么,这就是我们的问题,是我们在筛选询盘的时候做得不够好。根据实践的情况,我们将列举买家发出的查询动机,如表5-5所示。

表5-5 买家发出的查询的动机

动 机	比 重
替代当前供应商(立即采购)	67%
三个月内采购	54%
六个月内采购	57%
为新产品建立档案	43%
了解报价	27.5%
跟踪热门产品	17.5%
其他	5.5%

案例 5-23

案例一:
Message Details
Message Subject　　Inquire about EEC Bike 50cc(XB-33-50L)
Message Content　　Do you have a dealer here in the Philippines?

案例二:
Buyer's Message
Subject:Please send me more information on your 250cc air cooled dirt bike,250cc off road bike,250ccc max dirt bike
Hi there. What would your FOB price for a sample XZR250?
The shipping destination would Perth,Western Australia.
Do you have an international warranty with your product?

案例三:
Buyer's Message
Subject:export account
Hello friend. We want to buy alibaba company export account, if you want to sell your account, please

connect us qq 987897646. Thanks.

  Message IP Address：58.22.73.*

  Message Origin：China

  请分析这三个案例中发送者的真实意图。

  2）辨别客户的标准

  从上面三个案例我们不难发现，要辨别客户，可以从客户的邮件标题、客户的邮件内容、客户的联系方式等方向去判断。

  2. 邮件处理

  1）设定自动接收

  下面以 Outlook 软件为例，介绍怎样设定自动接收：

  打开 Outlook 界面，点击菜单栏中的"工具"，展开后选择"选项"，之后在弹出的窗口中选择"邮件设置"，接下来选择"发送/接收"，在弹出窗口的中下部有选项"安排自动发送/接收的时间间隔"，按个人意愿填好收发邮件的间隔时间就设置成功了。

  2）筛选和回复

  (1) 筛选就是将询问信函分类。

  有称呼的询问信说明这是个有礼貌的客人，会打上收件人的称呼；有提起询问产品的信，至少他很明白地告诉我们他对你的什么产品感兴趣；简单介绍他们公司背景，表示他有心引起你的兴趣，愿意多让你知道他一点。

  (2) 回复的写作技巧：邮件给的主题有吸引力，力求标新立异，第一时间吸引客户的眼球；回复中是否有扼要介绍公司并强调优势所在，是否标明了公司负责人，是否包含完整的公司地址、电话、传真，是否传递了"服务"的理念。例如：

MAIL 1：发盘

  Hi

  I am interested in your Wireless "Triple Play" Systems, Can I get a quotation for...

  Thank You,

  Farid Jabir

  Director

MAIL 2：问客户问题

  What is the frequency band available? NOT SURE

  Is there an existing MMDS system? No, I don't have one.

  How large is the coverage area? 20 Km – 30 Km

  What is the approximate number of Wireless Internet subscribers expected in the coverage area? 5 000～10 000

MAIL 3：回盘

  Hi Farid,

  Are you in Tanzania? Do you mean 20 to 30 Km service radius? How many of your subscribers will take MMDS, how many Internet access and how many VoIP telephony?

  We cannot give you pricing without frequencies, but we can do just about any frequency at a price. The least expensive frequencies are 2.1 to 2.9 GHz or, failing that, 3.4 to 3.6 GHz.

Please send me your phone number so that I can call you to discuss this project. If you send me your mailing address, I can send you documents.

Regards,

Keaton

在回复的过程中,要注意使用 SPIN 的提问技巧。在回复时还有一些其他技巧,如限期回复、回复全部收件人、忌删除原文。

5.3 电话沟通

案例 5-24

销售:您好,请问何经理在吗?

何经理:我是。

销售:何经理,您好。我是艾特公司的销售代表,李莉。相信您一定听说过我们公司艾特牌电脑。

何经理:哦,我知道。

销售:我听说您单位最近要更新一部分电脑,我可以在星期三上午 10 点拜访您,和您就这个主题面谈一下吗?

何经理:嗯,你先把你们产品的介绍资料和报价寄过来,我们研究一下,再与你联络。

销售:好的,我可以了解一下您对电脑设备的需求情况吗?

何经理:我一会儿要去开会。

销售:那好,我抓紧时间,只有两个简单的问题,这样我给您寄的资料会更有针对性。

何经理:好吧。

销售:我们公司的产品有台式电脑、笔记本等各种电脑系列产品,不知道您对哪类产品更感兴趣?

何经理:你先把笔记本电脑的资料寄过来吧。

销售:那您是想给什么职位的人购买呢?

何经理:有些领导的笔记本电脑需要更新了,不过我们还没有最后决定呢。

销售:好的,我马上将笔记本电脑的资料快递给您,今天下午就会送到。

请你按照上述的通话过程,总结通话的步骤与重点。

5.3.1 接打电话

1. 电话沟通前的准备

电话营销沟通是一种通过使用电话、传真等通信技术,来实现有计划、有组织并且高效率地扩大顾客群、提高顾客满意度、维护顾客等市场行为的手法。成功的电话营销应该使通话双方都能体会到电话营销的价值。

由于电话邀约特别适合原故客户以及转介绍的客户,当然也可用于陌生客户,因此,这种沟通方式在商务联系中具有省时、省力、省激情、给销售者信心、为邀约参加活动铺垫等作用。

1) 外部准备

接打电话的过程一般不宜在嘈杂的环境中进行,这里所说的外部准备就是指外部环境的准备,应该寻找一个安静、能让自己集中精神仔细聆听客户声音的环境。

2）心理准备

在我们拨打每一通电话之前,都必须有这样一种认识,那就是所拨打的这通电话很可能就是我们工作或生活的转折点。有了这种想法之后,我们才可能对待所接打的每一通电话有一个认真、负责和坚持的态度,才能使我们的心态有一种必定成功的积极动力。

3）资料准备

在接打电话的过程中,我们要做好充分的资料准备,用于客户询问产品信息、下次见面的信息、成交的信息等,同时,接打电话也要注意时机,尽量避免在吃饭的时间里与顾客联系,如果把电话打过去了,也要礼貌地征询顾客是否有时间或方便接听。例如,"您好,王经理,我是××公司的×××,这个时候打电话给您,有没有打搅到您?"如果对方有约会恰巧要外出,或刚好有客人在的时候,应该很有礼貌地与其说清再次通话的时间,然后再挂上电话。表5-6是最适合打电话的时间表。

表5-6 安排最适合的打电话时间

对　象	建议电话约访时间
工作在写字楼,工作时间为朝九晚五的公司职员	中午休息时间
医生	15点～17点
工厂员工	11点～12点或15点～16点
商人	下午或晚上
酒店员工	下班后
政府、事业单位办公室人员	下午
教师	下午

4）电话沟通者的形象准备——在电话里与顾客建立信赖感和亲和力

（1）想象。

在电话里,营销人员应时刻注意与顾客建立信赖感和亲和力,怎样才能达到这些目的呢?我们知道,推销首先要把自己推销出去,但电话不是见面,我们不能通过外表去打动客户,只能通过声音来传达我们的热情,接近我们的顾客。因此与客户在电话中交谈时,就得做到全神贯注,注意听对方说话的每一个细节,比如语气、强调的词甚至停顿和沉默。在电话谈话中,我们必须更多地、更充分地动用我们的各种器官。接电话时要保持笑容,虽然无法看到,但是客户会"听"见。当客户被我们诚恳大方、积极主动的微笑面容感染时,就会改变固执的态度和不良的情绪,转而产生舒服的感觉。这样一种熟人环境就可以让他们感到信赖。

案例 5-25　　　　　　　姣姣的两种介绍

一:我是姣姣!我就是我!

二:大家好!我是姣姣,我来自××工商学院。你们到过工商学院吗?她位于美丽的花都狮岭之侧,建校已有20年历史。校园内环境优雅,树木成荫。学院拥有年轻、一流的师资,一流的生源,一流的设备!欢迎您到我们××工商学院来做客,真诚地希望能与您成为朋友!

你会更喜欢哪种介绍呢?为什么?

（2）赞美。

赞美就是把某人身上所具有的优点、长处通过你的嘴把它说出来，并且这些优点和长处也正是对方所引以为豪的。

（3）倾听。

任何时候都要学会做一个良好的听众，卡耐基认为："与客户有效沟通没有什么秘诀，最重要的就是注意倾听对方的话，这比任何阿谀奉承更为有效。这是一个变通的道理，却有着深远的意义，真正认识到这一点并真正去做的人几乎是百里挑一。"

倾听的好处，不但可以帮助了解客户的内心世界、处境情况，而且可以显示我们对他们的重视，从而使其对我们产生信赖感。当然，也只有认真地倾听，才能听出对方的弦外之音，才能明白对方的深沉欲望。

（4）合一架构法。

在懂得倾听后一定要想方设法让客户乐意听你谈话。语言是表达人的情感和描述客观事情。同一个意思，用不同的语言去说，结果可能不同。因而，在客户交流沟通中，语言起着非常重要的作用。营销人员一般采用合一架构法来正确表达合作意愿。所谓的合一架构法，就是不直接反驳和批评对方，不使用"但是""就是""可是"等转折词，一般使用"同时"去取代之前转折意味较明显的词，例如：

我很了解……同时……

我很感谢……同时……

我很同情……同时……

2．接打电话技巧

1）明确电话流程管理

案例 5-26　　　　　　　　沙漠探险

经过千辛万苦的跋涉，探险者终于到了沙漠的边缘。根据经验，他们需要备好水、粮食，喂好骆驼，还有，检查枪支弹药是否有问题（防土匪用）。

由于对地形不熟悉，他们需要请一位当地人作为向导。

启程之前，先要选择一个预期有利的天气。如果天公不作美，麻烦就大了！

进行过程中，碰到绿洲，应该进行休整。贮水，饮骆驼，休息。

中途要经过一个原始部落，为了避免麻烦，要奉献金银财宝给部落的首领，作为借道的代价。

到达遗址，要小心翼翼地防止机关的暗算，同时，还要迅速、准确地找到宝石可能的大体位置。

经过努力，冲破重重艰难险阻，终于找到了那颗价值连城的宝石。

凯旋！

沙漠探险的故事给你什么启示？

为了让自己更加熟悉电话流程，我们可以制定电话流程的标准。

第一，以时间为划分标准，以可操作性为基本原则，是否考虑到流程使用者的实际情况，是否提供了明确的步骤，是否提供了每一步骤的质量标准，是否具有实效。

第二，以细化、具体为基本要求。

第三，进行基础拨打电话的流程管理。在拨打电话之前，提前想好谈话要点，列出提纲。我的电话要打给谁？我打电话的目的是什么？我要说明几件事情？它们之间的联系怎样？我应该选择怎样的表达方式？在电话沟通中可能会现哪些障碍？面对这些障碍可能的解决方案是什么?

第四,拨打电话过程中,注意使用礼貌用语,注意语言简洁明了。

第五,注意聆听的技巧,记住要抓住重点,留心细节,时刻注意让电话另一端的人感到我们在用心听他讲话。重要内容要复述得到确认,不要随意打断对方的说话,同时,注意在谈话过程中,有目的地将我们感兴趣的话题引向深入。

第六,注重细节帮助我们走得更远。改善我们的电话质量除了有良好的电话销售流程作为方向的指引之外,还应注意让通话人清楚地知道在该流程中的每个环节的细节。

接听电话过程中,细节的处理在于聆听、记录并上报,同时,标准化的接听电话流程也是比较关键的。第一步,在电话铃响三声之后接听电话;第二步,主动报出自己单位的名称、自己的姓名和职务;第三步,询问对方单位名称、姓名、职务;第四步,详细记录通话内容;第五步,复述通话内容,以便得到确认;第六步,整理记录提出拟办意见;最后,呈送上司批阅或相关人员。

拨打电话的可控性掌握在拨打者手中,因此,标准化的流程制定是非常关键的。第一,在拨打电话之前,沟通人员应提前想好谈话要点、列出提纲;第二步,正确拨打电话;第三步,询问对方单位、姓名、职务;第四步,说明自己单位、姓名、职务;第五步,主动询问是否需要再说一遍;第六步,在通话记录上注明接听人及时间。

2) 注重细节

聆听、表达、列出电话清单、微笑。

5.3.2 一些特殊电话的处理

案例 5-27

小雯一大早就接到几个"让人心烦"的电话。第一个是经销商打来询问何时降价的电话,这已经是该经销商第五次打来电话了。第二个是恐吓电话,威胁小雯所在的公司不许跟××公司合作。第三个是客户公司的小李打来聊天闲谈的电话,啰啰唆唆说了好半天。

在日常商务联系过程中业务员也会遇到一些"特殊"的电话。面对这些"特殊"的电话,我们怎样才能处理得灵活机动、周到全面?

1. 应对拒绝

1) 应对拒绝的原则

打电话的过程中遭到拒绝是常有的事,我们可以采用 3F 技巧来应对。以下是应对拒绝的 3F 话术示范:

例一:"我考虑一下,商量商量……"

示范:

"我明白,没问题,那主要考虑哪方面的因素呢?是看一下朋友明天有没有时间?若朋友有时间您就跟朋友一起过来参加活动,是这样吗?……"

例二:"不感兴趣……"

示范:

"我理解您的感受,同时也正是因为您不感兴趣我们才打电话给您,您知道是为什么吗?因为您说您不感兴趣,这说明您以前还没有参加过我们类似的活动,对我们的活动还不是很了解,也不知道我们的活动到底可以为您带来哪些好处,所以不感兴趣这是很正常的,同时也说明是我们的工作还没有做到位,让您还没有全面了解到我们的活动。鉴于此,我们会议营销更应该把您作为嘉宾邀请过来参加从而为您投资带来更多帮助,尤其是我们要举办的这次活动内容是非常地丰富……"

例三:"没有时间……"

示范:

"哎呀,我要恭喜您呀,您之所以没有时间一定是您的身体特好,精神特棒,您才想花时间做这做那,把时间排得满满的,那您平时都忙些什么呢?………"

例四:"不想来……"

示范:

"我理解您的感受,那为什么不想来呢?主要是时间问题还是身体状况不允许出门呢?……"

3F成交技巧是一种促成成交的方法。3F即感受(Fell)、觉得(Felt)、发觉(Found)。利用3F成交技巧首先要表示理解客户的感受,再列举一些事例,说明自己也是有跟客户一样的感受,最后再介绍销售人员需要表达的观点或需要推广的项目,销售人员使用之后发觉这是值得的,从而促进成交。

2)拒绝处理要点

前台每天都能接到很多类似推销的电话,很多人都已经养成了一种听到推销电话就准备挂电话的条件反射应对模式,但这种模式是不太恰当的,在处理拒绝时,我们要分清楚哪些是急事,哪些是私事,注意不要伤害对方的感情,但又要明确拒绝。

案例5-28

投资顾问:"你好!我找袁先生。袁先生你好,打扰您几分钟时间,我是××公司投资顾问××。我打电话的原因是询问你最近有没有关注股指期货?"

客户:(有/没有)。

投资顾问:"太好了,我们本周六有一个××活动,我想你也会有兴趣多了解一些这方面内容,来参加我们的活动吧!"

客户:"我的确不感兴趣。"

投资顾问:"袁先生,我明白。可能每一个人对于自己从来没了解过的东西都谈不上感兴趣还是不感兴趣,我今天打电话给你就是想邀请你,参加我们的××活动,你先了解一下再决定是否对其感兴趣也不迟啊。"

投资顾问:"你看是明天上午10:00还是下午3:00给您送邀请函更合适呢?"

投资顾问:"谢谢你,袁先生!我会在上午10:00准时给你送邀请函。我想再确认一下,你的地址是中环大厦35层3501室,对吗?祝你工作愉快,再见。"

2. 纠缠电话

首先,要做到的就是冷静处理。对方的语调越急、越强、越快,接电话的语调越要平稳、舒缓、轻柔。

其次,要做到大度有礼,不怒不躁。

第三,要注意使用软中带硬的回答方式。例如,回答某经销商的一再询问:"先生,您的意思我们已经知道了,有消息马上通知你,请别再打电话催问,越催越糟,越不利于事态的发展,请予以合作,不然我们也没办法帮您,再见。"

3. 恐吓电话

应对恐吓电话，我们首先要做到保持镇定，并做好录音工作。然后，要相信警察的力量，及时向公安机关报警，并向警方提供线索，避免上当受骗。

4. 唠叨电话

有时会遇到一些牢骚满腹、无休止抱怨、唠叨的客户，如果置之不理，甚至不耐烦地挂断电话，必会引起客户更大的怒火和埋怨；如果出于礼貌耐心倾听，客户则可能会东拉西扯一些无关主题的事情，没完没了地说下去，导致接听者陷入到一种无休无止的被动式唠叨中。那么，到底该如何应对这种满怀不满情绪的客户呢？

1）严肃认真刨根底，心慌乱阵没脾气

当遇到客户唠叨他们公司有多黑暗，同事有多不好，等等，可以装作非常严肃认真，并追根问底。对方如果要让你去证实，千万不可任着客户的性子来，必须巧言推脱，及时终止，不要陷进去。

2）认真倾听

当遇到客户有不满情绪时，为了找到工作上的一些问题，或者收集一些意见，可以主动去听客户的唠叨，一是可以缓解他们的心理压力，二是可以掌握一些第一手信息，从客户的唠叨中也许可以得知一些想了解的事，如果没什么有价值的东西，可以及时结束倾听。

3）态度不可出现偏差

在和此类客户沟通交流时，千万要注意自己的态度，如果态度非常差，很可能会引发他们更加强烈的不满，甚至可能调转矛头指向你。所以，在接听这类客户的电话时，要时刻谨记端正态度，以礼相待。

4）谨言慎行，客观公正

与此类客户沟通，一定注意说话方式，一是不反对，二是不轻易表态，三是客观公正，不能受其影响而说一些违心的话。例如：客户公司小李打来电话："贵公司昨晚的招待很不错啊，那清蒸的鸡肉很鲜，又嫩又好吃，还有那鸡汤也很好，油而不腻。你们公司的女孩长得可真漂亮，那个穿白衣的女孩叫什么名字，我想和她交个朋友。还有你们吴总很年轻……"

小雯："等下次我们再好好招待你，但现在我马上要参加一个重要会议，真的对不起，再见。"

5.4 书面沟通

案例 5-29

艾特公司外派维修的售后服务工程师陈某电话要求工厂售后服务部门为其在广东佛山的维修现场发送配件一个，按规定要求，陈某应当书面传真具体的规格型号然后发货，以保证准确性。

结果陈某讲自己干了三年多，都很熟，声称要节省传真费用，且客户很急，要求电话口头报告型号，售后服务部担当人员鉴于这种情况，就相信了陈某，按陈某说的型号发去了配件，结果发到现场后，型号错误，又要重发，造成出差费用、运输费用等的增加，更重要的是影响客户生产。

书面沟通在商务交往中是否重要？

5.4.1 知识准备

1. 书面沟通方式

书面沟通是指以书面或电子作为载体,运用文字、图式进行的信息传递和交流形式。书面沟通具有准确性、权威性和较强的规范性,这种方式适合于存档、查阅和引用,从而有利于减少信息错误。在使用过程中,沟通者可以配合口头表达使用,在某些情况下可以减少当面沟通的摩擦。

2. 商务交往中的书面沟通

1) 组织外部沟通的公文

表 5-7 组织外部沟通的公文

公文	定义	目的
职责说明	某一职位工作性质描述,用于业绩评估、工资评定和聘用审核	传递信息,说服有才能的人报名;树立良好形象
年度报告	总结全年的财务情况,向股东汇报	传递信息,说服持股人支持本股,从而购进该股,树立良好信誉,保障公司健康运营
感谢信	写给供应商、客户或任何帮助过公司和公司员工的个人或组织	树立良好形象

2) 备忘录

公司备忘录也是书面合同的形式之一。它是指在买卖双方磋商过程中达成的一定程度的理解、谅解、一致意见,但不具有法律约束力。买卖双方磋商过程中,对某些事项达成一定程度的理解与谅解及一致意见,将这种理解、谅解、一致意见以备忘录的形式记录下来,作为今后进一步磋商,达成最终协议的参考,并作为今后双方交易与合作的依据。

备忘录的主要内容包括:第一,备忘录形成经过;第二,双方讨论的主要问题;第三,形成共识的问题;第四,存在分歧的问题;第五,各方的责任;第六,双方当事人的签字。以下是公司备忘录的一般格式:

备忘录

甲方:_____

乙方:_____

甲乙双方于_____年_____月_____日在_____(地点)就_____(项目名称)合作事宜,经过协商讨论,初步达成如下共识:

一、_____

二、_____

三、_____

……

双方商定,于_____年_____月_____日在_____(地点)举行第二次会议,进一步讨论合作内容。

甲方:_____ 乙方:_____

代表:(签字) 代表:(签字)

_____年_____月_____日

3）电子邮件

电子邮件主要侧重于联系客户以及公司内部信息传递，详细内容见5.2电邮沟通。

4）报告

企业发展报告主要是侧重企业发展，如战略、管理、营销、生产、财务等。工作总结报告主要是侧重员工日常工作总结报告，如出差、检查等。

一切报告都是下级向上级机关或业务主管部门汇报工作，让上级机关掌握基本情况并及时对自己的工作进行指导，所以，汇报性是"报告"的一个大特点。

因为报告具有汇报性，是向上级讲述做了什么工作，或工作是怎样做的，有什么情况、经验、体会，存在什么问题，今后有什么打算，对领导有什么意见、建议，所以行文上一般都使用叙述方法，即陈述其事，而不是像请示那样采用祈使、请求等。

报告是下级机关向上级机关行文，是为上级机关进行宏观领导提供依据，一般不需要受文机关的批复，属于单项行文。

多数报告都是在事情做完或发生后，向上级机关做出汇报，是事后或事中行文。

报告虽不需批复，却是下级机关以此取得上级机关的支持、指导的桥梁；同时上级机关也能通过报告获得信息、了解下情，报告成为上级机关决策指导和协调工作的依据。

其基本格式为：

（1）标题，包括事由和公文名称。

（2）主送机关，发文单位的直属上级领导机关。

（3）正文，结构与一般公文相同。从内容方面看，报情况的，应有情况、说明、结论三部分，其中情况不能省略；报意见的，应有依据、说明、设想三部分，其中意见设想不能省去。从形式上看，复杂一点的要分开头、主体、结尾。开头使用较多的是导语式、提问式给个总概念或引起注意。主体可分部分加二级标题或分条加序码。

（4）结尾，可展望、预测，亦可省略，但结语不能省。

打报告要注意做到情况确凿、观点鲜明、想法明确、口吻得体，不要夹带请示事项。

结语部分要注意呈转报告要写上"以上报告如无不妥，请批转各地参照执行。"最后写明发文机关、日期。

5）简历

简历是用于应聘的书面交流材料，它是向未来的雇主表明自己拥有能够满足特定工作要求的技能、态度、资质和自信。成功的简历就是一件营销武器，它向未来的雇主证明自己能够解决他的问题或者满足他的特定需要，因此能够确保得到会使自己成功的面试。

写一份好的简历，单独寄出或与求职信配套寄出，可以应聘自己感兴趣的职位。参加求职面试时带上几份，既能为介绍自己提供思路和基本素材，又能供主持面试者详细阅读。面试之后，还可以供对方存入计算机或归档备查。

一份简历，一般可以分为四个部分，其中：

第一部分为个人基本情况，应列出自己的姓名、性别、年龄、籍贯、政治面貌、学校、系别及专业、婚姻状况、健康状况、身高、爱好与兴趣、家庭住址、电话号码等。

第二部分为学历情况。应写明曾在某某学校、某某专业或学科学习，以及起止期间，并列出所学主要课程及学习成绩，在学校和班级所担任的职务，在校期间所获得的各种奖励和荣誉。

第三部分为工作资历情况。若有工作经验,最好详细列明,首先列出最近的资料,后详述曾经的工作单位、日期、职位、工作性质。

第四部分为求职意向。即求职目标或个人期望的工作职位,表明你通过求职希望得到什么样的工种、职位,以及你的奋斗目标,可以和个人特长等合写在一起。

为体现不同人群的特点,四部分的排序及组合会根据实际情况略有出入。《简历前沿》负责人林锦添认为一份同时具有针对性强、言简意赅、突出重点、强化优势、格式方便阅读、逻辑清晰、层次分明、客观真实的简历可获得更多的面试机会。

6)商务信函

商务信函是指在日常的商务往来中用以传递信息、处理商务事宜以及联络和沟通关系的信函、电讯文书。常用的商务信函主要有商洽函、询问函、答复函、请求函、告知函和联系函等。

商务信函的写作需要注意以下几点标准:

(1)准确。商务信函的内容多与双方的利益有着直接的利害关系,因而要完整、精确地表达意思,用语乃至标点符号都要做到准确无误,以免造成不必要的麻烦。

(2)简洁。在做到准确、周到的前提下,应用最少的文字表达真实的意思,不能拖沓冗长。

(3)具体。信函所要交代的事项必须具体明确,尤其要注意需要对方答复或会对双方关系产生影响的内容,绝不能语焉不详。

(4)礼貌。要掌握礼貌、得体的文字表达方式,以有利于双方保持良好的关系。

(5)体谅。要学会换位思考,能够站在对方的立场上思考问题。这样容易获得对方的认同,有利于双方达成有效的沟通。

5.4.2 书面沟通技巧

案例 5-30

例一

亲爱的先生/女士:

我已经间接获悉您在寻找一家公司为贵公司所有部门安装新电脑。我确信作为一个完全能令人放心的公司,我公司定能被指派。尽管我们在贵公司业务方面经验有限,但曾经为您服务过的人说我们能胜任此项工作。我是个非常热情的人,对于与您相会的可能性,除非另行通知,我在周一、周二和周五下午不能拜访你处,这是因为……

例二

刘青云先生,您好:

这是来自艾特的信,继我们上周的电话谈话后,我很高兴再邮寄给您一本我公司的最新宣传册。

您曾表示过贵公司对安装新型计算机软件感兴趣,我相信我们的服务符合你的要求,会让您满意的。

期待您的回音,并期望很快能和您会面。

此致

敬礼

×××

2018 年 10 月 1 日

判别以上两封信的高下,并说明原因。

1. 书写技巧

不论是邀请函,还是简历等书面沟通材料,我们都要重视书写技巧。首先,文字书写要规范、清楚、工整;第二,正确使用标点符号,避免使用表情符号;第三,行款格式要符合要求,同时,使用统一的修改符号。

2. 阅读技巧

每位沟通者都有自己的阅读技巧,高效的阅读者首先会对材料进行分类,然后针对不同的材料采用不同的阅读方法。下面介绍 SQ3R 阅读法。

SQ3R 方法是一种提升研习能力的方法,为美国俄亥俄州州立大学心理学教授罗宾逊(F. P. Robinson)所设计的一套有效读书方法,于 1946 年在他的著作 *Effective Study* 有所提及,主要用于精读课文。"SQ3R"来自以下五个英语词语的字首,即综览(Survey)、发问(Question)、阅读(Read)、背诵(Recite)、复习(Review)。

在开始阅读书本的内容前,先将书本的封面、扉页、前言,特别是目录先仔细审查一遍;如果是在阅读文章或论文,则要特别留意各级标题及开头和结尾。预先留意这些内容,往往可以帮助我们更好地理解作者要表达的内容。

除了初步了解书本的目录、文章的标题等内容,我们还需要能够发现一些问题。比如,在看完目录和标题后,要问一问自己,这本书或这篇文章主要说的是什么?关于这些内容,自己已经掌握了多少?总之,提问应该成为一个贯穿于整个阅读过程的环节。在阅读的任何时候,只要有问题,都可以用笔或借助电子设备将问题记录下来。

Read 环节是 SQ3R 的中间环节,除了要解决 Question 环节所提出的问题,还要注意文本中的一些重点标示的文本内容,如加粗字段、重点图标等。

Recite 环节,阅读者能够复述得越准确和精细,也就代表着对于内容的了解越透彻。在 Recite 这个阶段,综合性地运用感官手段往往能取得更好的效果,最好能把听、说、读、写都运用起来。当然,还有很多的记忆方法,比如联想记忆法、关键词记忆法、谐音等记忆法。

Review 阶段应该遵循遗忘规律,即先快后慢的规律。在复述阶段后的初期,应该多进行 Review,随着时间的推进,逐渐减少。例如,由 Recite 后半天 Review 一次到一天后再 Review 一次,再接着就是三天后再 Review 一次,这样逐渐减少到一个月后再 Review 一次,经过这样几次 Review 之后,通常已经将要记忆的内容转化为比较稳定的长期记忆了。

小知识 5-5　　Kitty O. Locker 关于书面沟通的 6 方面技巧

一、不要强调你为读者做了什么,而要强调读者能获得什么或能做什么

1. 今天下午我们会把你们 9 月 21 日的订货装船发运。
2. 你们订购的两集装箱服装将于今天下午装船,预计在 9 月 30 日抵达贵处。

二、参考读者的具体要求或指令

1. 你的订单……
2. 你定购的真丝服装……

三、除非你有把握读者会感兴趣,否则尽量少谈自己的感受

1. 我们很高兴授予你 5 000 元信用额度。
2. 你的牡丹卡有 5 000 元的信用额度。

四、不要告诉读者他们将会如何感受或反应

1. 你会很高兴听到你被公司录用的消息。
2. 你通过了公司的全部考核,你被录用了。

五、涉及褒奖内容时,多用"你"而少用"我"
1. 我们为所有的员工提供健康保险。
2. 作为公司的一员,你会享受到健康保险。

六、涉及贬义的内容时,避免使用"你"为主语,以保护读者的自我意识
1. 你在发表任何以在该机构工作经历为背景的文章时,必须要得到主任的同意。
2. 本机构的工作人员在发表以在此工作经历为背景的文章时,必须要得到主任的同意。

沟通活动 5-10

假设你是公司销售部经理,本月的销售工作进行得并不理想,根据你的分析,主要是销售人员的专业技术知识较差所造成的。你的上级要你向他写一份本月销售工作的总结报告,你同时也希望利用这个机会向上级表明你自己的分析和处理意见。

本章小结

本章主要介绍在日常商务交往过程中,建立业务关系是交易开始和扩展的基础。建立业务关系一般经由面对面的直接交流、电话、电子邮件的跟进沟通以及巩固前期工作、保障后期工作顺利进行的书面交流。

面对面沟通和电话沟通是商务交往过程中最传统的方式,使用频率很高。由于书面沟通具有准确性、规范性和权威性等特点,能弥补口头沟通的缺陷,因此,在业务关系建立的过程中,书面沟通起到了相当重要的作用。随着电子商务的不断发展,人们的沟通方式在不断变化,商务关系的建立方式和方法也在不断地发展,以电邮沟通为主的互联网联系方式从书面沟通中逐渐分离出来,发展成了一种新的商务联系方式。

面对面沟通注重善问、倾听及说服的技巧;而善问技巧,尤其是 SPIN 提问模式在电话沟通以及电邮沟通中的地位同样重要;倾听和说服的技巧同样适用于电话沟通。这些都是沟通过程中非常重视的技巧。除此之外,电邮沟通强调收发和处理的技巧,电话沟通强调流程管理和细节管理,而书面沟通自始至终都在强调书写和阅读技巧。

只有不断加强面对面沟通、电邮沟通、电话沟通和书面沟通的能力,才能逐渐消除沟通过程中所产生的障碍,提高商务沟通的有效性,更加紧密日常的商务交往。

核心概念

潜在客户　客户接近　对面沟通　电邮沟通　电话沟通

思考与技能训练

一、基本训练

1. 选择题

(1) 在接电话的时候,一定要迅速接听,一般在铃声响(　　)之内就应该接听。
A. 三声　　　　　B. 五声　　　　　C. 一声　　　　　D. 随时都可以

(2) 如果有一天你因为生病要打电话请假,你认为(　　)打电话合适。
A. 由父母打电话　B. 朋友　　　　　C. 自己　　　　　D. 无所谓

(3) 面谈的 5W1H 模式中的"Why"是指面谈的(　　)。
A. 时间　　　　　B. 地点　　　　　C. 对象　　　　　D. 目的

(4) 面谈时要求说话得体。说话得体是指说话要看对方的（　　）。（多选题）
A. 性别　　　　　　B. 性格　　　　　　C. 年龄　　　　　　D. 文化程度
(5) 有效倾听的主要环节有做好倾听的准备、发出准备倾听的信息、（　　）、理解信息并及时反馈。
A. 沟通信息　　　　B. 传播信息　　　　C. 采取积极行动　　D. 被对方接受

2. 简答题
(1) 实现客户接近的方法有哪些？
(2) 进行电话沟通前要做哪些准备？
(3) 简历的内容包括哪些？

二、案例分析

杨瑞是一个典型的北方姑娘，在她身上可以明显地感受到北方人的热情和直率，她喜欢坦诚，有什么说什么，总是愿意把自己的想法说出来和大家一起讨论，正是因为这个特点，她在上学期间很受老师和同学的欢迎。今年，杨瑞从西安某大学的人力资源管理专业毕业。她认为，经过四年的学习，自己不但掌握了扎实的人力资源管理专业知识，而且具备了较强的人际沟通技能，因此她对自己的未来期望很高。为了实现自己的梦想，她毅然只身去广州求职。

经过将近一个月的反复投简历和面试，在权衡了多种因素的情况下，杨瑞最终选定了东莞市的一家研究生产食品添加剂的公司。她之所以选择这家公司是因为该公司规模适中、发展速度很快，最重要的是该公司的人力资源管理工作还处于尝试阶段，如果杨瑞加入，她将是人力资源部的第一个人，因此她认为自己施展能力的空间很大。

但是到公司实习一个星期后，杨瑞就陷入了困境中。

原来该公司是一个典型的小型家族企业，企业中的关键职位基本上都由老板的亲属担任，其中充满了各种裙带关系。尤其是老板给杨瑞安排了他的大儿子做杨瑞的临时上级，而这个人主要负责公司研发工作，根本没有管理理念，更不用说人力资源管理理念，在他的眼里，只有技术最重要，公司只要能赚钱其他的一切都无所谓。但是杨瑞认为，越是这样就越有自己发挥能力的空间，因此在到公司的第五天杨瑞拿着自己的建议书走向了直接上级的办公室。

"王经理，我到公司已经快一个星期了，我有一些想法想和您谈谈，您有时间吗？"杨瑞走到经理办公桌前说。

"来来来，小杨，本来早就应该和你谈了，只是最近一直扎在实验室里就把这件事忘了。"

"王经理，对于一个企业尤其是处于上升阶段的企业来说，要持续企业的发展必须在管理上狠下工夫。我来公司已经快一个星期了，据我目前对公司的了解，我认为公司主要的问题在于职责界定不清；雇员的自主权力大小致使员工觉得公司对他们缺少信任；员工薪酬结构和水平的制定随意性较强，缺乏科学合理的基础，因此薪酬的公平性和激励性都较低。"杨瑞按照自己事先所列的提纲开始逐条向王经理叙述。

王经理微微皱了一下眉头说："你说的这些问题我们公司也确实存在，但是你必须承认一个事实——我们公司在赢利，这就说明我们公司目前实行的体制有它的合理性。"

"可是，眼前的发展并不等于将来也可以发展，许多家族企业都是败在管理上。"

"好了，那你有具体方案吗？"

"目前还没有，这些还只是我的一点想法而已，但是如果得到了您的支持，我想方案只是时间问题。"

"那你先回去做方案，把你的材料放这儿，我先看看，然后给你答复。"说完王经理的注意力又回到了研究报告上。

杨瑞此时真切地感受到了不被认可的失落，她似乎已经预测到了自己第一次提建议的结局。

果然，杨瑞的建议书石沉大海，王经理好像完全不记得建议书的事。杨瑞陷入了困惑之中，她不知道自己是应该继续和上级沟通还是干脆放弃这份工作，另找一个发展空间。

结合案例，请同学们讨论分析：
(1) 在此沟通过程中，杨瑞的表现有何不妥的地方，应该怎么改进？

(2) 在此沟通过程中,王经理的做法有何不妥的地方,应该怎么改进?

三、技能训练

(1) 电话沟通、书面沟通实训。

目的:通过情景模拟,体会打电话的礼仪,加深对5W1H打电话沟通的掌握。

要求:学生分成4~6人一组,按小组模拟不同的公司,其中2~3组扮演某公司的客服中心,另外2~3组学生扮演顾客。首先小组讨论,然后推荐一人扮演某公司客户服务中心,一组推选同学扮演顾客。

你是某公司的客服中心,请你对本公司已销售的产品及工作人员的服务对客户进行回访。

活动过程记录:_____
_____
_____
_____
_____

请对同学的表现进行评价,填写下表。

学生实训记录表

姓　名		班　级		时　间	
评分项目	分值(请在相应项目处划上"√")				
仪容　礼貌 精神　态度 衣着　整洁	极佳	佳	平实	略差	极差
领悟　反应	特强	优秀	平平	稍差	极劣
对工作的了解程度	充分了解	很了解	尚了解	部分了解	极少了解
沟通能力	特强	优秀	平平	尚可	极差
总体评价与建议					

(2) 处理顾客投诉。

客户:"是长飞公司吗?我姓王,我购买的你们公司的电视机有些问题需要处理一下!"

接线员:"你好,王先生,我可以帮您什么?"

客户:"我使用你们的电视机已经快1年了,最近发现电视机的边框开裂了。因为你们的电视机是3年保修,所以想看看你如何解决?"

接线员:"你是指电视机的边框开裂了?"

客户:"是的。"

接线员:"我们的这款电视机从来没有出现过类似的问题,您最近是不是搬动摔裂了?"

客户:"我最近没搬动,也不可能摔过它。它是自动裂开的。"

接线员:"不可能,我们的电视机在出厂前都经过严格的检测。"

客户:"它确实是自己开裂的。"
接线员:"那很对不起,开裂问题不在我们的保修范围之内。我们保修的范围在协议上写得很清楚。"
客户:"那我的电视机就白开裂了?"
接线员:"那很抱歉,我不能帮到您。请问还有什么问题吗?"
客户:"见鬼去吧!我要投诉你们。"
接线员是否弄清楚了客户打电话的目的?如果你是该公司的接线员,你认为应该怎么做?
要求:
(1) 模拟接线员与客户电话交流过程;
(2) 纠正接线员存在的问题;
(3) 模拟展示正确处理客户投诉。

第六章　商务接待

 知识目标

1. 掌握接待工作的程序和礼仪。
2. 掌握陪同参观的礼仪规范。
3. 掌握宴请的类型和礼仪规范。
4. 掌握馈赠礼品的相关礼仪。

 技能目标

通过标准化的服务流程和实战演练,熟悉商务接待的具体流程,有效掌握商务接待礼仪的核心技巧。

 本章知识结构

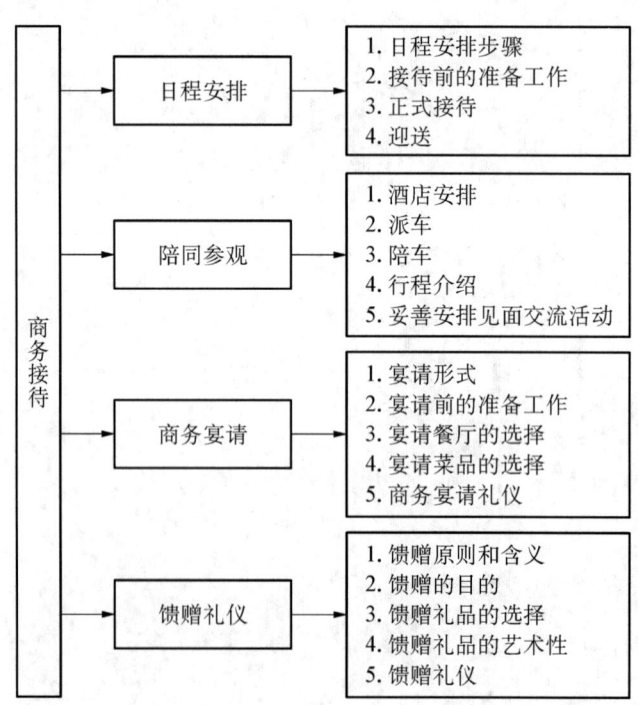

第六章　商务接待

引导案例

A国某交通集团明确了计划扩容200辆出租车的指标,同时确定了不采用公开招标的方式,而是采用竞争性洽谈的方式。A国某交通集团拟定2018年4月5日—2018年4月15日,分别与大众、奇瑞、现代、东风日产进行初次商务洽谈。B汽车销售公司通过前期的接触,让客户对本公司情况和产品情况均有所了解,但仍停留在感性认识的层面,为了进一步激发客户的合作意向,业务员发出了会面的邀约,邀请客户于2018年4月8日到4月9日与B汽车销售公司进行现场考察与洽谈。

问题提示

请问:B汽车销售公司的相关部门该如何迎候?如何安排客户的行程?

6.1　日程安排

日程安排是指按时间排定的工作计划,是工作量、工作效率、工作成果的一种反映,是时间管理艺术的集中体现。客户接待人员的职责是当好"管家",按日程安排做好各种必要的准备。

日程是工作质量、工作效率、工作成果的一种体现,而规划、安排好工作日程是商务接待人员的一项基本工作。这项工作看似简单,但却十分重要,它是主要商务活动(尤其是销售工作)的基础。一次良好的商务接待可以让客户感受到企业方的良好的合作意向,并能让客户深入地了解企业的各种信息,为以后的商务谈判打下良好的关系基础。

6.1.1　日程安排的步骤

客户接待部门接到各办事处、各系统部门或其他部门发来的"客户接待计划书",由值班经理指定该批客户的接待负责人。接待负责人接受任务后,在客人到达前,要着手做好以下准备工作:确认各项信息的准确性;确定接待计划及日程;根据接待计划填制任务令;预订车辆、住房、会议室、参观地点等;发送工作联络单,预约其他部门接待人员进行接待准备工作;检查各项准备工作。

1. 确认信息

(1) 接待负责人在认真阅读"客户接待计划书"的基础上,需进一步与相关客户经理或项目责任人落实以下信息:

① 到达时间和地点及迎接时的要求;

② 客户名单、确切人数(包括陪同人员)、是否携带身份证等有效证件;

③ 客户级别及接待规格、费用支付情况;

④ 来访目的、客户背景、重要来客个人信息及要公司配合的方面;

⑤ 日程安排要求等其他通知单上不明确的接待细节,以便在此基础上合理地、有针对性地实施客户接待计划。

(2) 与各接待协作单位的可行性确认:

① 落实住宿宾馆(酒店)是否有所要求的房间类型和数量;

② 客户参观公司的内容及可操作性(是否上班或参观时有客户冲突);

③ 交流需用的会议室是否有空；
④ 要求会见的领导是否可安排；
⑤ 特殊日程安排或非公司协议游览景点是否可安排等。

2. 确定客户接待计划

客户接待部门的客户接待计划分三部分：第一部分为客户来访接待通知，第二部分为客户背景材料及接待策划，第三部分为接待日程安排。接待计划的制订人主要是接待委托部门的项目责任人，或是接待部门安排的接待责任人。

（1）客户来访接待通知中的信息是实施接待活动的重要依据，要力求清晰、准确。接待人在进行准备工作时，务必落实每项接待要求。

（2）客户背景及接待策划是客户接待工作的中心，要围绕该批客户相关的市场目标或销售项目目标列出针对性措施，在保证客户舒心、满意的气氛中，体现出强烈的竞争性和明确的目的性，此项内容需由相关的客户经理或项目经理主导策划完成，办事处或系统部主管审核。

（3）接待日程安排是接待工作实施的主体，主要体现迎接、住宿、餐饮、参观、座谈及交流、游览、送行等项目的时间、地点、内容、执行人、陪同人等。每一项具体安排切忌照搬流程，一定要充分考虑客户的主观和客观具体情况，体现目标的针对性和接待方式的个性。

（4）计划申报。接待计划及日程经确认后，要与陪同人员沟通并得到共识。然后按程序申报：A类客户接待计划报客户接待部门总（副）经理审核后，报市场总部相关领导批准；B、C类客户接待计划报客户接待部门值班经理审核后，报客户工程部总（副）经理批准执行。

3. 填制任务令

接待计划批准后，实施接待准备工作，首先要填写任务令。任务令是于接待业务处领取有价签单、票证的一种联络凭证。主要涉及住宿预订、住房签单、就餐签单、景点门票签单、会议费用签单等。任务令中申请的各项接待费用须根据客户接待计划（或通知单）中经审定的标准和限额填写，然后由值班经理审核签字。接待人员向行政接待业务处输入经审批的任务令，接待业务处在规定的服务时间内按要求输出有效的各类签单、票证。接待人员可凭有效签单到相应地点进行接待消费。

4. 客人到达前的预订工作

（1）向车辆调度中心预订迎接的车辆；
（2）向确定的宾馆（酒店）确认住房预订情况；
（3）向会议室预订交流用的会议室及所需设施（如投影仪等）；
（4）向就餐酒店预订接风宴的包房；
（5）需送鲜花、水果的要向供应商预订迎接的鲜花和水果。

5. 发送工作联络单

要求其他部门配合进行接待时，要提前至少一天向协作部门发工作联络单：

（1）迎接客户时在大门入口处打电子欢迎牌、要求电梯控制等，要发联络单给总接待台或安全岗；
（2）安排技术交流要发联络单给相关产品行销部；重要客户的企业文化和管理机制交流安排要发联络单给人力资源部或营销干部培训中心；
（3）要求指定领导会见、陪同参观、陪餐、交流等，要发联络单并附上接待计划中背景信息发给领导的秘书落实；

(4) 重要客户参观需要派人讲解、陪同的,要发参观工作联络单给各处参观接口部门(人)。

接待负责人必须对所有发出的工作联络单进行第一时间确认,并在最后期限之前得到明确答复,以免发生遗漏或例外事件。

6. 准备资料和礼品

各部门根据"客户接待计划书"中的要求做好各种资料和物品的准备。

7. 检查各项准备工作

对照各接待过程的实施要素,检查各项准备工作。

沟通活动 6-1

请利用网络、电话等沟通工具及方式,列出你所在城市三星级及以上酒店住宿的报价。

6.1.2 接待前的准备工作

1. 接待人员准备

做好接待工作是企业长远发展的需要。接待工作的优劣,直接关系到客人对企业良好形象的客观评价,关系到企业各项业务的发展,关系到企业中长远目标的实现。因此,接待工作至关重要,需要我们及时更新观念,认真搞好服务,高质高量地做好各项接待工作。接待人员是展现公司形象的窗口,其接待来访客商时的形象和态度对客商形成公司整体印象起着非常重要的作用,有时接待礼仪会影响整个商务活动的成功与否。

(1) 仪容整洁。作为与来访客户进行接触的服务窗口,其重要性不言而喻。接待人员的仪表仪容要端庄整洁,服装要干净、平整、大方。女士应适当化妆,以示尊重对方。发型不宜过于新潮,珠宝首饰不可佩戴过多。

(2) 举止优雅。作为一名接待人员,说、站、坐、走,甚至举手投足、目光表情,都能反映出其文化素养,也能代表所在企业的管理水平。客户对其企业的美好形象,很大一部分归功于接待人员在接待时表现出来的高水准。

(3) 心理准备。无论来访的客人是预约的还是未预约的,是易于沟通的还是脾气急躁的,都要让对方感到自己是受到欢迎、得到重视的。看到同事在招待客人,要有主动协助的精神,不能认为不是自己的客人就不予理睬。

2. 物质准备工作

接待环境包括前台、会客室、办公室、走廊、楼梯等处,指示牌、引导牌、名牌等应当放置在客户目光所及之处,同时,这些地方应该是清洁、整齐、明亮、美观的,室内要保持空气清新,光线不能过强或过弱。办公桌上的文件、文具、电话等物品要各归其位,摆放整齐。不常用的东西和私人用品,应该放到抽屉里固定的地方,以便用时马上就能找到。

3. 了解接待对象

在接待之前,首先,必须了解客人的基本情况。其次,要问清客人到达的日期、所乘交通工具、车次或航班抵达的具体时间。最后,对于重要的客人和高级团体,要制订严格的接待方案,包括接待工作的组织分工、陪同人员和迎送人员名单、食宿地点及房间安排、伙食标准及用餐形式、费用支出意见、活动方式及日程安排、汇报内容的准备及参加人员等。

6.1.3 正式接待

案例 6-1

甲、乙两企业都是 A 公司的合作单位。一次甲企业的副总经理到 A 公司商谈业务，A 公司的陈总经理为了表示友好和重视，出面接待，全程陪同。不久乙企业也派了一位副总经理来 A 公司，陈总经理工作太忙，就让赵副总经理出面接待，乙企业已知道上次是陈总经理接待的甲企业，非常不高兴，认为 A 公司对他们不尊重，没有诚意，本来想谈的项目就搁置了。

1. 迎接客人身份要对等

客人到达后，应安排专人迎接，迎接人员安排一般遵循对等原则。对于一般客人，可以由业务部门或经理秘书人员到车站迎接，对于重要客人，有关领导要亲自前去接站。

1）确定接待规格

对来宾的迎送规格各国做法不尽一致。确定迎送规格，主要依据来访者的身份和访问目的，适当考虑两国关系，同时要注意国际惯例，综合平衡。主要迎送人通常都要同来宾的身份相当，但由于各种原因（如国家体制不同，当事人年岁高不便出面，临时身体不适或不在当地等），不可能完全对等。遇此情况，可灵活变通，由职位相当的人士，或由副职出面。总之，主人身份总要与客人相差不大，同客人对口、对等为宜。当事人不能出面时，无论做何种处理，应从礼貌出发，向对方做出解释。其他迎送人员不宜过多。也有从发展两国关系或当前政治需要出发，破格接待，安排较大的迎送场面。然而，为避免造成厚此薄彼的印象，非有特殊需要，一般都按常规办理。从主陪人的角度看，常规的接待规格主要有高规格接待、对等规格接待、低规格接待三种。

高规格接待是主要陪同人员比主要来宾的职务高。这种接待规格表明对被接待一方的重视和友好。例如，某公司副总经理接待上级单位派来了解情况的一般工作人员，或接待一位重要客户，而这客户的职位不过是客户公司的部门经理。

对等规格接待，即主要陪同人员与主要来宾的职务相当，这是上文中讲述的通常做法。

低规格接待，即主要陪同人员比主要来宾的职务低。这种接待规格常见于基层。例如，某总公司领导到下属企业视察，如果该企业最高领导的职位不高于该视察领导，这就属于低规格接待。

接待规格是以陪同领导的角度而言的。确定接待规格一定要考虑到多方面因素，接待规格过高，影响领导的正常工作；接待规格过低，影响上下左右的关系。

一般情况下，接待规格主要取决于接待方主陪人的身份；同时也要考虑对方与我方的关系。当对方的来访事关重大或我方非常希望发展与对方的关系时，往往以高规格接待；一些突然的变化会影响到既定的接待规格。例如，上司生病或临时出差，只得让他人代替，致使接待规格降低。这种情况，应尽量提前向来宾解释清楚，向来宾道歉。对于以前接待过的来宾或同级别的客户，接待规格最好参照上一次的标准执行，以免产生不必要的误会。

案例 6-2

某公司人力资源部接待了一位求职者张先生。张先生是某专利技术的持有者，正是此公司急需的人才，人力资源部负责人马上把张先生的情况上报给负责人事的王副总经理。王副总经理放下手头的工作去见张先生,一方面进一步了解张先生的情况,另一方面也想借此表示公司求贤若渴的态度。

2) 不同客人的接待规格

(1) VIP。

VIP是英文"Very Important People"的缩写,它的含义为"非常重要的客人",在接待工作中往往称其为"要人"。

具体而言,VIP一般包括正式来访的下列人士:各国政府的重要负责人,如中央政府副部长以上官员及地方政府副省长以上官员;各国合法政党主要负责人;各国王室成员;各国议会主要负责人;各国军方主要负责人,如军队统帅,三军总司令、副总司令、总参谋长、副总参谋长,将军以上军衔拥有者;各国合法的群众团体的主要负责人;各种被我国正式承认的国际组织负责人;各驻华使节及各国际组织驻华代表;各国商界领袖;各国知名的企事业单位的负责人;与我方存在正常合作关系的单位、部门的主要负责人等等。曾拥有此类身份的非现职人员,亦应被视同现职看待。

接待VIP时,通常应采用较高档次的礼宾规格,同时还须考虑我方与对方的礼尚往来问题。

(2) IP。

IP是英文"Important People"的缩写,它的含义为"重要客人"。

在接待工作中,此类"重要客人"通常是指正式来访的各界知名人士、新闻界人士、同行业人士、具有潜在的合作可能的单位与部门的负责人士,以及存在合作关系的单位与部门的一般工作人员。

在接待IP时,具体所执行的礼宾规格应突出体现接待方对对方的重视。与此同时,在接待过程中,还应注意主动联络对方,以加强联系,促进沟通。

(3) SP。

SP是英文"Special People"的缩写的,它的含义为"特殊的客人"。

在接待工作中,SP具体指的是:身体状况特殊者,如老、幼、病、残、孕;风俗习惯特殊者,如少数民族人士、宗教界人士;发挥特殊作用者,如上述几类客人的助手、秘书以及其身边工作人员,上述几类客人的配偶、长辈、子女以及其他亲友;关系特殊者,如以前与接待方产生过重大矛盾冲突或对接待方敌视态度者。

在确定SP的礼宾规格时,一方面要坚持遵守规定;另一方面也要在力所能及、不卑不亢的前提下,给对方以适当的照顾。

(4) CP。

CP是英文"Common People"的缩写,它的含义为"普通客人"。

在接待工作中,此类"普通客人"一般是来访的、除以上介绍的前三类客人以外的其他所有人士。

具体运作CP的礼宾规格时,关键是要对对方尊重、重视。不能因其"普通"而接待不周。

2. 具体行程安排

前面已经拟定好接待日程安排,接下来要做的就是具体实施。日程安排应包括时间、地点、预定事项、交通工具、备注等内容。在具体的实施过程中,要注意将行程安排得紧凑合理、周全详细,尤其是接待活动的重要内容不可疏漏,比如迎接、拜会、宴请、会谈、参观、游览、送行等事宜。每日的活动不要安排得太满,应留出适当空隙,以便安排临时性工作。日程安排应具体到来宾到达直至离开的全过程,一般以表格形式列出具体内容,通常做成一式三份,并留附件及时通知有关方面,以便工作进行。表6-1为A交通集团的艾伦先生与B汽车销售公司见面会谈的具体行程安排。

表6-1 具体行程安排示例

活动内容	时 间	活动地点	参加人员	备 注
欢迎仪式(含接站、献花、安排住宿)	4月8日 9:00~9:30	机场××饭店	艾伦先生、公关部杨经理、翻译万先生、礼仪张小姐、司机吴先生	公司为艾伦先生安排的住宿地点在××饭店506房(预订或征得艾伦先生同意代订好艾伦先生的返程票)
第一次会谈(由公司简介运营情况及社会、经济效益)	4月8日 9:50~10:20	公司会议室	艾伦先生、李副经理、公关部杨经理、财务部胡总监、市场营销部肖经理、翻译万先生、秘书安小姐	
参观(公司有关人员陪同威尔逊先生现场参观)	4月8日 10:30~11:20	公司各部门、公司营销成果展厅	艾伦先生、李副经理、公关部杨经理、事业部罗经理、市场营销部肖经理、翻译万先生、秘书安小姐	
第二次会谈(商谈投资情况)	4月9日 11:30~12:00	××饭店A会议厅	艾伦先生、李副经理、公关部杨经理、财务部胡总监、市场营销部肖经理、翻译万先生、秘书安小姐、法律顾问古律师	
午餐	4月9日 12:00~13:00	××饭店西餐厅	艾伦先生、李副经理、公关部杨经理、事业部罗经理、市场营销部肖经理、翻译万先生、秘书安小姐、司机吴先生	进餐前由李副经理致祝酒词,并赠送艾伦先生小纪念品
送站	4月9日 13:30	机场	艾伦先生、公关部杨经理、翻译万先生、司机吴先生	

3. 接待过程中的礼仪

1) 微笑迎接

笑是世界的共通语言,就算语言不同,一个微笑就能带给彼此一种会心的感觉。访客接待的第一秘诀就是展现亲切笑容。当客户靠近的时候,一个好的接待员展现出亲切灿烂的笑容,使用温馨合适的招呼语,能让来访者有宾至如归的感觉。

2) 安排食宿

客人到达后,应安排有关人员协助拿行李,并把客人引到事先安排好的房间。客人住下后,把就餐时间、地点告诉来客。对重要客人应安排专人陪同。

3) 接待行礼

国内通行的三阶段行礼包括15°、30°和45°的鞠躬行礼。15°的鞠躬行礼是指打招呼，表示轻微寒暄；30°鞠躬行礼是敬礼，表示一般寒暄；45°的鞠躬行礼是最高规格的敬礼，表达深切的敬意。

6.1.4 迎送

迎送是内宾接待中最常见的礼仪活动。迎送活动的规格有高低，仪式有繁简，但任何一次接待活动都不能缺少。在接待过程中，一定要重视迎送活动的安排。

迎送规格，一般应遵循对等或对应原则，即主要的迎送人员应与来宾的身份相当或相应。若由于种种原因，主办方主要人员不能参加迎送活动，使双方身份不能完全对等或对应，可以灵活变通。以对口原则，由职务相宜人员迎送，但应及时向对方做出解释，以免误解。

为了简化迎送礼仪，目前主要迎送人员更多地在来宾下榻的宾馆（或饭店）迎接或送别，而另由职务相宜人员负责机场（或车站、码头）的迎送。

1. 接机、出发前的准备

检查油耗、出车记录表、车身内外卫生等状态；检查自己的仪容、仪表；确认客人的姓名、性别、籍贯、航班时间、联系方式等信息，确认客人的头衔以及之前是否有来访史；检查车内的物品配备，包括矿泉水、果汁、清茶、爽口糖、欢迎茶点、香巾、VIP Folder（酒店册子、价格表、最新促销信息、地图、沟通卡、笔、便笺、中英文报纸、音乐曲目单）、行李牌、接机牌等。

2. 机场等候

在去机场之前，再次确认航班准确的到达时间。当飞机抵达后，需要站在旅客出口处，手举接机牌和客人姓名等待客人确认，牌子位置要掌握在1.3米的高度左右；航班抵达时联系司机将车子停到指定位置（视情况而定）；当见到客人时，需要确认客人并礼貌问候，同时介绍自己；引导客人前往停车地点。

接站牌要正规、整洁，字迹要大而清晰，不要随便用纸乱写。尽量不要用白纸写黑字，让人感到晦气。接站牌的具体内容，主要有四种写法：一是"热烈欢迎某某同志"，二是"热烈欢迎某单位来宾的光临"，三是"某单位热烈欢迎来宾莅临指导"，四是"某单位来宾接待处"。特别重要的来宾，还可以准备仪仗队或迎宾鲜花。

沟通活动 6-2

请设计并制作一个接站牌和一个身份胸卡，具体内容可以虚拟。

提示：身份胸卡是迎宾人员统一制作的，专用于迎宾现场，内容包括本人姓名、单位、部门、职位等。大小与名片相仿，约为长9厘米，宽5.5厘米。

3. 乘车返回

到达泊车点，先为客人开车门，放好行李，然后需要将司机介绍给客人。为缓解尴尬气氛，舒缓客人的不适感，接机人员应与客人进行语言交流，可以适当寒暄并结合眼前的景色适当向客人进行介绍。例如，"您好，×××先生，旅途辛苦了，请用香巾，车后座有专门为您准备的欢迎饮品、茶点，在文件夹中有为您准备的报刊、酒店信息、地图等，从机场到酒店大约需要25分钟的路程，如果您有什么需要，可以随时招呼我！""您好，×××女士/先生，前方就是我们的酒店（可以看到酒店的时候介绍），它是我们市第一家国际品牌连锁酒店。"

小知识 6-1

西方人在初次见面时的礼节习惯是拥抱并吻颊,应坦然接受,大方应对。而东方人,尤其是日本人一向多礼,在初次见面时,有时会致送一份见面礼,所以,最好预先准备手提袋,以免手足无措。佛教徒,则在任何场合,遇到贵宾时,均先以合掌、欠身、问讯为礼。如果对方已伸出手来,也不妨补以随顺握手,以免使得贵宾尴尬。

6.2 陪同参观

问题提示

客户与B汽车销售公司的相关人员已经见面,要想客户对我们死心塌地,业务员接下来该如何执行日程安排呢?

6.2.1 酒店安排

(1) 接到客户来访通知后,首先根据办事处的住宿标准,结合公司房源的情况予以确定入住酒店,可以对办事处的要求进行必要的调整。

(2) 针对调整的情况,通知办事处的项目负责人,告之调整的原因,以期达成共识。同时,与项目负责人确认是否需要开通长话、摆放饮料等其他杂费项目。

(3) 协商落实入住酒店后根据接待计划填写任务令,注明入住酒店名称、标准、房间数及入住天数。

(4) 凭值班经理签字后的任务令到接待业务处办理住房签单领用手续。

(5) 在接待业务处发出订房传真后,客人入住之前,同入住酒店前台联系,确认具体房号,以免传真联络过程中的失误。

(6) 相同标准的房源,力争预订到比较好的楼层、朝向。

(7) 重要客户入住前,应事先拿到房间的钥匙,以免办理入住手续时客人等待时间过长。

(8) 客人入住前,进行住房检查工作,确定酒店是否按照要求开(关)长话、摆放(撤走)饮料,住房内部设施是否完善。

(9) 客人到达酒店,可先让客人入住房间,接待人员或委托酒店工作人员代为办理入住登记手续。

(10) 根据办事处的意见,如有保密必要可向酒店要求所有外线电话一律经前台转入房间。

(11) 如果客人可以承担部分房费,结账时事先通知酒店前台不要告诉客人公司享受的住房优惠价,根据客人所付现金开具发票,客人离开后接待人员再向酒店进行结账。结账时应注意扣除客人已付现金部分。

(12) 住房签单不允许涂改,如需续住,必须在原任务令上注明续住天数,由部门经理或值班经理认可签字后,由接待业务处发续住通知至酒店。

(13) 明确办理住宿业务联络部门。

小知识 6-2

签单酒店是指你所在的单位跟常去或希望常去的某家酒店签订协议,可凭本单位某个或某些人的现场签名(在签协议时提供人员名单和签字样本)确认每次的消费单据,同时享受一定折扣,并在每月末或每季末,由酒店财务结算的该单位消费金额及每次的签单复印件,向该单位财务申请通过转账或现金支付进行结账。

签单的好处:一是简化每次用餐的结算手续,不必带大量现金或备好信用卡再用餐;二是让单位和酒店形成良好的合作关系,既让酒店有较稳定的客源,单位也可以有较固定的接待单位,同时享受一定的消费折扣。

6.2.2 派车

1. 用车原则

每个公司都会制定自己的"公车管理办法",如果没有,一般来讲,公司派车的原则是先外后内、先急后缓、先上后下、先远后近。

2. 用车规定

公务用车时,最重要的就是交通安全,因此,公务用车必须选派技术熟练、熟悉线路的司机,同时选用性能先进、车况良好的车辆。在出发之前,确定安全、便捷的行车路线。

客人尽量使用公司车辆,使用出租车需值班经理同意。当客人数量很多时,可以申请使用大巴客车。

在行驶途中,需要变更行车路线、时间的,必须由负责陪同的工作人员及时与公司调度员协调,并征得调度员同意,如因客人原因超过预定用车时间 30 分钟及以上的,陪同人员应及时通知调度员并说明情况。

员工外出公干尽量使用出租车,客户接待人员不得以客户名义订车去客户处拜访、陪餐等。

3. 公务订车规定

每个公司的"公车管理办法"中,要求在正式用车之前向公司车辆调度申请订车,同时确认客户的人数以及接待的人数,并确定接待的规格。当为一批客人首次订车时,还需要向调度员出示客户来访通知单。一般来讲,短途需提前半小时订车,长途需提前一天订车。

申请订车时,需要向公司车辆调度说明:客户名称(如需保密需事先说明);客户人数与乘车人数;行车路线,包括出发地和目的地,以及途中需停留的站点(较大范围的绕道行驶即不按常规路线行驶亦需说明);用车时间,应指明是出发时间还是到达时或其他意义上的时间;跟车人员,包括人数、主要人员姓名和电话;特殊要求,如车型、司机等。

沟通活动 6-3

1. 如果在迎宾活动中,约定的时间已到,可你还没接到客人。此时你该怎么办?
2. 如果你陪同来宾乘车,在你想为来宾打开车门的时候,来宾已经很绅士地为你打开了车门,并请你上车。此时你该怎么办?

6.2.3 陪车

1. 陪车礼仪

1) 陪车的礼仪原则

陪车时应遵循"客人为尊、长者为尊"的原则。

2) 上车的礼仪

公关人员应让车子开到客人跟前,帮助客人打开车门,然后站在客人身后,请客人上车。若客人中有长辈,还应扶持其先上,自己再上。

3) 入座的礼仪

车内的座位,后排的座位应让尊长坐(后排若为二人座,右边为尊;三人座,则中间为尊,右边次之,左边再次),晚辈或地位较低者,坐在司机边上的座位;如果乘的是私家车,又是主人亲自开车,则应把司机边上的座位让给尊长,其余的人坐在后排。

4) 下车的礼仪

公关人员应先下车,然后帮助客人打开车门,等候客人或长者下车。

2. 不同场景的座次礼仪

在比较正规的场合,乘坐轿车时一定要分清座次的尊卑,并在自己适得其所之处就座。而在非正式场合,则不必过分拘礼。

轿车上座次的尊卑,在礼仪上来讲,主要取决于下述因素。

1) 轿车的驾驶者

驾驶轿车的司机,一般可分为两个人:一是主人,即轿车的拥有者,二是专职司机。国内目前所见的轿车多为双排座与三排座,以下分述其驾驶者不同时,车上座次尊卑的差异。

由主人亲自驾驶轿车时,一般前排座为上,后排座为下;以右为尊,以左为卑。

在双排五人座轿车上,座次由尊而卑应当依次是:副驾驶座,后排右座,后排左座,后排中座,具体见图6-1。

以三排七人座轿车(中排为折叠座)或三排六人座轿车,座位由尊而卑应当依次是:副驾驶座,后排右座,后排左座,后排中座,中排右座,中排左座,详见图6-2。

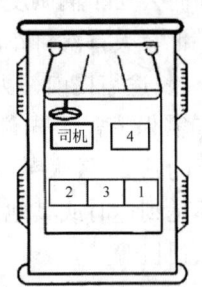

图6-1 主人亲驾双排五座座次安排　　图6-2 主人亲驾三排七座座次安排

乘坐主人驾驶的轿车时,最重要的是不能令前排座空着。一定要有一个人坐在那里,以示相伴。由先生驾驶自己的轿车时,则其夫人一般应坐在副驾驶座上。由主人驾车送其友人夫妇回家时,友人之中的男士,一定要坐在副驾驶座上,与主人相伴,而不宜形影不离地与其夫人坐在后排,那将是失礼之至。

由专职司机驾驶轿车时,通常仍讲究右尊左卑,但座次同时变化为后排为上,前排为下。

在双排五人座轿车上,座位由尊而卑应当依次为:后排右座,后排左座,后座中座,副驾驶座,详见图6-3。

在三排七人座轿车(中排为折叠座)上,座位由尊而卑应当依次为:后排右座,后排左座,后排中座,中排右座,中排左座,副驾驶座,详见图 6-4。

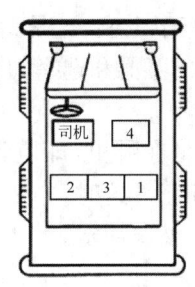
图 6-3 专职司机驾驶双排五座座次安排

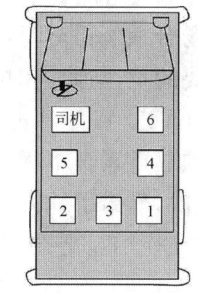
图 6-4 专职司机驾驶三排七座座次安排

上述方法,主要适用于双排座、三排位轿车,对于其他一些特殊类型的轿车并不适用。

轿车,通常是指座位固定、车顶固定的各种专用客车。从这个意义上讲,它还应在双排座、三排座车之外,包括吉普车和其他多排座客车。它们座次的尊卑各有一些不同。

吉普车,简称吉普,它是一种轻型越野轿车。还有一些高尔夫球车、观光车等,跟吉普车一样,大多是双排四座车,不管由谁驾驶,车上座次由尊而卑均依次是:副驾驶座,后排右座,后排左座,详见图 6-5。

多排座轿车,指的是四排以及四排以上座次的大中型轿车。其不论由何人驾驶,均以前排为上,以后排为下;以右为尊,以左为卑;并以距离前门的远近,来排定其具体座次的尊卑。

以一辆六排十七座的中型轿车为例,其座位的尊卑依次应为:第二排右座,第二排中座,第二排左座,第三排右座,第三排中座,第三排左座,第四排右座……详见图 6-6。

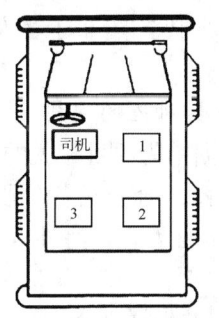
图 6-5 双排四座车座次安排

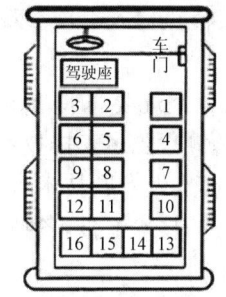
图 6-6 多排座轿车座次安排

2) 考虑座次的安全系数

从某种意义上讲,乘坐轿车理当优先考虑安全问题。在客观上讲,在轿车上,后排座比前排座要安全得多。最不安全的座位,当数前排右座。最安全的座位,则当推后排左座(驾驶座之后),或是后排中座。

当主人亲自开车时,之所以以副驾驶座为上座,既是为了表示对主人的尊重,也是为了显示与之同舟共济。由专人驾车时,副驾驶座一般也叫随员座,通常坐于此处者多为随员、译员、警卫,等等。

有鉴于此,一般不应让女士坐于专职司机驾驶的轿车的前排座,孩子与尊长也不宜在此座就座。在许多城市,出租车的副驾驶座经常不允许乘客就座,这主要是为了防范歹徒劫车,其实质也是出于安全考虑。

3) 尊重嘉宾的本人意愿

通常,在正式场合乘坐轿车时,应请尊长、女士、来宾就座于上座,这是给予对方的一种礼遇。然而,更为重要的是,与此同时,不要忘了尊重嘉宾本人的意愿和选择,并应将这一条放在最重要的位置。

应当认定,必须尊重嘉宾本人对轿车座次的选择,嘉宾坐在哪里,即应认定那里是上座。即便嘉宾不明白座次,坐错了地方,轻易也不要对其指出或纠正。这时,务必要讲"主随客便"。

上面三条因素往往相互交错,在具体运用时,可根据实际情况而定。

沟通活动 6-4

作为助理的你陪同上司去迎接两位来宾,车由司机驾驶,该如何安排车内座次,请画出示意图。

6.2.4 行程介绍

1. 参观公司的行程

参观公司的时间一般安排在客户到达后的第一个有效工作时间段,通常为半天到一天时间。不同级别、不同来访目的客户参观内容和陪同人员也要有不同的侧重点。

A 类客人,由公司相应级别的领导陪同,根据停留时间、客户兴趣点、来访历史记录可全面参观公司各中研实验室、产品展示厅、生产中心、培训中心、样板点等地。讲解汇报时着重于公司综合实力、产品发展、企业文化和管理服务机制等方面。

B 类客人,由相关产品或项目负责人陪同,有选择地参观公司,讲解时着重于产品技术性能、企业文化、公司规模等。

C 类客户,由接待负责人带领参观大厦、二楼展厅、培训中心,着重于客人感兴趣的业务方面和公司规模。

2. 参观、会见与交流要根据客人来访目的做一些有针对性的安排

对参观考察的客户,要多安排技术交流、技术汇报,根据销售项目相关的产品,请产品部各相关系统部人员给客人做专题技术讲座和交流。同时,注意结合公司各阶段重点推广的不同产品项目,安排相应的技术汇报,各技术专题讲座安排 1 小时为宜。另外,可安排客人参观样板点,时间约为 1 小时。

对运维部门的领导,可以安排各样板点和培训中心等,并做详细介绍。

对来参观访问的党政领导干部可以多安排一些企业文化、管理方面的交流时间,可以请人力资源部和客人交流。

对来进行商务谈判、网络设计、产品认证鉴定、合同签字仪式、合作合资洽谈等公务访问的客户,要协调好相关部门的协作,同时根据客户来访历史安排其参观公司新的参观内容。

6.2.5 妥善安排见面交流活动

1. 安排会见与会谈

一般情况下,商务接待都会安排主宾双方的会见或者会谈。

会见,是一种礼貌性应酬,礼节性的会晤,时间较短,通常是半个小时左右;会谈,也称谈判,内容比较正式,而且专题性较强,指双方或多方就某些实质性问题交流情况、交换意见及达

成协议等。会见与会谈的场地布置与座位安排都应体现出礼仪的规范性和对来访者的尊重。会见与会谈场地布置的原则是一致的,只是由于规格不同,参加的人数不同,持续的时间不同而略有差别。会见通常要简单些。

　　会见的座位安排有多种形式,有分宾主各坐一方的,有宾主穿插坐在一起的。但通常的安排是这样的:主宾、主人席安排在面对正门位置,客人座位在主人右侧,其他客人按礼宾顺序在主宾一侧就座,主方陪见人在主人一侧按身份高低就座。若是涉外会见,安排译员、记录员坐在主人和主宾的后面,详见图6-7。

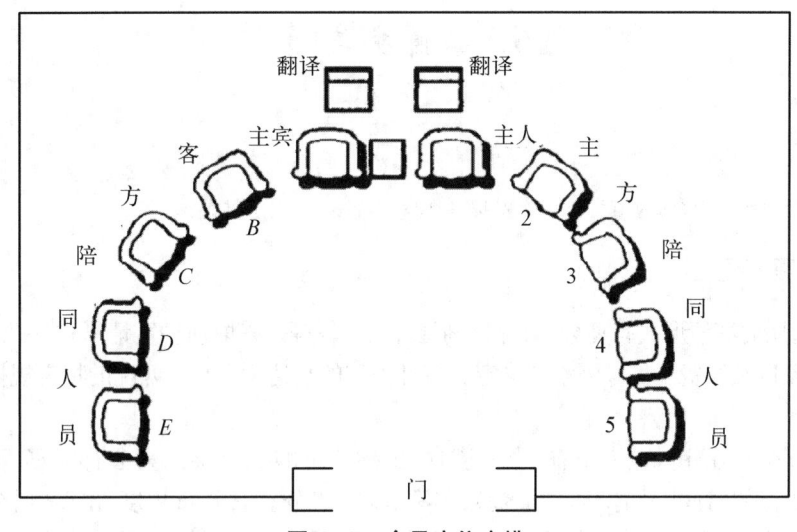

图6-7　会见座位安排

　　会谈分为双边会谈与多边会谈。双边会谈通常使用长方形或椭圆形桌子,多边会谈采用圆形或摆成方形。不论什么形式,均以面对正门为上座。双边会谈时,宾主相对而坐,以正门为准,主人占背门一侧,客人面向正门。主谈人各自居中。涉外会谈中,我国习惯把译员安排在主谈人右侧,但有的国家亦让译员坐在后面,一般应尊重主人的安排。其他人按礼宾顺序左右排列。记录员可安排在后面,如参加会谈人数少,也可安排在会谈桌就座。常见的会谈座位安排如图6-8所示。

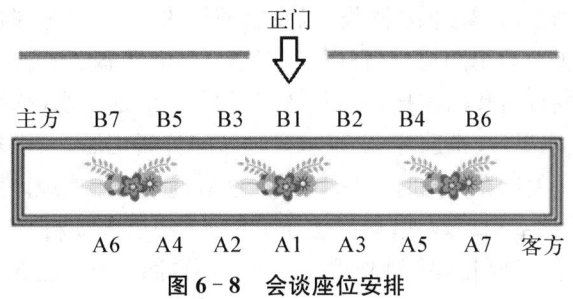

图6-8　会谈座位安排

　　如会谈长桌一端向正面,则以入门的方向为准,右为客方,左为主方。多边会谈,座位可摆成圆形、方形等。小范围的会谈也可以不用桌子,只设沙发,双方座位按会见座位安排。

2. 准备会见与会谈的物资

不论是在会见客户还是在商务洽谈中，一般都会用到会场的扩音设备、PPT播放与投影设备、电脑、资料、纸、笔以及茶水、点心等，这些可以按照"客户接待计划书"的要求来准备。

沟通活动 6-5

现在很多公司喜欢用一次性纸杯招待客人，以示干净。你怎么看，为什么？

6.3 商务宴请

问题提示

在经过一天的参观后，你的上司交代你安排一个欢迎晚宴，你该怎样做？

6.3.1 宴请形式

国际上通用的宴请形式有宴会、招待会、茶会、工作餐等。采取何种宴请形式，一般根据活动的目的、邀请对象以及经费开支等因素来决定。每种类型的宴请均有与之匹配的特定规格及要求。

1. 宴会

宴会(Banquet, Dinner)为正餐，坐下进食，由招待员顺次上菜。宴会有国宴、正式宴会、便宴之分。按举行的时间，又有早宴（早餐）、午宴、晚宴之分。其隆重程度、出席规格以及菜肴的品种与质量等均有区别。一般来说，晚上举行的宴会较之白天举行得更为隆重。

1) 国宴

国宴(State Banquet)是国家元首或政府首脑为国家的庆典，或为外国元首、政府首脑来访而举行的正式宴会，因而规格最高。宴会厅内悬挂国旗，安排乐队演奏国歌及席间乐。席间致辞或祝酒。

2) 正式宴会

正式宴会(Banquet, Dinner)除不挂国旗、不奏国歌以及出席规格不同外，其余安排大体与国宴相同。有时亦安排乐队奏席间乐。宾主均按身份排位就座。许多国家正式宴会十分讲究排场，在请柬上注明对客人服饰的要求。外国人对宴会服饰比较讲究，往往从服饰规定上体现宴会的隆重程度。对餐具、酒水、菜肴道数、陈设，以及服务员的装束、仪态都要求很严格。通常菜肴包括汤和几道热菜（中餐一般用四道，西餐用二、三道），另有冷盘、甜食、水果。外国宴会餐前上开胃酒。常用的开胃酒有：雪梨酒，白葡萄酒，马丁尼酒，金酒加汽水（冰块），苏格兰威士忌加冰水（苏打水），另上啤酒、水果汁、番茄汁、矿泉水等。席间佐餐用酒，一般多用红、白葡萄酒，很少用烈性酒，尤其是白酒。餐后在休息时上一小杯烈性酒，通常为白兰地。我国在这方面做法较简单，餐前如有条件，在休息室稍事叙谈，通常上茶和汽水、啤酒等饮料。如无休息室也可直接入席。席间一般用两种酒，一种甜酒，一种烈性酒。餐后不再回休息室座谈，亦不再上饭后酒。

3) 便宴

便宴即非正式宴会，常见的有午宴(Luncheon)、晚宴(Supper)，有时亦有早上举行的早餐(Breakfast)。

这类宴会形式简便，可以不排席位，不作正式讲话，菜肴道数亦可酌减。西方人的午宴有时不上汤,不上烈性酒。便宴较随便、亲切,宜用于日常友好交往。

4) 家宴

家宴即在家中设便宴招待客人。西方人喜欢采用这种形式,以示亲切友好。家宴往往由主妇亲自下厨烹调,家人共同招待。

2. 招待会

招待会(Reception)是指各种不备正餐较为灵活的宴请形式,备有食品、酒水饮料,通常都不排席位,可以自由活动。常见的有以下几种。

1) 冷餐会(自助餐)

冷餐会(Buffet,Buffet-dinner),也称自助餐,这种宴请形式的特点是不排席位,菜肴以冷食为主,也可用热菜,连同餐具陈设在菜桌上,供客人自取。客人可自由活动,可以多次取食。酒水可陈放在桌上,也可由招待员端送。冷餐会在室内或在院子里、花园里举行,可设小桌、椅子,自由入座,也可以不设座椅,站立进餐。根据主、客双方身份,招待会规格隆重程度可高可低,举办时间一般在中午十二时至下午二时、下午五时至七时左右。这种形式常用于官方正式活动,以宴请人数众多的宾客。

我国内举行的大型冷餐招待会,往往用大圆桌,设座椅,主宾席排座位,其余各席不固定座位,食品与饮料均事先放置桌上,招待会开始后,自动进餐。

2) 酒会

酒会,又称鸡尾酒会(Cocktail),这种招待会形式较活泼,便于广泛接触交谈。招待品以酒水为主,略备小吃。不设座椅,仅置小桌(或茶几),以便客人随意走动。酒会举行的时间亦较灵活,中午、下午、晚上均可,请柬上往往注明整个活动延续的时间,客人可在其间任何时候到达和退席,来去自由,不受约束。

鸡尾酒是用多种酒配成的混合饮料。酒会上不一定都用鸡尾酒。但通常用的酒类品种较多,并配以各种果汁,不用或少用烈性酒。食品多为三明治、面包托、小香肠、炸春卷等各种小吃,以牙签取食。饮料和食品由招待员用托盘端送,或部分放置小桌上。

近年国际上举办大型活动采用酒会形式渐普遍。庆祝各种节日、欢迎代表团访问,以及各种开幕、闭幕典礼,文艺、体育招待演出前后往往举行酒会。自1980年起我国国庆招待会也改用酒会形式。

3. 茶会

茶会(Tea Party)是一种简便的招待形式。举行的时间一般在下午四时左右(亦有上午十时举行),通常设在客厅,不用餐厅。厅内设茶几、座椅。不排席位,但如是为某贵宾举行的活动,入座时,有意识地将主宾同主人安排坐到一起,其他人随意就座。茶会顾名思义是请客人品茶。因此,茶叶、茶具的选择要有所讲究,或具有地方特色。一般用陶瓷器皿,不用玻璃杯,也不用热水瓶代替茶壶。外国人一般用红茶,略备点心和地方风味小吃。亦有不用茶而用咖啡者,其组织安排与茶会相同。

4. 工作餐

按用餐时间分为工作早餐、工作午餐、工作晚餐(Working Breakfast,Working Lunch,Working Dinner),是现代国际交往中经常采用的一种非正式宴请形式(有的时候由参加者各自付费),利用进餐时间,边吃边谈问题。在代表团访问中,往往因日程安排不开而采用这种形式。此类活动一般只请与工作有关的人员,不请配偶。双边工作进餐往往排席位,尤以用长桌更便于谈话。如用长桌,其座位排法与会谈桌席位安排相仿。

6.3.2 宴请前的准备工作

1. 确定宴请目的、名义、对象、范围与形式

宴请的目的是多种多样的,可以是为某一个人,也可以为某一事件。例如,为代表团来访(作为驻外机构,可以为本国代表团前来访问,也可以为驻在国的代表团前往自己的国家访问),为庆祝某一节日、纪念日,为外交使节或外交官员的到离任,为展览会的开幕、闭幕,某项工程动工、竣工等等。在国际交往中,还根据需要举办一些日常的宴请活动。

确定邀请名义和对象的主要根据是主、客双方的身份,也就是说主客身份应该对等。例如,作为东道国宴请来访的外国代表团,出面主人的职务和专业一般同代表团团长对口、对等,身份低使人感到冷淡,规格过高亦无必要。又如,外国使馆宴请驻在国部长级以上官员,一般由大使(临时代办)出面邀请,低级官员请对方高级人士,就不礼貌。通常,如请主宾携夫人出席,主人若已婚,一般以夫妇名义发出邀请。我国大型正式活动以一人名义发出邀请。日常交往小型宴请则根据具体情况以个人名义或以夫妇名义出面邀请。

邀请范围是指请哪些方面人士,请到哪一级别,请多少人,主人一方请什么人出来作陪。这都要考虑多方因素,如宴请的性质、主宾的身份、国际惯例、对方对我方的做法,以至当前政治气候等等。各方面都要想到,不能只顾一面。

邀请范围与规模确定之后,即可草拟具体邀请名单。被邀请人的姓名、职务、称呼,以至对方是否有配偶都要准确。多边活动尤其要考虑政治关系,对政治上相互对立的国家是否邀请其人员出席同一活动,要慎重考虑。

宴请采取何种形式,在很大程度上取决于当地的习惯做法。一般来说,正式、规格高、人数少的以宴会为宜,人数多则以冷餐或酒会更为合适,妇女界活动多用茶会。

目前各国包括中国在内的礼宾工作都在简化,宴请范围趋向缩小,形式也更为简便。酒会、冷餐会被广泛采用,而且中午举行的酒会往往不请配偶,不少国家招待国宾宴会只请身份较高的陪同人员,不请随行人员。

2. 确定宴请时间、地点

宴请的时间应对主、客双方都合适。驻外机构举行较大规模的活动,应与驻在国主管部门商定时间。注意不要选择对方的重大节假日、有重要活动或有禁忌的日子和时间。例如,对信奉基督教的人士不要选十三号,更不要选十三号星期五。伊斯兰教在斋月内白天禁食,宴请宜在日落后举行。小型宴请应首先征询主宾意见,最好相机口头当面约请,也可用电话联系。主宾同意后,时间即被认为最后确定,可以按此约请其他宾客。

官方正式隆重的活动,一般安排在政府、议会大厦或宾馆内举行,其余则按活动性质、规模大小、形式、主人意愿及实际可能而定。选定的场所要能容纳全体人员。举行小型正式宴会,在可能条件下,宴会厅外另设休息厅(又称等候厅),供宴会前简短交谈用,待主宾到达后一起进宴会厅入席。

3. 发出邀请和请柬格式

各种宴请活动,一般均发请柬,这既是礼貌,亦对客人起提醒、备忘之用。便宴经约妥后,可发亦可不发请柬。工作进餐一般不发请柬。有些国家,邀请最高领导人作为主宾参加活动,需单独发邀请信,其他宾客发请柬。

请柬一般提前一周至两周发出(有的地方须提前一个月),以便被邀请人及早安排。已经口头约妥的活动,仍应补送请柬,在请柬右上方或下方注上"To remind"(备忘)字样。需安排座位的宴请活动,为确切掌握出席情况,往往要求被邀者答复能否出席。也可以在请柬发出后,用电话询问能否出席。

请柬内容包括活动形式、举行的时间及地点、主人的姓名(如以单位名义邀请,则用单位名称)。请柬行文不用标点符号,所提到的人名、单位名、节日名称都应用全称。中文请柬行文中不提被邀请人姓名(其姓名写在请柬信封上),主人姓名放在落款处。请柬格式与行文中外文本差异较大,注意不能生硬照译。请柬可以印刷也可以手写,但手写字迹要美观、清晰。

请柬信封上被邀请人姓名、职务书写要准确。国际上习惯对夫妇两人发一张请柬,我国内遇需凭请柬入场的场合每人一张。正式宴会,最好能在发请柬之前排好席次,并在信封下角注上席次号(Table No.)。请柬发出后,应及时落实出席情况,准确记载,以安排并调整席位。即使是不安排席位的活动,也应对出席率有所估计。

6.3.3 宴请餐厅的选择

商务宴请地址的选择应遵循按客人尊贵、重要程度的确定原则,同时考虑宴请的类型,选择熟悉的地点,还要兼顾环境是否优雅,是否具有良好的卫生,交通是否方便等因素。

宴请不仅仅是为了吃东西,也要交流感情。要是用餐地点档次过低,环境不好,即使菜肴再有特色,也会使宴请大打折扣。在可能的情况下,一定要争取选择清静、优雅的地点用餐。

在确定商务聚餐的地点时,一定要看卫生状况是否良好。如果用餐地点过脏、过乱,不仅卫生问题让人担心,而且还会破坏用餐者的食欲。

还要充分考虑到,聚餐者来去交通是不是方便,有没有公共交通线路通过,有没有停车场,是不是要为聚餐者预备交通工具等一系列的具体问题,以及该地点设施是否完备等。

小知识 6-3　　　　　　**早餐:行政楼层里的一缕阳光**

M是一家跨国公司的总裁秘书,听说老板要与一重要客户在第二天早晨会谈,她特地挑选了一家酒店顶层的行政楼层作为会谈场所。会谈结束后,老板请M吃了顿午饭,对她说:"那里的咖啡不仅好喝,更重要的,是折射在玻璃幕墙上的那一缕清晨的阳光。"

千万别忽略早餐。在请客吃饭这件事上,早餐是级别最高的宴请,通常只有名列财富500强的跨国大公司总裁,才会把重要的商业约会安排在早餐时间。此外,早餐既不显铺张浪费,人也都精神,谈起事来简单明快。

既然是如此重要的早餐,当然不能和一群人挤在楼下的餐厅,让你的总裁拿着碟子排队等待。一般五星级酒店都有行政楼层,行政楼层都会有单独的餐厅、酒廊或会议室,安排在行政楼层的这些地方,既隐秘又安静不受干扰,服务也远比在大餐厅里好。这里的服务人员也都是受过专门的商务训练的。

以北京东方君悦酒店为例,顶楼四层为嘉宾轩行政楼层,设有专门的贵宾接待处和贵宾休息厅。如果你想与重要客人单独共进早餐,可以选择在它的会议室内进行。再比如,北京嘉里中心行政楼层里,专门有六间大小不等的会议室,可以适应不同需求。而如果早餐会人员较多的话,还可以专门订一个小型宴会厅。

午餐:高脚杯里的红润笑靥

D在中国大饭店的阿丽雅餐厅安排了一个客户宴请,他看了看腕表,现在是12点15分,比预定见面时间整整晚了一刻钟,他很耐心地等待,并优雅地请服务生在即将到来的客户的酒杯里倒满红酒。

服务生刚转身离开,一袭香气便飘然而至——这是一位漂亮的女客户,D微笑着迎接,两人寒暄过后,一道道并不丰盛但却精致的西餐便逐一端上来。D是那种懂得工作、懂得生活,又善于交际的男人,五官端正,一表人才,谈吐得体,一派绅士风度。三巡过罢,D便从工作谈到了红酒,谈到了红酒的来历、品质,还有作用。

阿丽雅餐厅二楼走廊壁上陈列的红酒琳琅满目,这多少给了D发挥的余地和那位女客户鉴赏的机会。餐厅内的交响乐温而又细腻,声音不大,但每一个音符都似乎撞击着人最原始的激情,就如同D洪亮但却富有节奏的语调一样。

当女客户的高脚杯第三次被斟满的时候,D看到了她低眸间的红润笑靥。之后,两人又去了地下二层的健身房,在那里,传来了女客户银铃般的清脆笑声。

在北京,高档商务酒店比较集中,相距都不太远,比如,如果你上午在凯宾斯基饭店与人谈事,中午就可以开两步车去长城饭店用餐。而分别住在北京饭店和东方君悦酒店的客人,则可以去对面换环境,绝无堵车之虞。

午餐之外,到酒店里吃下午茶、去下健身房,也是不错的交流方式,把气氛搞得轻松一点,又没有太多吃喝的麻烦,比较有利于你把事情搞定,像王府饭店的下午茶或中国大饭店的健身房都是不错的选择。

下午:会所=办公室

周三晚上接到好朋友的电话,说碰见多年不见的好兄弟,明天聚会,不准请假。到了才知道,原来这两哥儿们分别在同一个俱乐部与人洽谈,上洗手间时遇上了,于是决定一聚。

会所就是这样一个地方:它就在你身边,你却不一定知道它的存在;会员们在这里就像是主人,这里就像会员们的办公室,当然还不止是办公室。办公室有的它都有,办公室没有的它也有,比如说高档而有特色的餐饮、运动、娱乐设施。

在这里你可能会有些"奇遇",上面的那种情况只是其中之一,更多的是会员间的交流,没准什么时候就给了你一个大生意的机会。

俗话说,物以类聚、人以群分,因此,成为一两家会所的会员是绝对必要的,比如说位于西单西绒线胡同51号的北京中国会,它是一个完整的四合院,院子四周环绕着紧密相连的亭台,接近出口的地方还有一个三层楼阁。如果不想搞得太正式,你还可以选择百泉文彩这样的高档会员制俱乐部,拉着客户到这里来喝杯咖啡,在书廊看看最新的美国报纸,然后去健身或者玩玩陶艺、花等,无疑是增进感情的好方法。

晚餐:特色地儿有新意

有的时候,尤其是晚餐时间,你不想把饭桌搞得刀光剑影时,就需要找一些别致、有情调、有特色的地方,比如说请老外去"新红资",虽然那儿的中餐不怎么对你的胃口,但对老外们的胃口,它的环境甚至名字所能引发的联想也是老外喜欢的。

位于凯宾斯基饭店北的"向阳花",与其说是个酒吧,不如说是个晚间的商务会馆。这里的顾客几乎都是商人,他们的目的很直白,就是到这里交流信息。还有亚洲大酒店一层的"老船坞",如果你有意寻找一个安静而特别的地方,这家京城唯一的水上餐厅是个不错的选择,整艘船由里到外都渗透着浓浓的中国传统气息。还有像羊房胡同11号的"厉家菜"、光华路东2号楼的"小王府"、格格府里的"砚逸膳斋"、工体西门的"紫云轩",也都是不错的选择。

6.3.4 宴请菜品的选择

随着商务活动越来越频繁,如今在宾馆、酒楼、餐厅宴请客人的安排是越来越多。佳肴众多,究竟如何搭配菜肴才能够让宴请的客人既满意又能够让主人有面子,同时还能够吃出特色,那就需要学习商务宴请点菜礼仪、点菜的流程、点菜的技巧,不同商务活动的点菜方法。

1. 商务宴请点菜存在的问题

1) 众口难调

"众口难调"是商务宴请中主宾点菜不自信的一个重要原因,提起点菜,很难有人底气十足,认为自己的点菜水平是经得起考验的。

由于每个人对于吃的要求不同,有爱吃荤的、素的、甜的、酸的、辣的,要是方方面面都考虑周全,往往是很有压力的。花钱又劳神却没有得到客人的欢心,所以商务宴请只能以失败告终。

2) 吃饭没有讲究

有的客人会说,他吃饭不讲究,点什么吃什么。把菜谱往别人那儿一推,就像推掉一个大麻烦。

3) 推来推去

每个人都把菜单推来推去,磨蹭十多分钟,最后实在没办法还是会有人接招的,但在之前会加上一句话:"点不好别见怪啊!"在点菜中主宾过分的谦让点菜权,来回推辞只会让点菜的时间无限延长。

4) 菜品不熟悉

4个人吃饭,点了6盘菜,结果全都是汤。点不好,也就吃不欢喜。点菜人对菜品不熟悉、不了解,这种点菜尴尬可是时常发生的。

5) 个人饮食忌讳

腥辣、海鲜、内脏等口味和食物都会成为不少人的饮食忌讳。要让饭桌气氛融洽,避免尴尬,各得其所,就要充分了解各人的饮食习惯,这样点菜时就可以兼而顾之,不会有人大快朵颐,有人停箸默然。

2. 商务宴请点菜的基本原则

商务宴请点菜要让人吃得舒服,就要遵循点菜的基本原则,那就是主次搭配,荤素适中、烹调多样,品种丰富,营养均衡。

遵循基本原则的基础上,我们也要注意一些点菜细节。既考虑色香味形,又平横花销,让客户满意,吃得舒服,达到"沟通"和"办事"的目的;事前了解客人的生活习惯,客人的年龄性别,照顾每一位客人的饮食喜好,足够体现主人的绅士和体贴;点菜时要根据季节不同选择不同的菜品,可以适当地选择具有本地特色、本店特色的菜肴,注意经济合理、美味、营养与实惠相结合,同时以保证每一位客人的健康为基础,做到干净卫生;点菜的过程一定要快,不要看了很久都没有结果,点菜中主客有序,请客人先选菜,如果客人谦让点菜权,主人也不必过于勉强。

3. 商务宴请点菜流程

1) 确定菜系

根据宴请对象的饮食习惯来确定菜系,并且对于本菜系有个全面系统的了解,提前了解清楚本菜系的名菜。

2) 确定地点

根据已经确定好的菜系找比较好的酒楼。在确定好之后有必要自己先到酒楼实地考察一下,做到心中有数。

3) 看菜单

点菜都有配图菜单或者明档点菜,可以看到菜的形状和色彩,点菜多点色泽艳丽或凝重的菜品。

4) 点菜预算

点菜的过程中,一定要根据客人的多少对菜有个预算,在经济实惠的前提下一定要让客户吃饱吃好。一般来说可以按照就餐人数的1/3到1/2点凉碟,按照就餐人数的1.2到1.5倍点热菜(含汤)。一般主菜要比人数多出一到两道菜,配冷盘和汤。女士比较多的情况下点菜量稍微少点,男士多的情况下稍微增加;如果是重要的商务宴请,一定要避免出现特色菜品较少或者席间菜品不够的情况。

5) 菜品搭配

每个人都有自己特有的口味,怎样点出一桌色香味形俱佳的菜肴,才能够让宴请的赴约者吃得舒服,菜品的有效搭配是非常重要的。要做到完美的搭配可以从菜肴品种、烹调方式、菜肴色泽、食器等各方面入手。

在菜肴品种中第一重要的就是荤菜素菜的合理搭配。凉菜荤素搭配,热菜荤菜可以占到60%。

开口汤或者瓦罐应选择味重的才开胃,餐后汤宜选择味清的以收食。

点菜结束后,选择与菜搭配的酒水,使宴请更加的完满。一般遵循白配白、红配红原则,即白肉多搭配白酒,红肉多搭配红酒。

在烹调的方式上面,也是要非常注重相互搭配的,一般以炒、烧为主,兼以炸、炖、蒸等菜肴。

色彩美观能够提高用餐者的食欲,更能提高用餐者对于用餐的重视。优异的色泽搭配可令整桌菜看起来琳琅满目、色彩缤纷,大大提高美食的观赏性。

食器的搭配比较简单,以碟盘装为主,兼以铁板、砂锅、烧锅(锅仔、干锅、吊烧)、木桶、碗装、竹制等。

小知识6-4

满汉全席

满汉席是满汉两族风味肴馔兼用的盛大筵席。清初满人入主中原,满汉两族开始融合,皇宫市肆出现了满汉并用的局面。满汉席是清代皇室贵族、官府才能举办的宴席,一般民间少见。规模盛大高贵,程式复杂,满汉食珍,南北风味兼有,菜肴达300多种,有中国古代宴席之最的美誉。北京仿膳饭庄现承制满汉全席。

孔府宴

孔府是孔子诞生和其后人居住的地方,典型的中国大家族居住地和中国古文化发祥地,历经两千多年长盛不衰,兼具家庭和官府职能。孔府既举办过各种民间家宴,又宴迎过皇帝、钦差大臣,各种宴席无所不包,集中国宴席之大成。孔子认为"礼"是社会的最高规范,宴饮是"礼"的基本表现形式之一。孔府宴礼节周全,程式严谨,是中国古代宴席的典范。

全鸭席

全鸭席首创于北京全聚德烤鸭店。特点是宴席全部以北京填鸭为主料烹制各类鸭菜肴组成,共有一百多种冷热鸭菜可供选择。用同一种主要原料烹制各种菜肴组成筵席是中国宴席的特点之一。全国著名全席有:天津的全羊席、上海全鸡席、无锡全鳝席、广州全蛇席、苏杭全鱼席、四川豆腐席、西安饺子宴、佛教全素席等等。

烧尾宴

烧尾宴是古代名宴,专指士子登科或官位升迁而举行的宴会,盛行于唐代,是中国欢庆宴的典型代表。"烧尾"一词源于唐代,有三种说法:一说是兽可变人,但尾巴不能变没,只有烧掉;二说是新羊初入羊群,只有烧掉尾巴才能被接受;三说是鲤鱼跃上龙门,必有天火把它的尾巴烧掉才能成龙。此三说都有升迁更新之意,故此宴取名"烧尾宴"。

6.3.5 商务宴请礼仪

1. 宴请的座次安排

1）中餐宴请

桌次就是桌位的高低次序,表明各桌就座人员的身份。两桌和两桌以上的宴会一般应排定桌次,桌数多时应摆上桌次牌。主人和主宾应当安排在主桌就座,其他每一桌都应当安排主方人员陪同。

桌次的安排原则一般为:把主桌排在离宴会厅门口最远的地方,或者是宴会厅的中心位置,其余的桌次高低以离主桌的远近而定,右高左低,近高远低。涉外宴请,次桌的桌次高低按与主桌的距离而定,距离相等时以右高左低排列;国内宴请以左高右低排序。

常见的桌次安排方法有横/纵向宴会厅的两桌排列法、横/纵向宴会厅的三桌排列法,以及横/纵向宴会厅的多桌排列法三类,详见图6-9~图6-11。

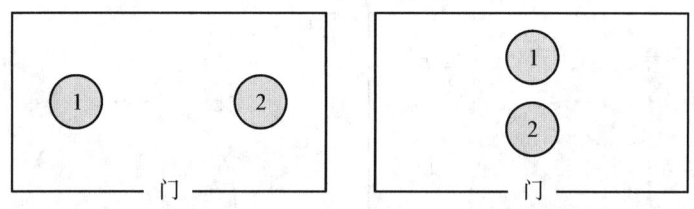

图6-9 横/纵向宴会厅两桌排列法

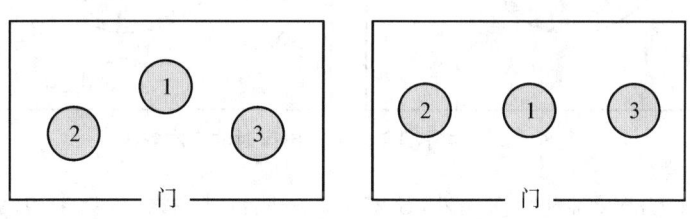

图6-10 横/纵向宴会厅三桌排列法

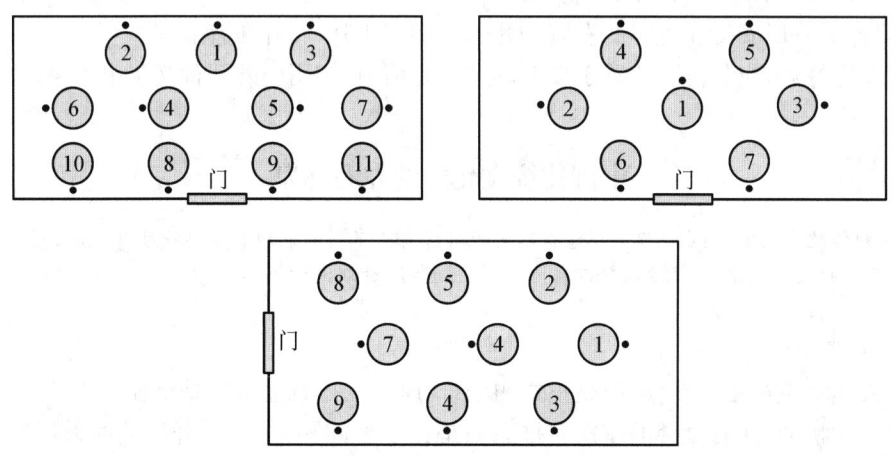

图6-11 横/纵向宴会厅多桌排列法

一般情况下，主人坐最高席（主陪位置），其他座位的高低以离主陪和副主陪的远近而定，近高远低，涉外宴请右高左低，国内宴请左高右低。座次排好后，应在餐桌相应的位置上摆放上各位宾客的名签，以方便宾客就座。图6-12为中餐宴会的一般座次安排。

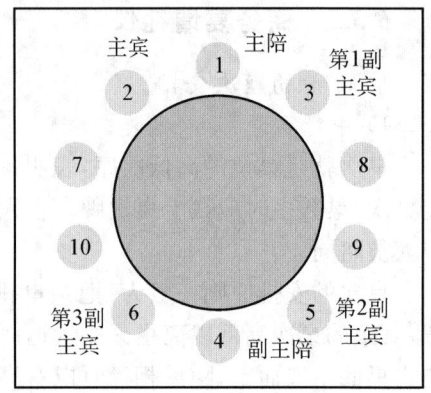

图6-12 中餐宴会一般的座次安排

有些宴请会携夫人一起出席，则安排宴请的工作人员需要考虑夫人出席的情形。如果主人和主宾的夫人均出席，通常把女方排在一起，即主宾坐在主人的右方，主宾夫人坐在主人夫人的右方，详见图6-13(左)。如果主宾携夫人出席，而主人夫人因故不能出席的，通常可请其他身份相当的女士出席，也可把主宾夫妇安排在主人的左右两侧，详见图6-13(右)。

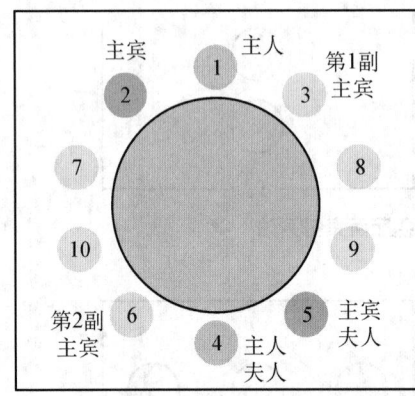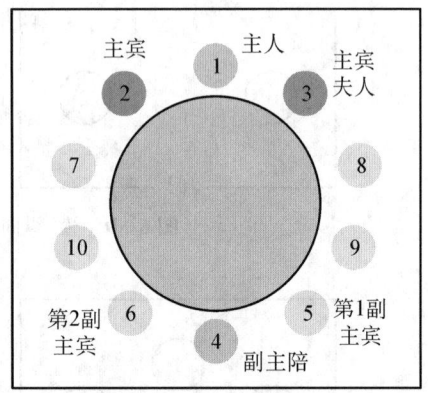

图6-13 中餐宴会携夫人出席时的座次安排

除了按照常规方法安排礼宾次序外，还要考虑一些特殊因素，诸如多边活动中应注意客人之间的政治关系，政见分歧大、两国关系紧张的客人应避免安排坐在一起；可以安排一些身份大体相同，或使用同一种语言，或专业相同、相近者坐在一起；如果语言不通，还要安排译员并制作席卡，译员一般安排在主宾的右侧，如图6-12、图6-13中的座位7。

座次安排好后，应制作席卡置于桌上。涉外宴请中，应用中外两种文字书写，中文在上，外文在下。

小知识6-5　中国传统文化中的左右尊卑

在中国的传统文化中，左右尊卑的观念在不同的时代有着不同的表现。黎琳先生在《古汉语中的左右尊卑》一文中总结的大致规律是：春秋以前以左为尊，战国、秦汉时期以右为尊，汉以后至宋这一时期以左为大，元朝右为上，明朝以后又尚左。

2) 西餐宴请

西方人非常重视餐桌礼仪，越是正式的场合，座次安排就显得越是重要。为了让大家都有结交新朋友的机会，西餐宴会的座次安排原则是："主客间隔，夫妻分开"，同时兼顾女士优先、恭敬主宾，跟中餐一样也讲究以右为尊，面门为上，与中餐不同的就在于排座位时西餐讲究交叉排列，详细的座次安排见图6-14。

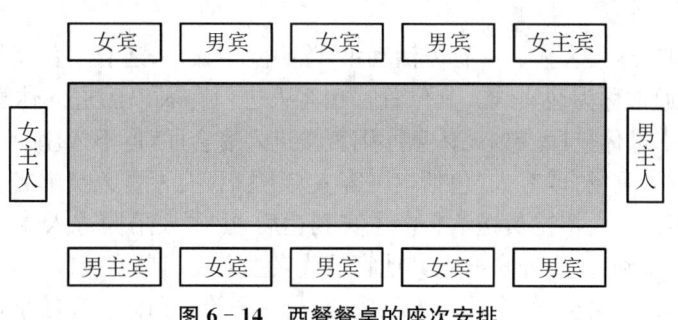

图 6‑14　西餐餐桌的座次安排

沟通活动 6‑6

如果在安排宴请席位时,遇到主宾的身份高于主人的情况,你该怎么办?

2. 现场布置

宴会厅和休息厅的布置取决于活动的性质和形式。官方正式活动场所的布置应该严肃、庄重、大方。不要用红绿灯、霓虹灯装饰,可以少量点缀鲜花、刻花等。

宴会可以用圆桌也可以用长桌或方桌。一桌以上的宴会,桌子之间的距离要适当,各个座位之间也要距离相等。如安排有乐队演奏席间乐,不要离得太近,乐声宜轻。宴会休息厅通常放小茶几或小圆桌,与酒会布置类同,如人数少,也可按客厅布置。

冷餐会的菜台用长方桌,通常靠四周陈设,也可根据宴会厅情况,摆在房间的中间。如坐下用餐,可摆四五人一桌的方桌或圆桌。座位要略多于全体宾客人数,以便客人自由就座。

酒会一般摆小圆桌或茶几,以便放花瓶、烟缸、干果、小吃等。也可在四周放些椅子,供妇女和年老体弱者就座。

3. 餐具的准备

根据宴请人数和酒、菜的道数准备足够的餐具。餐桌上的一切用品都要十分清洁卫生。桌布、餐巾都应浆洗洁白熨平。玻璃杯、酒杯、筷子、刀叉、碗碟,在宴会之前都应洗净擦亮。如果是宴会,应该准备每道菜撤换用的菜盘。

中餐用筷子、盘、碗、匙、小碟、酱油碟等。水杯放在菜盘上方,右上方放酒杯,酒杯数目和种类应与所上酒品种相同。餐巾叠成花插在水杯中,或平放在菜盘上。我宴请外国宾客,除筷子外,还摆上刀叉。酱油、醋、辣油等佐料,通常一桌数份。公筷、公勺应备有筷、勺座。其中一套摆在主人面前。餐桌上应备有烟灰缸、牙签。

西餐具的摆设与中餐不同。西餐具有刀、叉、匙、盘、杯等。刀分食用刀、鱼刀、肉刀(刀口有锯齿,用以切牛排、猪排)、奶油刀、水果刀;叉分食用叉、鱼叉、龙虾叉;匙有汤匙、茶匙等;杯的种类更多,茶杯、咖啡杯均为瓷器,并配小碟,水杯、酒杯多为玻璃制品,不同的酒使用的酒杯规格亦不相同。宴会上几道酒,就配有几种酒杯。公用刀叉规格一般大于食用刀叉。

西餐具的摆法是:正面放食盘(汤盘),左手放叉右手放刀。食盘上方放匙(汤匙及甜食匙),再上方放酒杯,右起烈酒杯或开胃酒杯、葡萄酒杯、香槟酒杯、啤酒杯(水杯)。餐巾插在水杯内或摆在食盘上。面包奶油盘在左上方。吃正餐,刀叉数目应与菜的道数相等,按上菜顺序由外至里排列,刀口向内。用餐时应按此顺序取用。撤盘时,一并撤去使用过的刀叉。

4. 宴请程序

主人一般在门口迎接客人。在官方活动中,除男女主人外,还有少数其他主要官员陪同主人排列成行迎宾,通常称为迎宾线。其位置宜在客人进门存衣以后进入休息厅之前。客人握手后,由工作人员引进休息厅。如无休息厅则直接进入宴会厅,但不入座。

有些国家官方隆重场合,客人(包括本国客人)到达时,有专责人员唱名。休息厅内有相应身份的人员照料客人。由招待员送饮料。主宾到达后,由主人陪同进入休息厅与其他客人见面。如其他客人尚未到齐,由迎宾线上其他官员代表主人在门口迎接。

主人陪同主宾进入宴会厅,全体客人就座,宴会即开始。如休息厅较小,或宴会规模大,也可以请主桌以外的客人先入座,贵宾席最后入座。

如有正式讲话,各国安排讲话的时间不尽一致。一般正式宴会可在热菜之后甜食之前由主人讲话,接着由客人讲。也有一入席双方即讲话的。冷餐会和酒会讲话时间则更灵活。吃完水果,主人与主宾起立,宴会即告结束。

外国人的日常宴请在女主人为第一主人时,往往以她的行动为准。入席时女主人先坐下,并由女主人招呼客人开始就餐。餐毕,女主人起立,邀请全体女宾与之共同退出宴会厅,然后男宾起立,尾随进入休息厅或留下抽烟(吃饭过程中一般是不能抽烟的)。男女宾客在休息厅会齐,即上茶(咖啡)。

主宾告辞,主人送至门口,主宾离去后,原迎宾人员顺序排列,与其他客人握别。

家庭便宴则较随便,没有迎宾线。客人到达,主人主动趋前握手。如主人正与其他客人周旋,未发觉客人到来,则客人应前去握手问好。饭后如无余兴,即可陆续告辞。通常男宾先与男主人告别,女宾与女主人告别,然后交叉,再与家庭其他成员握别。

5. 现场工作

工作人员应提前到现场检查准备工作。如是宴会,事先将座位卡及菜单摆上。座位卡置于酒杯或平摆于餐具上方,勿置于餐盘内。菜单一般放在餐具右侧。

席位的通知,除请柬上注明外,现场还可在宴会厅前陈列宴会简图,图上注明每人的位置;也可用卡片写上出席者姓名和席次,发给本人;同时,印出全场席位示意图,标出出席者姓名和席次,发予本人;还可以印出全场席位图,包括全体出席者位置,每人发给一张。这些做法各有特点,人多的宴会宜采用人手一张的全场席位示意图,便于通知。各种通知卡片,可利用客人在休息厅时分发。有的国家是在客人从衣帽间出来时,由服务员用托盘将其卡片递上。如果是口头通知,则由交际工作人员在休息厅通知每位客人。

如有讲话,要落实讲稿。通常双方事先交换讲话稿,举办宴会的一方先提供。代表团访问,欢迎宴会东道国先提供;答谢宴会则由代表团先提供。双方讲话由何人翻译,一般事先谈妥。

沟通活动 6—7

席间经常会碰到临时增加客人的情况,有一天你也碰到这种情况,作为接待人员,你该怎么办?

6.4 馈赠礼仪

引导案例

小李和小齐在同一个公司工作,两人是好朋友。一天,小李邀请小齐参加自己的婚礼,为了表达心意,小齐考虑要送给小李一份特别的礼物。思来想去,小齐觉得送鲜花既时尚又浪漫,最合适,而且要送红玫瑰,以表示对新婚夫妇甜蜜爱情的祝福。这天,小齐捧了一大束红玫瑰参加婚礼,可当他将花束送给小李时,小李面部表情发生了急剧的变化,迟疑地不肯去接鲜花,小李的新婚丈夫则脸色难看,令小齐十分难堪。这件事引起了小李丈夫的误解,破坏了他们新婚甜蜜的气氛,小李做了多番的解释,才消除了丈夫的误会。

问题提示

思考: 请分析小李夫妇不悦的原因是什么。

人们相互馈赠礼物,是社会生活中不可缺少的交往内容。中国人一向崇尚礼尚往来,《礼记·曲礼上》说:"礼尚往来,往而不来,非礼也,来而不往,亦非礼也。"馈赠,是与其他一系列礼仪活动一同产生和发展起来的。所谓馈赠,是指人们向其他人表达某种个人意愿,而将某种物品不求报偿、毫无代价地送给对方。馈赠也可以叫赠送。在现代人际交往中,馈赠礼物仍然是人们往来的有效媒介之一,它像桥梁和纽带一样直接明显地传递着情感和信息,寄托着人们的情意,无言地表达着人与人之间的真诚关爱,久远地记载着人间的温暖。

礼尚往来是商务活动中的社交形式之一,也是向对方表达心意的物质表现。在商务活动中,为了向宾客或对方表示恭贺、感谢或慰问,常常需要赠送礼物,以增进友谊和合作。馈赠不仅是一种礼节形式,更是人与人之间诚心相待,表达尊重和友情的见证。成功的馈赠可以恰到好处地向受赠者表达自己的友好、尊敬和特殊的情感,同时让对方满意、高兴,增进彼此的感情和友谊。

6.4.1 馈赠的含义和原则

1. 馈赠的含义

馈赠是人们在交往过程中通过赠送给交往对象礼物,来表达对对方的尊重、敬意、友谊、纪念、祝贺、感谢、慰问、哀悼等情感与意愿的一种交际行为。

馈赠作为一种非语言的重要交际方式,是以物的形式出现,以物表情,礼载于物,起到寄情言意的"无声胜有声"的作用。得体的馈赠,恰似无声的使者,给交际活动锦上添花,给人们之间的感情和友谊注入新的活力。

2. 馈赠的基本原则

四个 W 和一个 H 原则,即 Who、What、When、Where 以及 How。第一个 W,送给谁,也就是要赠送礼物的对象;第二个 W,送什么;第三个 W,什么时候送,做客他方的时候,最好在见面之初奉上礼品,以示对对方的敬意,根据惯例,主人赠送礼品应该在客人告别前夕;第四个 W,什么地点送,因公交往的礼品最好在办公室里送,因私交往的礼品最好在私人居所送;最后一个 H，是如何送。礼尚往来，是自己表达对友谊或亲情的珍惜及重视的机会，需要遵循以下四项主要原则。

1）礼轻情重

商务交往多提倡"礼轻情意重"，馈赠礼物是表达情意的，礼品要突出纪念意义，无须过分强调礼品的价值，过分贵重的礼品会让受礼者产生"重礼之下，必有所求"的猜测。商务人员在选择礼物"轻重"时，应根据双方的关系、身份、送礼的目的和场合决定。一般情况下，礼物应小、巧、少、轻。

小知识 6-6　　　　　千里送鹅毛，礼轻情意重

唐朝贞观年间，西域回纥国是大唐的藩国。一次，回纥国为了表示对大唐的友好，便派使者缅伯高带了一批珍奇异宝去拜见唐王。在这批贡物中，最珍贵的要数一只罕见的珍禽——白天鹅。

缅伯高最担心的也是这只白天鹅，万一有个三长两短，可怎么向国王交代呢？所以，一路上，他亲自喂水喂食，一刻也不敢怠慢。这天，缅伯高来到沔阳湖边，只见白天鹅伸长脖子，张着嘴巴，吃力地喘息着，缅伯高心中不忍，便打开笼子，把白天鹅带到水边让它喝了个痛快。谁知白天鹅喝足了水，合颈一扇翅膀，"扑棱棱"一声飞上了天！缅伯高向前一扑，只捡到几根鹅毛，却没能抓住白天鹅，眼睁睁看着它飞得无影无踪，一时间，缅伯高捧着几根雪白的鹅毛，直愣愣地发呆，脑子里来来回回地想着一个问题："怎么办？进贡吗？拿什么去见唐太宗呢？回去吗？又怎敢去见回纥国王呢！"随从们说："天鹅已经飞走了，还是想想补救的办法吧。"思前想后，缅伯高决定继续东行，他拿出一块洁白的绸子，小心翼翼地把鹅毛包好，又在绸子上题了一首诗："天鹅贡唐朝，山重路更遥。沔阳湖失宝，回纥情难抛。上奉唐天子，请罪缅伯高，钧轻人义重，千里送鹅毛！"

缅伯高带着珠宝和鹅毛，披星戴月，不辞劳苦，不久就到了长安。唐太宗接见了缅伯高，缅伯高献上鹅毛。唐太宗看了那首诗，又听了缅伯高的诉说，非但没有怪罪他，反而觉得缅伯高忠诚老实，不辱使命，就重重地赏赐了他。

从此，"千里送鹅毛，礼轻义重"，便成为我国民间礼尚往来、交流感情的写照或一种谦词。

2）时机原则

就馈赠的时机而言，及时适宜是最重要的。中国人很讲究"雨中送伞""雪中送炭"，即十分注重送礼的时效性，因为只有在最需要时得到的才是最珍贵的，也才是最难忘的。因此，要注意把握好馈赠的时机，包括时间的选择和机会的择定。一般来说，时间的选择贵在及时，超前滞后都达不到馈赠的目的；机会的选择贵在事由和情感及其他需要的程度，"门可罗雀"和"门庭若市"时，人们对馈赠的感受会有天壤之别。所以，对于处境困难者的馈赠，所表达的情感就更显真挚和高尚。

3）效用性原则

同一切物品一样，当礼以物的形式出现时，礼物本身也就有了价值和实用价值。就礼品本身的实用价值而言，人们经济状况不同、文化程度不同、追求不同，对于礼品的实用性要求也就不同。一般来说，物质生活水平的高低，决定了人们精神追求的不同。物质生活较为贫寒时，人们多倾向选择实用性的礼品，如食品、水果、衣服、现金等；在生活水平较高时，人们则倾向于选择艺术欣赏价值较高、趣味性较强和具有思想性、纪念性的物品。因此，应视受礼者的物质生活水平有针对性地选择礼品。

4）投好避忌的原则

就礼品本身带来的直接后果而言，由于民族、生活习惯、生活经历、宗教信仰以及性格、爱好的不同,不同的人对同一礼品的态度是不同的,或喜爱或忌讳或厌恶等,因此,我们要把握投其所好、避其禁忌的原则。在这里尤其要强调避其禁忌,禁忌是一种不系统的、非理性的、作用极大的心理和精神倾向,对人的活动影响巨大。当自己的禁忌被冒犯时,无论他人是有意的还是无意的,心中的不快不满,甚至愤恨都是不言而喻的。当我们冒犯了别人时,就会引起纠纷,甚至冲突。所以,馈赠前一定要了解受礼者的喜好,尤其是禁忌。例如,中国人普遍有"好事成双"的说法,因而凡是大贺大喜之事,送礼均好双忌单。广东人则忌讳"4"这个偶数,因为在广东话中,"4"听起来就像是"死",是不吉利的。再如,白色虽有纯洁之意,但中国人比较忌讳,因为在中国,白色常是悲哀之色和贫穷之色;同样,黑色也被视为不吉利,是凶灾之色、哀丧之色;而红色,则是喜庆、祥和、欢庆的象征,受到人们的普遍喜爱。另外,我国百姓还常常讲究给老人不能送"钟",给夫妻或情人不能送"梨",因为"送钟"与"送终"、"梨"与"离"谐音,是不吉利的。这类禁忌,还有许多,需要我们去避讳。

6.4.2 馈赠的目的

任何馈赠都是有目的的,或为结交友谊,或为祝颂庆贺,或为酬宾谢客,或为其他。

1. 以交际为目的的馈赠

这是一种为达到交际目的而进行的馈赠,一般有两个特点。

送礼的目的与交际目的直接一致。无论是个人还是组织机构,在社交中为达到一定目的,针对交往中的关键人物和部门,通过赠送一定的礼品,以达到交际目的。

礼品的内容与送礼者的形象一致。礼品的选择,遵循的一个非常重要原则就是要使礼品能反映送礼者的寓意和思想感情倾向,并使寓意和思想倾向与送礼者的形象有机地结合起来。

2. 以巩固和维系人际关系为目的的馈赠

这类馈赠,即是人们常说的"人情礼"。在人际交往过程中,无论是个人还是组织机构之间,都会产生各类关系和各种感情。人与生俱来的社会性,要求人们必须重视这些关系和感情,围绕如何巩固和维系人际关系和感情,人们采取了许多办法,其中之一就是馈赠。这类馈赠强调礼尚往来,以"来而不往非礼也"为基本行为准则。因此,这类馈赠,从礼品的种类、价值的轻重、档次的高低、包装的精美到蕴含的情义等方面,都呈现出多样性和复杂性。这在民间交往中尤其具有重要的特殊作用。

3. 以酬谢为目的的馈赠

这类馈赠是为答谢他人帮助而进行的,因此在礼品的选择上十分强调物质价值。礼品的贵贱厚薄,首先取决于他人帮助的性质。帮助的性质分为物质和精神两类。一般来说,物质的帮助往往是有形的,能估量的。而精神的帮助则是无形的,难以估量的,然而其作用又是相当大的。其次取决于帮助的目的。是慷慨无私的,还是另有所图的,还是公私兼顾的。只有那种真正无私的帮助,才是值得真心酬谢的。最后取决于帮助的时机。一般情况下,危难之中见真情,因此,得到帮助的时机是日后酬谢他人最重要的衡量标准。

4. 以公关为目的的馈赠

这种馈赠,表面上看来不求回报,而实质上其索取的回报往往更深地隐藏在其后的交往中,或是金钱,或是权势,或是其他功利。它是一种为达到某种目的而用礼品的形式进行的活动,多发生在对经济、政治利益的追求和对其他利益的追逐活动中。

6.4.3 馈赠礼品的选择

赠送礼品给亲朋好友,本是一件令人愉快的事,但若选择礼品不佳,或者触犯了某些禁忌,则可能好事变坏事,令对方感到不快。

在挑选礼品赠送给友人时,一般需要注意以下几个问题。

1. 重视礼品的情感性

馈赠礼品要重视其情感意义。选择礼品要认真、心诚,心存"敬重"之情,能够体现自己所倾注的时间、才智和努力。选择的礼品首先自己应该喜欢,因为自己看不上的东西,别人也不会喜欢。因此,可以通过仔细观察或打听了解受礼者的兴趣爱好,然后有针对性地精心挑选合适的礼品。尽量让受礼者感觉到馈赠者在礼品选择上是花了一番心思的,是真诚的。

2. 突出礼品的纪念性

目前在许多国家,都不时兴赠送过于贵重的礼品。过于贵重的礼品会让受礼者产生受贿之感。另一方面,若受礼者的经济能力有限,当接到一份过于贵重的礼品时,其心理负担一定会大于受礼时的喜悦。

送人礼品,与做其他许多事情一样,最忌讳"老生常谈""千人一面"。选择礼品,应当精心构思,匠心独运,富于创意,力求使之新、奇、特。特别是赠送外国友人的礼物,具有民族特色的物品是深受欢迎的。

3. 明确礼品的针对性

送礼的针对性,是指挑选礼品时,应当因人、因事而异。因人而异,指的是选择礼品时,务必要充分了解受礼人的性格、爱好、修养与品位,尽量使礼品被受礼人所喜爱。因事而异,则指的是在不同的情况下,向受礼人所馈赠的礼品应当有所不同。一般而言,对家贫者,以实惠为佳;对富裕者,以精巧为佳;对恋人爱人,以纪念性为佳;对朋友,以趣味性为佳;对老人,以使用为佳;对孩子,以启智新颖为佳;对外宾,以特色为佳。

6.4.4 馈赠礼品的艺术性

即便是精心挑选的礼品,如果不讲究赠礼的艺术和礼仪,也很难达到馈赠的预期效果。

1. 注重包装

精美的包装不仅使礼品外观更具艺术性和高雅情调,而且还可以显示出赠送人的文化艺术品位。特别是对外国人而言,在国际交往中,包装是礼品的有机组成部分之一,它被视为礼品的外衣,送礼时不可或缺。否则,就会被视为随意应付受礼人,甚至还会导致礼品自身因此而"贬值"。鉴于此,送给友人的礼品,一定要事先进行精心的包装,对包装所用的一切材料,都要尽量择优而用。

2. 讲究场合

当众只给一群人中的一个人赠礼是不合适的,给关系密切的人送礼也不宜在公开场合进行。只有象征着精神方面的礼品,如锦旗、牌匾、花篮等才可在众人面前赠送。

3. 明确方式

送出礼品时一定要大方自然,只有态度平和友善、动作落落大方并伴有礼节性的语言,才容易让受礼者接受礼品。把礼品不声不响地丢在某个角落然后离开是不适当的。为表达自己的诚意,双手送上为宜。若同时向多人赠送礼品,最好先长辈后晚辈、先女士后男士、先上级后下级,按照次序,依次有条不紊地进行。

6.4.5 馈赠礼仪

1. 商务馈赠中的接受

在社交场合,当他人赠送礼品时,受赠者也应该讲究接受礼品的礼仪,做到有礼、得体。

当友人向自己赠送礼品时,一般应当大大方方、高高兴兴地接受下来。没有必要跟对方推来推去,过分地进行客套。在接受受赠的礼品时,应当起身站立,面含笑容,以双手接过礼品,然后与双方握手,并且郑重其事地为此而向对方道谢。在接受礼品时,面无任何表情,用左手去接礼品,接受礼品后不向送礼人致以谢意,都是非常失礼的表现。

在国际社会,特别是在许多西方国家里,受礼者在接受礼品时,通常大都习惯于当着送礼人的面,立即拆启礼品的包装,然后认真地对礼品进行欣赏,并且对礼品适当地赞赏几句。这种中国人以前难于接受的做法,已经逐渐演化为受礼者在接受礼品时必须讲究的一种礼貌。在许多国家里,接受礼品之后若不当场启封,或是暂且将礼品放在一旁,都会被视为失礼之至。在涉外交往中接受礼品时,对此务必要予以注意。

一般而言,赠送的以下五类物品不宜接受:一是违法、违禁物品;二是有辱我方国格人格的物品;三是可能使双方产生误会的物品;四是价格过分昂贵的物品;五是一定数额的现金、有价证券。如果不能接受对方赠送的礼品,应当即向对方说明原因,并且将礼品当场退还。可能的话,最好不要在外人面前这么做。若对方并无恶意,在退还或拒绝礼品时,还须对对方表示感谢。

接受对方人员赠送的礼品后,尤其接受了对方所赠送的较为贵重的礼品后,最好在一周之内写信或打电话给送礼人,向对方正式致谢。若礼品是由他人代为转交的,则上述做法更是必不可缺的。以后有机会再与送礼人相见时,不妨在适当之时,再次当面向对方表示一下谢意。或者是告诉对方,他赠送的礼品,自己不仅十分喜欢,而且经常地使用。这种令对方感到他的礼品"物有所值"、备受重视的做法,会令对方极其开心。

2. 商务馈赠中的回馈

礼尚往来,是人之常情。但要把握分寸、把握时机,千万不能因送礼、还礼而受累。

案例 6-3

为表示友好,甲家用小碗给乙家送了一碗饺子。为了还礼,没过几天,乙家用中碗给甲家送了一碗饺子。来而不往非礼也。于是,甲家过几天给乙家用大碗送了一碗饺子。乙家一看急了,不能失礼呀,于是用盛汤的瓷盆给甲家送了一盆饺子。甲家一看,嘿!不能让人小瞧了!赶紧做了一锅饺子给乙家送去……

如果还礼的形式不对路,"还"不如不"还"。下面还礼的几种形式,可以让我们借鉴:

一是赠送所送的同类物品。

二是可以选择和对方相赠礼品价格差不多的物品作为还礼。

三是可以用某种意在向对方表示尊重的方式来代替,不必非要还礼,一般对方也是非常愿意接受的。

本章小结

本章主要介绍商务接待中的具体流程,主要讲述日程安排、陪同参观、宴请礼仪与馈赠礼仪。日程安排分为日程安排的步骤、接待前的准备工作、正式接待和迎送礼仪。陪同参观主要包括酒店安排,派车原则和规定,陪车礼仪,行程介绍,引导礼仪和注意事项。宴请礼仪包括宴请形式的分类、宴请前的准备工作、宴请餐厅和菜品的选择、商务宴请的座次礼仪。馈赠礼仪包括馈赠的含义和原则,馈赠目的,馈赠礼品的选择,合适的馈赠时间。

思考与技能训练

一、基本训练

1. 选择题

(1) 接待高级领导、高级将领、重要企业家时人们会发现,轿车的上座往往是( )。
A. 后排左座　　　　B. 后排右座　　　C. 副驾驶座　　　D. 司机后面的座位

(2) 会客时上座位置排列的几个要点是( )。
A. 面门为上、以右为上、居中为上、前排为上、以远为上
B. 面门为下、以左为上、居中为上、前排为上、以远为上
C. 面门为上、以左为上、居中为上、前排为上、以远为上
D. 面门为上、以右为上、居中为上、前排为上、以近为上

(3) 下面关于商务宴请礼仪正确的是( )。
A. 吃饭的时候谁先饿了谁先吃　　　B. 最好不要在嘴里含着食物时说话
C. 吃饭的时候拨打电话　　　　　　D. 在正式的集会中,只要一落座就要打开餐巾

(4) 国家交往活动中的馈赠礼仪不包括( )。
A. 了解对方的习俗　B. 明确馈赠目的　C. 确保礼品价格　D. 讲究馈赠礼仪

2. 简答题

(1) 日程安排的主要步骤有哪些?
(2) 陪同参观时需注意什么?
(3) 宴请形式有哪几种?
(4) 馈赠礼仪的基本原则和主要原则是什么?

二、案例分析

1. 案例

在日本,有一个流传很广且很受用的商务礼仪故事。有一个部门主管在餐厅里与客户谈项目的时候,邻桌专门安插了一个公司的职员,这位职员不是来吃饭的,而来记录上司与客户谈话的,但这里是用心记而不是用笔记录。当上司旁敲侧击地令对方将自己的喜好以及家人的喜好和盘托出时,这位职员立马行动,出去张罗礼物。当双方的会谈愉快结束之时,这位职员又不失时机地出现,拎着送给客户一家大小的礼物。客户当然是喜笑颜开了,不仅自己有礼物,家人也有,且都是大家喜欢的东西。结果自然不言而喻,他们的合作很成功。

问题:上述商务馈赠的故事,对你有何启发?

2. 案例

7月15日是国能电力公司与美国PALID公司在多次谈判后达成协议,准备正式签字的日期。国能电力

公司负责签字仪式的现场准备工作,国能电力公司将公司总部十楼的大会议室作为签字现场,在会计室摆放了鲜花,长方形签字桌上临时铺设了深绿色的台布,摆放了中美两国的国旗,美国国旗放在签字桌左侧,中国国旗放在右侧,签字文本式两份放在黑色塑料的文件夹内,签字笔、吸墨器文具分别置放在两边,会议室空调温度控制在20℃。办公室陈主任检查了签字现场,觉得一切安排妥当,他让办公室张小姐通知国能电力公司董事长、总经理等我方签字人员在会议室等待,自己到楼下准备迎接客商。

上年九点,美方总经理一行乘坐一辆高级轿车,准时驶入国能电力公司总部办公楼,司机熟练地将车平稳地停在楼前,陈主任在门口迎候,他见副驾驶座上是一位女宾,陈主任以娴熟优雅的姿势先为前排女宾打开车门,并做好护顶姿势,同时礼貌地问候对方。紧接着,陈主任迅速走到右后门,准备以同样动作迎接后排客人,不料,前排女宾已经先于他打开了后门,迎候后排男宾,陈主任急忙上前问候,但明显感觉女宾和后排男宾有不悦之色。

陈主任引导客人进入大厅,来到电梯口,告知客人,董事长在会议室等待。电梯到达十楼后,陈主任按住电梯控制开关,请客商先出,自己后出,然后引导客人到会议室。在会议室等待的国能电力公司的签字人员在客人进入会议室时,马上起立鼓掌欢迎,刘董事长急忙从座位上站起,主动向对方客人握手。不料,美方客人在扫视了会议室后,似乎非常不满,不肯就座,好像是临时改变了主意,不想签字了,问题出在哪里呢?

思考:
(1) 国能电力公司安排的这次签字活动有不当之处吗?请对其进行评判。
(2) 陈主任在迎接礼仪的安排和自己的迎送过程中是否有不到之处?
(3) 外方客人不悦和临时变卦的主要原因是什么?

三、技能训练

以下是上海某公司商务接待程序内容表,根据本章内容,通过案例演练及分组讨论等方式,完成以下实训。

商务接待程序内容一览表

程序	序号	步骤	内容	区分	责任部门	备注
接场	1	接场方式	通常可以分为出发地接、路途地接和目的地接,一般情况下出发地接场为江浙沪的客人	重要客人、特别重要客人	公司负责人、总经办或行政部	根据客人来访信息,并沟通协商确定
	2	接场地点	通常分为宾馆、机场、火车站、客车站和码头,视客人具体位置而定	按客人层次确定	行政部	根据来访客人信息,与客人进行确定
	3	接场工具	各类汽车(公司车辆及外部租用车辆),主要是汽车层次的不同,对应客人重要程度不同	按客人层次确定	行政部	在已储备接待车信息中,选择相对应的车辆
	4	接场人员	公司相关人员,重要客人或特别重要客人必要时邀请外部关联人员参与	根据客人层次及重要性	总经办、行政部或对口部门	一般情况下,对口业务部门相关人员参与
	5	接场道具	标识牌、鲜花等(用于特别重要贵宾),主要用于机场接场	重要客人、特别重要客人	总经办、行政部	对口业务部门协作,了解客人信息情况确定
	6	接场说辞	欢迎词等,公司准备(用于特别重要贵宾),一般由公司负责人亲临接场	特别重要客人	公司负责人、总经办	公司负责人现场向客人表达欢迎和敬意

续 表

程序	序号	步骤	内容	区分	责任部门	备注
会晤	1	会晤地点	公司或外部地点,如宾馆、会议室、会所等,一般情况在公司进行,特别重要贵宾在外部场所	按客人层次确定	总经办、行政部	根据会晤的性质和范围确定会晤场所
	2	会晤布置	对会晤场所进行布置,如会议室内部布置等,要求做到简洁、大方	根据场所具体情况而定	总经办、行政部	按照会晤的性质和重要程度进行布置
	3	会晤道具	笔、记录本、投影、音响、摄像、录音等道具,特别是商务洽谈会晤,应准备齐全	根据会晤的内容和要求	总经办、行政部	一般性会晤,可以省略此方面的道具
	4	会晤材料	文字资料、电子资料、影像资料等,根据会晤的实质需要,进行提供	客人的需要或公司宣传	行政部、技术部	业务洽谈会晤时,营销部应参与会晤
	5	会晤招待	在会晤过程中,所提供的招待礼仪,如饮料、水果及餐巾纸等	按会晤的实质情况而定	行政部	需要关注客人的需求和季节情况进行确定
	6	会晤保障	会晤过程的各项服务及其他方面的保障,如及时清理桌面和添加茶水等	根据会晤情况而定	行政部	注意把握时间节点进行,应根据会晤要求进行
	7	会晤人员	公司相关人员参加,必要时外部人员,一般情况下,对口业务部门负责人参加	按会晤的性质进行确定	主导会晤的负责人	重要及特别重要会晤,由公司负责人进行确定
住宿	1	住宿信息	查找已储备的宾馆信息,选择对应的两至三家以上宾馆信息	按客人层次确定	总经办、行政部	应关注特别重要客人指定的入住宾馆信息的收集
	2	住宿宾馆	根据客人的情况,在已选择的宾馆信息中进行预订,必要时对于特别重要贵宾应征求客人意见	按客人层次确定	总经办、行政部	特别重要贵宾指定的宾馆应提前预订,满足需要
	3	住宿房间	按照客人的情况和习惯,选择宾馆房间,主要是针对重要和特别重要贵宾而考虑	重要和特别重要贵宾	总经办、行政部	应提前征求特别重要贵宾的意见进行综合考虑
	4	住宿陪同	根据客人及工作情况,安排陪同住宿人员,主要是重要和特别重要贵宾而定	重要和特别重要贵宾	公司负责人	一般情况由公司负责人陪同或指定陪同人
	5	住宿饮食	指早餐等非常正式餐饮,一般在住宿宾馆进行安排,对于特别重要贵宾,应予以陪同	按客人层次确定	总经办、行政部	视具体情况而定,通常由客人自行解决
	6	住宿结账	对客人住宿宾馆的费用进行结算,一般情况下,可集中结算	按约定进行结账	行政部或总经办	对于定点宾馆,通常采取集中结账方式

续　表

程序	序号	步骤	内容	区分	责任部门	备注
餐饮	1	餐饮预订	在储备的酒店信息中,选择符合客人口味菜的酒店,对于特别重要客人,至少提供两家待选	按客人层次确定	总经办、行政部	对于特别重要的贵宾,应按其指定的酒店餐饮
	2	餐饮规格	根据客人的情况,确定宴请规格(按价格测算),包括餐饮包厢的环境位置等进行综合考虑	按客人层次确定	总经办、行政部	根据客人层次和人数确定规格大小范围
	3	餐饮酒水	根据客人的喜好,确定宴请酒水品种和数量,正式宴请应备酒水,工作餐一般不备酒水	按客人层次确定	总经办、行政部	根据客人喜好和实际情况进行确定
	4	餐饮陪同	根据宴请的规格和需要,确定陪同就餐人员,一般情况下,由对接业务部门陪同	按客人的层次和需求	总经办、行政部及对接部门	重要客人,或公司负责人指定陪同人员参与
	5	餐饮服务	礼仪服务方面准备,包括斟酒等,通常由酒店服务员操作,对于重要客人应由公司安排	按客人层次确定	行政部	一般情况下,由酒店服务员承担,特殊情况,公司应明确
	6	餐饮说词	根据客人的习惯、性格等,主陪人员准备相应说辞,对于特别重要贵宾而定	重要和特别重要贵宾	公司负责人、总经办	总经办应根据场景,负责草拟框架内容
	7	餐饮结账	就餐完毕后,与酒店进行结算,可一次或集中结账,对于定点酒店,采取签字记账	按约定进行结账	行政部或总经办	一般在定点酒店餐饮,采取集中结算方式
娱乐	1	娱乐地点	在储备的娱乐地点信息中,根据客人喜好,选择相适应的娱乐地点	按客人层次进行确定	总经办、行政部	应了解贵宾客人是否有指定的娱乐地点,须满足客户的喜好
	2	娱乐方式	根据客人的喜好,在储备的娱乐方式信息中选择适合客人的娱乐方式	客人喜好应予以考虑	行政部、总经办、业务部门	需要考虑客人娱乐喜好和方式,可集中或分散
	3	娱乐陪同	由公司确定娱乐陪同人员(内部和外租人员),对于选定的娱乐节目需要专业陪同,应考虑	客人需求和方式	行政部或总经办	外租专业娱乐陪同人员,应严格把关质量
	4	娱乐保障	主要娱乐过程送和接的车辆保障等,对于重要贵宾客人,应予以全程娱乐保障	按客人层次进行确定	行政部或总经办	必要时,应考虑安排人员进行全程保障
	5	娱乐结算	对于娱乐场所,应采取一次性结账。娱乐结束后,一次性进行结算	按公司规定结账方式	陪同人员或驾驶员、行政部	特别注意娱乐小费的结算,基本采取现金结账

续 表

程序	序号	步 骤	内 容	区 分	责任部门	备 注
旅游	1	游玩景点	在储备的江浙沪旅游景点中向客人推荐,根据客人的时间安排和喜好进行	客人的具体情况	行政部	应了解重要客人是否有指定的旅游景点,须满足
	2	游玩路线	根据旅游景点,并向客人推荐旅游路线的选择,须按照景点旅游情况进行	重要和特别重要贵宾	行政部	应考虑景点旅游时间周期与客人时间周期一致
	3	游玩陪同	必要时,公司安排人员进行陪同,对于重要贵宾,公司应安排游玩陪同人员	重要和特别重要贵宾	总经办、行政部	特别重要贵宾由公司负责人陪同,或指定专人陪同
	4	游玩保障	对于重要贵宾客人,应予以全程游玩保障服务,车辆、住宿、餐饮、照相、特产等方面须到位	重要和特别重要贵宾	陪同人员	对于贵宾客人游玩服务保障,应计划安排到位
	5	游玩结算	旅游结束后,对于贵宾客人,行政部进行旅游消费结算,按一次一结算方式进行	重要和特别重要贵宾	行政部、陪同人员	陪同人员应归类收集费用票据,交与行政部汇总
送行	1	送行方式	根据客人离开上海的方式,确定采用飞机、火车或汽车等方式送行	按客人的要求进行安排	行政部	对于贵宾客人应考虑予以商务舱(座)待遇安排
	2	送行地点	根据客人的实际情况,确定客人从上海离开还是在旅游地结束后直接离开	重要和特别重要贵宾	总经办、行政部	对于重要贵宾,公司负责人应到场相送
	3	送行礼物	为客人准备礼品或礼金作为送行礼物,公司提前准备客人礼物或礼金	重要和特别重要贵宾	总经办、行政部	对于特别重要贵宾的礼金相送,应个别进行
	4	送行票务	为客人订购返回或离开上海的飞机票或火车票等,按客人的要求和层次,应提前预订	重要和特别重要贵宾	行政部、总经办	应提前了解客人是否需要预订票服务
	5	送行结算	送行结束后,行政部负责对整个商务活动所产生的成本费用进行统计	按公司规定进行结算	行政部、总经办、对接的业务部门	应收齐整个活动中产生费用的票据和收条说明等,作为报销的依据

第七章　商务谈判

 知识目标

1. 理解商务谈判的全过程。
2. 掌握开局阶段的技巧。
3. 掌握僵局的化解方式。
4. 掌握谈判成交的技巧。

 技能目标

1. 在谈判的过程中能运用开局谈判的技巧,营造一个良好的开局。
2. 通过把握商务谈判的整个过程,最终促成交易。

本章知识结构

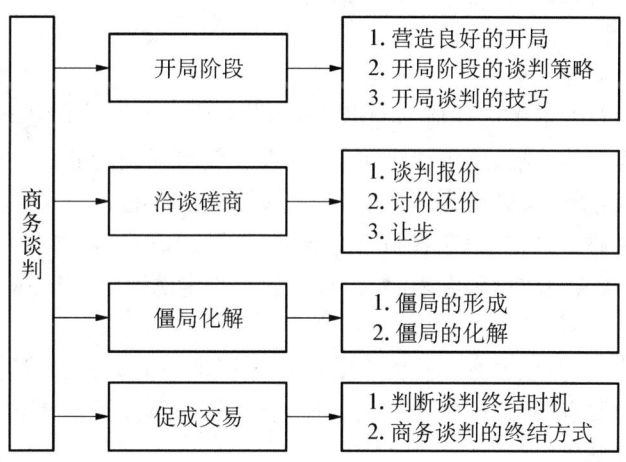

引导案例　　　　　　**从姓氏开始的一场洽谈**

中国某进出口公司就机械设备进口要与英国的一家公司进行一场贸易谈判,中方主谈人李先生一进英方负责人的办公室就微笑着说:"在这个城市有你的姓氏的人真不多,下飞机后我查阅资料发现这个城市乃至整个英国都不多,而且彼此之间存在较近的血缘关系,你们家在历史上一定是贵族。"英方负责人听后眼睛一亮,非常热情地向李先生介绍自己姓氏的历史起源和特殊含义。一场外贸谈判愉快地展开了。

> **问题提示**
>
> 中方主谈人是如何营造一个良好的开局氛围的？

7.1 开局阶段

商务洽谈的开局是洽谈双方的第一次接触，虽然还未进入实质性洽谈阶段，但这一阶段对于整个洽谈过程的影响是巨大的。为了营造良好的洽谈开局，需要了解开局阶段的定义、意义与主要目标，掌握开局洽谈的方案选择和营造开局良好气氛的方法。

7.1.1 营造良好的开局

1. 开局阶段的含义

开局阶段主要是洽谈双方见面后，在讨论具体、实质性交易内容之前，相互介绍寒暄，以及对对手的底细进行探测，为影响和控制谈判进程奠定基础的行为与过程。

开局阶段中的双方是初次接触，对对手尚无实质性感性认识，但开局阶段洽谈人员精力最充沛，注意力最为集中，通过见面介绍、寒暄、陈述自己的立场，去探测对方的虚实及心理状态。因此，开局阶段可以帮助己方理清思路，确定洽谈策略，形成开局优势，掌握洽谈的主动权。

开局阶段是实质性谈判的序幕，开局阶段的好坏直接影响整个谈判的格局和前景。开局阶段所创造的特定的洽谈气氛会对整个谈判过程产生重要的影响和制约作用，所以在开局阶段要营造一个良好的洽谈气氛，为后续的谈判工作打下良好的基础。如果开局阶段没有处理好，可能导致洽谈陷入僵局或者达不到预期的目的。

2. 开局阶段的方式选择

1) 面谈，提出交易条件

在谈判的过程中双方不提交任何书面形式的文件，仅仅在会谈时提出交易条件。这种开局的主要优点是有很大的灵活性，可以见机行事；没有任何书面形式的文件，不容易使对方摸清己方的虚实；可以利用口头磋商先建立个人关系，缓解紧张的洽谈气氛。

同时也存在一些缺点：口头表达容易产生歧义，不同的语言表达可能产生误会；在面对专业性较强的概念、较复杂的数据和图表时，口头表达有一定的困难；口头语言表达不够严谨，缺乏逻辑。

尽管存在一些缺陷，但该方案仍是大多数商务洽谈采取的方式，在这种开局方式下，洽谈者应注意把握洽谈的要点，每个问题要深入透彻地详谈，而不能只考虑当前的利益，要注重与对方建立长期合作关系。

2) 提出书面交易条件，不做口头陈述

洽谈的所有交易条件都以书面形式提交给对方，而不进行口头陈述。这种开局方式有较大的局限性，通常是受限于谈判规则或者将最初的交易条件作为最后的交易条件。

这种开局方式在政府招标中使用较多。投标者按照政府的规范进行投标，而政府不与投标者见面磋商。投标者提交的书面材料要准确详细，能够使对方一目了然，不需要进行口头陈述解释。

3) 提出书面交易条件,并做口头陈述

洽谈双方在进行正式会谈前,将交易条件以书面形式提交给对方,在会谈过程中再进行适当的口头陈述补充。这种开局方式的优点是交易条件内容完整,对于复杂性的问题可以用详细的文字、数字图表表达,不会产生歧义和不必要的误解。

但书面材料一经提出,难以更改,有时候反而成为交易的限制;另外,书面语言在情感表达上不如口头语言丰富。因此,在洽谈中一定要合理运用口头表达技巧和不同的谈判技巧,促成交易的达成。

3. 开局洽谈的主要目标

开局目标是与商务洽谈终极目标紧密联系的一个初级目标。洽谈人员对开局目标的设计、表达与实现会对商务洽谈终极目标的实现有着深远的影响。在洽谈的开局阶段,谈判人员的基本目标是营造良好的谈判气氛,并且心平气和地陈述各自的基本立场与观点,从而谋求在谈判过程中达成双赢。

1) 营造适当的开局气氛

在商务洽谈的开局阶段,一方面洽谈双方初次接触,相互之间难免存在提防与戒备的心理,谈判的气氛不活跃或者处于消极状态。而开局阶段所创造的气氛能够改变整个谈判过程的状态,并影响谈判人员的心理、情绪与感觉。因此,洽谈的各方应该把力求实现双方坦诚合作、互谅互让,积极创造与维护融洽的谈判气氛作为开局阶段的主要目标。

开局气氛一般是通过双方相互介绍寒暄,以及双方接触时的表情、姿态、动作、说话的语气等方面形成。气氛的营造既表达双方对谈判的期望,也表达出双方谈判的策略特点,是了解对方的重要方式。

2) 说明具体问题

洽谈之初,为了让参与人员互相了解,尽快进入谈判状态,双方需要就一些具体问题进行说明,要明确谈判双方的目标、确定谈判的计划,以及谈判进度安排和介绍双方的谈判成员。

洽谈双方初级见面,要互相介绍参加谈判的人员,包括基本背景、谈判角色和作用等。人员介绍既可以是自我介绍,也可以由双方的领导人向对方介绍。在双方介绍认识后,要向对方表达己方参与此次谈判的态度和目的,这个目标应该是双方共同追求的双赢合作目标,同时双方还要商讨确定谈判的议程和进度,以及需要遵守的纪律等问题。开局阶段的具体问题的说明能够促进双方友好接触,统一共识,明确规定,妥善安排议程的作用。

3) 进行开场陈述

开场陈述是谈判双方阐述各自的观点、立场和愿望,提出倡议,陈述己方对问题的理解。陈述的目的是使对方理解己方所持有的立场与观点,并在此基础上就一些原则性分歧分别发表建设性意见或倡议,确定下一阶段的谈判议题。开场陈述是谈判的重要步骤,要简明扼要,不要让对方被己方的长篇大论搅昏头脑,而引起反感。

在陈述的过程中己方只需陈述所要解决的主题、立场及利益,不需要深入谈某一具体问题,在陈述的时候可以让对方先陈述,听听对方对交易的看法与立场,这样有利于增强己方陈述时的针对性和灵活性。在双方分别陈述后,需要做出把双方引向共同利益的陈述,双方提出各种设想和解决问题的方案后,在设想和符合商业标准的现实之间,建起通向合作之路的桥梁。

4. 营造良好的开局气氛

谈判开局气氛是由所有参与谈判人员的情绪、态度和行为共同影响、共同作用而形成的。有时谈判人员的个人情绪、态度、行为会影响到整个开局的谈判气氛,有时谈判气氛会影响到谈判人员的情绪、态度、行为。开局谈判气氛会对整个谈判过程发挥重要的影响作用,因此要求谈判人员要灵活运用策略技巧在开局阶段营造一个合适的谈判气氛。

每一次谈判都因谈判内容、形式及地点的不同,有着不同的谈判气氛。有的谈判气氛是热烈积极的,有的是冷淡对立的,有的是严肃紧张的,有的是松弛缓慢的。更多的谈判气氛是介于上述之中,热烈中包含着对立,对立中存在友好,友好之中带着紧张。谈判气氛是多种多样的和复杂的,一般说来,开局气氛分为三种:高调气氛、低调气氛、自然气氛。

1) 高调气氛

高调气氛也叫积极进取的谈判气氛,谈判双方情绪积极、态度主动、愉快向上的气氛成为谈判的主导。

(1) 营造高调气氛的条件:

① 己方占有较大的优势。在谈判中,己方在价格等主要条款上占有明显优势,为了使对方清醒地认识到这一点,并且在谈判中威慑对手,同时又不至于吓跑对手,在开局阶段,在语言和姿态上要表现出礼貌友好,同时还要充分展示己方的自信。

② 双方良好的合作关系。谈判双方企业有过业务往来,而且关系良好。在这种友好关系作为谈判的基础下,开局阶段的气氛应该是热烈友好,轻松愉快的。在开局阶段,己方在陈述的时候可以先畅叙双方合作的历史和友好关系,然后再引入到实质性谈判。

③ 己方希望尽早达成协议,与对方签订合同。由于己方有强烈的成交愿望,故在开局阶段全力投入,态度诚恳,积极营造一种高调气氛。

(2) 营造高调气氛的方法:

① 感情攻击法。通过某一特殊事件来引发存在于人们内心的美好情感因素,并使这种感情迸发出来,从而达到营造高调气氛的目的。

② 称赞法。通过称赞对手来削弱对手的心理防线,从而激发出对方的谈判热情,调动对方的情绪,营造高调气氛。

采用称赞法要注意选择合适的称赞对象、称赞时机和称赞方式。在选择称赞对象时要注意投其所好,选择对方引以为自豪的地方进行赞扬,称赞方式要自然,不要让对方认为你是在刻意讨好奉承他,否则容易引起对方的反感。

③ 幽默法。幽默法是用幽默的方式消除对手的戒备心理,使其积极参与到谈判中来,从而营造高调的谈判氛围。采用幽默法也要注意选择适当的时机和方式,要收发自如,避免过犹不及。

2) 低调气氛

低调的谈判气氛是指谈判氛围十分严肃低落,谈判一方情绪消极、态度冷淡,不快的因素构成谈判主体的谈判开局气氛。低调的氛围会给谈判双方造成较大的心理压力,在这种情况下,哪一方心理承受能力弱,就可能会先妥协让步。

(1) 营造低调气氛的条件:

① 己方有讨价还价的筹码,但在谈判中并不占绝对优势。合同中有些条款未达到己方的要求,可以通过营造低调的谈判气氛向对方施压,对方在压力下可能会在某些问题上做出让步。

② 在谈判中，如果己方在实力上比对手差，为了不使对方在气势上占上风，可以营造低调气氛，适当把压力转给对方，同时显示己方内在的信心和不屈不挠的斗争精神。

（2）营造低调气氛的方法：

① 感情攻击法。这里的感情攻击法是指诱发对方产生消极情绪，致使谈判产生低沉、严肃的谈判气氛。在使用该方法时要注意在语言上礼貌，同时保持严谨，甚至是冷淡，并且与对方保持一定的距离。

② 沉默法。沉默法是以沉默的方式来使谈判降温，从而达到给对方施加心理压力的目的。但注意沉默并不是一言不发，而是己方尽量避免对实质性问题发表议论。在采用沉默法时注意要有恰当的沉默理由，比如对对方陈述的某个问题不理解。沉默要有度，并且在适当的时候进行反击，迫使对方让步。

③ 疲劳战术法。疲劳战术法是指使对方对某一个问题或者几个问题进行反复的陈述，从生理上和心理上疲劳对方，降低对手的积极性，对方在疲劳的状态下，思维敏捷性下降，容易出现失误，从而达到迫使对方让步的目的。采用疲劳战术法时要注意多准备一些问题，而且问题要合理，回答起来比较复杂。同时要认真倾听对方的每一句话，抓住错误，记录下来，作为迫使对方让步的筹码。

④ 指责法。指责法是指对对方的某项错误或是礼仪失误严加指责，使其感到内疚，从而达到营造低调气氛，迫使对方让步的目的。

3）自然气氛

自然轻松的谈判气氛是指双方情绪平稳，谈判气氛既不热烈，也不消沉。许多谈判都是在这种气氛下开始的，不需刻意营造。谈判双方在自然轻松的气氛下传达的信息往往比其他谈判气氛中传达的信息要准确真实。在谈判开局阶段，在一方对于另一方了解甚少，对对方的谈判态度也不甚了解的情况下，自然轻松的气氛是有利的。

营造自然气氛要注意自己的礼仪行为；要多听、多记、多问，询问方式要自然，不要过早与对方发生争议；对对方的提问，能正面回答的一定要正面回答，不能回答的要采用合适的方式进行回避。

适宜的谈判气氛为即将开始的谈判奠定良好的基础，能传达友好合作的信息，可以减少双方的防范情绪，有利于协调双方的思想和行为，能显示出主谈人员的文化修养和谈判诚意。相反，不适宜的谈判气氛可能会给整个谈判蒙上一层阴影，会给谈判带来阻力。因此，谈判人员需要根据实际情况营造有利于己方的谈判气氛，同时也要注意节假日、突发事件、天气情况等一些外在客观因素对谈判气氛的影响。

7.1.2 谈判开局策略

谈判开局策略是谈判者为谋求谈判开局有利地位并实现对谈判开局的控制而采取的行动方式或手段。营造良好的开局气氛其实就是为实施开局策略奠定基础。在商务谈判策略体系里，涉及谈判开局的策略有以下五种。

1. 协商式开局策略

协商式开局，是指在谈判开始时，双方以协商、肯定的语言进行陈述，使彼此产生好感，创造出双方对谈判的理解充满"一致"的感觉，从而使谈判双方在一种友好、愉快的气氛中不断将谈判引向深入的一种开局方式。

从交际心理学的角度看,商务谈判人员虽然有着不同的身份地位、文化程度、社会经历、思想性格和心理情绪,但对平等友好、尊重等有着天然的需求。协商式开局符合交际心理学的需求,在谈判中要求谈判的一方以相互商量、商谈的口吻,而不是命令的口吻,婉转友好地表达己方的开局目标,处理后续的种种分歧。

协商式开局方式适用于谈判双方实力比较接近,双方没有商务往来的经历,都希望此次谈判有一个好的开端。谈判中,己方要多用外交礼节性语言、中性话题,使双方在平等、合作的气氛中开局。此外,己方还要抱以充分尊重对方意见的态度,语言要友好礼貌,但又不刻意奉承。姿态上不卑不亢,沉稳中不失热情,自信但不自傲,把握适当的分寸,顺利打开局面。

运用协商式开局时可以采用以下几种方式:

(1) 问询方式。将答案设计成问句来询问对方。例如,"你看我们把价格放在后面讨论怎么样?"

(2) 补充方式。对对方意见进行补充,使自己的意见变成对方的意见,诱使谈判对方进入你的既定安排,从而在双方间达成共识。

(3) 协商方式。以协商口吻征求谈判对手的意见,然后对其表示赞同,按其意见开展工作。

运用这种方式应该注意的是,拿来征求对手意见的问题应该是无关紧要的问题,对手对该问题的意见不会影响己方的利益。另外,在赞成对方意见时,态度不要过于献媚,要让对方感觉到己方是出于尊重,而不是奉承。

协商式开局策略适宜在高调气氛和自然气氛中运用,不宜在低调气氛中使用,在高调气氛中使用,容易使自己陷入被动。

案例 7-1

甲乙两家公司在谈判开局中有这样一段简单的对话:

甲方:"我们彼此介绍一下各自的生产、经营、财务和商品的情况,您看如何?"

乙方:"完全没问题,如果条件合适的情况下,我们可以达成一笔交易,您会同意吧?"

甲方:"我完全同意,我们谈半天如何?"

乙方:"估计介绍情况一个小时就够了,其他时间谈交易条件,可以吗?"

甲方:"我也同意,那么是贵方先谈,还是我先谈?"

乙方:"随便,那就请您先谈吧。"

2. 坦诚式开局策略

坦诚式开局是指以坦诚直率的方式向谈判对手陈述自己的观点或意愿,尽快打开谈判局面的方式。一般情况下,坦诚直率的表达方式,是获得对方理解和信赖的方式之一,人们往往对表露真实意愿的人有安全感和亲切感。

坦诚式开局适合谈判双方曾经有过商务往来或有长期业务往来,相互比较了解,而且以往双方都比较满意的情况。在此背景下,不用太多的客套,直接坦率地提出自己的观点、要求,反而更能使对方对己方产生信任感。采用这种策略时,要综合考虑多种因素,如己方的身份、与对方的关系、当时的谈判形势等。

有时还可用于实力不如对方的谈判者。在双方都了解事实的前提下,坦率地表明己方存在的弱点,使对方理智地考虑谈判目标,这种开局方式也表达出实力较弱一方充满自信和实事求是的精神。

坦诚式开局可以在各种谈判气氛中采用。

案例 7-2

广州市某区一位党委书记在同外商谈判时,发现对方对自己的身份持有强烈的戒备心理。这种状态妨碍了谈判的进行。于是,这位党委书记当机立断,站起来对对方说道:"我是党委书记,但也懂经济、搞经济,并且拥有决策权。我们摊子小,并且实力不大,但人实在,愿意真诚与贵方合作。咱们谈得成也好,谈不成也好,至少你这个外来的'洋'先生可以交一个我这样的'土'朋友。"

寥寥几句肺腑之言,一下子就打消了对方的疑惑,使谈判顺利地向纵深发展。

3. 保留式开局策略

保留式开局是指在谈判开始时,对谈判对手提出的关键性问题不做彻底的、明确的回答,而是有所保留,从而给对方造成神秘感,以吸引对方慢慢接受己方的一些谈判条件的策略。

保留式开局适用于谈判双方曾有过商务往来,但对方表现得不太令人满意,己方要通过慎重的态度引起对方对某些问题的重视。这种策略也适用于己方对谈判对手的某些情况存在疑问,需要经过简短的接触摸底来加以确认的情况。

运用这种方式时需要注意的是,谈判中应以诚信为本,不要违反商务谈判的道德原则,向对方传达的可以是模糊的信息,但不能是虚假信息。否则,会将自己陷入非常难堪的局面之中。

保留式开局适宜于低调或自然谈判气氛,不适宜高调谈判气氛。

案例 7-3

美国一位著名谈判专家有一次替他邻居与保险公司交涉赔偿事宜。谈判是在专家的客厅里进行的,理赔员率先发表了意见:"先生,我知道你是谈判专家,一向都是针对巨额款项谈判,恐怕我无法承受你的要价,我们公司若是只出 100 元的赔偿金,你觉得如何?"

专家表情严肃地沉默着。根据以往经验,不论对方提出的条件如何,都应表示出不满意,因为当对方提出第一个条件后,总是暗示着可以提出第二个,甚至第三个。

理赔员果然沉不住气了:"抱歉,请勿介意我刚才的提议,我再加一点,200 元如何?"

"加一点,抱歉,无法接受。"

理赔员继续说:"好吧,那么 300 元如何?"

专家等了一会儿道:"300?嗯……我不知道。"

理赔员显得有点惊慌,他说:"好吧,400 元。"

"400?嗯……我不知道。"

"就赔 500 元吧!"

"500?嗯……我不知道。"

"这样吧,600 元。"

专家无疑又用了"嗯……我不知道"的回答。最后,这件理赔案终于在 950 元的条件下达成协议,而邻居原本只希望要 300 元!

这位专家事后认为,"嗯……我不知道"这样的回答真是效力无穷。

4. 进攻式开局策略

进攻式开局是通过语言或行为来表达己方强硬的姿态,以获得谈判对手必要的尊重,并借以制造心理优势,使谈判顺利进行下去的方式。

进攻式开局一般不要轻易使用,因为在谈判的开局阶段比较忌讳情绪性的对立,这种对立产生的攻击,对谈判进一步发展极为不利。通常在下列情况下使用进攻式开局策略:谈判对手有某种不尊重己方的倾向,居高临下,以某种气势压人;或者发现谈判对手在刻意制造低调气氛,对己方的讨价还价不利。此时,己方要采取以攻为守的策略,变被动为主动,捍卫己方的尊严和正当权益,使双方站在平等的地位上进行谈判。

使用这种方式时必须谨慎,注意保持有理、有利、有节,避免开局阶段就处于剑拔弩张的气氛中,使谈判陷入僵局;要切中问题要害,既表现出己方的自尊、自信和认真的态度,又不能过于咄咄逼人,使谈判气氛过于紧张,一旦问题表达清楚,对方也有所改观,谈判向好的方向发展,就应及时调节气氛,使双方重新建立起友好、轻松的谈判气氛。

案例 7-4

日本一家著名的汽车公司在美国刚刚"登陆"时,急需找一家美国代理商来为其销售产品,以弥补他们不了解美国市场的缺陷。当日本汽车公司准备与美国的一家公司就此问题进行谈判时,日本公司的谈判代表路上塞车迟到了。美国公司的代表抓住这件事紧紧不放,想要以此为手段获取更多的优惠条件。日本公司的代表发现无路可退,于是站起来说:"我们十分抱歉耽误了你的时间,但是这绝非我们的本意,我们对美国的交通状况了解不足,所以导致了这个不愉快的结果,我希望我们不要再为这个无所谓的问题耽误宝贵的时间了,如果因为这件事怀疑到我们合作的诚意,那么,我们只好结束这次谈判。我认为,我们所提出的优惠代理条件是不会在美国找不到合作伙伴的。"

日本代表的一席话说得美国代理商哑口无言,美国人也不想失去这次赚钱的机会,于是谈判顺利地进行下去。

5. 挑剔式开局策略

挑剔式开局是指开局时对对手的某项错误或礼仪失误严加指责,使其感到内疚,从而达到营造低调气氛、迫使对手让步的目的的方式。

案例 7-5

巴西一家公司到美国去采购成套设备,巴西谈判小组成员因为上街购物耽误了时间。当他们到达谈判地点时,比预定时间晚了45分钟。美方代表极为不满,花了很长时间来指责巴西代表不遵守时间,没有信用,并声明如果继续这样下去的话,以后的很多工作很难合作,浪费时间就是浪费资源、浪费金钱。对此巴西代表感到理亏,只好不停地向美方代表道歉。谈判开始以后美国代表似乎还对巴西代表来迟一事耿耿于怀,一时间使得巴西代表手足无措,说话处处被动,无心与美方代表讨价还价,对美方提出的许多要求也没有静下心来认真考虑,匆匆忙忙就签订了合同。等到合同签订以后,巴西代表平静下来,头脑不再发热时才发现自己吃了大亏,上了美方的当,但为时已晚。

7.1.3 开局谈判的技巧

开局谈判阶段除了掌握合适的开局策略外,还应灵活运用各种开局技巧。下面介绍几种常用的开局技巧。

1. 想方设法提高对方的谈判兴趣

1) 要求

(1) 首先要了解对方最为关心的问题,即真正的需求。

(2) 其次要了解对方具体谈判人员的性格,以便"对症下药"。

（3）最后要采取相应的引起谈判对方注意与兴趣的方法。

2）提高对方谈判兴趣的方法

（1）夸张法，是指对谈判对手所关心的兴趣点以夸张的方式进行渲染，从而引起谈判对手的兴趣或注意。

（2）示范法，是指在谈判的开局就向对方介绍己方产品的优点，并提供相应的证明。

（3）创新法，是指以新颖的会谈方式引起对方注意。

（4）竞争法，是指利用谈判对手的竞争心理，故意提及其竞争对手，以使其对己方的话题感兴趣。

（5）利益诱惑法，是指在不影响己方根本利益的前提下，对谈判对手所关心的"兴趣点"进行较大程度的利益让步，以此来引起对方的兴趣或注意。

（6）防止干扰法，是指当正常的业务谈判受到外部因素的影响而使谈判者不能集中精力展开谈判时，双方立即检查正在进行的洽谈工作，看看对方是否忘记了洽谈的衔接处。

2. 开出高于预期的条件

美国前国务卿、谈判大师亨利·基辛格博士曾经说过："谈判桌前的结果完全取决于你能在多大程度上抬高自己的要求。"

试想一下场景：

（1）购物，为什么总喜欢把价格压得自己都心惊胆跳？

（2）找工作时，为什么总是把自己要求的工资高于上个工作？

（3）当你吃饭时，因对方一道菜太咸了，服务员说这菜免单算了，为什么你还开口说全部免了算了？

在谈判开始时抬高自己的要求，有如下优点：

（1）对方可能直接答应你的条件。当你开出一个高于预期的条件，对方也有可能直接答应了你的条件。

（2）可以给你一些谈判空间。在谈判中，如果你是买家，你随时都可以提高价格，但却很难降低价格；同样如果你是卖家，你也随时可以降低价格，但却很难增加报价。

（3）会抬高你的产品或服务在对方心目中的价值和地位。"物美价廉"只是一种理想状况，大家更相信"一分价钱一分货"。如果你适当抬高你的报价或条件，会在一定程度上抬高你的产品或服务在对方心目中的价值和地位。

（4）避免陷入谈判僵局，有回旋的余地。

（5）可以让对方在谈判结束时感觉到他赢得了谈判。

抬高开局条件也要有一定的技巧，即一定要让对方感觉你的条件是可以商量的。否则，如果让对方感觉你的条件非常苛刻，而且你的态度也非常坚决，那么只会让对方认为你毫无谈判的诚意。

3. 永远不要接受第一出价

在谈判过程中，对方的首次报价并不是他们所期望得到的，很多时候对方都不会相信这个价格可以成交。所以说，如果你立即答应对手的第一次报价，对手通常会有两种反应：

（1）我本来可以做得更好（卖出更高的价格/花更低的价格买到这个东西）；

（2）太不可思议了，一定是哪里出了问题。

但是，如果对手的条件实在是太具诱惑性，如果不立即答应，机会可能就错过了，我们又该如何应对呢?

(1) 忽略对方的报价,用你的价位重新在交易中定位;

(2) 优秀的谈判者需要有足够的耐心。无论对手的条件多么诱人,你都必须保持镇静,不能流露出非常兴奋、迫不及待的表情。

4. 没有回报,绝不让步

(1) 即使谈判陷入僵局,也不轻言让步;

(2) 每次让步都需要对方用一定的条件来交换;

(3) 了解对手的真实情况,在对方急需的条件上坚守阵地;

(4) 迫使对方在关键问题上先行让步,而本方则在对手的强烈要求下,做次要方面或较小的让步;

(5) 事先做好让步的计划,区别实际价值和没有实际价值的;

(6) 当对方的让步不让你满意的时候,当即拒绝,并要求对方做出更大的让步。

5. 学会感到意外

在知道对方的条件后,一定要装出意外的样子。在你表示有意外之后,对方通常会做出一些让步。如果你不表示,对方通常会更加强硬,会认为你是有可能接受他提出的远超过他预期的条件的。

"良好的开端等于成功的一半",开局阶段的氛围的营造是关键,掌握了开局的策略和技巧,就能有助于营造有利的谈判氛围,有利于争取到最大的利益。

7.2 洽谈磋商

商务谈判磋商阶段是继谈判开局之后进入的报价和讨价还价的谈判阶段。由于在开局阶段,谈判各方都对谈判对手的意图有了一定程度的了解,在这一阶段,谈判各方可以根据自己所获得的信息与谈判对手就交易条件进行磋商。磋商过程是谈判各方不断冲突与较量的过程,在这一过程中,谈判各方经过报价、讨价还价及让步,试图向达成一致意见的方向过渡。所以,磋商阶段对谈判技巧有很高的要求,磋商阶段是对各种谈判信息的一个充分展示与运用的过程。

磋商阶段是整个商务谈判的核心阶段,在这一阶段,主要任务是摸清对方的真实需求与立场。在谈判过程中,谈判人员通过各种途径收集对方的情报,根据所获得的情报进行分析与推算,掌握对方的真实需求,摸清对方的谈判底线,分析情报的质量和数量,并判定结果的可靠性。通过对情报的分析,采取合适的方法和策略,以获得谈判的主动权。最后,讨价还价是整个谈判磋商阶段的核心,任何一方的报价、还价和让步都对最终的成交有着重要的影响。因此,在这个阶段要充分运用各种技巧和策略,推进整个谈判的进程。

7.2.1 谈判报价

报价又叫发盘,从狭义上讲,报价是指双方对所交易的标的物的价格提出的观点。从广义上讲,报价是指谈判双方各自向对方提出全部交易条件的过程,其内容不仅包括价格问题,还包括交货条件、品质规格、数量质量、支付方式、运输费用等条款。

在谈判中,由于价格问题是双方磋商的关键,报价得当与否,对实现经济利益具有举足轻重的意义。报价分寸掌握得好,就会把对手的期望值限制在一个特定的范围内,在以后的讨价还价过程中占据主动地位,从而直接影响到谈判的最后结果。所以,谈判方在报价时要持慎重的态度。

1. 报价的基础

1) 影响价格的因素

商品成交价格的高低受到很多因素的影响,但最终还是商品本身的价值以及市场供求状况决定商品价格的高低,谈判对手的谈判能力也会对价格产生较大的影响。

(1) 成本因素。

商品的价格主要由成本、税金和利润构成。一般来说,某种商品的最高价格取决于市场需求,则最低价格取决于这种商品的成本费用。成本是成交价格的最低界限,如果成交价格低于成本,供应商不仅无利可图,而且还有可能亏本。对卖方来说,不仅要考虑自己的生产成本,还要考虑同行业中其他生产商的生产成本。买方不清楚卖方的生产成本,但在报价之前,可根据行业内其他企业的生产成本做出估计。

(2) 市场因素。

市场行情是指谈判标的物在市场上的一般价格及波动范围。市场行情是市场供求状况的具体反映,也是价格磋商的主要参考依据。在市场经济条件下,价格是由供求关系决定的。当市场上某种商品的供给和需求达到平衡,商品的价格就趋于稳定。如果供大于求,价格就会下跌;反之,价格上涨。如果谈判的商品报价偏离市场行情太远,谈判的进程将会非常艰难,达成协议的可能性就很小。因此,谈判人员要根据以往和现在所搜集掌握的、来自各种渠道的商业情报和市场信息,并在比较分析、判断和预测的基础上加以制定报价决策。

(3) 买方的需求情况。

谈判者的需求情况不同,他们对价格的接受程度也就不同。比如一件款式新颖但质量一般的衣服,即使价格比较高,年轻的消费者也愿意购买,而中老年消费者则可能不会接受。所以,在谈判中如果对方带着迫切需要某种原材料、产品、技术或工程项目的心情来谈判,他首先考虑的可能是交货期、供货数量以及能否尽快签约,而不是价格高低的问题。

(4) 谈判策略。

谈判策略也是影响谈判价格的主观因素之一。谈判的技巧、文化的适宜性、时机的选择等都会影响价格,其中,企业和谈判人员的诚信对价格谈判会有利好的影响。

除了这些因素外,产品的技术含量和复杂程度、交货期的早晚、产品和企业的声誉、交易量的大小、时间因素、支付方式等都对价格有重要影响。谈判中,如能提出易于被对方接受的条件,将会使己方在价格上占据优势。

2) 报价的原则

报价要经过反复分析和权衡,力求把握报价者可能获得的利益与该报价被对方接受的概率之间的最佳结合点。因此,报价并非简单提出己方的交易条件,在报价的时候要遵循以下原则:

(1) 报价必须尽可能达到最高或最低限度。

对于卖方来讲,开盘价必须是"最高"价,而对于买方来讲,开盘价必须是"最低"价,这是报价的首要原则。

首先,对于卖方而言,开盘价为其最高限度报价。一般来讲,除特殊情况外,开盘价一经报出,就不能再提高或更改了。最终双方成交的价格肯定是在此开盘价格以下。相反,对于买方而言,开盘价则为其最低限度报价。一般来讲,没有特殊情况,开盘价也是不能再降低的,最终双方成交的价格肯定在此开盘价格之上。

其次,开盘价的高低会影响对方对己方的评价。从人们的观念上来看,"一分价钱一分货"是多数人信奉的观点。因此,开盘价较高,会影响对方对己方提供的商品或劳务的印象和评价。

再次,开盘价越高,让步的余地越大。开盘价较高,能够为以后的讨价还价留下充分的回旋余地,使己方在谈判中更富有弹性,便于掌握成交时机。

最后,开盘价高,最终成交价的水平也就比较高。开盘价的高低往往对最终成交水平具有实质性的影响,因为要价越高,就越有可能与对方在较高的价格水平上进行谈判。

(2) 报价必须合情合理。

无论是卖方还是买方,报高价与报低价必须是合情合理的,即必须有充分的理由作为基础。卖方的报价要报得高一些,但绝不是漫天要价;同样,买方的报价要报得低一些,但绝不是毫无道理地压价。如果卖方或买方的报价过于出格,而又毫无理由根据,对方必然觉得己方缺少谈判的诚意,或提出质疑,而己方又无法解释,最终被迫无条件让步。

(3) 报价应该坚定而明确。

报价时,态度要坚决果断,不做保留,毫不犹豫,这样才能够给对方留下己方是认真而诚实的印象。任何欲言又止、吞吞吐吐的行为,必然会导致对方的不良感受,甚至会产生不信任感。

(4) 不对报价做任何主动的解释和说明。

在报价结束后,及时闭上嘴巴,不对己方所报的价格做过多的解释说明,因为对方必然会对己方的报价提出质疑。如果在对方还没有提出问题之前,就主动加以说明,这就将己方的弱点暴露给了对方,会提醒对方意识到这是己方最关心的问题,对方可能会从中找到破绽或突破口,向己方猛烈反击,逼迫己方让步。

2. 报价的策略

商务谈判的报价要讲究一定的策略和技巧,因为己方的利益和立场首先是通过最初的报价来表现的,如果报价策略运用得当,就会使对方更相信报价的合理性,从而在谈判中分得更多的利益。反之,则会失去对方的信任,受到对方的攻击,从而陷入被动境地;或者会助长对方的期望,从而失去可能会获得的利益。可见,报价策略的运用直接影响价格谈判的开局、走势和结果。

1) 报价先后策略

在商务谈判中,报价的先后在某种程度上对谈判结果会产生一定的影响。安排得当,则可使己方处于主动地位,推动谈判结果向着利于己方的方向发展;如果处理不当,则可能使己方陷于被动,对己方利益造成不可弥补的损失。报价先后顺序分为两种,即先报价和后报价。先报价和后报价对于谈判双方各有利弊。

(1) 先报价的利弊。

无论是卖方还是买方,谁先报价就为商务谈判划定了一个框架,即便是报出来的价格很高或很低,只要对方能坐下来谈判,结果往往对先报价者有利。先报价如果出乎对方的预料和设想,往往会打乱对方的原有部署,甚至动摇对方原来的期望值,使其失去信心。

总之,先报价可以占据主动,先施加影响,并对谈判全过程的所有磋商行为发挥持续性的作用。

然而,先报价也有不利之处,因为己方一旦先报价,首先就显示了己方的报价与对方先掌握的价格之间的距离。如果己方的报价比对方掌握的价格低,那么就使己方失去了本来可以获得的更大利益。如果己方的报价比对方掌握的价格高,对方会集中力量对己方的价格发起攻击,逼己方降价,而己方并不知道对方掌握的价格,变成己方在明处,对方在暗处,己方往往在对方的攻击之下,不知把价格降在何处合理,以至于遭受了不必要的损失。

(2) 后报价的利弊。

后报价使对方在明处,己方在暗处,可以根据对方的报价及时地修改己方的谈判方案,以争取更大利益。但后报价容易使对方占据主动,而且必须在对方划定的范围内进行谈判。

案例7-6

美国发明家爱迪生发明了发报机之后,不知该卖多少钱,他的妻子说可以卖2万美元。过了几天,一位商人要买他的发报机技术。在洽谈中,商人问到价钱时,爱迪生因为胆怯,一直支支吾吾,不愿先正面说出自己的报价,总认为卖2万美元价钱太高,无法说出口。最后,商人忍耐不住了,说:"那我说个价格吧,10万美元,怎么样?""10万美元!"爱迪生几乎被惊呆了,随即拍板成交。

(3) 先后报价的选择。

鉴于先后报价都有利有弊,谈判人员要根据特定条件和具体情况灵活运用。

如果己方实力强于对方,则己方先报价是有利的。尤其是当对方对本次交易的行情不太熟悉的情况下,先报价的利更大。如果双方的谈判实力相当,谈判过程中一定会竞争得十分激烈,那么同样应该先报价,以争取更大的影响。

如果己方谈判实力明显弱于对手,特别是在缺乏谈判经验的情况下,应该让对方先报价。因为这样做可以通过对方的报价来观察对方,然后再确定应对己方的报价做哪些相应的调整。

此外,商务谈判中就谁先报价形成了一些惯例:货物买卖交易谈判,卖方先报价;发起谈判者与应邀者之间,发起者先报价;投标者与招标者之间,投标者先报价。

2) 报价的高低策略

在国际商务谈判中,有两种典型的报价策略:高报价和低报价。

(1) 高报价。

高报价,也称为西欧式报价,是被西欧和美国的企业普遍使用一种报价方式。其一般模式是:首先提出有较大回旋余地的价格,然后根据买卖双方的实力对比情况和该笔交易的国际市场竞争等因素,通过给予各种优惠,如数量折扣、价格折扣、佣金和支付条件上的优惠(如延长支付期限、提供优惠信贷等)来逐步软化买方的条件和接近买方的市场,最终达到成交的目的。

应对这种报价方式时,谈判者可要求对方出示报价或还价的依据,或者己方出示报价或还价的依据。

(2) 低报价。

低报价,也称为日本式报价,这种报价方式多被亚洲国家采用。其一般模式是:先提出一个低于己方实际要求的谈判价格,以低价和让利来吸引对方,试图首先击败参与竞争的同类对手,然后再与被引诱上钩的买方或卖方进行真正的谈判,迫使其让步,最终达到己方的目的。以卖方为例,先报出最低价格,一般是以卖方最有利的结算条件为前提的,而且在这种低价格交易条件下,各个方面都很难全部满足买方的需要,一旦买方要求改变有关条件,卖方就会相应提高价格。因此,买卖双方最后成交的价格往往高于起初的价格。

应对这种报价方式时,谈判者可把对方的报价内容与其他卖主的报价内容一一对比和计算,并直截了当地提出异议。不为对方的小利所迷惑,可以根据己方的经验和调查结果报给对方一个"一揽子"交易的价格,变被动为主动。

与西欧式报价相比,日本式报价虽有利于初始的竞争,但不适合买方的心理。因为一般人总是习惯于价格由高到低,逐步降低,而不是不断提高。

7.2.2 讨价还价

所谓讨价,是指买方在卖方报价之后,认为报价与自己的期望值差距太大,难以接受,提出修改报价或未修改报价,又向对方询盘,也称之为"再询盘"。

还价是卖方在首先报价并进行价格解释之后,买方如认为离自己的期望目标太远,或不符合自己的期望目标,往往会报出自己的交易要求,表明自己的交易立场,这种做法就是还价,也称为"还盘"。

显而易见,"讨价还价"有三层含义:一是讨价;二是还价;三是经历多次的反复磋商,一方或双方做出让步,才能促成交易双方达成一致意见。

1. 讨价

讨价,是在一方报价之后,另一方认为其报价离己方的期望目标太远,而要求报价一方重新报价或改善报价的行为。这种讨价要求既是实质性的,即迫使价格降低;也是策略性的,其作用是引导对方对己方的判断,改变对方的期望值,并为己方的还价做准备。

1) 讨价的方式

(1) 全面讨价。在磋商刚开始阶段,由于对卖方价格的具体情况尚欠了解,因此,讨价的方法是全面讨价,即要求对方从总体上调整报价。

(2) 分别讨价。常用于较复杂交易中对方第一次改善报价后,或不便于采用全面讨价的讨价。由于讨价并不是一次就能够得到对方的改善价格,所以有的时候需要两次、三次或更多次的讨价。而且讨价也不限是一项,可能是两项或是多项。

(3) 针对性讨价。常用于在全面讨价和分别讨价的基础上,针对价格仍明显不合理的个别部分的进一步讨价。若首次讨价就能得到对方调整报价的反应,这就说明对方报价中的策略性虚报部分可能较大,价格中所含的虚头、水分较多。这时候,在对方报价的基础上,找出明显不合理的、虚头、含水分大的项目,针对这些不合理的部分要求调整报价。

2) 讨价的技巧

(1) 吹毛求疵。在价格磋商中,有经验的谈判者,都会以严格的标准要求对方,对其报价的条款加以挑剔以寻找对方的缺陷,以此为自己还价提供依据。或者还价者对本来满意之处,却表示不满意,并故意提出令对方无法满足的要求,表明自己"委曲求全",以此为自己的还价制造借口。

大量事实证明,"吹毛求疵"不仅可行,而且富有成效。它可以动摇卖方的自信心,迫使卖方接受买方的还价,从而使买方获得较大的利益。需要注意的是,"吹毛求疵"不能过于苛刻,应合乎情理和取得卖方的理解。否则,卖方会觉得买方缺乏诚意,买方的伎俩甚至会被卖方识破。

第七章 商务谈判

案例 7-7　　以低价格买好冰箱

美国谈判学家罗伯特有一次去买冰箱,营业员指着罗伯特要的那款冰箱说:"259.5 美元一台。"接着罗伯特导演了一场精彩的"喜剧"。

罗伯特(以下简称"罗"):这种型号的冰箱有多少种颜色?

营业员(以下简称"营"):共有 32 种颜色。

罗:能看看样品吗?

营:当然可以! (接着立即拿来了样品)

罗:(边看边问)你们店里的现货有多少种颜色?

营:现有 22 种。请问您要哪一种?

罗:(指着样品上有但店里没有的颜色)这种颜色同我厨房的墙壁颜色相配!

营:很抱歉,这种颜色现在没有。

罗:其他颜色与我厨房的颜色都不协调。颜色不好,价钱还这么高,要不便宜一点? 否则我就要去其他的商店了,我想别的商店会有我要的颜色。

营:好吧,便宜一点。

罗:可这台冰箱有些小毛病! 你看这里……

营:我看不出什么。

罗:什么? 这一点毛病尽管小,可是冰箱外表有毛病通常不都要打点折扣吗?

营:……

罗:(又打开冰箱门,看了一会儿)这种冰箱带制冰器吗?

营:有! 这个制冰器每天 24 小时为您冻制冰块,1 小时才 3 美分电费。(她认为罗伯特对这制冰器感兴趣)

罗:这可太糟了! 我的孩子有轻微哮喘病,医生说绝对不可以吃冰块。你能帮我把它拆下来吗?

营:制冰器是没办法拆下来的,它和整个制冷系统连在一起。

罗:可是这个制冰器对我根本没用! 现在我花钱把它买下来,将来还要为它付电费,这太不合理了! 当然,假如价格可以再降低一点的话……

结果,罗伯特以相当低的价格——不到 200 美元买到了他十分中意的冰箱。

(2) 假设法。假设法以假设更优惠条件的语气来向对方讨价,如以更大数量的购买、更宽松的付款条件、更长期的合作等优惠条件来向对方再次讨价,这种方法往往可以摸清对方可以承受的大致底价。假设条件因其是假设,不一定会真正履行。

(3) 目标分解。讨价一般是针对对方策略性虚拟价格的水分进行的。它是买方要求卖方降价、卖方向买方要求加价的一种表示。不论是加价还是降价,一般都不可能一步到位,都需要分步实施。只要每一次讨价的结果都会使交易条件得到改善,即使对方的理由并不都合乎逻辑,只要对己方有利都应该表示欢迎。

(4) 投石问路。这是卖方发盘之后,买方不马上还盘,而是提出种种假设条件下的商品售价问题,它既能保持"平等信赖"的气氛,又有利于还价前对卖方情况的进一步掌握。

案例 7-8

光明食品加工厂为了购买某种山野菜与龙华土产公司进行谈判。在谈判过程中,食品加工厂的报价是每千克山野菜 15 元。为了试探对方的价格"底牌",土产公司代表采用了投石问路的技巧,开口报价每千克山野菜 22 元,并摆出一副非此价不谈的架势。急需山野菜的食品加工厂的代表急了:"市场的情况你们都清楚,怎么能指望将山野菜卖到每千克18元呢?"食品加工厂的代表在情急之中暴露了价格"底牌",于是土产公司的代表紧追不放。"那么,你是希望以每千克18元的价格与我们成交啦?"这时,食品加工厂的代表才恍然大悟,只得无奈地应道:"可以考虑。"最后,双方真的以每千克18元的价格成交,这个结果比土产公司原定的成交价格要高出3元钱。

2. 还价

还价是针对谈判对手的报价,己方所给出的反应性报价的行为。还价以讨价为基础,在一方首先报价以后,另一方一般不会全盘接受,而是要根据对方的报价,在经过一次或几次讨价之后,估计其保留价格和策略性虚报部分,推测对方可能妥协的范围。然后根据己方的既定策略,提出己方可接受的价格,反馈给对方。

1) 还价前的准备

在价格磋商中,当一方报价以后,另一方不要马上回答,而应根据对方的报价内容,再依此调整自己事先的想法,并准备好应对方案后,再进行还价。

(1) 明确对方报价的真正需求。在还价前,要明确对方报价的真正意图,己方根据对方讨价所做的反应和所掌握的市场行情,对报价内容进行全面分析,从中找到还价的突破口。

(2) 判断谈判形势。在还价之前要进行全盘考虑,估计出什么是对方的谈判重点:哪些是对方可以接受的,哪些是对方不能接受的;哪些是对方急于要讨论的;在价格和其他主要条件上对方讨价还价的实力。以此制定出己方还价方案中的总体设想和方案。

(3) 设计还价方案。在还价前,要根据己方的目标设计出几种还价方案,以便保持己方在谈判立场上的主动性,使谈判在己方接受的范围内达成。

2) 还价的方式

(1) 按照谈判中的还价依据可分为:

① 按可比价还价。当己方无法准确掌握所谈商品本身的价值,只能以相近的同类产品或竞争者商品价格作参照进行还价。按可比价还价的关键在于所选择的用于对比的产品是否具有可比性,只有比价合理才能使对方信服。这种方式的优点是既便于操作,又容易被接受。

② 按成本还价。指己方根据成本构成的资料计算出标的物的成本,然后以此为基础再加上一定百分比的利润作为依据进行还价。这种还价方式的关键是所计算成本的准确性,成本计算得越准确,谈判还价的说服力越强。

(2) 按谈判中还价的项目可分为:

① 整体还价,又叫"一揽子"还价,是指不分报价中各部分所含水分的差异,均按同一个百分比还价。

② 分组还价,是指把谈判对象划分成若干项目,并按每个项目报价中所含水分的多少分成几个档次,然后逐一还价。站在买方的角度,就是想成交价格再下降若干,站在卖方的角度,就是想再增加若干成交价格。

③ 逐项还价,对主要商品及其他交易条款逐项、逐个进行还价。

3) 还价的技巧

(1) 积少成多。将还价目标分解,逐项还价,一点一点地取,达到聚沙成塔的效果。一般人们对蝇头小利不在意,也不愿为一点小利而影响关系,细分后的项目因为具体易找到还价理由。

(2) 最大预算。在谈判中,还价方一方面对卖方的商品及报价表示出兴趣,另一方面又以最大预算为由来迫使对方让步。例如,经过讨价,卖方将某货物的报价由10万元降到8.5万元,买方便说:"贵方的货物我们很想买,但是目前我方只有7.8万元的购货款了,如果能按此价成交,我们愿今后与对方保持合作关系。"

(3) 最后通牒。最后通牒是指买方最后给卖方一个出价或期限,如不接受就退出谈判。这种技法有一定的风险性,在实施的时候要注意:最后通牒的出价不能低于卖方的保留价格,否则会导致无法成交。要选择恰当的时机,一般是在买方处于有利地位,或卖方的价格已接近理想价格。言辞不要过硬,言辞太锋利容易伤害卖方的自尊心,而言辞比较委婉易于为卖方考虑和接受。

在最后通牒前,应设法让对方已有所投入,欲罢不能。在谈判中,与对方就次要问题达成了一致,并让对方耗费了大量的时间、精力,待卖方的投入已达到一定程度时,再抛出最后通牒,可使其欲罢不能。

在发出最后通牒时要有较强的客观性和不可违抗性的证据。例如,可以援引有关的法律规定、政策条文、商务惯例、通行的价目表或本公司的财务制度等来支持己方的立场,使卖方不好反驳。

最后通牒也要留有余地。最后通牒并不是一定要把卖方"逼上梁山",要么接受条件,要么谈判破裂,而是迫使卖方再做让步的一种手段。如果在谈判中卖方迫于压力做出较大让步并接近己方条件,应考虑适可而止。若经最后较量,卖方仍坚守立场,为了实现交易,买方也可自找台阶。

(4) 感情投资。良好的人际关系对谈判有着重要的影响,想要影响对方,那么首先就应该为对方所认可。在谈判中,首先和对方建立起信任和友情。从还价的角度来说,感情投资能够为还价被对方所接受铺平道路。还价中,感情投资的运用一般有以下要求:

要正确对待谈判,正确对待对手。整个谈判过程,要遵循平等、互利原则,从大局出发,互谅互让。要把谈判中的各种分歧视为合作的机缘,善于寻求共同利益,求同存异。同时,对于谈判对手,必须充分尊重,而绝不应敌视。要做到台上是对手,台下是朋友,要注重展示自己的修养和人格魅力。

价格谈判中,对于一些较为次要的问题,不过分计较并主动迎合对方,使对方觉得能够站在其角度考虑问题,从而赢得对方好感。

注意利用谈判中的间隙机会,谈论业务范围以外对方感兴趣的话题,如体育比赛、文艺节目、时事新闻、当地的土特产、人文掌故、名胜古迹等,借以增加交流,增进友情。一般对于彼此之间有过交往的谈判对手,要常叙旧,回顾以往合作的经历和取得的成功,增强此次合作的信心。

7.2.3 让步

价格让步是谈判双方为达成交易而做出的利益上的妥协或牺牲。谈判的成功最终依靠双方的价格让步。

在商务谈判的磋商阶段,对己方条件做一定的让步是双方必然的行为。如果谈判双方都坚持自己的立场而丝毫不让步的话,谈判永远也达不成协议,谈判追求的目标也就无法实现。谈判者要明确他要求的最终目标,巧妙地运用让步策略,获取最大的收益。

让步本身就是一种策略,它体现了谈判者用主动满足对方需要的方式来换取己方需要的精神实质。如何运用让步策略,是磋商阶段最为重要的事情。

1. 让步的原则

1) 整体利益最大化

让步的一个基本原则是整体利益不会因为局部利益的损失而造成损害。相反,局部利益的损失是为了更好地维护整体利益。谈判者应当明确区分出此次谈判的整体利益、局部利益、短期利益和长期利益,做到局部利益服从整体利益,短期利益服从长期利益。因此,让步前一定要清楚什么问题可以让步,什么问题不能让步,让步的最大限度是什么,让步对全局的影响是什么等。以最小让步换取谈判的成功,以局部利益换取整体利益是让步的出发点。

2) 不做无谓的让步

谈判者要明确,谈判中没有无缘无故的让步,让步必须是有条件的。让步必须建立在对方创造了己方可以让步的条件的基础上,而且对方创造的条件必须是有利于己方整体利益的。当然,有时让步是根据己方策略或是根据各种因素的变化而做出的。这个让步可能是为了己方全局利益,为了今后长远的目标,或是为了尽快成交而不至于错过有利的市场形势等。

无论如何,让步的代价一定要小于让步所得到的利益。要避免无谓的让步,要用我方的让步换取对方在某些方面的相应让步或优惠。

3) 让步要选择恰当的时机

让步的时机要恰到好处,不到需要让步的时候绝对不要做出让步的许诺。一般来说,当对方没有表示出任何退让的可能,让步不会给己方带来相应的利益,也不会增强己方讨价还价的力量,更不会使己方占据主动的时候,不能做出让步。

4) 确定适当的让步幅度

在谈判中,让步是可以分几次进行的,每次让步都要让出自己一部分利益。让步的幅度要适当,一次让步的幅度不宜过大,节奏也不宜过快,以防止对方的期望值迅速提高,进而提出更高的要求,使己方在谈判中陷入被动。而且让步节奏过快,对方觉得轻而易举就可以得到需求的满足,因而认为己方的让步无须负担压力和损失,也就不会引起对方对让步的足够重视。

5) 不要承诺做出与对方同等幅度的让步

即使双方让步的幅度相当,但是双方由此得到的利益却不一定相同,不能单纯从数字上追求相同的幅度。可以让对方感到己方也做出了相应的努力,以同样的诚意做出让步,但是并不等于幅度是对等的。例如,对方在某一条款上让步60%,而己方在另一项目上让步40%,假如对方说:"你也应该让步60%。"己方则可以说:"我方实在无法负担60%。"

案例 7-9

某年日本国内红豆歉收,日本一家公司急需从中国进口一批红豆。而中国有相当多的库存,但有相当一部分是前一年的存货,我国希望先出售旧货,而日方则希望全是新货。双方就此展开谈判。

谈判开始后,日方首先大诉其苦,诉说自己面临的种种困难,希望得到中方的帮助。

"我们很同情你们面临的现状,我们是近邻,也很想帮助你们,那么请问你们需要订购多少呢?"

"我们肯定是要订购的,但不知你方货物的情况怎么样,所以想先听听你们的介绍。"我方开诚布公地介绍了红豆的情况:新货库存不足,陈货偏多,价格上新货要高一些,因此希望日方购买去年的存货。但是,虽经再三说明,日方仍然坚持全部购买新货,谈判陷入僵局。

第二天,双方再次回到谈判桌前。日方首先拿出一份最新的官方报纸,指着上面的一篇报道说:"你们的报纸报道今年的红豆获得了大丰收,所以,不存在供应量的问题,我们仍坚持昨天的观点。"

中方不慌不忙地指出："尽管今年红豆丰收,但是我们国内需求量很大,政府对于红豆的出口量是有一定限制的。你们可以不买陈货,但是如果等到所有旧的库存在我们国内市场上卖完,而新的又不足以供应时,你再想买就晚了。建议你方再考虑考虑。"

日方沉思良久,仍然拿不定主意。为避免再次陷入僵局,中方建议道："这样吧,我们在供应你们旧货的同时,供应一部分新货,你们看怎么样呢?"日方再三考虑,也想不出更好的解决办法,终于同意进一部分旧货。但是,究竟订货量为多少?新旧货物的比例如何确定?谈判继续进行。日方本来最初的订货计划为2 000吨,但宣称订货量为3 000吨,并要求新货量为2 000吨。中方听后连连摇头:"3 000吨我们可以保证,但是其中2 000吨新货是不可能的,我们最多只能给800吨。"日方认为800吨太少,希望能再多供应一些。中方诚恳地说:"考虑到你们的订货量较大,才答应供应800吨,否则,连800吨都是不可能的,我方已尽力而为了。""既然你们不能增加新货量,那我们要求将订货量降为2 000吨,因为那么多的旧货我们回去也无法交代。"中方表示不同意。谈判再次中断。

过了两天,日方又来了。他们没有找到更合适的供应商,而且时间也不允许他们再继续拖下去。这次,日方主动要求把自己的总订货量提高到2 200吨,其中800吨新货保持不变。

2. 让步的策略

磋商中的每一次让步,不但是为了追求己方的满足,同时也要充分考虑对方的满足。谈判双方在不同利益问题上相互做出让步,以达成谈判一致。

1) 互利互惠的让步策略

互利互惠的让步策略是以己方的让步换取对方在另一问题上的让步。谈判不仅仅是有利于某一方的洽谈,一方做出了让步,必然期望对方对此有所补偿,获得更大的让步。一方在做出让步后,能否获得对方的让步,在很大程度上取决于谈判方式:一种是横向谈判,即采取横向铺开的方法,几个议题同时讨论,同时展开,同时向前推进。另一种是纵向深入方法,即先集中解决某一个议题,而在开始解决其他议题上争执不下,在经过一番努力之后,往往会出现单方让步的局面;而横向谈判把各个议题联系在一起,双方可以在各议题上进行利益交换,达成互惠式让步,争取互惠式让步,谈判人员需要有开阔的思路和视野。除了某些己方必须得到的利益要坚持以外,不要太固执于某一个问题的让步,而应统观全局,分清利害关系,避重就轻,灵活地使一方的利益在其他方面得到补偿。

为了能顺利争取对方互惠互利的让步,可采取以下两种技巧:

(1) 当己方谈判人员提出让步时,应向对方表明做出这个让步是与公司政策或公司主管的指示相悖的。因此,己方只同意这样一个让步,即对方也必须在某个问题上有所回报。

(2) 把己方的让步与对方的让步直接联系起来,表明己方可以做出这次让步,只要在己方要求对方让步的问题上能达成一致,其他就不存在问题了。相比较而言,前一种言之有理,言中有情,易获得成功;而后一种则直来直去,比较生硬。

2) 予远利谋近惠的让步策略

予远利谋近惠的让步策略,是以未来利益上的让步换取对方近期利益上的让步。在商务谈判中,参加谈判的各方均有不同的愿望和需要,有的对未来很乐观,有的则很悲观;有的则希望马上达成交易,有的却希望能够等上一段时间。因此,谈判人员就自然地表现为对谈判的两种满足形式,即对现实谈判交易的满足和对未来交易的满足,而对未来交易的满足程度完全凭借谈判人员自己的感觉。

对有些谈判人员来说,可以通过给予其期待的满足或未来的满足而避免给予其现实的满足,即为了避免现实的让步而给予对方以远利。例如,当对方在谈判中要求己方在某一问题上做出让步时,己方可以强调保持与己方的业务关系将能给对方带来长期的利益,而本次交易对是否能够成功地建立和发展双方之间的这种长期业务关系是至关重要的。向对方说明远利和近利之间的利害关系,如果对方是精明的商人,是会取远利而弃近惠的。

3) 己方丝毫无损的让步策略

己方丝毫无损的让步策略,是指谈判一方以不做任何让步为条件而获得对方的让步。在谈判过程中,当谈判的对方就某个交换条件要求己方做出让步,其要求确实有理,而对方又不愿意在这个问题上做出实质性的让步时,可以采用这样一种处理的办法,即首先认真地倾听对方的诉说,并向对方表示,己方充分理解对方的要求,也认为对方的要求有一定的合理性,但就己方目前的条件而言,实在难以接受对方的要求,同时保证在这个问题上己方给其他客户的条件,绝对不比给对方的好,希望对方能够谅解。

人们对自己争取某个事物的行为的评价,并不完全取决于最终的行为结果,还取决于人们在争取过程中的感受,有时感受比结果还重要。在此,己方认真倾听对方的意见要求,肯定其要求的合理性,满足了对方受人尊敬的要求;保证其条件待遇不低于其他客户,进一步强化了这种受人尊敬需求的效果,迎合了人们普遍存在的一种心理:互相攀比,横向比较。

3. 让步的方式

在商务谈判中,常见的让步方式有八种(见表7-1)。每一种方式传递的信息不同,对不同的对象也有不同的结果。选择、采取哪种让步方式,取决于以下几个因素:谈判对手的经验,谈判的方针与策略,让步后对手的反应。

表7-1 让步的方式

让步方式	让步金额	第一步	第二步	第三步	第四步
冒险型	100	0	0	0	100
刺激型	100	25	25	25	25
希望型	100	40	27	20	13
妥协型	100	50	30	12	8
危险型	100	45	40	0	15
诱发型	100	13	20	27	40
虚伪型	100	45	40	-2	17
愚蠢型	100	100	0	0	0

1) 坚定式的让步

这种让步方式的特征是在让步的最后阶段一步让出全部可让利益。谈判的前期,己方始终不做丝毫退让,而到了谈判后期或迫不得已的时候,又会做出大幅度的退让。这种让步方式导致谈判形成僵局。甚至可能导致谈判的中断,所以这种让步方式称为"冒险型"。

如果买方是一个意志比较弱的人,当卖方采用此方式时,买方可能早就放弃讨价还价了,因而得不到利益;如果买方是一个意志坚强、坚持不懈、不达目的不罢休的人,那么买方只要不断迫使对方让步,即可达到目的,获得利益。

(1) 特点:让步方态度比较果断,往往被人认为有大家风范。这种方式是在开始时寸步不让,态度十分强硬,但到最后时刻一次让步到位,促成和局。

(2) 优点：由于在起初阶段寸利不让，已向对方传递了己方的坚定信念，因此如果谈判对手缺乏毅力和耐性，就有可能被征服，使己方在谈判中获得较大的利益。

(3) 缺点：由于在谈判开始阶段一再坚持寸步不让的策略，则可能失去伙伴，有较大的风险性，同时容易给对手造成缺乏诚意的印象。

(4) 适用对象：该种方式适用于对谈判投入少，在谈判中占有优势的一方。

2) 等额式的让步

这种让步方式的特征是以相等或者近似相等的幅度多次让步。小幅度多次让步，很容易刺激对手继续期待更进一步的让步。所以，我们把这种让步方式称为"刺激型"。

(1) 特点：在商务谈判让步过程中，不断讨价还价，像挤牙膏一样，挤一步让一步，让步的数量和速度都是均等、稳定的。

(2) 优点：首先，此种让步平稳、持久，本着步步为营的原则，因此不易让对方轻易占到便宜；其次，对于双方充分讨价还价比较有利，容易在利益均享的情况下达成协议；最后，在遇到性情急躁或无时间长谈的对方时，往往会占上风，削弱对方的还价能力。

(3) 缺点：首先，每次让利的数量相等、速度平稳，给人的感觉平淡无奇，容易使人产生疲劳、厌倦之感；其次，该谈判方式效率极低，通常会浪费大量的精力和时间，因此谈判成本较高；最后，对方每讨价还价一次，都有等额利润让出，这样会给对方传递一种信息，即只要耐心等待，总有希望获得更大的利益。

(4) 适用对象：等额让步方式目前使用极为普遍，在缺乏谈判知识或经验的情况下，以及在进行一些较为陌生的谈判时运用，常常会取得明显效果。

3) 慢速递减式的让步

这是一种由大到小、逐次下降的让步形态，这是一种让步幅度逐轮递减的方式。一方面表现出卖方的立场越来越强硬；另一方面又会使买方感到卖方仍留有余地，从而始终抱有继续讨价还价的希望。因此，我们把这种让步方式称为"希望型"。

(1) 特点：比较自然、坦率，符合商务谈判讨价还价的一般规律。先以较大的让步作为起点，然后依次下降，直到可让的全部利益让完为止。这种让步策略往往给人以和谐、均匀、顺理成章的感觉，是谈判中最普遍采用的一种让步方式。

(2) 优点：首先，容易为人们所接受，给人以顺其自然之感；其次，由于让步采取先大后小的方式，这往往有利于促成谈判的和局；再次，让步程度一步比一步更为谨慎，一般不会产生让步上的失误；最后，达成协议是在等价交换、利益均衡的条件下完成的，不会影响谈判的和谐气氛。

(3) 缺点：首先，让步由大到小，对于买主来讲，越争取，利益越小，因而往往使买主心情沮丧，故终局情绪不会太高；其次，这是谈判让步中惯用的方法，缺乏新鲜感。

(4) 适用对象：此种谈判让步方式一般适用于商务谈判的提议方，原因是谈判方对谈判的和局更为关切，理应做出较大的让步，以诱发对方从谈判中获利的期望。

4) 快速递减式让步

这种让步的幅度一次比一次小，一般是接近谈判底线的时候往往会让步越来越小。它既向买方显示出卖方的谈判诚意和妥协意愿，同时又巧妙地暗示出卖方已做出了巨大的牺牲和尽了最大的努力，进一步的退让已近乎不可能。这种让步方式可以称之为"妥协型"。

(1) 特点：合作为主，竞争为辅，诚中见虚，柔中带刚。在初期以高姿态出现，并做出较高的礼让,向前迈进两大步,然后再让微利,以向对方传递无利再让的信息。这时,如果买方一再坚持,则以较为适中的让步结束谈判。

(2) 优点:首先,由于谈判的让步起点较高,富有诱惑力;其次,大幅度让利之后,到第三期仅让微利,给对方传递了已基本无利可让的信息,因此比较容易使对方产生获胜感而达成协议;最后,如果第三期所做微小让步仍不能达成协议的话,再让出最后一点的利润,往往会使对方满意而最终达成协议。

(3) 缺点:首先,由于一开始让步很大,容易造成己方软弱可欺的不良印象,会强化对方的进攻性;其次,头两步的大让利和后两步的小让利形成鲜明对比,容易给对方造成己方诚意不足的印象。

(4) 适用对象:适用于以合作为主、以互惠互利为基础的谈判。在开始时做出较大的让步,有利于营造良好的合作气氛和建立友好的伙伴关系。

5) 先高后低再拔高式让步

这是一种开始让步幅度极大,接下来则坚守立场、毫不退让,最后一轮又做了小小的让步的方式。这种让步方式,充分表明了卖方的成交愿望,也表明进一步的讨价还价是徒劳的;但开始的巨大让步也会大幅度地提高买方的期望,虽然之后卖方态度转为强硬会很快消除这一期望,可是买方很高的期望一旦立即化为泡影往往又会难以承受,从而将影响谈判的顺利进行。另外,开始就做出巨大让步,可能会使卖方丧失在较高价位成交的机会。我们把这种让步方式称为"危险型"。

(1) 特点:给人以软弱、憨厚、老实之感,因此成功率较高。这种方式在让步初期即让出绝大部分利益,第二期让步即达己方可让利益的边际,到第三期拒绝让步,向对方传递了该让的利益基本让完了的信息。如果对方仍一再坚持,再让出最后一步,以促成谈判的成功。

(2) 优点:首先,以求和的精神让出多半利益,因此有可能换得对方较大的回报;其次,第三期让步时做出了无利可让的假象,这有可能打消对方进一步要求己方再一次让利的期望;再次,让出小利,既向对方显示了己方的诚意,又会使通情达理的谈判对手难以拒绝签约,因此往往收效不错;最后,尽管其中还有余地,但客观上仍表现出以和为贵的温和态度。

(3) 缺点:首先,开始时表现软弱,大步让利,如果遇到贪婪的对手,会刺激对手变本加厉,得寸进尺;其次,这种方式可能由于第三期让步遭到拒绝后,导致谈判出现僵局或败局。

(4) 适用对象:这种方式用于在谈判竞争中处于不利境地,但又急于获得成功的谈判一方,它使己方有三次较好的机会达成协议。

6) 慢速递增式的让步

这种让步方式的特征是每次让步的数额是逐渐增加的,往往会导致让步方重大的损失。在实际价格谈判中,应尽量避免采取这种让步方式。因为这样会使买方还价的期望值越来越大,并会认为卖方软弱可欺。这种让步方式可以称为"诱发型"。

(1) 特点:在商务谈判的让步过程中,能够正确处理竞争与合作的尺度,在较为恰当的起点上让步。这时,如果买方表示满意即可收尾;如果买方仍穷追不舍,卖方再大步让利,在一个较高的让步点上结束谈判。

(2) 优点:首先,起点恰当、适中,能够向对方传递合作、有利可图的信息;其次,在谈判中大举让利的方法,使谈判易于成功。

(3) 缺点:这种让步方式是一种由少到多的让步方式,容易鼓励对方继续讨价还价,从而助长买方的谈判气势,很可能使卖方遭受重大损失。

(4)适用对象:这种方式适用于竞争性较强的谈判。该策略在运用时要求技术性较强,而且富有变化。同时又要时刻观察谈判对方对己方让步的反应,以调整己方让步的速度和数量,故实施难度较大。

7)不定式让步

这是一种开始做出大的让步,接下来又做出让步,之后安排小小的回升,最后又被迫做一点让步的方式。这是一种较为奇特和巧妙的让步技法,往往能操纵买方心理。它既可表明卖方的交易诚意和让步已达到极限,又可通过"一升一降"使买方得到一种心理上的满足。我们把这种让步方式称之为"虚伪型"。

(1)特点:风格果断诡诈,又具有冒险性。第一期的大部分让利和第二期的小部分让利后,便把可让利益全部让完,第三期并非消极拒绝,而是诱惑性地让出本来不该让的一小部分利益,然后再从另外的角度讨价还价,在第四期收回该部分利益。可见,这是一种具有很高技巧的让步方式,只有谈判经验非常丰富的人才能灵活运用。

(2)优点:首先,开始两步让出全部利益,具有很大的吸引力,往往会使陷入僵局的谈判起死回生;其次,若前两期的让利尚不能打动对方,再冒险让出不该让出的利益,就会产生一种诱惑力,使对方沿着己方思路往前走;最后,对方一旦与己方思路相同,并为谈判付出代价,再借口某原因,从另一角度找回己方所需的利益,这样就容易促成和局。

(3)缺点:首先,开头两期的全部可让利益的让出,会导致对方期望增大,在心理上强化了对方的议价能力;其次,第三期额外的让步,如第四期中不能讨回,就会损害己方的利益;最后,在第四期中讨回让利时,极易出现谈判破裂的局面。

(4)适用对象:这种让步方式一般适用于陷入僵局或危难的谈判,由于己方处于危险境地,又不愿使己方付出的代价付之东流,因此不惜在初期就大步相让,以牺牲自己的利益为代价来挽救谈判,以促成谈判和局。

8)一步到位式让步

这种让步方式指的是在谈判一开始,就把己方所能做出的让步和盘托出。这不仅会大大提高对方的期望值,而且没有给己方留出丝毫的回旋余地。既缺乏灵活性,又容易使谈判陷入僵局;一开始即做出全部让步,也会使卖方可能损失不该损失的利益。这种让步方式可以称为"愚蠢型"。

(1)特点:态度诚恳、务实、坚定、坦诚。在谈判进入让步阶段,一开始即亮出底牌,从而达到以诚取胜的目的。

(2)优点:首先,由于谈判者一开始就向对方亮出底牌,让出自己全部可让利益,比较容易打动对方采取回报行为,促成和局;其次,率先大幅度让步,富有巨大诱惑力,会在谈判桌上给对方留下深刻印象,有利于获取长远利益;最后,一步让利,坦诚相见,有利于速战速决,降低成本。

(3)缺点:首先,由于这种让步操之过急,会给对方传递一种可能尚有利可图的信息,导致对方继续讨价还价;其次,由于一次性大步让利,可能会损失掉本来能够力争的利益。

(4)适用对象:对于己方处于谈判的劣势或谈判各方之间关系较为友好的谈判,可采用此策略。此策略以自己的最大让步感动对方,促使对方以同样的方式予以回报,并建立友好的关系。

4. 迫使对方让步的策略

谈判中的让步是必要的,没有适当的让步,谈判就无法进行。而一味地让步,是根本不现实的,也有害于己方的利益,"最好的防守便是进攻",在谈判磋商中,迫使对方让步也是达到最终谈判目的的手段之一。迫使对方让步的策略主要有以下几种。

1) 制造竞争

制造和创造竞争条件是谈判中迫使对方让步最有效的武器和策略。当一方存在竞争对手时,其谈判实力大为减弱。因此,谈判中应注意制造和保持对方的竞争局面。在进行谈判前,多考察几家别的厂商,同时邀请它们前来谈判,并在谈判过程中适当透露一些有关竞争对手的情况。在与一家厂商达成协议前,不要过早结束与其他厂商的谈判,以保持竞争局面。即使对方实际上没有竞争对手,己方也可巧妙地制造假象来迷惑对方。

案例 7-10

美国谈判专家大卫决定建个家庭游泳池,建筑设计的要求非常简单:长 30 英尺,宽 15 英尺,有温水过滤设备,并且在 6 月 1 日前竣工。

隔行如隔山,虽然谈判专家大卫在游泳池的造价及建筑质量方面是个彻头彻尾的外行,但是这并没有难倒他。大卫首先在报纸上登了个建造游泳池的招商广告,具体写明了建造要求。很快有 A、B、C 三位承包商前来投标,各自报上了承包详细标单,其中包括各项工程的费用及总费用。大卫仔细地看了这三张标单,发现所提供的抽水设备、温水设备、过滤网标准和付钱条件等都不一样,总费用也有不小的差距。

于是大卫请这三位承包商到自己家里商谈。第一个约定在上午 9 点钟,第二个约定在 9 点 15 分,第三个则约定在 9 点 30 分。三位承包商如约准时到来,但大卫客气地说,自己有件急事要处理,一会儿一定尽快与他们商谈。三位承包商只得坐在客厅里一边彼此交谈,一边耐心地等候。

10 点钟的时候,大卫出来请第一个承包商 A 先生进到书房去商谈。A 先生一进门就介绍自己干的游泳池工程一向是最好的,建大卫的家庭游泳池实在是胸有成竹、小菜一碟。同时,还顺便告诉大卫,B 先生通常使用陈旧的过滤网;C 先生曾经丢下许多未完的工程,现在正处于破产的边缘。

接着,大卫出来请第二个承包商 B 先生进行商谈。大卫从 B 先生那里又了解到,其他人所提供的水管都是塑胶管,只有 B 先生所提供的才是真正的铜管。

后来,大卫出来请第三个承包商 C 先生进行商谈。C 先生告诉大卫,其他人所使用的过滤网都是品质低劣的,并且往往不能彻底做完,拿到钱之后就不认真负责了,而自己则绝对能做到保质、保量、保工期。

不怕不识货,就怕货比货,有比较就好鉴别。大卫通过耐心地倾听和旁敲侧击的提问,基本上弄清楚了游泳池的建筑设计要求,特别是掌握了三位承包商的基本情况:A 先生的要价最高,B 先生的建筑设计质量最好,C 先生的价格最低。大卫决定选中 B 先生来建造游泳池,但只给 C 先生提出的标价。通过一番讨价还价,大卫很快达到了自己的目标。

2) 软硬兼施

在谈判过程中,当对方在某一问题上应让步或可以让步但却坚持不让步时,谈判便难以继续下去。在这种情况下,谈判人员可利用软硬兼施的策略。也就是说在商务谈判中要有人唱"白脸",也有人唱"红脸",唱"白脸"是以强对强,而唱"红脸"则是以柔对强,争取对方的理解,达到按照己方的价格达成交易。

其具体做法是:己方主谈人或负责人找一个借口暂时回避,让"强硬派"挂帅出阵,将对方的注意力引向自己,采取强硬立场,唇枪舌剑,寸步不让,从气势上压倒对方,给对方在心理上造成错觉,迫使对方让步,或者索性将对方主谈人激怒,诱其怒中失态。

一旦己方主谈人估计已获得预期效果时,即刻回到谈判桌边,但不要马上发表意见,而是让己方调和者以缓和的口气,调和双方的矛盾,以便巩固己方已取得的优势。主谈人通过调和者的间接汇报和察言观色,判断对方确被激怒或确被己方的气势压倒而有让步的可能时,就应以诚恳的态度、亲切的言辞提出"合情合理"的条件,使对方接受,如有必要,也可训斥己方"强硬派"扮演者的"粗暴"行为,以顾全对方的面子。在这种情况下,对方很可能会接受己方主谈人所提出的条件或做出某些让步,当然,对方也可能不会马上让步,此时应给对方考虑的时间。

3) 最后通牒

在谈判双方争执不下、对方不愿做出让步来接受己方交易条件时,为了迫使对方让步,己方可以向对方发出最后通牒,即如果对方在某个期限内不接受己方的交易条件并达成协议,己方就宣布谈判破裂并退出谈判。

在谈判过程中,谈判人员往往寄希望于未来能有更大利益而对现实的讨价还价不肯放弃。打破对方的奢望,就能击败犹豫中的对方。最后通牒的策略在这方面极为有效。

运用最后通牒策略必须注意以下几点:

(1) 谈判人员知道自己处于一种强有力的地位,特别是该笔交易对于对方来说,要比对己方更重要。这是运用这一策略的基础和必备条件。

(2) 只有在谈判最后阶段或最后关键时刻才能使用"最后通牒"。因为对方经过旷日持久的谈判,已耗费大量的人力、物力、财力和时间,一旦拒绝己方的要求,这些成本将付之东流。这样,对方会因无法承受失去这笔交易所造成的损失而非达成协议不可。

(3) 最后通牒的提出,必须非常坚定、明确、毫不含糊,不让对方存有任何幻想。同时,己方也要做好对方绝不让步而退出谈判的思想准备,以免情况发生时惊慌失措。

7.3 僵局化解

谈判僵局指商务谈判过程中出现难以再顺利进行下去的僵持局面。在谈判中,谈判双方对所谈的问题的要求差距很大,而又都不愿意做出妥协向对方让步时,谈判就有可能陷入僵局。

谈判僵局对谈判各方的利益和情绪都有不良影响,会产生两种后果:打破僵局继续谈判或谈判破裂。后一种结果是双方都不愿看到的。因此,谈判者必须了解僵局出现的原因,以尽量避免僵局出现。如果僵局出现,谈判者也应学会运用科学有效的策略和技巧打破僵局,使谈判重新顺利进行,取得有利的成果。

7.3.1 僵局的形成

1. 僵局的种类

1) 按照谈判的不同阶段划分

(1) 初期僵局。谈判初期是双方彼此熟悉、了解、建立融洽气氛的阶段,双方对谈判都充满了期待。但是,如果由于误解,或由于某一方谈判前准备得不够充分,使另一方在感情上受到很大伤害,就会导致僵局的出现,使谈判匆匆收场。

(2) 中期僵局。谈判中期是谈判的实质性阶段,双方需要就有关技术、价格、合同条款等交易内容进行详尽的讨论、协商。在合作的背后,客观地存在各自利益上的差异,这就可能使谈判暂时朝着使双方难以统一的方向发展,产生谈判中期的僵局,而且中期僵局常常具有此消彼长、反反复复的特点。有些中期僵局通过双方之间重新沟通,便可迎刃而解;有些则因为双方都不愿在关键问题上退让而使谈判长时间拖延,问题悬而未决。因此,中期是僵局最纷繁多变的阶段,也是经常发生谈判破裂的阶段。

(3) 后期僵局。谈判后期是双方达成协议的阶段。在已经解决了技术、价格等关键性问题之后,还有如项目验收程序、付款条件等执行细节需要进一步商议,特别是合同条款的措辞、语气等经常容易引起争议。但谈判后期的僵局不像中期那样难以解决,只要某一方表现得大度一点,稍做些让步便可顺利结束谈判。需要指出的是,后期阶段的僵局决不容轻视,如果掉以轻心,有时仍会出现重大问题,甚至使谈判前功尽弃。因为到了后期,虽然合作双方的总体利益以及各自利益的划分已经通过谈判确认,但是只要尚未签订正式的合同,总会有未尽的权利、义务、责任、利益和其他一些细节尚需确认和划分,因此不可疏忽大意。

2) 按照谈判合作进程划分

(1) 协议期僵局,是双方在磋商阶段意见产生分歧而形成的僵持局面。

(2) 执行期僵局,是在执行合同过程中双方对合同条款理解不同而产生的分歧,或出现了双方始料未及的情况,导致一方把责任有意推向另一方,抑或一方未能严格履行协议,引起另一方的严重不满等而发生的责任分担不明确的争议,这就是从广义角度来理解的僵局。

2. 僵局形成的原因

1) 谈判一方故意制造谈判僵局

这是一种带有高度冒险性和危险性的谈判战略,即谈判的一方为了试探出对方的决心和实力而有意给对方出难题,搅乱视听,甚至引起争吵,迫使对方放弃自己的谈判目标而向己方目标靠近,使谈判陷入僵局,其目的是使对方屈服,从而达成有利于己方的交易。

故意制造谈判僵局的原因可能是过去在商务谈判中上过当、吃过亏,现在要给对方报复;或者自己处在十分不利的地位,通过给对方制造麻烦可能改变自己的谈判地位,并认为即使自己改变了不利地位也不会有什么损失。这样就会导致商务谈判出现僵局。

通常情况下,谈判者往往不愿冒使谈判陷入僵局的风险,因为制造僵局往往会改变谈判者在谈判中的处境。如果运用得当会获得意外的成功;反之,若运用不当,其后果也是不堪设想的。因此,除非谈判人员有较大把握和能力来控制僵局,否则最好不要轻易采用。

案例 7-11

1995 年 12 月德国总理科尔访华期间,上海地铁二号线的合作谈判陷入了僵局。形成僵局的原因是,德国代表以撤回贷款强压中方接受比原定能接受价格高出 7 500 万美元的价格。对方代表有恃无恐,在谈判桌上拍桌子威胁中方代表,扬言再不签约,一切后果由中方负责。

中方代表根据手中掌握的地铁车辆国际行情,知道即使按照中方原定的报价,德国公司仍然有钱可赚。对方只是企图倚仗提供了政府贷款就漫天要价,想把德国政府贷款的优惠,通过车辆的卖价又悄悄地拿回去。

中方代表坚决拒绝在协议上签字。德方代表其实根本不愿意失去这单生意,所以在以后的谈判中不得不缓和自己的态度。经过一轮又一轮的艰苦谈判,德方不但把车辆价格下调,整个地铁项目的报价也比原来降低了 1.07 亿美元。

2) 立场观点争执导致僵局

在谈判过程中,如果双方对某一问题各自坚持自己的看法和主张,谁也不愿做出让步,往往容易产生分歧,争执不下。双方越是坚持自己的立场,分歧就会越大,而双方为了维护各自的面子,非但不愿做出让步,反而会用顽强的意志来迫使对方改变立场。于是,谈判变成一种意志力的较量,自然陷入僵局。

由于双方对各自立场观点产生主观偏见,则双方真正的利益需求会被这种立场观点的争论所搅乱。这种僵局处理不好,不但会破坏谈判的合作气氛,浪费谈判时间,甚至会伤害谈判双方的感情,最终使谈判走向破裂。立场观点争执所导致的僵局是比较常见的,因为人们很容易在谈判时陷入立场观点的争执而使谈判陷入僵局。

案例 7-12

在中美恢复外交关系的谈判中,双方在公报如何表述台湾的问题上发生了争执。中方认为台湾是中国领土的一部分,而美方不想得罪台湾当局,双方谈判代表为此相持不下,绞尽脑汁。最后,在《上海公报》里,用了"台湾海峡两边的中国人"这种巧妙的提法,使双方的立场冲突得到了缓解,《上海公报》得以诞生。

3) 谈判双方实力不均,定位偏差导致僵局

参与各种商务谈判的企业往往存在着洽谈双方一方强、一方弱,一方大、一方小等差别这种情况容易使双方在进入谈判时的角色定位产生偏差。在谈判中如果一方无视对方的存在,滔滔不绝地论述自己的观点而忽略对方的反应和陈述的机会,形成一言堂,必然会使对方感到不满,从而造成潜在的僵局。

一方过于强势还可能表现在偏激的感情色彩上。偏激的感情色彩是指谈判者对所商谈的议题过分地表现出强烈的个人感情色彩,提出一些不合乎逻辑的议论和意见,形成强烈的个人偏见或成见,引起对方的不满,造成谈判的僵局,甚至使谈判破裂。例如,谈判中买方认为供货方的要价过高,便喋喋不休地旁征博引,说某某企业的货物如何好,条件又如何优惠等等,引起供货方的厌烦,导致谈判陷入僵局。

4) 信息沟通的障碍导致僵局

谈判过程是一个信息沟通的过程,只有双方信息实现准确、全面、顺畅的沟通,才能互相深入了解,才能正确地把握和理解对方的利益和条件。造成沟通障碍的原因是多方面的,如因语言障碍,未听清楚对方说话的内容;因理解方式的差异,对对方陈述的内容产生误解;因文化背景差异,未能理解另一方的某种谈判方式;因个性差异,一方虽理解却不愿意接受已理解的内容等。这些信息沟通障碍使得谈判双方不能准确、真实而全面地进行信息、观念和情感的沟通,甚至产生误解和对立情绪,使谈判不能顺利进行下去。

案例 7-13

美国 ABC 公司总裁访问一家中国著名的制造企业,商讨合作发展事宜。中方总经理很自豪地向客人介绍说:"我公司是中国二级企业……"此时,翻译人员很自然地用"Second-Class Enterprise"来表述。不料,该跨国公司总裁闻此,原本很高的兴致突然冷淡下来,敷衍了几句立即起身告辞。在归途中,他抱怨道:"我怎么能同一个中国的二流企业合作?"可见,一个小小的沟通障碍,会直接影响到合作的可能与否。

5) 商务谈判人员人为因素导致僵局

(1) 素质低下,导致僵局。

谈判人员素质不仅是谈判能否成功的重要因素,而且当双方合作的客观条件良好,共同利益较一致时,谈判人员素质高低往往是起决定性作用的因素。如果在谈判中某些谈判人员的

素质欠佳,在谈判桌上争强好胜,一切从"能压住对方"出发,说话锋利刻薄,频频向对方发动攻势,在一些细枝末节上也不甘示弱,甚至以揭人隐私为快事,伤害到对方的尊严,这样谈判自然就会陷入僵局。

(2) 主观偏见,引起不满。

在商务谈判中,偏见是导致僵局出现的常见因素。如果在谈判中由于一方人员从自身情感出发,甚至是带有严重的感情色彩,对对方或谈判议题提出一些不正确的意见或看法,就会导致双方共同讨论的议题无法达到一致的认可,很容易从主观上引起对方强烈的不满,造成僵局。

(3) 言行不慎,伤人自尊。

一些有经验的谈判专家认为,许多谈判人员维护个人的面子甚于维护公司的利益。如果在谈判中,一方感到丢了面子,即会奋起反击挽回面子,甚至不惜退出谈判。这时,这种人的心态处于一种激动不安的状况,态度也特别固执,语言富于攻击性,明明是一个微不足道的小问题,也毫不妥协退让,自然双方就很难继续交谈,使谈判陷入僵局。

7.3.2 僵局的化解

1. 谈判僵局的处理原则

当谈判陷入僵持状态下,要使谈判继续进行下去,谈判人员必须努力化解僵局达到预期的目标。

1) 正确认识谈判的僵局

谈判人员应该认识到:僵局的出现对双方都不利。只有能正确分析问题、恰当处理矛盾,才会变不利为有利。虽然谈判人员不应把僵局视为一种策略,运用它胁迫对手妥协,但也不能一味地妥协退让。这样,非但避免不了僵局,还会使自己陷入被动局面。我们应相信只要具备勇气和耐心,在保全对方面子的前提下,灵活运用各种策略和技巧,僵局就能化解。

2) 理性思考

谈判陷入僵局后,谈判气氛也随之紧张,这时双方都不可失去理智、任意冲动,以防止和克服过激所带来的干扰。必须明确冲突的实质是双方利益的矛盾,而不是谈判者个人之间的矛盾;同时应设法建立一项客观的准则,即让双方都认为是公平的,又易于实行的办事原则、程序或衡量事物的标准。谈判双方要充分考虑到双方的利益到底是什么,从而理智地克服一味地希望通过坚持自己的立场来"赢"得谈判的做法。

3) 协调好双方利益

当双方在同一问题上观点分歧较大,并且各自理由充足,均既无法说服对方,又不能接受对方的条件时,就会使谈判陷入僵局。这时,应认真分析双方的利益所在,寻求双方利益的平衡点,最终达成谈判协议。

4) 欢迎不同意见

俗话说,褒贬是买主。谈判中出现意见分歧是平常的事,反对意见一方面是谈判顺利进行的障碍,另一方面是对议题感兴趣或想达成协议的表示。因此,听到对方的反对意见时要"闻过则喜",应诚恳地表示欢迎。问题的关键是谈判双方在指导思想上都应坚持正确的谈判态度,提出反对意见者,说话要有充分依据,尊重对方;被提意见者要谦虚,欢迎对方畅所欲言。

5) 避免争吵

谈判既是智力的角逐,又是感情的交流。当谈判中的分歧较大时,双方都会不同程度地流露出各自的真实感情,即使在理智的控制下,言谈中也难免会出现一些冷嘲热讽的现象,甚至发生情绪上的对立。因此,谈判者必须有较强的自控能力,防止把争论变为争吵,不要因观点分歧的争论而出言不逊。注意语言的委婉性、艺术性,以充分的理由来强化说服力,同时注意对方的情绪变化,分析其心理状态,因势利导,寻求解决分歧的途径,使谈判得以顺利进行。

2. 谈判僵局的化解

谈判僵局对每一个谈判者来说都有正反两方面的作用:一方面,谈判者可以利用制造僵局给己方带来更大的收益。另一方面,僵局如果没有解决好的话,会导致谈判破裂。为了避免出现后一种情况,我们可以考虑运用下面的策略和技巧以处理好僵局。

1) 回避分歧,转移议题

当双方对某一议题产生严重分歧都不愿让步而陷入僵局时,一味地争辩解决不了问题,可以采用回避分歧的议题,换一个新的议题与对方谈判的方式。

在谈判之前,双方可以确定多个谈判议题同时进行,将谈判的面扩展得广一些。若在某一问题上出现僵局,则可先撇开争执的问题,去谈另一个问题,避免"一条路走到黑"的做法。这样不仅不会延误整个谈判议程,还可以有效缓解谈判人员的情绪。

有时,导致谈判陷入僵局的原因可能不仅仅是谈判的议题和大家争论的焦点,而是当时的环境,当然,这个环境可能是由多种因素综合的结果。这种情况下,谈判人员可以通过更换谈判现场来舒缓僵局状态,如安排大家参观风景名胜或开一个小型聚会。这种私下或者场外的交往,可以融洽谈判人员的情感,促进僵局的化解。

2) 冷调处理,暂时休会

当谈判出现僵局而一时无法用其他方法打破僵局时,可以采用冷调处理的方法,即暂时休会。由于双方争执不下,情绪对立,很难冷静下来进行周密的思考。休会以后,双方情绪平稳下来,可以冷静地思考一下双方的差距究竟是什么性质,对前一阶段谈判进行总结,考虑一下僵局会给己方带来什么利益损失,环境因素有哪些发展变化,谈判的紧迫性如何等。

另外也可以在休会期间向上级领导做汇报,请示一下高层领导对处理僵局的指导意见,对某些让步策略的实施授权给谈判者,以便谈判者采取下一步的行动。再有,可以在休会期间让双方高层领导进行接触,融洽一下双方僵持对立的关系;或者组织双方谈判人员参观游览、参加宴会和其他娱乐活动。双方在轻松愉快的气氛中交流,进一步交换意见,重新营造友好合作的谈判气氛,僵局也就随之被打破。

3) 多种方案,替代选择

如果双方仅仅采用一种方案进行谈判,当这种方案不能为双方同时接受时,就会形成僵局。实际上谈判中往往存在多种满足双方利益的方案。在谈判准备期间就应该准备出多种可供选择的方案。一旦一种方案遇到障碍,就可以提供其他的备用方案供对方选择,使"山重水复疑无路"的局面转变成"柳暗花明又一村"的好形势。谁能够创造性提供可选择的方案,谁就能掌握谈判的主动权。

4) 尊重对方,有效退让

当谈判双方因各持己见、互不相让而陷入僵局时,谈判人员应该明白,坐到谈判桌上的目的是达成协议实现双方共同利益,如果促使合作成功所带来的利益要大于由于固守己方立场而导致谈判破裂的收获,那么退让就是明智的选择。使用主动退让的方法,在态度上向对方传递了己方的合作诚意和尊重对方的宽容,有利于促使谈判顺利进行。

5) 以硬碰硬，据理力争

如果在以上己方姿态较高的情况下仍然不能解决问题时，则谈判人员要以坚决的态度据理力争，要敢于以硬碰硬。因为再继续退让和妥协，不仅损害己方利益和尊严，而且会助长对方的气焰。因此，己方要明确表示拒绝接受对方的不合理要求，揭露对方故意制造僵局的不友好的行为，使对方收敛其蛮横无理的态度，自动放弃不合理的要求。这种方法首先要体现出己方的自信和尊严，不惧怕任何压力，追求平等合作的原则；其次要注意表达的技巧性，用绵里藏针、软中有硬的方法，回击对方，使其自知没趣，主动退让。

3. 谈判僵局的制造与利用

1) 商务谈判僵局的利用

很多谈判人员害怕谈判僵局的出现，担心会由于僵局导致谈判中止甚至引起谈判的最终破裂，但是谈判僵局的出现并不总是坏的结果。有时精明老练的谈判人员反而会主动地制造僵局，以利用其来促进双方重新审视各自利益的获得，促成谈判的公平进行，改变己方的谈判地位，使谈判朝着对自己有利的方向发展。

(1) 僵局能够促成双方的理性合作。谈判实践中，很多谈判人员害怕僵局出现，担心由于僵局而导致谈判暂停乃至最终破裂。谈判暂停，可以使双方都有机会重新审慎地回顾各自谈判的出发点。既能维护各自的合理利益又能注意挖掘双方的共同利益。如果双方都逐渐认识到弥补现存差距是值得的，并愿意采取相应的措施，包括做出必要的妥协，那么这样的谈判结果也符合谈判原本的目的。即使出现了谈判破裂，也可以避免非理性的合作。

(2) 僵局可以改变谈判均势。有些谈判者的要求，在势均力敌的情况下是无法达到的。为了取得更有利的谈判条件，便利用制造僵局的办法来提高自己的地位，使对方在僵局的压力下不断降低其期望值。当己方的地位提高而对方的期望值降低以后，最后采用折中方式结束谈判，己方便取得了更有利的条件。这是那些处于不利地位的谈判者利用僵局的动机所在。谈判的弱者在整个谈判过程中处于不利地位，他们没有力量与对方抗衡，为了提高自己的谈判地位，便采用制造僵局来拖延谈判时间，以便利用缓兵之计来达到自己的目的。

2) 谈判僵局的制造

(1) 小题大做。

谈判的目的在于解决僵局，但在解决僵局之前，却必须制造一个僵局、维持一个僵局，这样才可以把问题变成双方所共同面对的问题，谈判才有可能发生。所以谈判的第一个工作就是"小题大做"。所谓"小题大做"是指把原来相对较小的议题或不太重要的问题作为较大的议题或重要的问题来讨论，将原来可以由一般管理人员或业务人员解决的问题上升为必须经决策人员亲自过问才能解决的问题。小题大做的关键是在"做"上，把事态扩大，造成非决策人员不能解决的态度。例如，我们去买杯子，问服务员：买一个杯子能不能打折，她说不行。那买一百个杯子呢？她会说那需要请示一下老板，这就是小题大做。

(2) 增加议题。

增加议题是指将原来可以取得共识的议题与另外一个一时无法取得共识的议题挂勾，并使之互为条件，以此来增加协商的难度，并使己方在谈判中的地位和实力得到加强。增加议题可以分为把议题的"数目"增加和把"项目"增加两种。增加议题"项目"的做法我们称之为"挂勾策略"。

"挂勾策略"有两种具体战术：谄媚战术与勒索战术。比如，如果对方答应己方的某要求，己方就答应撤出市场,不和对方竞争。退出市场对己方不利,对对方有利,所以把这种挂勾称为"谄媚"。在谈判处于弱势的时候一般多用"谄媚"战术,但使用中注意不要丧失过多的自我利益。另一种做法是如果对方不答应己方的某要求,己方就把双方的秘密公开。这种对对方不利的挂勾策略叫作"勒索",在具体应用时一定要让对方相信己方是"不理性的",可能做出任何出格的事,才能真正发挥它的作用。

(3) 结盟。

结盟是指在谈判中实力较弱的一方联络与双方都有利益的第三方或更多的相关方,并在特定的议题上结成利益同盟。从而与实力较强的一方在力量对比上达到势均力敌,迫使实力较强的一方坐在谈判桌前认真地与其协商。

(4) 情绪爆发。

情绪爆发是指在谈判过程中,当双方在某一个问题上相持不下时,或者对方的态度、行为欠妥,要求不太合理时,突然之间情绪爆发,大发脾气,严厉斥责对方无理,有意制造僵局,作为逼迫对方让步的手段,从而使对方被迫让步的谈判策略。

7.4 促成交易

在经过磋商阶段的较量之后,谈判双方的利益分歧越来越小,谈判各方就交易项目的各项条款逐渐形成一致意见,谈判过程将进入结束阶段。在该阶段,我们需要准确判断谈判终结时机、正确选择谈判结束方式、积极促成成交,并能针对谈判者的不同性格、不同谈判风格选择适应的策略。此外,在终结阶段,谈判者要对整个谈判过程进行总结,还要进行最后的总结和最后一次报价,以及成交后的签约活动。

7.4.1 判断谈判终结时机

选择恰当的时机结束谈判,对于谈判的成功有着重要意义。谈判者必须正确地判定谈判终结的时机和信号,才能运用终结阶段的策略,从而将谈判引入成交签约阶段。判断谈判终结时机的一般方法有三种。

1. 从交易条件判断

从交易条件判断,即从谈判双方的交易条件(如商业、法律、技术、文字、数字等)解决的状况来衡量全场谈判是否完结的做法。交易条件是谈判的中心,一旦双方在交易条件上达成一致,意味着此次谈判的成功和终结。按此准则,需先将所有可谈判的条件予以量化为谈判的量级:分歧量、成交线与一致性,然后按谈判的量级来判定谈判是否进入终结阶段。

1) 分歧量

分歧量是指以经过双方再磋商之后还有一些存在分歧的问题的数量为判断依据。例如,从总交易条件看,所剩的分歧量极少,无论两三个或再多几个时,无论属关键性条件,还是次要条件,均可视谈判已进入终结阶段。

之所以选择分歧"数量"而不计分歧"份量",这是因为从谈判进程看,每个交易条件即为一个谈判议题、一个工作目标、一个谈判量,而每结束一个,即完成一个工作量。即便再有份量的分歧,也是决策者的一句话即可解决,故取"数量"即可。而"份量"将决定谈判终结以后的结果性质——成交或破裂。这是份量分歧与数量分歧的不同点。

2) 成交线

这是以谈判条件是否进入成交线来判定谈判是否终结的准则。在谈判术语中,成交线是指可以接受的最低交易条件,当对方已同意的条件总和进入己方内定的成交线时,谈判自然进入终结阶段。

如果交易条件与成交线(多指商务条件和关键技术条件)尚有差距,但通过全局分析,认为双方可以逾越该差距时,也可以讲已到谈判终局阶段。

3) 一致性

一致性是指交易条件全部或基本上达成一致,尚余个别问题需做技术处理的情况。当谈判达到这种状态时,终结无疑即将到来,一致性自然也是谈判终局的判据。

这里需强调应注意"需技术处理"的问题,因为一旦处理不好,会使行将结束的谈判重起硝烟。如调整供货内容,该调整应在达成总体协议之前声明,双方可将该调整因素纳入总体协议中。当达成总体协议之后或很长时间,买方才要求调整供货内容,会造成总体协议价值明显减少,卖方就会指出:"货量减少影响我方营业额,影响利润,原协议应重谈。"反过来,卖方过了很久才将调整方案拿出,此时,当供货量、规格级别均有所降低时,买方自然不会同意。一般在确定总价之后再换本质内容的做法,易推翻原协议而重燃硝烟。

2. 从交易时间判断

谈判时间包括谈判所需、所花、所限的时间,从谈判时间来判断谈判的终结就是从谈判的发展过程来判定谈判的终结阶段。

1) 双方约定的时间

这是指在谈判开始前,谈判双方就确定了所需的时间。整个谈判的人员及程序安排均依此而行,当所定的时间用完,谈判也应结束。所需时间标准对终结阶段具有鲜明的标志作用。

2) 单方限定的时间

单方限定谈判时间的长短是判定谈判终结的另一标准。单方限定时间的动机既可出自法人角度,也可出自自然人角度。这些动机有可以明示的,也有不可明示的,故单方限定时间时,不一定都要说出具体原因,只是以请求、通告形式明示即可。

对单方限时的谈判,可以跟随,也可以不随,关键是看其条件是否符合己方的谈判目标。跟随时,要防止对手以此作为施加压力的手段。不过,也可利用对手对"时间"的要求,向其讨要更好的条件,以"条件"来换自己对"时间"的配合。当然,并不排斥有的单方限时谈判方确实情出无奈。此时,若不认真配合,可能丢失交易;但若趁机硬压对手,非但效果不一定好,更会引起对方强烈不满,为以后的会谈投下阴影。

3) 第三者给定的时间

在竞争性的谈判中,谈判有第三方参与,此时谈判的时间除了双方的需要外,还受第三者的影响,这即为第三者给定谈判时间。第三者谈判的进度是己方判定交易成败的参考因素,也是估量己方谈判终局时刻的坐标。

关键问题是要善于判定对手反映的第三方给定的时间是否真实。至于如何判定真假,首先,要了解第三者是谁及其参与其中的可能性的大小,从而可观其虚实;其次,要了解第三者在哪里,便可知晓,从而判定第三者是否存在。

总之,第三者的竞争对谈判终结会有影响,有时甚至是决定性影响。谈判者绝不能忽略自己在第三者面前所处的地位,但也不能简单地听从对手利用第三者策略施加压力。

3. 从谈判策略判断

谈判终局是因为谈判策略的运用而实现时,即为策略标准。当然,这里指的策略不是普通的谈判策略,而是某些特定的谈判策略,从其做法和影响力看,这些策略对谈判有最终的冲击力,具有终结谈判的信号与标记作用。常见的终结性策略有折中调和、"一揽子"交易、最后通牒和"冷冻"政策等。

7.4.2 商务谈判的终结方式

从商务谈判规律看,无论以何种标准判定谈判终结,其方式或形式只有三种:成交、破裂、中止。不同的终结方式有其自身固有的行为规范。

1. 成交

成交即谈判双方达成协议,交易得到实现。成交的前提是双方对交易条件经过多次磋商达成共识,对全部或绝大部分问题没有实质上的分歧。成交方式是双方签订具有高度约束力和可操作性的协议书,为双方的商务交易活动提供操作原则和方式。由于商务谈判的内容、形式、地点不同,成交的具体做法也是有区别的。成交本身可以有两种状况。

1) 完全成交

凡对供货量、范围不做修改,仅就交易的条件进行谈判、达成成交的协议即为完全成交。

2) 部分成交

相对原谈判的交易标的而言,经过谈判仅就其中部分内容达成成交的协议即为部分成交。

2. 谈判中止

谈判中止是指双方因某种原因未能达成全部或部分成交协议而由双方约定或单方要求暂时终结正在进行的谈判。中止可以分为有约期中止与无约期中止两种。

1) 有约期中止

有约期中止谈判,即双方对中止谈判的时间予以约定。例如,当双方认为成交价格超过了外汇的额度计划或使用许可规模,或者让步的幅度超过了预定的权限,或者行政批准手续尚未完成,而双方均有成交的意愿,于是一致同意中止谈判,约定一个月或某个时间内互相联系新的谈判时间。

2) 无约期中止

无约期中止谈判,即在中止谈判时双方对恢复谈判的时间无任何约定。此外,因双方对造成中止的原因不能控制时,也会采取无约期中止的做法。例如,涉及国际协议的批准,国家政策突变,经济形势恶化等超越意志之外、影响大、涉及面广的事由时,当事方就难以相约。即便诚心相约,也只能是无约中的有约,有约中的无约。"一旦形势许可"或"一旦国际协约国审批"等用语即含此意。

3. 谈判破裂

谈判破裂,即双方经过最后的努力仍然无法达成协议,或友好而别,或愤然而去,从而结束谈判。谈判破裂是业务谈判中不可避免的现象。从某种意义上讲,谈判的破裂数比成交数更大,尤其是市场上同类商品丰富或同类用户踊跃时,谈判更为艰难。不过,明智的谈判者在失败时力求将损失减少到最小程度,于是他们将破裂分成"友好"与"愤然"两种不同的破裂形式,借以自律。

1) 友好破裂

友好破裂结束谈判是指双方互相体谅对方面临的困难,讲明难以逾越的实际障碍而结束谈判的做法,其典型的表达用语为"买卖不成仁义在"。在友好破裂方式中,行为规则是突出各自坚持的交易立场与条件,使其成为"自然的结果",在态度上,则充分体现相互理解、立足长远。

多数谈判人员带有一种签约式的谈判观念,即他们把通过谈判而成功签订合约作为最终目标,而不是作为一项合作项目的开始。这种观念很容易带来的问题就是谈判中过于重视眼前利益。把签约作为建立长期健康合作关系的开始,使双方有更多的让步空间,并且使双方更加注重合作的重要性才是长久利益所在。

2) 愤然破裂

愤然破裂是指双方或单方在一种不冷静的情绪中结束未达成一致的谈判。造成愤然破裂的原因很多,诸如真正不满,假装愤怒以压制对手;根本不想再做这笔生意,出口恶气,图一时之快,不把对手放在眼里;在对待交易上,不注意条件等本质差距,较多注意对方言语、态度及做法;在个性上,自尊心太强,性格暴躁,处事直率;事关公私,情急而致等。但不论何种原因,表现形式却相近。

7.4.3 促成交易

谈判成交是所有商务谈判的终极目的。谈判成交时一般都能实现谈判双方所需的最低期望,意味着谈判的成功。

1. 谈判成交的策略

1) 折中调和

折中调和策略是指谈判双方对于立场和条件的差距,以折中方式,或完全对等的形式,或以互相让步但不对等的形式予以妥协的做法。该策略体现了平等互利策略,其特征是相互妥协且更多地强调"对半"让步,能使双方在长时间的"拉锯"谈判后很快达成协议,因而也是谈判者经常使用的策略。这一策略适用于双方实力相当,对分歧又相持不下,也无法在其他方面向对方做出让步,又因为没有其他选择,无论如何也不能放弃谈判,因此双方处于胶着状态的情况。这时对于双方来说,折中调和是最佳的谈判策略。

折中调和是一种双方攻守平衡的策略,比较有利于达成友好的谈判结局。广义上各种意义相当的条件都可以折中,如价格与货物、货物与技术等。也可以对双方的分歧点打分,这样汇总到最后,再提出各让几分。当己方提出折中时,最好进行一次折中。如果对方提出折中,则可以进行两次或多次折中,从而获得更多的利益。

2) "一揽子"交易

"一揽子"交易是指双方将谈判过程中所有分歧条件以各方做出一定程度的让步为基础,组成一个新的方案向对方提出的做法。由于该方案包括了所有谈判存在的分歧,故称"一揽子"交易,而针对所有分歧提出了有进有退的条件,因而也称"好坏搭配"。

对于"一揽子"交易提出的条件,对方要么全部接受,要么全部拒绝,只能一次达成通盘协议。因此这种策略无疑是在提示谈判双方:这已经是最后的条件了,如果再不接受就没有继续谈判的可能性了。

3) 最后通牒

最后通牒策略也叫边缘政策,是最后一击,不惜以破裂相威胁,以迫使对方让步的谈判方法。其特征是凶狠,也是"孤注一掷"的最后立场的表达,故可以作为谈判终结的标准。其立场与条件是最后的,告诉对方就是最后通牒性质的出价,而不仅仅是针对谈判的具体情况采用的渲染技巧。

一般来说,只有在以下四种情况下,才使用最后通牒策略:

(1) 谈判人员知道己方处于一个强有力的地位,别的竞争者都不如己方的条件优越。如果对方要使谈判继续进行并达成协议的话,只有找己方合作。

(2) 谈判人员已尝试过其他的方法,但都未取得什么效果。这时,采取最后通牒策略是迫使对方改变想法的唯一手段。

(3) 当己方将条件降到最低限度时。

(4) 当对方经过旷日持久的谈判,已无法再担负由于失去这笔交易所造成的损失而非达成协议不可时。

使用最后通牒策略的时机要恰当,一般是在己方处于有利地位时或对方对于谈判已有所投入,并欲罢不能时发出最后通牒。另外,抛出最后通牒的依据要过硬,要有较强的客观性和不可违抗性,如可以援引相关的法律规定、政策条文、商务惯例、通行的价目表或本公司的财务制度等来支持己方的立场,从而使对方不好反驳。

4) "冷冻"政策

"冷冻"政策即暂时中止谈判的做法。中止谈判从形式上讲就是停止谈判,是一定意义上的终结。只是由于引起中止的原因不一"冷冻"的意思也会有所差异。

如果因为双方谈判条件差距太大,一时难以克服,但双方又存在成交的愿望;或因为交易相关的许可证、外汇、行政审批、政治或人事的重大变故,但交易双方仍有交易诚意时,"冷冻"谈判就会出现。这时,谈判将进入终局。不过,"冷冻"并不一定冷落对手,而是谈判行为的暂时冷却与停顿。对于当事双方,仍需要礼貌、热情相待,并约定"后会有期"。

5) 欲擒故纵

欲擒故纵策略是指以某个有利于对方的条件来诱使对方与己方谈判到底,放弃小利,取得大利。己方在向别人做出小让步之前,首先得到对方的一个小让步;在自己做出较大的让步前,先取得对方一个大的让步;在介绍自己情况前,首先得到对方的情况。

在商务谈判中,欲擒故纵可以有消极型和积极型两种表现方式。消极型方式是指不向对方表现出"志在必得"的态度,而是摆出客观事实,表现出"成交与否对我影响不大"的冷淡或消极的心态,这反而能使对方担心不能成交,从而主动迎合己方需求。积极型方式一般是积极迎合对方,使对方麻痹大意,进而寻找时机发出致命一击。积极型又有两种表现方式:向对方承诺一些非实质性的优惠和让步,让对方放松警惕,在适当的时机提出自己的要求,这时对方往往因为不愿意放弃已经获得的利益或者对己方已经有了依赖性,而不得不答应己方要求;谈判过程中,对手如果对己方发动猛烈攻击时,不予马上还击,等对方攻击有失控迹象并出现一些破绽时,己方抓住时机针对破绽还击。

欲擒故纵策略的核心是让对手意识到谈判成功的重要性,让对手舍不得离开谈判桌。其适用对象最好是那种刚愎自用、自以为是、虚荣心强、傲慢自大的谈判对手,反之可能会弄巧成拙。但己方在使用欲擒故纵时,既要保持对对方的敏锐观察,又要把握尺度,不能使"纵"的手段伤害到我方实际利益和谈判优势,不能"纵"得过度以致"放虎归山",让对手超出己方的控制范围。

经验丰富的谈判人员采取这种欲擒故纵的策略,固然能在短期内获得积极的商业利益,也可以为会谈奠定基础。但其不利之处也很明显,从长远来看,有产生僵局的危险,因为没有任何一方会总是愿意先给予后取得的。

6) 场外交易

场外交易是指当谈判进入终结阶段,双方将最后遗留的个别问题的分歧意见先放下,由主办方安排一些旅游、酒宴、娱乐项目,以缓解谈判气氛,争取达成协议、促成交易的做法。

在谈判后期,如果仍然把个别分歧问题摆到谈判桌上来商讨,往往难以达成协议。一是经过长时间的谈判,已经令人很烦闷,影响谈判人员的情绪,相应地还会影响谈判协商的结果;二是谈判桌上紧张、激烈、对立的气氛及情绪迫使谈判人员自然地去争取对方让步,因为有的谈判者会认为在最后的一个环节上进行让步,会使其丢失面子,可能会被对方视为软弱的战败方;三是即使某一方主谈或领导人头脑很清楚冷静,认为做出适当的让步以求尽快达成协议是符合己方利益的,但因同伴态度坚决,情绪激昂而难以当场做出让步的决定。此时,运用场外交易策略是最为恰当的。

场外轻松、友好、融洽的气氛和情绪很容易缓和双方剑拔弩张的紧张局面。轻松自在地谈论自己感兴趣的话题,交流私人感情,有助于化解谈判桌上激烈交锋带来的种种不快。这时适时巧妙地将话题引回到谈判桌上遗留的问题上来,双方往往会很大度地相互做出让步而达成协议。

但需要指出的是,在运用场外交易策略时,一定要注意谈判对手的不同习惯。有的国家的商人忌讳在酒席上谈生意。为此,谈判者必须事先弄清,以防弄巧成拙。

2. 谈判成交的技巧

1) "抹润滑油"

"抹润滑油"是一种非常形象的说法,是指在谈判的最后阶段,为了解决双方最后的分歧,做一些对己方总体利益影响不大但对对方来说仍不失为有利条件的让步,以促使对方做出相应让步的做法。

此处的"润滑油"多指那些有价值意义但分量不太大的数字或文字条件。在使用该技巧时,应在谈判前或谈判初期明确谈判中的什么条件可归为"润滑油",如付款条件、货币使用、价格性质、技术考核时间、运输方式等。另外,在使用该技巧时一要选择恰当的"抹油"时机,二要选择恰当的"油"。一些经验不足的谈判者可能在谈判开始,或者当谈判遇到轻微障碍的时候就将"润滑油"拿出来使用,这是非常忌讳的。这会使得谈判对手不停地希望己方做出更大的让步,得寸进尺,达不到"润滑油"所起的效果。所以要把握好其使用的最佳时机,发挥最佳的效果。

2) 分段决定

为了避免谈判成交产生大的矛盾和阻力,可以把其工作分段进行,即把需要决定的较大规模的买卖或重要条件分成几部分,让对方分段决定。例如,谈判双方可以先就交易的核心条件进行谈判,然后再讨论较为重要的各个条款,最后再讨论合同条款的细则问题。另外,在大型和高级谈判中,可以把重大原则问题和细节问题区别开来。上层领导洽谈基本原则,中、低层人员洽谈具体、辅助事项,进行原则的落实、具体的说明和精确的计算,也是分段决定法的一种表现形式。

3) 分担差额

在谈判的最后阶段,如果双方对一些重要条件仍有分歧,且难以统一时,为了加速交易的达成,谈判双方可以通过采用"分担差额"的技巧来解决最后的难题。

"分担差额"并不意味着一定是从正中分开,也可以是其他比例。如果己方首先提出这种解决方法,则要确保己方一定能得到对方的同意,并以某种方式向己方靠拢。例如,己方可以说:"为了解决这一问题,如果我们准备以某种方式做出一定让步,贵方是不是也准备以某种方式体现诚意呢?"

4) 提供选择

通过提供两种或两种以上的不同选择,引导对方选择成交方案。采用这种技巧的目的,是通过把成交的主动权交给对方来促使对方消除疑虑,下定决心,做出成交的决定。运用"提供选择"的技巧,可以在不损失己方基本利益的前提下提供给对方各种不同的方法、单一条款的不同选择。例如,"你们需要200台还是300台电冰箱?""你们是决定购买液晶的还是等离子的电视机?"

5) 结果比较

在谈判终结阶段,一方可以为对方分析签约与不签约的利害得失,并强调现在的时机是有利的。例如,卖方可以向买方分析物价即将上涨或市场上供不应求的背景,使其了解如果拖延时间,迟迟不能成交,将会给买方造成损失。使用结果比较技巧时,只要语言得当,不让对方产生受胁迫感,一般能赢得对方的信赖和感激,从而达成协议。

本章小结

本章主要介绍商务洽谈的全过程。从营造良好的开局氛围,到洽谈磋商,到僵局的化解,最后达成交易。熟练运用开局策略、磋商策略、让步策略、处理僵局策略、终结策略,把握谈判的主动权。

核心概念

洽谈磋商　讨价还价　僵局　成交

思考与技能训练

一、基本训练

1. 选择题

(1) 谈判过程的主体阶段是(　　)。
　A. 开局　　　　　　　B. 准备　　　　　　　C. 签约　　　　　　　D. 报价和磋商
(2) 对方报价完毕后,己方正确的做法是(　　)。
　A. 马上还价　　　　　　　　　　　　　　　B. 要求对方进行价格解释
　C. 提出自己的报价　　　　　　　　　　　　D. 否定对方报价
(3) 成交阶段最主要的目标是(　　)。
　A. 做出让步　　　　　B. 庆贺达成协议　　　C. 力求尽快达成协议　D. 场外交易
(4) 处理谈判僵局最有效的途径是(　　)。
　A. 邀请高级别领导人介入谈判　　　　　　　B. 将导致谈判僵局的因素消灭在萌芽状态
　C. 当谈判僵局出现后再磋商　　　　　　　　D. 僵局出现后撤换谈判人员

2. 简答题
(1) 开局洽谈的目标有哪些？
(2) 先报价和后报价的利弊有哪些？
(3) 简述让步的策略。
(4) 僵局形成的原因有哪些？
(5) 如何判断谈判终结的时机？

二、案例分析

1. 案例
中国一个谈判小组赴中东某国进行一项工程承包谈判。在闲聊中，中方负责商务条款的成员无意中评论了中东盛行的伊斯兰教，引起对方成员的不悦。当谈及实质性问题时，对方较为激进的商务谈判人员丝毫不让步，并一再流露撤出谈判的意图。

问题：
(1) 案例中沟通出现的障碍主要表现在什么方面？
(2) 这种障碍导致谈判出现了什么局面？
(3) 应采取哪些措施克服这一障碍？
(4) 从这一案例中，中方谈判人员要吸取什么教训？

2. 案例
我国某冶金公司要向美国购买一套先进的组合炉，派高级工程师与美商谈判，为了不负使命，这位高级工程师做了充分地准备工作，他查找了大量有关冶炼组合炉的资料，花了很大的精力对国际市场上组合炉的行情及美国这家公司的历史和现状、经营情况等了解得一清二楚。谈判开始，美商一开口要价150万美元。中方工程师列举各国成交价格，使美商目瞪口呆，终于以80万美元达成协议。当谈判购买冶炼自动设备时，美商报价230万美元，经过讨价还价压到130万美元，中方仍然不同意，坚持出价100万美元。美商表示不愿继续谈下去了，把合同往中方工程师面前一扔，说："我们已经做了这么大的让步，贵公司仍不能合作，看来你们没有诚意，这笔生意就算了，明天我们回国了。"中方工程师闻言轻轻一笑，把手一伸，做了一个优雅的"请"的动作。美商真的走了，冶金公司的其他人有些着急，甚至埋怨工程师不该抠得这么紧。工程师说："放心吧，他们会回来的。同样的设备，去年他们卖给法国只有95万美元，国际市场上这种设备的价格100万美元是正常的。"果然不出所料，一个星期后美方又回来继续谈判了。工程师向美商点明了他们与法国的成交价格，美商又愣住了，没有想到眼前这位中国商人如此精明，于是不敢再报虚价，只得说："现在物价上涨得厉害，比不了去年。"工程师说："每年物价上涨指数没有超过6%，1年时间，你们算算，该涨多少？"美商被问得哑口无言，在事实面前，不得不让步，最终以101万美元达成了这笔交易。

问题：
(1) 分析中方在谈判中取得成功的原因。
(2) 分析美方处于不利地位的原因。

3. 案例
1992年上海甲公司引进外墙防水涂料生产技术，日本乙公司与香港丙公司报价分别为22万美元和18万美元。经调查了解，两家公司技术与服务条件大致相当，甲有意与丙公司成交。在终局谈判中，甲公司安排总经理与总工程师同乙公司谈判，而全权委托技术科长与丙公司谈判。丙公司得知此消息后，主动大幅度降价至10万美元与甲签约。

问题：
(1) 如何评论甲公司安排谈判人员的做法？
(2) 如何评论丙公司大幅度降价的做法？

4. 案例

中国 A 公司到迪拜与阿拉伯 B 公司谈判纺织品的交易。阿方 B 公司接价后认为需要研究,约定改日上午 9:30 到南山饭店咖啡厅会面再具体谈。9:20,中方 A 公司人员如约到饭店,在咖啡厅一直等到 10:00 仍未见 B 公司人员的影子。这时,有人建议:"走吧。"有人开始抱怨,认为"阿方太过分","A 公司组长说:"既已按约到此,就等下去吧。"一直到 10:30,咖啡已喝了好几杯,阿方人员才晃晃悠悠地走过来。一见中方人员,高兴地握手致敬,但未讲一句道歉的话。

在咖啡厅,阿方要求中方降价。中方组长没有正面回复,而说,"按约定,我们 9:30 来此,已等了一个钟点,桌上的咖啡杯数量可以作证。说明我方诚心与贵方做生意,价格不会虚(尽管还有余地)。如贵方有意见,请讲出具体方案来。"阿方代表笑了笑说:"我昨天睡得太晚了,我们认为贵方报价难以接受。"尽管中方做了多方面解释,阿方仍坚持中方降价。中方组长建议双方认真考虑对方意见后再谈。阿方代表沉思了一下,提出下午 3:30 到他家来谈。

下午 3:30,中方人员准时到了阿方代表家,并带了几件高档丝绸衣料作为礼品,在对方西式客厅坐下后,他招来了他的夫人与客人见面,其妻脸上没有平日阿拉伯妇女佩带的面罩。中方趁势将礼品给了她,引来赞叹声:"好漂亮。"阿方代表也很高兴,说:"我让她来见你们,是把你们当朋友。"中方随着转入正题。阿方代表让其妻退下,听完了条件后即表示:"不管新条件如何,贵方说研究,就拿出了新条件,我佩服贵方信誉好!"于是,他也顺口讲出了他准备的条件。

该回合后,双方已基本靠近,中方组长已觉可以成交,就很自然地说:"贵方也很讲信誉,不过还有些差距,怎么办呢?既然来到您的家,我们也不好意思只让您让步,我建议双方一齐让如何?"阿方代表看了中方组长一眼说:"可以考虑,但价格外的其他条件呢?""我们可以先清理,然后再谈价。"中方应到。清理完后,阿方说:"好吧,我们折中让步吧!将贵方刚才讲的价与我方折中成交。"中方说,"这是好建议。不过结果还不大合我方要求,但我很看中它。我建议贵方同意的折中数与我方刚才的折中成交。"阿方吃吃地笑了:"贵方真能讨价还价,看在你们等我一个小时的诚意上,我同意。"

问题:

(1) 如何看中方对阿方迟到的处理?
(2) 如何看阿方把中方请到家的做法?
(3) 阿方最终价格谈判的手法如何?
(4) 如何评价双方的最后成交过程?

三、技能训练

根据本章内容,完成实训。

1. 模拟演练:分别模拟谈判双方,即一方为"乐享"乳品生产企业,一方为"新天地"超市,确定各自的开局计划;谈判双方模拟此次谈判的开局,重点是营造谈判的气氛。

"乐享"乳品生产企业生产多种乳制品,包括袋装牛奶、盒装牛奶、酸奶等多种类型、多种包装的产品,是地方知名企业。"新天地"超市是一家全国连锁超市,分店遍布全国。"乐享"乳品生产企业与"新天地"超市是长期的合作伙伴,是"新天地"超市比较稳定的乳品供应商之一。在新的一年,"新天地"超市准备与乳品供应商就价格、入场、维护、促销、结款等问题展开新一轮的讨论,重新制定政策。"乐享"乳品生产企业销售部与"新天地"超市采购部已预约好商谈时间。届时作为"乐享"乳品生产企业销售部的经理,你将率领你方的谈判小组如约而至。

(1) 你方的开局计划。
(2) 营造谈判的气氛最佳方案。

第八章　签约与履约

 知识目标

1. 准确描述合同订约的过程。
2. 理解合同履约的条件和基本原则。
3. 明确履约谈判的策略。
4. 明确索赔的策略与技巧。

 技能目标

1. 掌握合同订立的过程,并能解决订立过程出现的问题。
2. 理解引起履约谈判的原因,熟练掌握履约谈判的策略。

 本章知识结构

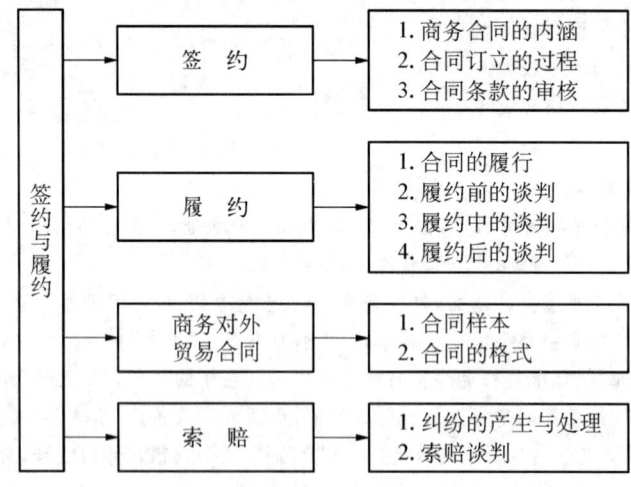

引导案例

张亮是国内一家电子元件生产企业的销售人员,新开发了一家全球知名跨国公司客户,经过一个多月的接触和多次谈判,双方签订了长期供货合作协议,张亮非常高兴地签订了这个大客户。张亮决心以出色的服务维护好与这个大客户的关系。十天前客户第一个订单传真了过来,对方交货期是自下订单当日算起两周后的月底,张亮想这是大客户,一定要做好一切服务,于是提前一周送货上门。送货后第四天,此客户采购部给张亮发来一份传真要求张亮他们公司支付仓储费用及其他人工费用 12 000 元,理由是张亮他们公司提前送货,没有按照合同规定执行,给对方增加了额外的负担。

问题提示

如果你是张亮,应该如何草拟合同?怎样履行合同?你觉得你应该给客户支付合同外的仓储费和人工费用吗?在签订合同后,如果发生纠纷,应该怎样维护自己的权益?

商务谈判中的各项谈判工作固然重要,但是,即使谈成了业务,如果不签订合同,双方的权利义务关系不固定下来,以后执行就可能成为问题。所以说,合同的签订不可忽视,而且合同的签订也是商务谈判取得成果的标志。当然,合同签订后要按照合同约定来履行,否则可能造成违约责任。

在谈判各方当事人经过磋商,达成共识之后,谈判即告结束。如果双方实现成交,谈判的内容及结果就要以一定的法律形式确认并固定下来,为将来各方在交易过程中合理处理相互关系提供可靠的依据。因此,谈判各方要在这一阶段签订合同。该合同具有一定的法律效力,对谈判各方在今后的交易合作中的行为有一定的约束力。一个成功的谈判人员会十分重视本阶段的工作。一般来讲,本阶段的主要目标有三个方面:一是力求尽快达成协议;二是尽量保证已取得的利益不丧失;三是争取最后的利益收获。为达到这些目标,要掌握好场外谈判的技巧,注意最后让步和谨慎地对待协议的起草和签订。

另外,签订合同是谈判过程全部结束的标志,同时,它也预示着交易合作过程的开始。谈判人员需要跟踪了解合同的履行情况,并积极处理可能出现的纠纷。

8.1 签 约

商务谈判签约就是谈判双方或者多方就相关条款的议定情况达成协议的法律行为,其结果就是商务谈判合同的订立。谈判的成果往往要靠严密的合同来确认和保证,它是以法律形式对谈判成果的记录和确认,它们之间应该完全一致,不得有任何误差,一旦签署了合同,就具有了法律效力。因此,在签订协议之前应做好各项准备,应与对方就全部的谈判内容、交易条件进行最终的确定。在协议上签字时,再将协议的内容与谈判结果一一对照,在确认无误后方可签字。对此,需要做好充分的签约准备,注意核实合同条款、确认签字人并积极安排签约仪式。

8.1.1 商务合同的内涵

1. 合同的概念

我国法律界认为,合同又称契约,具有广义和狭义之分。广义的合同泛指双方或多方当事人之间订立发生一定权利、义务关系的协议;狭义的合同专指"当事人之间设立、变更、终止民事关系的协议"。从《民法通则》关于合同的定义可以看出,合同具有以下法律特征:

(1) 合同是一种民事法律行为。

(2) 合同是当事人之间设立、变更、终止民事法律关系的协议。

(3) 合同是在当事人平等基础上达成的协议。

合同一旦依法成立,在当事人之间便产生如下法律约束力:

(1) 当事人必须全面地、适当地履行合同中约定的各项义务。

(2) 合同依法成立以后,除非通过双方当事人协商同意,或者出现了法律规定的原因,可以将合同变更或解除外,任何一方当事人都不得擅自更改或删除合同。

(3) 当事人一方不履行或未能全部履行合同义务时,便构成违约行为,要依法承担民事责任。另一方面当事人有权利请求法院强制其履行义务,并支付违约金或赔偿损失。

2. 商务合同的特征

谈判合同由于涉及其当事人、客体、内容及其纠纷的解决等因素,因而无论在内容上还是在表现形式上都有其独有的特征,主要表现在以下几个方面:

(1) 谈判合同是一种民事法律行为。合同是合同当事人意思表示的结果,是以设立、变更、终止财产性的民事权利义务为目的,且合同的内容即合同当事人之间的权利义务是由意思表示的内容来确定的。因而,谈判合同是一种民事法律行为。

(2) 谈判合同是一种双方或多方或共同的民事法律行为。首先,合同的成立须有两个或两个以上的当事人;其次,合同的各方当事人须互相或平行做出意思表示;再次,各方当事人的意思表示须达成一致,即达成合意或协议,且这种合意或协议是当事人平等自愿协商的结果。因而,谈判合同是一种双方、多方或共同的民事法律行为。

8.1.2 合同订立的过程

经过漫长而艰苦的谈判之后,双方终于可以握手相庆,至少达成了意向性协议,但这只能说是向前跨进了一大步,只有将所谈内容用合同的形式固定下来,才能对双方形成约束力。合同签订的过程,就是当事人就合同内容进行反复磋商,并取得统一意见的过程。合同磋商的过程从法律上讲,要经过要约和承诺两个步骤。这两个步骤既是签约的基本程序,也是签约谈判的基本策略。

1. 要约

1) 要约具备法律效力的条件

合同签订的前提是要约。要约是希望和他人订立合同的意思表示。一项要约要取得法律效力,必须具备一定的条件:

首先,要约是特定的当事人所做的意思表示。所谓特定的当事人,是指通过要约的内容,人们能够知道是谁发出的要约,发出要约的人为要约人,接受要约的人为受要约人。

案例 8-1

东风汽车贸易公司向南方汽车厂发出一份传真,传真中载明"汽车贸易公司准备购买汽车厂生产的1.5吨中型柴油货车10辆"。

其次,要约必须具有与他人订立合同的目的。要约这种意思表示须有与受约人订立合同的真实意愿。其外在表现形式为要约人主动要求与受约人订立合同。前例中的汽车贸易公司发出的要约表明了该公司准备与汽车厂订立汽车购销合同的真实目的。

再次,要约的内容必须具体、明确、全面。受约人通过要约不但能明确了解要约人的真实意愿,而且还能知晓未来订立合同的主要条款,如汽车贸易公司向汽车厂发出的要约中明确载明拟购买汽车的型号、吨位、颜色、可以承受的价格、付款方式、提货时间、地点。

最后,要约必须传达到受要约人,并经受约人承诺后才能生效。一旦受约人对要约加以承诺,要约人与受约人之间的合同即可签订。要约人自然受合同已成立的约束,如汽车厂在要约人约定的答复期内向汽车贸易公司做出了承诺,接受汽车贸易公司的条件,那么汽车贸易公司就不能变卦,而只能按自己发出的要约的内容进行付款提货了。

2）要约对要约人的法律约束

从法律上讲,要约发出之后对要约人即具有法律约束力。

首先,要约人在有效期限内不得变更或撤销要约。要约是一种法律行为,要约人做出的要约一旦送达受约人就发生法律效力。所以,要约在有效期限内一般不得变更或撤销。但是要约在到达受约人之前这段时间里,可以变更或撤销,其条件是撤销或变更的通知必须先于或同时与要约到达才有效。如果要约已送达受约人,在受约人做出承诺之前,要约人是否受要约的约束,对此,英美法系与大陆法系之间有很大的分歧。

英美法系认为,在受约人做出承诺之前,要约原则上对要约人无约束力,要约人可以撤回或变更要约。即使要约人在要约中规定了有效期限,在期限届满之前仍可撤回要约。

大陆法系规定则不同。德国、瑞士、巴西等国规定,要约在到达受约人后,要约人须受要约的约束。如果要约中规定了有效期限,要约人在有效期限内不得撤销或变更要约；如果要约中没有规定有效期限,则依通常情形在得到答复之前,不得撤销或变更要约的内容,除非要约人在要约中注明"不受约束"。

《联合国国际货物销售合同公约》在要约的约束力问题上,采取了折中的态度。根据该公约的规定,要约原则上是可以撤回的,具体分为两种情况:

第一,任何要约,即使是不可撤销的要约在其送达受约人之前,准予撤回,但撤回的通知须先于或同于要约送达受约方。

第二,在要约已经送达受约人之后,要约原则上仍可撤回,但撤回的通知必须在受约人的承诺通知发出之前送达受约方。

下列情况下要约人不得撤回其要约:其一,要约中已经写明承诺期限,或以其他方式表示要约是不可撤销的；其二,受约人有理由信赖该要约是不可撤销的,并已本着对该要约的信赖行事。

由于要约对要约人的约束力可以不同,所以在国际货物买卖实践中把要约分为有约束力的要约和无约束力的要约。前者是指有效期限内要约人不得随意撤销或变更其内容的要约。由于这种要约经过双方接受后即可成立合同,所以内容必须完整、明确,具有肯定的交易条件和有效期限；后者是指具有一定保留条件的,是可以撤销的要约。这种要约的保留条件有如"以我方确认为准""以我货未售出为准"等内容。

其次,要约人有与受约人订立合同的义务。要约人在要约中表示了签订合同的愿望和要求,明确提出了合同内容的基本条件,受约人接到要约后,一旦做出承诺,要约人则有与受约人签订合同的义务。

最后,要约的失效。要约的失效是指要约失去了法律效力。要约一般出于下列原因而失效:要约因期限届满而失效；要约因要约人的撤回而失效；要约因受约人拒绝接受而失效。

3）要约邀请

要约邀请,又称要约引诱,是希望他人向自己发出要约的意思表示,是当事人订立合同的预备行为,行为人在法律上无须承担责任。要约邀请与要约区别在于:

首先,要约是当事人自己主动愿意订立合同的意思表示,以订立合同为直接目的。要约邀请则是当事人希望对方向自己提出订立合同的意思表示。

其次,要约必须包含合同的主要内容,而且要约人有愿意受到要约约束的意愿;要约邀请则不含当事人表示愿意接受约束的意思。

最后,要约大多数是针对特定的人,故要约往往采取对话方式和信函方式。而要约邀请一般不针对特定的人,故往往以电视、报刊等媒介为传递手段。根据新《经济合同法》规定,寄送的价目表、拍卖公告、招标公告、招股说明书、商业广告为要约邀请。其中,商业广告的内容若符合要约的规定,视为要约。由于要约和要约邀请具有不同特征,使一些利用合同进行欺诈的合同陷阱设置人在要约上大做文章。

4) 要约中常见的陷阱及对策

第一种:名为要约邀请,实为要约。

案例 8-2

张某有一套处于闹市区的私房准备出售,他在报上刊登了售房公告。公告中明确写明房屋位置、结构、面积、出售价格及张某的联系电话。后李某见报后迅速与张某联系,表示愿意以张某提出的价格购买这套房屋,并向张某给付了 2 万元定金。几天后,王某找到张某表示愿意以更高的价格买下该房。张某因贪图钱财,便与王某签订了卖房合同。李某知道后认为张某违约,要求其赔偿损失。但张某却以自己刊登的是"要约邀请"而非要约为由拒绝赔偿损失,仅答应归还定金。

这一类型的陷阱分析:首先,法律条文明确将一般商业广告作为要约邀请,这便为许多并不准备恪守信用的要约人提供可乘之机。他们往往以要约邀请的形式如广告等发出有明确具体内容的要约,以便在对方承诺时"可进可退",不像要约那样一旦对方承诺,自己便要受要约内容的约束。其次,接受要约的当事人合同观念淡薄。他们在做出承诺时往往以口头形式或以交付定金作为做出承诺的主要方式,而并未与要约人签订正式的合同并履行相应的手续,一旦发生纠纷,由于缺乏相应有力的证据,往往容易使自己处于被动地位。

这一类型陷阱的防范对策:首先,仔细审查是要约还是要约邀请。在确定对方发出的意思表示有明确、具体内容时再考虑是否作为要约予以接受。其次,一旦准备承诺对方发出的要约,应尽快与对方订立合同,履行完毕相应的法律手续。如前例陷阱中的李某,若在承诺后即与张某签订房屋买卖合同并到房管机关登记过户备案,则张某不可能再将房屋"一女二嫁"。再次,若受约方预先给付了要约定金,一旦要约方违约,还可以依法要求违约方双倍返还定金,作为惩罚;若因违约给受约方造成损失,受约方还可以要求要约方予以赔偿。

第二种:混淆是非,把要约邀请视为要约。

案例 8-3

新丰农业机械厂为召开秋季产品供货会,向全国各地几千家农机销售公司发出了邀请书,在邀请书上将该厂新出品的十多种新产品的性能、型号、价格也列在其中,作为供货会上的主要洽谈对象。朝阳农机公司一行数人在收到邀请后,前往农业机械厂所在地参加会谈,在供货会期间,双方进行多次洽谈,但终因朝阳农机公司提出的价格太低,新丰农业机械厂未能接受。朝阳农机公司工作人员在开会期间开支很大,公司负责人认为这笔费用是因为对方提出要约后产生的,公司承担不划算。于是便以新丰农业机械厂发出过要约为由,要求新丰农业机械厂承担违约责任,并承担朝阳农机公司工作人员在当地参会期间所花费的巨额费用。

前例陷阱分析:首先,朝阳农机公司紧紧咬住了新丰农业机械厂发出的邀请函,以函上载有该厂新产品的简介为由,认为新丰农业机械厂发出的不是邀请函而是要约。其次,朝阳农机公司在"要约"成立的前提下提出一个通常市场上难以接受的价格作为"承诺",若新丰农业机械厂不接受,则新丰农业机械厂"违约"。若新丰农业机械厂迫不得已接受了,则农机公司以非正常的低价购买了一批产品,就赚了一笔。于是,这个两全其美的陷阱便掘好了。

这类陷阱的防范对策:首先,发出要约邀请方应保证自己的要约邀请中没有可能被误解为要约的内容。如将要约邀请明确命名为价目表、拍卖公告、招标公告等,或明确在邀请中说明在对方当事人对邀请做出承诺时,邀请发出人仍有权拒绝该承诺。其次,要约邀请方在得到对方承诺时,应尽快给予对方相应答复,如向对方说明自己发出的仅是要约邀请,或对方的"承诺"条件自己无法接受等,以免被人恶意利用。

2. 承诺

1) 有效承诺的必备条件

承诺是合约成立的要件,它是指受要约人按照要约指定的方式,同意接受要约全部内容的意思表示。有效承诺必须具备:

首先,承诺须由特定的受约人向要约人做出。任何第三者即使知道要约的内容并对此做出同意的意思表示,也不能据此成立合同。

其次,承诺必须与要约的内容完全一致。承诺是受约人按照要约的内容与要约人订立合同的意思表示。因此,受约人做出的承诺不得附带任何条件,只能是对要约毫无保留地表示完全接受。如果受约人变更了要约的内容,附有添加、限制或其他更改的承诺,则不构成承诺,而是作为对原要约的拒绝而做出的新要约或称反要约。这种反要约,必须经原要约人认可后,合同才宣告成立。

第三,承诺应当以明示方式做出,沉默不能视为承诺。

第四,承诺的传递必须符合要约提出的要求。

最后,承诺必须在要约的有效期限内做出。如果承诺没有在规定期限内做出,该承诺是无效的。迟到的承诺是无效的,只能看成新要约,须经原要约人确认,合同才能成立。

2) 承诺的生效时间和撤回

承诺的生效时间,一般采用"到达主义"原则,即承诺需送达要约人常居地或所指定的地方才能生效,合同才宣告成立。关于承诺生效的时间,世界各国的法律分歧较大。英美法采用投邮生效原则,即承诺一经投邮,合同即告生效。即使载有内容的信件或电报在传递过程中发生延误或损失,也不影响合同的有效成立。

承诺的撤回是承诺人阻止承诺发生法律效力的一种意思表示。承诺人欲撤回承诺时,必须在生效之前撤回。一旦承诺生效,即合同成立,承诺人便不得撤回其承诺,由于各国法律对承诺生效时间规定不同,因此,在承诺人能否撤回承诺的问题上,英美法系和大陆法系的观点也不一样。英美法系从投邮生效原则出发,主张承诺人一旦发出承诺通知,就不能撤回承诺;大陆法系从到达生效原则出发,认为承诺人可以撤回其发出的承诺,但撤回承诺的通知必须先于或同于承诺到达要约方为有效。

3) 承诺中常见的陷阱

第一种:沉默并非承诺。

案例 8-4

甲水泥厂生产的水泥因质次价高,销量一直不好。为打开销路,该厂向众多用户发去了"水泥合同意向书"。意向书上明确写明该厂水泥的生产批号、数量、价格、付款方式,最后还在意向书上写上这样的字样"接到意向书的用户若在三日内不表示是否购买,则视为愿意购买。我厂将按意向书的内容发货"。某建筑公司收到意向书后认为该厂水泥质量不过关不打算购买,也就未向水泥厂做出答复。谁知三天后,几吨水泥便运到了建筑公司里面,水泥厂声称,建筑公司没有在三天内答复,根据意向书的规定,便是默认了意向书,所以应当买下这批水泥,否则就是违约,要赔偿水泥厂的运费并支付违约金。建筑公司无奈之下只得买下这批质次价高的劣质水泥。

《经济合同法》明确规定,"承诺应当以通知的方式做出,但根据交易习惯或者要约表明可以通过行为做出承诺的除外。"可见,法律对"承诺"的规定是要求承诺人必须以积极的行动方式向要约人表示,包括书面或口头通知,也包括一定的行为,但是沉默却不是承诺的方式之一,即使要约人发出的要约中写明了诸如"不答复即视为承诺"的字样,对受约人而言也是无效的,并不改变承诺的必备形式。由于我国《民法通则》中将默示作为一种接受的意思表示。因此,一些合同当事人为设置陷阱,便将这一规定移花接木运用到合同法的承诺中,使一些受约人一旦疏于答复,又不了解合同法的有关规定,便不知不觉掉进了陷阱之中。

陷阱防范:首先,当事人应了解合同法中关于"承诺"的基本常识,做到心中有数,依法有理有据进行力争,戳穿对方的卑劣伎俩。其次,若当事人为了避免不必要的麻烦,也可以将计就计,在对方约定的时间内给他一个答复,以免对方进一步利用合同进行骚扰,干扰己方正常工作。

第二种:改变履行方式的承诺无效。

案例 8-5

卫华蔬菜公司向羊城农场订购 2 吨 "科丰" 3 号西红柿。单价每公斤 10 元。要求由农场提供冷藏车负责运输。羊城农场收到订货单后,立即发电报答复新丰蔬菜公司:"同意你方要求,用普通货车运输。"蔬菜公司收到农场回复的电报后认为,普通货车运输西红柿易腐烂变质,遂改向其他农场订货而未答复羊城农场。不料几天后,羊城农场却将 2 吨西红柿运到了蔬菜公司。由于天气炎热且未采用冷藏车运输,大部分西红柿已发生腐烂,蔬菜公司拒绝接受。羊城农场则以自己做出承诺,合同已告成立,新丰蔬菜公司拒收系违约为由要求新丰蔬菜公司赔偿损失。

前例中合同陷阱的关键便是羊城农场是否做出了承诺。

《经济合同法》规定,合同在承诺生效时成立。因此,在经济生活中,一般认定受约人接受要约的答复到达要约人时合同成立。

陷阱防范:对于这类风险,首先,合同当事人只需直接运用合同法的有关规定便可防范风险的发生。《经济合同法》中明确规定"受要约人对要约的内容做出实质性变更的为新要约。有关合同标的、数量、质量、价款或报酬、履行期限、履行地点和方式、违约责任和解决争议方法的变更,是对要约内容的实质性变更。"可见,受约方的答复里单方面改变了要约中对履行方式的约定,显然已经不构成承诺,而是新要约了。而对于新要约而言,原要约人不做出答复并不意味着接受新要约,因此,所谓的合同也就不可能成立了。因此,卫华蔬菜公司完全可以以羊城农场的答复改变了原要约对履行方式的约定,其答复不是承诺而是新的要约为由进行反驳,严词拒绝羊城农场的无理要求。其次,为了减少对方合同当事人因对承诺的不甚了解可能产生的风险,要约人在发出的要约中也可以加上"若对方对己方提出的条件中的某几项进行更改,己方将不视为承诺的字样",以避免引起不必要的麻烦。

8.1.3 合同条款的审核

合同条款直接反映了谈判双方谈判的成果。虽然在谈判过程中,双方都会对达成的交易做记录,但难免存在前后不一致或出现纰漏的情况,因此在拟订合同条款后,双方务必要对最终的条款进行细致的审核。若在审核中发现问题,应及时互相通告,调整签约时间,使双方互相谅解,不致因此而造成不必要的误会。

1. 商品的品质规格条款

确认商品应具有的内在质量和外观形态。合同中规定品质规格的方法有两种:凭样品和凭文字与图样法。在凭样品确定商品品质的合同中,卖方要承担货物品质必须同样品完全一致的责任。为避免发生争议,合同中应注明"品质与样品大致相同"。凭样品成交适用于从外观上即可确定商品品质的交易。凭文字与图样的交易包括凭规格、等级或标准的交易,凭说明书的交易以及凭商标、牌号或产地的交易。对于附有图样、说明书的合同要注明图样、说明书的法律效力。

2. 货物的数量条款

确认交货数量、计量单位与计量方法等。制定数量条款时应注意明确计量单位和度量衡制度。在数量方面,合同通常规定有"约数",但对"约数"的解释容易发生争议,故应在合同中增订"溢短装条款",明确规定溢短装幅度,如"东北大米 500 公吨,溢短装 3%",同时规定溢短装的作价方法。

3. 货物的包装条款

明确商品的包装方法和包装要求。包装是指为了有效地保证商品的数量完整和质量要求,把货物装进适当的容器。包装条款的主要内容有包装方式、规格、包装材料、费用和运输标志等。制定包装条款要明确包装的材料、造型和规格,不应使用"适合海运包装""标准出口包装"等含义不清的词句。

4. 货物的价格条款

明确与价格相关的内容。合同中价格条款的主要内容有每一计量单位的价格金额、计价货币、指定交货地点、贸易术语与商品的作价方法等。在国际贸易中,为防止商品价格受汇率波动的影响,在合同中还可以增订黄金或外汇保值条款,明确规定在计价货币币值发生变动时,价格应作相应调整。

5. 货物的装运条款

合同中装运条款的主要内容是装运时间、运输方式、装运地与目的地、装运方式以及装运通知。

6. 货物的保险条款

签约双方应在合同中明确规定投保的险别、投保人、保险费、具体的保险条款等,以便货物在运输过程中受到损失时,从保险公司得到经济补偿。

7. 货物的支付条款

支付条款的主要内容包括支付手段、支付方式、支付时间和地点。

8. 其他相关条款

其他相关条款如货物的检验条款、不可抗力条款、仲裁条款、法律适用条款等。

8.2 履 约

签约后的谈判又称后续谈判,是指协议双方就协议的生效和履行进行的谈判。买卖双方签订了贸易合同,只是贸易的开始,而不是贸易的结束。签约后仍然可能有谈判。只是因为买卖双方有合同约束,谈判的内容范围、气氛或者策略与签约前有所不同。

签约后谈判可分为履约前的谈判、履约过程中的谈判和履约后的谈判三种情况。从实务的角度看,履约前的谈判多因为买卖双方履行协议、合同所涉及的政策、经济技术背景条件的变化而产生争议,从而导致协议生效延迟,甚至撤销的后果,因此必须重开谈判。履约过程中或者履约后的谈判一般是履约期间处理违约或发生重大事件使协议继续执行存在困难,或者协议不能正常终结时清算债务引起的。

8.2.1 合同的履行

1. 履行合同的条件

合同的履行需要具备一定的法律条件,主要包括以下两点。

1) 合法

合同的内容应符合、遵从国家法律法规和政策的规范与要求。我国《合同法》第126条规定:"涉外合同的当事人可以选择处理合同争议所适用的法律,但法律另有规定的除外。涉外合同的当事人没有选择的,适用与合同有最密切联系的国家的法律。"这是合同有效的法律依据,也是其有效性的法律保证。同时,其合法性还体现在合同不得侵害社会公共利益,不得违反社会公德,否则将被视为无效合同。

2) 当事人应具有相应的履约行为能力

合同签字者必须具有完全的缔约权利与能力,即合同签字者必须为企业及组织的法人代表,或为企业及组织的法人代表充分授权的代理人,或自然人(若谈判一方为个人的话)。未取得主体资格的组织不能参与经济法律活动,不能从中享有权利和承担义务,不受法律保护。对于自然人,有限制行为能力人与完全行为能力人之分,具有不同行为能力的人只能从事与其行为能力相适应的经济活动。例如,代理人超越代理权限签订的合同或以被代理人的名义同自己或者同自己所代理的其他人签订的合同就属于无效合同。

2. 合同当事人的法律地位平等

合同一方不得将自己的意志强加给另一方。根据我国《合同法》的相关规定,当事人依法享有自主订立合同的权利,任何单位和个人不得非法干预。

3. 确认成立

双方当事人就合同的主要条款,经过要约和承诺达成书面协议,并由双方当事人签字即成立。凡是通过信件、电报或电传等形式达成协议的,一方当事人要求签订确认书的,签订确认书后合同才能成立,口头形式虽然具有方便快捷的特点但如果发生纠纷则无据可查,责任不易分清,因而除标的金额较少、双方熟悉、交易频繁、履约时间不长、经济关系简单的经济关系,可以采用即时清结的经济合同形式以外,其他经济合同最好采用书面形式。因此,在合同形式上,书面形式优于口头形式,特殊书面形式(如公证形式、审核批准形式、登记、公告形式等)优于一般书面形式。

4. 履行合同的基本原则

1) 诚实守信

诚实守信不仅是商务谈判的原则,也是履行合同的基本原则。合同的当事人应当依照诚实信用原则行使权利,履行义务。合同的约定符合诚实信用原则的,当事人应当严格履行合同,不得擅自变更或者解除。

2) 全面履行

全面履行原则是指商务合同当事人必须按照合同规定的各项条款全面履行各自的义务。一方必须按合同规定的标的的数量、品种、质量、交货地点、期限和包装要求交付物品,另一方则应支付相应的价款。商务合同全面履行原则是对实际履行原则的补充和扩展。其实际意义在于指导和督促当事人保质、保量、按时全面完成商务合同规定的义务,防止违约情况的发生,借以保护当事人双方的合法权益。全面履行原则是判定商务合同是否履行、是否违约的标准,也是衡量商务合同履行程度和承担违约责任的一个尺度。

3) 对应履行

对应履行原则是指当事人一方有另一方不能履行合同的确切证据时,可以暂时中止履行合同,但应通知另一方。关于履行合同的确切证据问题,联合国国际贸易委员会在对《国际货物买卖公约》的说明中限定为:发生战争等不可抗力事件;破产;合同标的物是特定物,在履行前遭到灭失等。当另一方提供履行合同充分保证证明时,应当恢复履行合同。

4) 实际履行

实际履行原则是指商务合同双方当事人必须严格按照合同规定的标的来履行各自的义务。合同规定的标的,非经权利人同意,义务人不得任意变更,也不得用其他标的代替。即使一方违约也不能以偿付违约金、赔偿金的方式代替履行,对方要求继续履行商务合同的,仍应继续履行。

实际履行包含两方面含义:一是标的不可替代,商务合同中规定的是什么标的,当事人就必须交付什么标的,合同规定的是什么品种、规格、牌号、质量的标的,就必须按照这个规定履行,不得擅自改换标的而用其他物品或金钱代替履行;二是不能以承担违约责任来代替履行,商务合同当事人一方违约,违约方即使支付了违约金、赔偿金,也不能免除其履行合同的责任,对方要求履行时,违约方还必须按照合同规定的标的继续履行义务。

8.2.2 履约前的谈判

1. 履约未能实施的原因

一般来说,签订的合约须认真履行,履约前不能履行的原因主要有四个方面。

1) 政策变化

一般来说,在商务谈判终结后就必须签订合同与协议,然后双方都必须认真负责地履行合同。但是由于外部环境的不确定性,可能导致事先签订的合同不能顺利履行,如政策的变化带来了极大的不稳定性,可能会造成合同履行的困难。例如,在货物买卖中,买卖双方经过多次的磋商和谈判,最后达成协议,商品的价格按 30 元/公斤成交。但是,由于国家为了调控经济而实行的价格限制政策,规定该商品的价格不能高于 28 元/公斤。这种争议往往表现为卖方在商品价格上涨时,要求合同按变动后的价格执行,而买方则会坚持要按原定价格执行;在商品价格下降时,买方要按变动后的价格执行,而卖方则要求只能按原商定价格执行。

就法律和惯例而言,市场价格变化不能成为变更合同的理由,否则,合同将成为一张废纸。但我国的现实情况,往往可以找出各级政府干预价格的因素,从而引起争议,导致重开谈判。此外,由于技术背景发生变化,资金、设备和技术的变化以及产品不符合市场需求等,致使合同无法履行,从而导致重开谈判。所以,在双方履行合约前必须考虑到政策变化的因素。

2) 不可抗力事故

不可抗力又称人力不可抗拒。它是指在货物买卖合同签订以后,不是由于订约者任何一方当事人的过失或疏忽,而是由于发生了当事人不能预见和预防,又无法避免和克服的意外事故,以致不能履行或不能如期履行合同,遭受意外事故的一方,可以免除履行合同的责任或延期履行合同。不可抗力是合同中的一项条款,也是一项法律原则。

3) 国际市场的变化

在国际贸易中,国际市场情况发生变化往往会引起进出口配额改变、计价货币币值波动等情况,从而导致协议中的一方不能履约。

例如,2009年金融危机爆发,我国央企涉足国际油料结构性期权交易业务造成巨亏。在此背景下,有部分央企向交易对手致函,认为原先订立的交易合同有缺陷,因此保留追索赔偿的权利,并准备就有关事宜提交国际仲裁。其后,虽然随着全球性经济复苏迹象显现,特别是国际油价开始上升,情况有所好转,但央企要想弥补已经造成的损失仍然很难。

4) 企业内部原因

由于企业信用缺失导致不能履约。合同是建立在信用基础上的经济活动,当不能恪守信用时,必然导致不能履约。一方面,我国市场准入机制尚不健全,会出现企业注册资本未到位、抽逃出资、会计报表不实、资产负债率高等情况,致使一些企业合同履约能力低下,不能履约;另一方面,许多企业内部合同管理制度不完善,存在漏洞,使得已签订的合同不能如期执行。

2. 履约前的谈判策略

1) 维护原合同,仅变更部分内容

在履约前的谈判中,双方考虑到一些不可控因素可能导致原合同的部分条款履行困难。但是,由于经过多次磋商和谈判后,所签订的合同可以给双方带来较大的经济利益,交易双方不愿意因为一些不可控制的因素而撤销合同,这样只能是一无所获,那么双方可以协商维护原合同,变更部分合同内容。

采用这种方法时,谈判双方首先坚持的是"利益原则",即得利大的一方做出让步以共渡难关;其次是坚持"互谅互让"的原则,即互相体谅意外发生造成的困难,双方都做出努力。按这两个原则,采取的方式有卖方降价、提供相当降价额的设备或备件和材料以及改善付款条件或改变部分合同内容,但不影响原合同目标。买方同意减少一定量的供货或服务,允许更改部分合同内容。这些手段虽不是平分价差,但也是共同努力挽救合同。

2) 划分责任,撤销原合同

如果交易双方觉得政策变化或是不可抗力事故带来的损失要远大于履行合同所带来的收益,那么双方可以划分责任,撤销原合同。例如,在货物运输过程中,交易双方规定了到货时间,但是由于考虑到海啸等不可抗力事故的发生,双方可以明确地划分如有此类事故发生而影响交货,哪方应该负责,原合同是否还有效力。

3) 保证权责公正、可靠

履约前的合同谈判中,对合同订立的必要性、可行性进行必要的研究,充分运用约定的权利,使双方的权利义务平等公正。同时,考虑对方缔约能力、履约能力及信用,避免与一些空壳公司或信誉极差的企业签订合同。在履约时,若发现对方没有如期进行履约,要在约定期内向对方提出抗辩。为增加履约的可靠性,签约谈判时可要求对方签订担保合同。还要加强对自身合同文本的管理以避免文本丢失出现的违约或被骗现象。

8.2.3 履约中的谈判

1. 引起履约中谈判的原因

1) 货款支付与合同不符

支付违约反映在延迟支付或无理拒付上,也有买方多付而卖方不及时退款的情况。

(1) 延迟支付。

延迟支付分为有理延迟与无理延迟两种情况。

有理延迟相对应的是合同支付条件的修改,如因客观原因,单证实际传递延误;买方因卖方知道的原因不能及时支付。这些情况下,卖方在谈判中应予以理解,使合同得以履行,但是要谈判新的支付期限并采取措施使支付能尽快履行。对于买方的原因造成延迟,则要求"利息"的偿付,实际情况中,利息的谈判已由银行的"付款通知单"解决,在该单上,银行已注上"某日起,已计息"。

无理延迟是指沉默拖延和纠缠拖延支付,实属违约。有的买主既不付款也不说明理由,等"提示"后再回应;有的是挑出单证或货物的任一差异来拖延,如"2张汇票,仅有1张","5份发票只有4份",有的货到得比单快,买方先提了货,看了货,发现"货符合同,但是不合实际需要",于是与卖方交涉,这一交涉就把支付延迟了。对此,卖方有两种反应:不理与论理。有的管理不善的企业,对延期付款不予查询、追究。而原则上应电传或电话提示对方,继而交涉谈判,根据询问所得的情况决定谈判态度。买方友善,则只重谈"支付期"及"利息";否则,要谈判"货物的扣押""货物的追还""民事起诉欺诈"等。这些不同层次的交涉中,其"论理"的理由来自各国买卖合同及国际销售协议、贸易惯例,其中合同是关键。

(2) 无理拒付。

应该说,若正常的、讲道理的人拒付均会事出有因。但若遇到无理拒付,卖方的谈判应果断:预告或实物扣押。若是鲜活时令货物则马上转卖并保留索赔权;若是机器设备,则在保留一段时间后还可以转卖并索赔可能的经济损失;若价格较高,则应派专人谈判,甚至可以找对方政府主管部门交涉,据理力争"履行支付、赔偿利息或是其他直接损失"。也可以找其"担保人"或是"资力证明人"来履行支付收货的义务,最后则是诉诸仲裁或是民事诉讼。例如,某太阳能电池项目,买方已支付订金近百万美元,由于买方内部经济调整,在预付金支付一年后,其他义务均未履行。卖方坚持合同支付条款——开余额的信用证,而买方希望余额分两次开证。卖方已收汇一年多但未实际履约,觉得买方受损也不小,同意考虑买方意见,但与律师商议后改变主意。买方谈判人员再利用对方情绪、抑制律师纠缠不力致使洽谈失败。其实,卖方的这种行为极可能引起一场诉讼,如果买方认为百万美元的压力对其来说无法忍受而失去耐心时,会诉诸法律,卖方不仅会陷入声誉危机,还要为其律师支付高额的报酬,而按有关订金和义务的法律去评判,也未必利于卖方。

(3) 多付或少付。

由于单与货不符、工作中脱节、业务人员疏忽,会造成重复开单,重复付款,称之为合同规定多付或少付的情况。

多付时买方要交涉,因为作为卖方是不会着急退款的,但个别卖方出于信誉有时也会主动退款的。一般情况下系"明显是非",无争议可言,仅及时"通告"退款即可,要注意时间限定,如果拖得很长、金额很大,或跨财政年度才发现,退款手续会很复杂。若是中间付款,则可在洽谈时扣后面的支付款,利息损失自己承担,因为多付与买方工作疏忽有关,损失应自负。当在合同履行末期的时候支付,卖方为了保证自己安排收汇,多不同意退款,而让买方从保证金里扣除。这样,一旦验收有争议时,被买方扣押的资金可以保留在最小限度内。当然若验收失败,买方还可以提条件来补偿。

少付时,可用电传交涉,一般买方应按理补付。谈判时,卖方可视该款项系中期支付还是末期支付而制定策略:在中期,可以通告买方迅速补付,否则扣押后面未交付的货物和不履行服务的义务;在末期,则可以以"备件和维护"为谈判筹码,也可以以"减少或免除保证期"等方式使买方补付。如果是卖方过错造成,利息不补;若是买方的原因,则要求补偿利息。

2) 交货不符合合同

有的卖主交货数量短缺,规格型号不对,均违反了合同的构成要件。买方可以拒收货物、解除合同、要求损害赔偿,也可以退回货物要求退其价金,或留下货物经鉴定人评价后要求退回部分价金。对于"卖金子而交石头"的卖主,则纯属行骗,不只是违约,已构成犯法,应予以追诉。

谈判拒收货物时,应考虑价金问题及违约的性质。若价金已支付,但仅是数量短缺,那么拒收对买方来讲弊大于利,宜收下已到的,只谈判补偿短缺的部分,可取消该部分合同并要求退款补偿或者附加某些补偿条件再继续执行短缺部分。如价金未付,也不宜拒收货物,除非来货对自己已无用处或无利可图,一般情况下,只附加补偿条件就可以执行。当违约性质为规格、型号与合同不符时,则无论价金是否已支付,均可拒收货物,或者要求更换合同规定的货物,还可以提出一定的补偿条件,其间的一切费用均由卖方承担。在涉及进口货物时,还要配合海关部门。

作为中间商,会由于卖方的数量不足或型号不对,而影响自己与最终客户的合同履行,经济损失与错过时机在所难免,因此以合同成立与否和要求赔偿为谈判基调也属自然。总的来讲,数量不符系"部分违约"合同,不应全部解除合同,只能考虑短缺部分。就型号规格不符进行谈判时,要罗列费用及损失,如价金利息、使用价值、市场利润、销售费用、人工费、报关费、运输费、存储费,这些费用和损失应客观计算出来。

3) 合约理解不一致

在具体的合约履行中,因为条款不明确而导致合约理解的不一致而产生争执也容易使得原合同不能顺利履行。在签订合同的时候,交易的双方没有仔细地推敲合同的条款,使得合同的某些条款含糊不清。这种就容易使双方对合同的理解产生分歧,在履行合同的过程中各行其是,最后导致合同不能顺利履行。

2. 履约中的谈判

1) 在原合同条件不变前提下谈判

在合同履行中,由于以上的种种原因导致合同不能顺利履行。但是,交易双方考虑到原合同如果能顺利、认真地实施的话,还是能给交易双方带来巨大的利益。况且,如果撕毁原合同所费的成本很高,因为双方不可能在短时间内再找到比现在合适的合作伙伴。在此情况下,交易双方可以在原合同条件不变前提下谈判,这样可以减少成本,不必要再浪费时间和精力来重新找另外的企业谈判。这种做法不失为一种明智之举。

2) 尽可能寻找可谈判空间

如果因为合同没有如实履行,会给双方带来巨大的损失,那么,交易双方要保持冷静的头脑,认真分析自己的不足,不要一味地责怪对方。仔细地思考应变的对策,把责任明确地划分出来,并尽可能寻找可谈判空间。往往这种情况出现后,交易双方都会从心理上排斥对方,能再次坐在谈判桌上的可能性很小,可周旋的余地不大。

8.2.4 履约后的谈判

1. 履约后不能完全履行的原因

通常,合同在履约后不能履行的原因主要由两方面引起。

1) 最终使用与合同不符

商务谈判经过磋商后签订了合同,但这并不代表商务谈判就结束了。在双方履行合约后,如果发现合约没有如实履行,那么双方还必须再谈判,这可能是由于最终使用与合同不符造成的。最终使用是指在合同中货物或是别的工具、物品的最终使用目的、用途。如果最终使用与合同中的规定不符的话,自然原合同的履行就大打折扣,从而会影响另一方的利益。

2) 售后服务条件未能保证

尽管交易双方在合同的履行中都比较负责认真,但是售后服务的条件未能保证也算是一种变相的违约。例如,经过多次的商务谈判,交易双方签订了合同,规定货物的交货日期、地点、时间。货物虽然按时交付了,但是其售后服务的提供非常差劲,导致货物或是机器不能正常运作。这也是一种对合约的不负责的行为。

2. 履约后的谈判策略

在履约后,交易方因为最终使用与合同不符或是售后服务条件未能保证,而导致合同没有顺利完整地履行。那么,作为己方应该寻求判断是非的依据,如商检证明、权威机构检测报告等,通过这些客观的事实证明谁应该负有责任。然后,交易双方再坐到谈判桌上,摆出这些客观的证据进行再一次的谈判。

8.3 商务对外贸易合同

商务人员在具备与客户进行商务签约与履约的技能的同时还必须了解商务对外贸易合同样本和格式。

8.3.1 合同样本

1. 补偿贸易协议

Agreement of Compensation Trade
补偿贸易协议

This contract is hereby made and entered into between Guangdong Jiaxing Industrial Co., Ltd. (hereinafter referred as Party A) and Tailong Electronics (Singapore) Co., Ltd. (hereinafter referred as Party B) on October 12th, 2002 in Guangzhou, China on the basis of equality and mutual benefit and through amicable

下列双方在平等互利的基础上,通过友好协商,于2002年10月12日在中国广州订立本合同。

Party A: Guangdong Jiaxing Industrial Co., Ltd.

Add: 317 Huanshi East Road, Guangzhou, China
Tel: (020)87786162
Fax: (020)87619503
甲方:广东嘉兴实业有限公司
地址:中国广州环市东路 317 号
电话:(020)87786162
传真:(020)87619503
Party B: Tailong Electronics(Singapore)Co., Ltd.
Add: 111 North Bridge Road, Singapore
Tel: (65)3324951
Fax: (65)3324928
乙方:泰隆电子(新加坡)有限公司
地址:新加坡北桥路 111 号
电话:(65)3324951
传真:(65)3324928

Article 1　Contents of Transactions(交易内容)

(1) Party A agrees to buy from Party B and Party B agrees to sell to Party A Assembly Lines for Color TV Sets, whose specifications, technical requirements, price and delivery schedule shall be specified in an additional contract to be made between both parties, which shall serve as an integral part of this contract.

甲方同意从乙方购买、乙方同意向甲方出售彩电装配线,其规格、技术要求、价格和交货日程安排,由双方另行签订合同,作为本合同不可分割的一部分。

(2) Party B shall buy from Party A Color TV Sets turned out on the Assembly Lines supplied by Party B in an amount approximately equal to that of the Assembly Lines. The quality, quantity, unit price, packing and delivery schedule shall also be specified in an additional contract, which shall constitute an integral part of this contract.

乙方从甲方购买乙方提供的装配线生产的彩色电视机,其金额与装配线的金额相等。彩电的质量、数量、单价、包装和交货日程安排,亦由双方另行签订合同,作为本合同不可分割的一部分。

Article 2　Terms of Payment(支付条件)

Payment of the transactions stipulated in Article 1 shall be effected by reciprocal L/C. Party A shall open a usance L/C in favor of Party B to pay by installments the entire cost of the Assembly Lines to be supplied by Party B; whereas Party B shall open a sight L/C in favor of Party A to pay each shipment of Color TV Sets to be delivered by Party A. The tenor of the usance L/C shall be in consistence with the term of compensation stipulated in Article 3. The total proceeds received by Party A from selling Color TV Sets to Party B within the duration of this contract shall be equal to, and used to cover the total value of the Assembly Lines. In case the total proceeds received by Party A from selling Color TV Sets to Party B is not enough to cover the total value of the Assembly Lines, the balance shall be made up by Party B with down payment before the usance L/C opened by Party A expires, thus enabling Party A to effect payment due under the usance L/C.

第一条所订交易的支付通过对开信用证进行。甲方开出以乙方为受益人的远期信用证,分期支付乙方所供装配线的全部价款;乙方开出以甲方为受益人的即期信用证,支付甲方交付的每一批彩电。远期信用证的期限应与第三条所订补偿期限相一致。甲方在本合同期限内得自向乙方出售彩电的全部收入应等于并用于支付装配线的价款,假使甲方得自向乙方出售彩电的全部收入不足以支付装配线的全部价款,余额由乙方在甲方开出的远期信用证到期前用预付款补足,以使甲方能够履行远期信用证项下的付款。

Article 3　Period of Compensation(补偿期限)

Party A shall pay the total cost of the Assembly Lines by exporting Color TV Sets to Party B within 10 months from the 4th month after all parts of the Assembly Lines are delivered. In principle, the amount to be paid by Party B for its imports from Party A per month shall be 10 percent of the total amount due to be paid for the Assembly Lines. Party A can make payment ahead of schedule with a notice to Party B 1 month in advance.

从装配线的所有部分交付以后第 4 个月起,甲方应在 10 个月内通过向乙方出口彩电支付装配线的全部价款。原则上,乙方为每月自甲方的进口所支付的金额,是装配线应付总金额的 10%。甲方可提前付款,但须提前 1 个月通知乙方。

Article 4　Currency for Pricing(计价货币)

Both the Assembly Lines and the Color TV Sets shall be priced in terms of US Dollars. If the Color TV Sets are also to be sold in the home market within the term of compensation and thus have a price in RMB, their export price shall be its equivalent in US Dollars according to the exchange rate then prevailing.

装配线与彩色电视机均使用美元计价。如果彩电在补偿期内也在国内市场上销售,而具有人民币价格,其出口价格应为按当时汇率折算的美元价格。

Article 5　Interest Rate(利率)

Party A shall bear the interest on the usance L/C and the down payment of Party B. The annual interest rate is agreed on at 7.5%.

甲方负担远期信用证及乙方预付款的利息。年利率双方同意按 7.5%计。

Article 6　Technical Service(技术服务)

After arrival at the destination, the Assembly Lines shall be installed by Party A. When Party A believes it is necessary, Party B shall send its technicians to provide on-the-spot instructions and other technical assistance in the course of installation. Party B shall be liable for expenses of the technicians and losses incurred in the course of installation as a result of technical default on its part.

装配线运达目的地后,由甲方安装,当甲方认为必要时,乙方应派遣技术人员在安装过程中提供现场指导和其他技术协助。乙方负担技术人员的花费及安装过程中由于技术人员的过失造成的损失。

Article 7　Insurance(保险)

(1) The buying and selling of the Assembly Lines and the Color TV Sets shall be on

FOB basis, thus the ocean marine cargo insurance on them shall be effected by Party A and Party B respectively.

装配线与彩色电视机的买卖均在FOB基础上进行,其海运保险分别由甲方和乙方办理。

(2) In the duration of this contract, the Assembly Lines shall be insured by Party A. Should any loss or damage occur, Party A shall lodge claims against the insurer and pay a part of the indemnification received from the insurer to Party B, which shall be in proportion to the payment Party A has not made for the part of machinery involved in the loss or damage.

在本合同期限内,装配线由甲方投保。如果发生损失或损坏,由甲方向保险人提出索赔,并将从保险人处获得的赔偿的一部分付给乙方,这部分应与受损机械设备中甲方未支付的部分成比例。

Article 8　Liability for Breach(违约责任)

Either party shall be liable for its breach of contract and indemnify for all losses thus incurred to the other party. In addition, the breaching party shall pay to the other party a fine, which shall account for 15% of the total amount involved.

任何一方均要对其违约行为负责,并赔偿由此给另一方造成的损失。此外,违约方须向另一方支付一笔罚金,其金额占违约金额的15%。

Article 9　Performance Guarantee(履约保证)

To guarantee the implementation of the contract, each party shall submit to the other a performance guarantee issued by a bank agreed by both parties. The guarantee bank of Party A is the Bank of China, Guangzhou Branch, while that of Party B is San He Bank.

为保证本合同的履行,任何一方须向另一方提交由双方同意的银行签发的履约保函。甲方的保证银行是中国银行广州分行,乙方的保证银行是三和银行。

Article 10　Force Majeure(不可抗力)

(1) Either party shall not be held responsible for failure or delay to perform all or any part of the contract due to flood, fire, earthquake, draught, war or any other events which could not be predicted at the time of conclusion of this contract, and could not be controlled, avoided or overcome by the relative party. However, the party affected by the event of Force Majeure shall inform the other party of its occurrence in writing as soon as possible and thereafter sends a certificate of the event issued by the relevant authorities to the other party within 15 days of its occurrence.

由于水灾、火灾、地震、干旱、战争或合同一方在签约时无法预见且无法控制、避免和克服的其他事件导致不能或暂时不能履行全部或部分合同义务,该方不负责任。但是,受不可抗力事件影响的一方须尽快将发生的事件通知另一方,并在不可抗力事件发生后15天内将有关机构出具有不可抗力事件的证明寄交对方。

(2) If the event of Force Majeure lasts over 120 days, both parties shall have the right to terminate the contract.

如果不可抗力事件持续120天以上,任何一方有权终止合同。

Article 11　Arbitration(仲裁)

(1) All disputes arising from the performance of this contract shall be settled through friendly negotiations. Should no settlement be reached through negotiation, the case shall then be submitted for arbitration to the China International Economic and Trade Arbitration Commission(Beijing)and the rules of this Commission shall be applied. The award of the arbitration shall be final and binding upon both parties. The arbitration fee shall be borne by the losing party unless otherwise awarded by the commission.

因履行本合同所发生的一切争议应通过友好协商解决;如协商不能解决争议,则应将争议提交中国国际经济贸易仲裁委员会(北京),依据其仲裁规则进行仲裁。仲裁裁决是终局的,对双方都有约束力。除非仲裁委员会另有裁定,仲裁费由败诉方承担。

(2) During the course of the arbitration, the contract shall be performed except for the part under arbitration.

仲裁期间,除仲裁部分以外的合同条款应继续执行。

Article 12　Amendment to the Contract(合同的变更)

The contract can be amended only after the amendment is agreed upon by both parties.

只有经双方一致同意,合同方可变更。

Article 13　Language and Validity(文字、生效)

(1) The contract shall be written in Chinese and English. Both versions are equally authentic. In the event of any discrepancy between the two versions, the Chinese version shall prevail.

本合同用中文和英文写成,两种文字具有同等效力。上述两种文字如有不符,以中文文本为准。

(2) The contract shall come into effect as soon as it is duly signed by both parties and shall remain effective for two years.

本合同经双方签字生效,有效期为两年。

Party A: Guangdong Jiaxing Industrial Co., Ltd.	Party B: Tailong Electronics (Singapore)Co., Ltd.
甲方:广东嘉兴实业有限公司	乙方:泰隆电子(新加坡)有限公司
(Signature)	(Signature)
(签字)	(签字)

2. 销售合同

Sales Contract

销售合同

No.:

编号:

Date:

日期:

Signed at:

签约地点:

Sellers:
卖方:
Address: Postal Code:
地址: 邮政编码:
Tel: Fax:
电话: 传真:
Buyers:
买方:
Address: Postal Code:
地址: 邮政编码:
Tel: Fax:
电话: 传真:

The sellers agree to sell and the buyers agree to buy the undermentioned goods on the terms and conditions stated below.

买卖双方同意按下列条款由卖方出售、买方购进下列货物。

(1) Article No.:

货号:

(2) Description & Specification:

品名及规格:

(3) Quantity:

数量:

(4) Unit Price:

单价:

(5) Total Amount:

With _____% more or less both in amount and quantity, allowed at the sellers' option.

总值:

数量及总值均有_____%的增减,由卖方决定。

(6) Country of Origin and Manufacturer:

生产国和制造厂家:

(7) Packing:

包装:

(8) Shipping Marks:

唛头:

(9) Time of Shipment:

装运期限:

(10) Port of Loading:

装运口岸:

(11) Port of Destination:

目的口岸：

（12）Insurance：To be effected by buyers for 110％ of full invoice value covering _____ up to _____ only.

保险：由买方按发票全额110％投保至_____为止的_____险。

（13）Payment：

By confirmed, irrevocable, transferable and divisible L/C to be available by sight draft to reach the sellers before _____/_____/_____ and to remain valid for negotiation in China until 15 days after the aforesaid time of shipment. The L/C must specify that transshipment and partial shipments are allowed.

付款条件：

买方须于_____年_____月_____日将保兑的、不可撤销的、可转让和可分割的即期信用证开到卖方。信用证议付有效期延至上列装运期后15天在中国到期，该信用证中必须注明允许分运及转运。

（14）Documents：

单据：

（15）Terms of Shipment：

装运条件：

（16）Quality/Quantity Discrepancy and Claim：

品质与数量（重量）的异议与索赔：

（17）Force Majeure：

Either party shall not be held responsible for failure or delay to perform all or any part of this agreement due to flood, fire, earthquake, draught, war or any other events which could not be predicted, controlled, avoided or overcome by the relative party. However, the party affected by the event of Force Majeure shall inform the other party of its occurrence in writing as soon as possible and thereafter sends a certificate of the event issued by the relevant authorities to the other party within 15 days after its occurrence.

不可抗力：

由于水灾、火灾、地震、干旱、战争或协议一方无法预见、控制、避免和克服的其他事件导致不能或暂时不能全部或部分履行本协议，该方不负责任。但是，受不可抗力事件影响的一方须尽快将发生的事件通知另一方，并在不可抗力事件发生15天内将有关机构出具的不可抗力事件的证明寄交对方。

（18）Arbitration：

All disputes arising from the execution of this agreement shall be settled through friendly consultations. In case no settlement can be reached, the case in dispute shall then be submitted to the Foreign Trade Arbitration Commission of the China Council for the Promotion of International Trade for Arbitration in accordance with its Provisional Rules of Procedure. The decision made by this commission shall be regarded as final and binding upon both parties. Arbitration fees shall be borne by the losing party, unless otherwise awarded.

仲裁：

在履行协议过程中,如产生争议,双方应友好协商解决。若通过友好协商未能达成协议,则提交中国国际贸易促进委员会对外贸易仲裁委员会,根据该会《仲裁程序暂行规定》进行仲裁。该委员会决定是终局的,对双方均有约束力。仲裁费用,除另有规定外,由败诉一方承担。

(19) Remark:
备注:

Sellers:	Buyers:
卖方:	买方:
(Signature)	(Signature)
(签字)	(签字)

3. 售货确认书

Sales Confirmation
售货确认书

Date:
日期:
No.:
编号:
Signed at:
签约地点:

The undersigned sellers and buyers have agreed to close the following transactions according to the terms and conditions stipulated below.

经买卖双方同意成交下列商品订立条款如下。

(1) Commodity:
商品:
(2) Specification:
规格:
(3) Quantity:
数量:
(4) Unit Price:
单价:
(5) Total Value:
总值:
(6) Time of Shipment:
装运期:
(7) Packing:
包装:
(8) Loading Port and Destination:
装运口岸和目的地:
(9) Shipping Marks:
唛头:

(10) Terms of Payment：

Terms of payment：by 100％ value confirmed irrevocable letter of credit by draft at sight with transshipment and partial shipments allowed, to reach the Sellers _____ days before month of shipment, with shipment validity arranged till the 15th day after the month of shipment, and remain valid for negotiation in the loading port until the _____ day after the shipment validity.

付款条件：

凭100％保兑的、不可撤销的信用证附带即期汇票付款，允许分批装运和转船，要求在装船期前_____天到达卖方，有效期至装船期后15天，且在装船有效期后_____天在装货港议会仍然有效。

(11) Insurance：

保险：

The Buyers   The Sellers
买方   卖方
                                          China National Textiles
                                          Import & Export Corporation
                                          Shanghai Silk Branch
                                          中国纺织品进出口公司
                                          上海丝绸分公司

8.3.2　合同的格式

1. 独家代理协议书样本

Exclusive Agency Agreement
独家代理协议书

This agreement is made and entered into by and between the parties concerned on September 20th, 2008 in Qingdao, China on the basis of equality and mutual benefit to develop business on terms and conditions mutually agreed upon as follow：

本协议于2008年9月20日在中国青岛由有关双方在平等互利基础上达成，按双方同意的下列条件发展业务关系：

Article 1　The Parties Concerned(协议双方)

Party A：Qingdao Hongda Industrial Co., Ltd.

Add：25 Qutangxia Road, Qingdao, China

Tel：(0532)2877932

Fax：(0532)2876415

甲方：青岛宏达实业有限公司

地址：中国青岛瞿塘峡路25号

电话：(0532)2877932

传真：(0532)2876415

Party B：Huaxing Trading Company(Pte)Ltd.

Add：126 Waterloo Street，Singapore(0718)
Tel：3366436
Fax：3397862
乙方：华兴贸易私人有限公司
地址：新加坡滑铁卢街 126 号(0718)
电话：3366436
传真：3397862

Article 2　Appointment(委任)

Party A hereby appoints Party B as its Exclusive Agent to solicit orders for the commodity stipulated in Article 3 from customers in the territory stipulated in Article 4，and Party B accepts and assumes such appointment.

甲方指定乙方为其独家代理，为第 3 条所列商品从第 4 条所列区域的顾客中招揽订单，乙方接受上述委任。

Article 3　Commodity(代理商品)

"Golden Fish" Brand Washing Machines

"金鱼"牌洗衣机

Article 4　Territory(代理区域)

In Singapore only

仅限于新加坡

Article 5　Minimum Turnover(最低业务量)

Party B shall undertake to solicit orders for the above commodity from customers in the above territory during the effective period of this agreement for not less than USD 100 000.00.

乙方同意，在本协议有效期内从上述代理区域内的顾客处招揽的上述商品的订单价值不低于 10 万美元。

Article 6　Price and Payment(价格与支付)

The price for each individual transaction shall be fixed through negotiations between Party B and the buyer，and subject to Party A's final confirmation. Payment shall be made by confirmed, irrevocable L/C opened by the buyer in favor of Party A，which shall reach Party A 15 days before the date of shipment.

每一笔交易的货物价格应由乙方与买主通过谈判确定，并须经甲方最后确认。付款使用保兑的、不可撤销的信用证，由买方开出，以甲方为受益人。信用证须在装运日期前 15 天到达甲方。

Article 7　Exclusive Rights(独家代理权)

In consideration of the exclusive rights granted herein，Party A shall not，directly or indirectly, sell or export the commodity stipulated in Article 3 to customers in Singapore through channels other than Party B; Party B shall not sell, distribute or promote the sales of any products competitive with or similar to the above commodity in Singapore and shall not solicit or accept orders for the purpose of selling them outside Singapore. Party A shall refer to Party B any enquiries or orders for the commodity in question received by Party A from other firms in Singapore during the validity of this agreement.

基于本协议授予的独家代理权,甲方不得直接或间接地通过乙方以外的渠道向新加坡顾客销售或出口第 3 条所列商品,乙方不得在新加坡经销、分销或促销与上述商品相竞争或类似的产品,也不得招揽或接受以到新加坡以外地区销售为目的的订单,在本协议有效期内,甲方应将其收到的来自新加坡其他商家的有关代理产品的询价或订单转交给乙方。

Article 8　Market Report(商情报告)

In order to keep Party A well informed of the prevailing market conditions, Party B should undertake to supply Party A, at least once a quarter or at any time when necessary, with market reports concerning changes of the local regulations in connection with the import and sales of the commodity covered by this agreement, local market tendency and the buyer's comments on quality, packing, price, etc. of the goods supplied by Party A under this agreement. Party B shall also supply party A with quotations and advertising materials on similar products of other suppliers.

为使甲方充分了解现行市场情况,乙方承担至少每季度一次或在必要时随时向甲方提供市场报告,内容包括与本协议代理商品的进口与销售有关的地方规章的变动、当地市场发展趋势,以及买方对甲方按协议供应的货物的品质、包装、价格等方面的意见。乙方还承担向甲方提供其他供应商类似商品的报价和广告资料。

Article 9　Advertising and Expenses(广告及费用)

Party B shall bear all expenses for advertising and publicity in connection with the commodity in question in Singapore within the validity of this agreement, and shall submit to Party A all audio and video materials intended for advertising for prior approval.

乙方负担本协议有效期内在新加坡销售代理商品做广告宣传的一切费用,并向甲方提交所用于广告的声像资料,供甲方事先核准。

Article 10　Commission(佣金)

Party A shall pay Party B a commission of 5% on the net invoiced selling price on all orders directly obtained by Party B and accepted by party A. No commission shall be paid until Party A receives the full payment for each order.

对乙方直接获取并经甲方确认接受的订单,甲方按净发票售价向乙方支付 5%的佣金。佣金在甲方收到每笔订单的全部货款后才会支付。

Article 11　Transactions Between Governmental Bodies(政府部门间的交易)

Transactions concluded between governmental bodies of Party A and Party B shall not be restricted by the terms and conditions of this agreement, nor shall the amount of such transactions be counted as part of the turnover stipulated in Article 5.

在甲、乙双方政府部门之间达成的交易不受本协议条款的限制,此类交易的金额也不应计入第 5 条规定的最低业务量。

Article 12　Industrial Property Rights(工业产权)

Party B may use the trade-marks owned by Party A for the sale of the Washing Machines covered herein within the validity of this agreement, and shall acknowledge that all patents, trademarks, copy rights or any other industrial property rights used or embodied in the Washing Machines shall remain to be the sole properties of Party A. Should any infringement be found, Party B shall promptly notify and assist Party A to take steps to protect the latter's rights.

在本协议有效期内,为销售有关洗衣机,乙方可以使用甲方拥有的商标,并承认使用或包含于洗衣机中的任何专利商标、版权或其他工业产权为甲方独家拥有。一旦发现侵权,乙方应立即通知甲方并协助甲方采取措施保护甲方权益。

Article 13　Validity of Agreement(协议有效期)

This agreement, when duly signed by the both parties concerned, shall remain if force for 12 months from October 1st, 2008 to September 30th, 2009, and it shall be extended for another 12 months upon expiration unless notice in written is given to the contrary.

本协议经有关双方如期签署后生效,有效期为1年,从2008年10月1日至2009年9月30日。除非做出相反通知,本协议期满后将延长12个月。

Article 14　Termination(协议的终止)

During the validity of this agreement, if either of the two parties is found to have violated the stipulations herein, the other party has the right to terminate this agreement.

在本协议有效期内,如果一方被发现违背协议条款,另一方有权终止协议。

Article 15　Force Majeure(不可抗力)

Either party shall not be held responsible for failure or delay to perform all or any part of this agreement due to flood, fire, earthquake, draught, war or any other events which could not be predicted, controlled, avoided or overcome by the relative party. However, the party affected by the event of Force Majeure shall inform the other party of its occurrence in writing as soon as possible and thereafter sends a certificate of the event issued by the relevant authorities to the other party within 15 days after its occurrence.

由于水灾、火灾、地震、干旱、战争或协议一方无法预见、控制、避免和克服的其他事件导致不能或暂时不能全部或部分履行本协议,该方不负责任。但是,受不可抗力事件影响的一方须尽快将发生的事件通知另一方,并在不可抗力事件发生15天内将有关机构出具的不可抗力事件的证明寄交对方。

Article 16　Arbitration(仲裁)

All disputes arising from the performance of this agreement shall be settled through friendly negotiation. Should no settlement be reached through negotiation, the case shall then be submitted for arbitration to the China International Economic and Trade Arbitration Commission(Beijing) and the rules of this Commission shall be applied. The award of the arbitration shall be final and binding upon both parties.

因履行本协议所发生的一切争议应通过友好协商解决。如协商不能解决争议,则应将争议提交中国国际经济贸易仲裁委员会(北京),依据其仲裁规则进行仲裁。仲裁裁决是终局的,对双方都有约束力。

Party A：Qingdao Hongda Industrial Co.,Ltd.　　　　　　　Party B：Huaxing Trading Company(Pte)Ltd.

甲方:青岛宏达实业有限公司　　　　　乙方:华兴贸易私人有限公司
（Signature）　　　　　　　　　　　（Signature）
（签字）　　　　　　　　　　　　　　（签字）

2. 购货单样本

Purchase Note

购货单

Date：

日期：

The Buyers：

买方：

The Sellers：

卖方：

The Buyers agree to buy and the Sellers agree to sell the following goods on terms and conditions as set forth below：

双方同意按下列条款由卖方售出下列商品：

(1) Name of Commodity，Specifications and Packing：

商品名称、规格及包装：

(2) Quantity：

数量：

(3) Unit Price：

单价：

(4) Total Value：

总值：

(Shipment Quantity 　　　％ more or less allowed)

（装运数量允许有　　　％的增减）

(5) Time of Shipment：

装运期限：

(6) Port of loading：

装运口岸：

(7) Port of Destination：

目的口岸：

(8) Insurance：

Insurance to be covered by the seller for 110％ of the invoice value against ＿＿＿＿＿．

保险：

由卖方负责，按本合同总额的 110％投保＿＿＿＿险。

(9) Terms of Payment：

By confirmed, irrevocable, transferable and divisible L/C in favour of ＿＿＿＿ payable at sight with T/T reimbursement clause/＿＿＿＿ days'/sight/date allowing partial shipments and transshipment. The covering L/C must reach the sellers before ＿＿＿＿ and is to remain valid in ＿＿＿＿, China until the 15th day after the aforesaid time of shipment, failing which the sellers reserve the right to cancel this Sales Contract without further notice and to claim from the buyers for losses resulting therefrom.

付款条件：

凭保兑的、不可撤销的、可转让的、可分割的即期有电报套汇条款,出票＿＿＿＿天即期付款信用证,信用证以＿＿＿＿为受益人并允许分批装运和转船。该信用证必须在＿＿＿＿前开到卖方,信用证的有效期应为上述装船期后第15天,在中国＿＿＿＿到期,否则卖方有权取消本售货合约,不另行通知,并保留因此而发生的一切损失的索赔权。

(10) Inspection:

The Inspection Certificate of Quality/Quantity/Weight/Packing/Sanitation issued by＿＿＿＿of China shall be regarded as evidence of the sellers' delivery.

商品检验：

中国＿＿＿＿所签发的品质/数量/重量/包装/卫生检验合格证书作为卖方的交货依据。

(11) Shipping Marks:

唛头：

Other Terms:

其他条款：

(1) Discrepancy: In case of quality discrepancy, claim should be lodged by the buyers within 30 days after the arrival of the goods at the port of destination, while for quantity discrepancy, claim should be lodged by the buyers within 15 days after the arrival of the goods at the port of destination. In all cases, claims must be accompanied by Survey Reports of Recognized Public Surveyors agreed to by the sellers. Should the responsibility of the subject under claim be found to rest on the part of the sellers, the sellers shall, within 20 days after receipt of the claim, send their reply to the buyers together with suggestion for settlement.

异议：品质异议须于货到目的口岸之日起30天内提出,数量异议须于货到目的口岸之日起15天内提出,但均须提供经卖方同意的公证行出具的检验证明。如责任属于卖方,卖方应于收到异议后20天内答复买方并提出处理意见。

(2) The covering L/C shall stipulate the sellers's option of shipping the indicated percentage more or less than the quantity hereby contracted and be negotiated for the amount covering the value of quantity actually shipped. (The buyers are requested to establish the L/C in amount with the indicated percentage over the total value of the order as per this Sales Contract.)

信用证内应明确规定卖方有权可多装或少装所注明的百分数,并按实际装运数量议付。(买方所开信用证的金额按本售货合约金额增加相应的百分数)

(3) The contents of the covering L/C shall be in strict conformity with the stipulations of the Sales Contract. In case of any variation thereof necessitating amendment of the L/C, the buyers shall bear the expenses for effecting the amendment. The sellers shall not be held responsible for possible delay of shipment resulting from awaiting the amendment of the L/C

and reserve the right to claim from the buyers for the losses resulting therefrom.

信用证内容须严格符合本售货合约的规定,否则修改信用证的费用由买方负担,卖方并不负因修改信用证而延误装运的责任,并保留因此而发生的一切损失的索赔权。

(4) Except in cases where the insurance is covered by the buyers as arranged, insurance is to be covered by the sellers with a Chinese insurance company. If insurance for additional amount and /or for other insurance terms is required by the buyers, prior notice to this effect must reach the sellers before shipment and is subject to the sellers' agreement, and the extra insurance premium shall be for the buyers' account.

除经约定保险归买方投保者外,由卖方向中国的保险公司投保。如买方需增加保险额或需加保其他险,可于装船前提出,经卖方同意后代为投保,其费用由买方负担。

(5) The sellers shall not be held responsible if they fail, owing to Force Majeure cause or causes, to make delivery within the time stipulated in this Sales Contract or cannot deliver the goods. However, the sellers shall inform immediately the buyers by cable. The sellers shall deliver to the buyers by registered letter, if it is requested by the buyers, a certificate issued by the China Council for the Promotion of International Trade or by any competent authorities, attesting the existence of the said cause or causes. The buyers' failure to obtain the relative Import License is not to be treated as Force Majeure.

因不可抗力事故使卖方不能在本售货合约规定期限内交货或不能交货,卖方不负责任,但是卖方必须立即以电报通知买方。如果买方提出要求,卖方应以挂号函向买方提供由中国国际贸易促进委员会或有关机构出具的证明,证明事故的存在。买方不能领到进口许可证,不能被认为是属不可抗力范围。

(6) Arbitration: All disputes arising in connection with this Sales Contract or the execution thereof shall be settled by way of amicable negotiation. In case no settlement can be reached, the case at issue shall then be submitted for arbitration to the China International Economic and Trade Arbitration Commission in accordance with the provisions of the said Commission. The award by the said Commission shall be deemed as final and binding upon both parties.

仲裁:凡因执行本合约或有关本合约所发生的一切争执,双方应以友好方式协商解决;如果协商不能解决,应提交中国国际经济贸易仲裁委员会,根据该会的仲裁规则进行仲裁。仲裁裁决是终局的,对双方都有约束力。

(7) Supplementary Condition(s) (Should the articles stipulated in this Contract be in conflict with the following supplementary condition, the supplementary condition(s) should be taken as valid and binding).

附加条款(本合同其他条款如与本附加条款有抵触时,以本附加条款为准)。

Sellers:	Buyers:
卖方:	买方:
(Signature)	(Signature)
(签字)	(签字)

8.4 索 赔

8.4.1 纠纷的产生与处理

顺利履行已签订的合同是谈判双方共同的愿望,但是由于经济活动的复杂性,在履行合同的过程中,多种因素会导致双方发生争议和纠纷,并引发由纠纷而产生的索赔。

1. 纠纷产生的原因

1) 主观原因

合同是谈判双方协商一致的结果,既然谈判双方在自愿、平等的基础上订立了合同,那么按合同履行义务应当是毫无疑问的。然而,合同签订后,合同一方可能会因为种种原因而主观上不想履行或不想完全履行合同。例如,买卖双方签了购销服装的合同之后,合同中所确定的服装品种价格上涨,卖方认为,如果仍按合同规定的价格交给买方,就会损失一大笔钱,于是,卖方就想提价、毁约或以支付违约金的方式不履行合同。对此买方则不同意,坚持按事先规定的价格购买,双方遂起纠纷。一般而言,纯粹主观上的原因较为少见,主观原因背后往往存在着客观原因。

2) 客观原因

一项合同,从订立到履行完毕,除了即时清结的情况之外,往往经过一个漫长的过程。在此过程中往往会出现一些客观上的原因,导致合同无法按约履行,由此引起纠纷。这里所指的客观方面的成因,指非由合同当事人主观意志所导致的,不得已而为之的因合同履行过程中的变化而引起纠纷的原因。例如,在合同履行过程中发生了不可抗力,致使合同不能全部或部分履行。双方当事人对不可抗力的范围,遭受不可抗力的一方是否采取了措施防止损失扩大,不可抗力是否已导致合同不能履行等问题在看法上不一致,因此而起纠纷。

一项合同纠纷,有时由单纯的主观原因或客观原因而引起,有时则既有主观原因,又有客观原因。但归根到底,发生纠纷是与谈判双方订立合同的意图相违背的,除非是一方有意欺骗另一方,借纠纷而企图获利的情况。合同在履行,甚至终止时发生纠纷是在所难免。重要的是发生纠纷之后如何能行之有效地去解决纠纷。

2. 处理纠纷的方法

一般而言,处理合同双方纠纷的方式主要有四种:协商、调解、仲裁和诉讼。

1) 协商

协商是解决谈判双方争议、纠纷的一种有效方式。协商是在争议发生后,由双方当事人自行磋商,各方都做出一定程度的让步,在各方都认为可以接受的基础上达成谅解,以求得问题的解决。它的优点是简便易行,能及时迅速地解决问题。而且由于双方在磋商过程中,不用第三者介入,因而有利于维护和发展双方的良好关系。当双方自行协商解决不成功时,任何一方都可以向国家规定的合同管理机关申请调解和仲裁,也可以直接向法院起诉。

2) 调解

调解即由第三者从中调停,促使双方当事人和解,求得合同纠纷的解决。调解是由第三者做双方的说服工作,其目的是希望双方互谅互让,平息争端,自愿让步而达成协议。

3）仲裁

仲裁是仲裁机构就纠纷、索赔问题依照合同或双方达成的仲裁协议，居中做出的判断和裁决。在发生合同争议时，如果当事人不愿协商解决，或者协商、调解不成，则可以向仲裁机构申请仲裁。我国的仲裁机构是国家工商行政管理总局和地方各级工商行政管理局设立的仲裁委员会。

4）诉讼

谈判合同纠纷问题若经协商、调解与仲裁仍不能解决，任何一方当事人都可以向人民法院提起诉讼。法院在受理诉讼过程中，首先要本着调解的原则，进行司法调解，尽可能使签约双方再次考虑团结协作、互谅互让。在调解无效的情况下，再进行磋商。若磋商依然无效，谈判当事人可在一定期限内向上一级法院上诉，上诉后做出的二审判决为终审判决，当事人必须执行。

8.4.2 索赔谈判

如前所述，合同执行中经常由于各种原因出现违约问题，这就需要进行索赔谈判。

1. 索赔谈判及其目的

索赔是指履约中受损害方向违约方提出的赔偿要求。由于各种原因使得所签合约不能如约履行，从而必定会造成损害。受损方必然会向违约方提出赔偿的要求，它包括怎么赔偿、赔偿多少等问题。违约方当然也不会全面接受受损方的全部赔偿要求，这就要进行再次的谈判与磋商。可见，索赔谈判是指合同义务不能履行或不能完全履行时，合同当事人双方进行的谈判。索赔谈判有何特征，如何顺利实现索赔谈判，是交易各方共同企盼予以理清、解决的问题。

2. 索赔谈判的特点

索赔谈判在商务谈判中很常见，也是一种主要的谈判类型，与合约谈判相比较，这种谈判的显著特点如下。

1）谈判的态度和气氛不同

在多数情况下，索赔谈判是由于一方或双方违约造成损失，受损方要求对方赔偿的行为。由于给某一方造成损失，所以，在谈判的初始阶段，双方就会摊牌，受损方会提出具体的索赔要求。而另一方马上针锋相对，提出自己的立场。双方的这种较量不同于意向谈判与合同谈判，合约谈判是交易双方为了达成一致、获得共同的利益而进行的谈判，是双方试探、摸底，以求最大限度满足己方要求的合作。谈判双方寻求一致的利益，其心情应该是很平和的，其态度也应该是颇为冷静的。索赔谈判是指遭受损害方向违约方提出赔偿要求的谈判，双方注重的是各自维护自身利益。受损方想获得更多的赔偿，而违约方则想方设法来推卸责任。双方在感情和行动上都比较冲动，态度也比较强硬，谈判的气氛自然也比较紧张。由于谈判人员处在解决问题的对立面，所以要达成赔偿的协议十分困难，场面也令人十分不快，这可谓是最艰难的谈判之一。

2）谈判的内容和要求不同

合同谈判是解决问题，达成一致的协议实现求同存异。谈判的内容大多包括商品的质量、标的、价格、运输方式、保险等。合同谈判多数注重要双方共同获利。索赔谈判是分清责任和确定赔偿数量。索赔谈判主要是要把"谁负责"的问题，以及具体的赔偿数量的问题解决好。索赔谈判更看重的是明确的责任、具体的赔偿数量。

3. 索赔谈判的目标

由于索赔是一方向另一方提出赔偿要求，直接涉及双方的切身利益，所以双方在谈判的目标上事先都设置底线。一般说来，双方各自设立的底线总会有差距。因此为使谈判尽量寻求双方都可以接受的条件，必须设定谈判的目标，并为实现这一目标选择恰当的谈判方式。

索赔谈判结果与设定的谈判目标有关。合理地确定索赔谈判目标是谈判人必须关注的问题。以下分析索赔谈判目标的三个层面。

1) 利益目标

索赔谈判是针对发生的利益损害如何补偿而进行的谈判。客观上它存在三种可能，即让对方多赔点，从而有赚；让对方如实补偿，从而持平、不亏；让对方尽力而为，有可能亏。这三种可能要视对方财力而定。即便对手有钱，那种谋利的做法也不可取。从实践看，欲通过索赔获利、弥补损失，只会引起谈判的复杂性，不会促进谈判迅速达成一致。

对于责任方，在索赔的事件中也许同是受害人，但也要予以赔付。当然，赔偿可尽力而行。即量当时之力和未来之力而行。在恪守信誉，诚恳处事的前提下，"量力放利"的做法一般能够被对方接受。如若想尽力少放利，不顾对方的损失，既不合情也不合理。在责任方有一定能力赔付对方的情况下，不顾对方损失尽量少赔，必然导致对方不满并做出强烈反应，必然与责任方进行激烈的谈判以求维护其权益。

2) 关系目标

关系目标是指当事人之间的关系状况。一般分三种情况，与业务发展有关系、关系自然人、关系第三者。

当索赔与业务发展有关时，两者应通盘考虑，即权衡索赔所得与其业务发展所得的综合效果。

当索赔与自然人有关时，与索赔有关的人曾对双方业务发展有促进作用，对其意见应予以关注。在索赔力度与清偿的时间上可适当放松。但因个人关系放弃索赔，或者不认真索赔是不可取的，这种不健康的人际关系对当事双方有损害。

当索赔与第三者有关时，第三者通常与索赔事项有连带责任或利益关系。第三者的态度对索赔谈判会产生影响。索赔谈判也应客观、综合考虑第三者利益。

3) 信誉目标

信誉目标是指当事人的商誉。它贯穿于索赔谈判的始终。商誉是当事人在经营中长期积累起来的重要的无形资产，也是其追求的经营价值目标之一，对企业生存与发展具有重要的战略意义。在索赔涉及金额不大时，当事人可能更偏重于维护信誉。从表面上看，偏重于信誉似乎是虚的追求，但在实际谈判中也是实的追求。当事人在索赔谈判中重信誉，努力增加信誉度，实际上是考虑不因眼前利益而损失长远利益，为未来的发展夯实基础。故索赔者通过谈判弘扬信誉，促使对方格守信誉，而将物质赔付置于其次，就是从长远角度考虑问题。这种情景多在协商式的索赔谈判中出现。被索赔者在谈判中应"不因小利而失大义"，追求诚信，恪守信誉。

4. 选择索赔谈判方式

一旦索赔产生后，可供选择的谈判方式有两类。第一类为直接索赔，含协商索赔；第二类为间接索赔，含调解、仲裁、诉讼。

1) 索赔方式的分析

(1) 协商索赔。

协商索赔是签约人之间直接交涉违约造成的损失或损害的补救办法的谈判形式。由于这种索赔在当事人之间进行,它有利用关系或维系关系的优点,故使用者也多。

协商索赔的优点:无须第三者介入,易于保密;彼此易于沟通、理解,节省谈判成本;参与谈判的人员为相关的商务、法律和技术人员等,可视谈判问题而定。该方式存在的问题:要求当事人信誉高,恪守合同。共同判定问题的方法:有公认的判定是非的标准;具有互谅互让的精神;实力相当,有能力寻找解决问题的办法。

(2) 调解索赔。

调解索赔是由第三者出面协助当事各方解决合同违约(部分或全部)造成的损害赔偿的问题。第三者可以是自然人(如与索赔无直接责任或利益的上级领导或社会名人),也可以是机构(如行业商会、仲裁庭、地方法院出面调解)。

调解索赔的优点:易于寻找解决办法,形式上显得公正,解决问题的程序较简便。该方式要求:调解成败取决当事人,当事人不同意,调解不成;调解人要具备较高判定问题、评价方案的能力;调解人是当事人共同指定的,或在合同中提前约定,或事情发生后双方约定;当事人对调解人要诚实、尊重,否则无法调解;调解人应熟悉问题并有一定权限;当事人须支付一定的费用。

(3) 仲裁索赔。

仲裁索赔是由常设的仲裁机构或临时组成的仲裁庭替当事各方裁定合同违约造成的损害赔偿并出具方案。常设的仲裁庭有中国对外经济贸易仲裁委员会设立的仲裁庭、地方政府设定的仲裁委员会所属的仲裁庭。它们根据当事人之间达成的仲裁协议,以及当事人的仲裁申请,按其制定的仲裁规则进行仲裁。仲裁裁决是终局的,具有强制执行的效力。

仲裁方式的优点:保密性强,只涉及当事人,裁决对外不公布;裁决是一审终审制,用时短;仲裁庭的专业及法律素质一般较高,易于保证裁决的公正,仲裁费用相对较低。

该方式的要求:当事双方均需达成仲裁协议,否则无法仲裁;仲裁要求程序较严,否则裁决难以执行。其组织形式:挑选仲裁员,除己方行使权利在仲裁委员会提供的仲裁员名册中指定一名外,还要对对方指定的仲裁员予以审查,确认是否存在要求回避的理由。根据争议性质指定己方参加仲裁的人员,组织准备参加仲裁的材料,确定参加仲裁的基本原则,追求目标、立足点,开庭调查时的表述要求等。作为当事人,争取仲裁庭采纳己方立场是仲裁中成功的标志,仲裁裁决后,要组织执行,一般凭裁决书到执行地法院申请强制执行。若对方自愿执行,则双方商量执行时间和方式,而不必求助法院。

(4) 诉讼索赔。

诉讼索赔是由法院对当事方的违约责任进行审理并对损害赔偿进行判决的索赔形式。这一方式的优点:把解决问题的权力交给法庭,"以法律为准绳,以事实为依据"处理纠纷;审判与执行在同一法院,执行力度大,执行方便;回旋的机会多,两审多至三审定案,给当事人提供了说理的机会。

这一方式的弊端是:具有审判管辖权的法院,要按合同约定、合同签字地、被告所在地、判决执行地(财产所在地)、合同主要执行地等原则决定。这一系列程序,决定整个诉讼过程和结果。在诉讼索赔时,当事人应极为重视。诉讼时间较长,一个案子经二审、三审下来;拖一至两年很常见;诉讼成本较高,主要包括法院收取的费用、律师费、一审费、二审费、执行费等。

其组织形式为:由于当事人进入诉讼状态时,均认为"撕破脸"了,事态严重,因此必然会组织专门班子参加诉讼。另外,还要准备所有诉讼文件,包括书写关键的诉状。

2) 索赔方式选择的依据

选择索赔方式既要遵循索赔谈判目标,又要参考各种索赔方式的利弊,还要追求索赔谈判的高效与低成本。鉴于此,正确选择索赔谈判方式尤为重要。选择依据有四点:

(1) 索赔金额。若涉及的份额较大,采用较复杂的谈判方式才值得;若份额较小,则处理方式一定要简单。

(2) 合同约定。合同对索赔及争议的处理规定。若已有明确规定,则依其规定而行;若无规定或规定不明确,则由简单形式逐步到复杂形式,这也是谈判成本渐增的控制原则。

(3) 双方的关系。当贸易双方关系悠久良好,尽量从简处理;若相反,则"公事公办"地选择由第三者"协助"或"做主"。

(4) 执行方式。当索赔结果易于执行,比如持有对方财物时,一般可以选用从简的索赔方式;当执行难度较大时,可选用复杂方式或强硬手段的索赔谈判形式。

5. 索赔谈判的原则

索赔谈判作为一种补救性谈判,必须遵循一些基本原则。这无疑是索赔谈判取得成功的关键所在。

1) 重合同

重合同即以合同约定为准绳来判断违约责任。合同是缔约双方的第一法律依据,一旦产生索赔时,当事双方首先要查阅合同规定。如果合同中已有明确规定,只要与法律不相违背,它就是判定是否承担责任的标准。对于合同未明示的问题,要引证惯例与相关法律。合同能否最大限度地反映履约中的问题成为关键。鉴于此,在签订合同时一方面要多做"假设"。"假设"是合同谈判的"向导",也是谈判手想象力和知识面的标志。合同假设越多,条款越完备,未来引证时越方便。另一方面要求合同签订时要结合交易标的、交易形式的特点,按最复杂的情况界定双方的义务和责任。

2) 重证据

重证据即重视能支持索赔主张的各种有效证明物件。尽管习惯上谁主张,谁举证,但该谈判原则要求谈判手注重证据的收集和保存,一旦索赔谈判发生时即可用于攻或防。证据形式有:双方往来的函件,或第三方出具的鉴定报告、公证材料或现场的照片录像,主要文件及证明人等。证据不拘格式,但均应为有效证据,即有效针对索赔事项。法院承认的是标准的合格证据,证据确凿才好定论,否则不足采纳,变得无效。谈判者在合同条款制定以及执行合同中务必注意累积证据文档的管理,以及事发时应保存证明材料。

3) 重时效

所谓"保修终身"的说法,也只是一种售后服务的条件。索赔谈判时必须遵守索赔时限,即注重索赔期。无论何种交易,"索赔的权利"均不是无限期的,法律赋予的权利是有限的。所以,索赔应及时。同时谈判手应在合同中做出"时效"的明示规定。时效可以用时间表示,如索赔期应为交货后几个月或是交工后几天等,也可以用地点表示,如货交到某地或给某人等。如果合同无时效规定,则谈判变数就多,谈判难度也会增大。

4) 重关系

即索赔谈判时应注意考虑利用、保持各种人际关系。这关系可以是当事人之间,也可以是相关第三者之间的关系,它们是解决索赔的借用手段。利用关系,可以加速谈判,使谈判效果达到最佳。例如,在索赔过程中,可以不通过正式程序,利用双方领导的良好关系协商解决,为以后的长期合作奠定基础。

5) 重应变

该原则是指当事人在索赔谈判中要灵活主动应变。这是组织要求,也是策略要求。四种索赔方式的选择就是一种重应变的表现。协商时要善于运用信誉,调用人员,把握好时机;调解时应慎重挑选第三者,并能说服、感动第三者,争取支持;仲裁时需精心选择仲裁员,准备法律文件,出庭表述观点,控制仲裁进度;诉讼时善于运用程序技巧,选择律师,确立诉讼策略,善于在法庭上有理、有据、有情、有义、有礼地进行表现,扩大感染力和说服力,善于掌握合同规定和运用法律条文等。

然而,在实际谈判中,人们总是从善良愿望出发,从简单形式入手,未果时才升级。这就提出了"变"的要求。何时、何地、以何种形式来进行谈判,则是索赔谈判当事人灵活主动应变的体现。唯有此,谈判效果才最佳。

6. 索赔谈判的策略与技巧

1) 索赔谈判的基本策略

(1) 掌握谈判时机。在经过多次商务谈判和磋商后,交易双方签订了合同。由于各种原因,签订的合同不能顺利如期地履行,必然会导致己方利益受到损失。那么,双方自然要进行索赔谈判。在索赔谈判时应该注意谈判的时机,在规定的时间内提出索赔要求,通常在货物到达后30~45天。如果相隔的时间较长,那么卖方就可以借口时间问题来推卸责任,受损方就处于不利的局面。

(2) 分清责任。买方在向卖方提出赔偿要求的时候,首先应该分清责任,再讨论索赔。也就是说,买方一定要弄清楚问题究竟出在哪里,责任到底是由谁负责。只有这样,才能做到"心中有数",之后再向卖方提出赔偿的要求。

(3) 利用对方信誉。在确定责任的归属后,受损方向违约方提出赔偿的要求,并希望尽快解决。受损方可以利用对方的信誉,迫使违约方尽快赔偿。一般有信誉的企业希望尽快解决争端,以免对其信誉产生恶劣的影响。

(4) 避免诉诸法律。在出现对方违约事件后,受损方应该寻找比较合适的解决问题的办法。首先,可以自行协商解决,也可申请调解和仲裁,尽量避免诉诸法律。因为,企业的公众形象十分重要,它是企业的竞争力的一部分。把索赔事件诉诸法律,可能把原本可以自行解决的问题扩大化,从而影响了企业的形象。在这种情况下,受损方也不可能顺利地得到希望的赔偿。

2) 索赔谈判的技巧

实践证明,在谈判中一味地采取强硬态度或软弱立场都是不可取的,都难以获得满意的效果,而采取刚柔结合的立场则容易收到理想的效果。既有原则性又有灵活性才能应付谈判的复杂局面,以下几种技巧是需要在索赔谈判的过程中把握的:

(1) 在谈判中要随时研究和掌握对方的心理,了解对方的意图。

(2) 不要用尖刻的话语刺激对方,伤害对方的自尊心,要以理服人,求得对方的理解。

(3) 要善于利用机会,因势利导,用长远合作的利益来启发和打动对方。

(4) 应准备几套能进能退的方案,在谈判中该争的要争、该让的要让,使双方都能有得有失,共同寻求双方都能接受的折中办法。

(5) 对谈判要有坚持到底的精神,有经受各种挫折的思想准备。对分歧意见应相互考虑对方的观点,共同寻求妥协的解决办法。

(6) 在双方僵持不下的情况下,应及时终止谈判,等到合理的时间再次进行谈判。

本章小结

本章主要介绍商务合同签约、履约及索赔的基本含义和步骤。从实际工作过程及成功范例分析各个方面介绍进行有效商务签约与履约的原则与技巧。为适应商务沟通手段和方式的不断变化的要求,举例说明涉外贸易中合同的样本与格式,以具备与客户商务签约与履约的技能。

核心概念

签约与履约　签约与履约的技能　原则与技巧

思考与技能训练

一、基本训练

1. 选择题

(1) 合同签订的前提是(　　)。
 A. 要约邀约　　　B. 要约　　　C. 承诺　　　D. 协商

(2) 支付违约反映在(　　)。
 A. 延迟支付　　　B. 无理拒付　　　C. 多付　　　D. 少付

(3) (　　)是解决谈判双方争议、纠纷的一种有效方式。
 A. 诉讼　　　B. 仲裁　　　C. 调解　　　D. 协商

2. 简答题

(1) 简述合同条款审核的内容。
(2) 简述合同履行的基本原则。
(3) 如何进行履约后的谈判?
(4) 处理纠纷的方法有哪些?
(5) 索赔谈判的技巧有哪些?

二、案例分析

1. 案例

A公司于5月7日上午用航空信向B公司寄出一项要约,要约通知中注有"不可撤销"字样,规定在5月17日前答复有效。但A公司又于5月10日下午用电报发出撤回要约通知,该通知与要约于5月11日上午同时送达B公司。B公司接到要约和撤回通知后,立即用电报发出承诺通知。事后双方就合同是否成立问题发生争议。

问题:

A公司与B公司之间合同是否成立?为什么?

2. 案例

2008年5月10日大连甲公司向韩国中间商乙公司发盘,愿以FOB上海1 200美元公吨价销售镍铝合金

5 000公吨,5月30日复到有效。5月15日,乙公司来电要求价格降至110美元/公吨。5月23日国际市场镍铝合金涨价,乙公司向甲公司表示接受,并于同日同本国丙公司签约,以1 425美元/公吨销售5 000公吨。5月25日,甲司电告乙公司已无货。后者遂向大连海事法院起诉甲公司。

问题:

(1) 如果你是法官,会如何判决?为什么?

(2) 买卖双方同时分别向对方发出交易条件完全相同的买方要约与卖方要约。他们之间是否一定达成交易?为什么?

三、技能训练

1. 登录合同范本网,任意挑选一个经济合同范本,结合所学的知识,以小组为单位,讨论在谈判签约时需要注意的各种问题。

2. 结合生活中的各类常见问题,讨论合同是否一定需要以文本的形式签订?如果是经济合同呢?

第九章　客户关系维护

 知识目标

1. 掌握客户满意度和忠诚的定义。
2. 掌握衡量客户满意度指标和客户忠诚的类型。
3. 掌握监测客户满意度的方法和培育客户忠诚的策略。
4. 了解客户投诉处理办法。

 技能目标

1. 能够进行客户满意度测评。
2. 能够进行客户忠诚培育。

本章知识结构

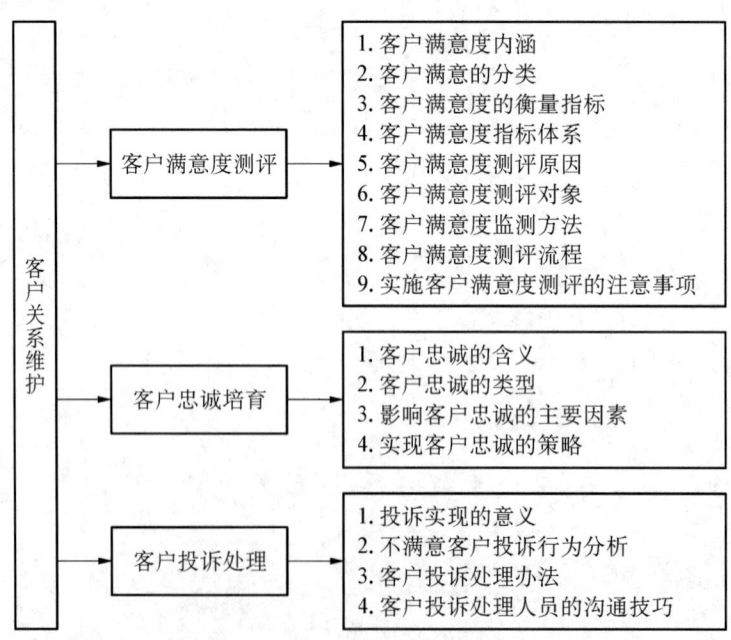

引导案例

戴尔与客户的沟通

戴尔公司自创建以来,一直以两位数的百分比增长,在不足 20 年的时间里,以 1 000 美元起家的戴尔公司已发展成为年销售额达 320 亿美元以上,股票上市 10 年就增值 300 倍。戴尔公司带给世人的经验和启迪是不可忽视的,其中在与客户沟通方面的成功经验就值得许多企业借鉴。

戴尔公司以独特的"按需配置、直线订购"的销售模式,允许客户自定义设计其喜欢的产品,自由选择和配置计算机的各种功能、型号和参数,同时,戴尔公司还根据客户的性质(企业或个人)、用途、资金预算等信息推荐合适的机型和配置,再与客户进行进一步的沟通和商讨,最后按客户确认的配置订单通知生产线。由于从产品的最初设计开始就是和客户互动的过程,因此这种灵活的定制方式真正实现了产品功能的满意和需求个性化的满足。

戴尔公司的客户可以通过 800 免费销售热线订购自己所需的电脑,在使用过程中遇到任何问题也只需拨打全国统一免费电话,就会直接得到厂家的专业化的服务。戴尔公司也由此及时、准确地了解了客户的使用体验和反馈意见,而这正是其他厂商花大力气也难以获取的信息。为确保服务的及时、周到,戴尔在全球各个客户服务中心都建立了一个服务电话网络。以中国为例,有一百多个免付费电话可以直接打到厦门工厂。

戴尔公司通过计算机电话集成系统对打入的电话进行整理,并建立了一个客户信息数据库,开展售后服务时,客户只需把计算机序列号告诉服务的工程师,他们便能准确地查出客户所购计算机的所有配置和当地采购信息,并据此提供及时、准确的方案。

在按照客户的要求设计、生产并交付产品后,戴尔公司还想方设法了解客户使用产品的体验以获得修改设计或改变制造程序的灵感,根据客户的直接反馈改进产品。例如,公司技术支持工程师通过拜访重要客户、接听客户打入的免费技术咨询电话获得相关信息,经过归纳整理后提交经公司研发部门进行进一步的分析和研究。因而,戴尔公司的主导产品始终能够围绕着客户完美的使用体验不断地改进,新产品的开发也始终适应了客户需求的发展趋势。

对于一些全球大客户,戴尔对个性化需求的满足更是做到了细致入微的程度,专门派驻小组,针对每位客户的特殊需要提供"专一整合服务",为客户提供终生的技术支持和服务,以维持终身制的客户关系。

1995 年,戴尔公司建立了戴尔在线网站 www.dell.com,客户也可以直接登录网站,通过界面友好的人机对话,让客户在网上获得信息并进行交易,完成从配置到价格、从定购到交付及售后服务的全过程。

戴尔在线网站帮助戴尔公司更准确、快捷地了解客户需求,有计划地组织生产,提供直销服务、网上查询和预订,根据客户订货组织生产,最大限度地满足了客户的需要。主要包括客户自助查询产品信息、客户自助查询订货数据、支付或调整账单、网上故障诊断和技术支持等。戴尔公司还建立了一个全面的知识数据库,包含戴尔公司提供的硬件和软件中可能出现的问题和解决方法。

总之,戴尔公司坚持以客户为中心,利用先进的计算机技术、便捷的现代通信手段和蓬勃发展的互联网络,与客户进行完美的沟通,使大规模定制生产得以完美实现,最大限度地满足了客户个性化的需求,实现了客户满意。

> **问题提示**

戴尔公司是如何与客户进行沟通的?戴尔在沟通的过程中是如何注重客户关系维护的?有哪些值得我们借鉴的地方?

9.1 客户满意度测评

9.1.1 客户满意度内涵

美国学者卡多佐在 1965 年首次将客户满意(Customer Satisfaction)的观点引入,进而学术界掀起了研究客户满意的热潮,客户满意颇受西方企业推崇。

奥里佛认为:"客户满意是消费者的实践反应,它是判断一件产品或服务本身或特性的尺度,或者说,它反映了消费者的一次消费经历的愉快水平。"

亨利·阿赛尔认为:"客户满意取决于商品的实际消费效果和消费者预期的对比,当商品的实际效果达到消费者的预期时,就导致了满意,否则,就会导致客户不满意。"

菲利普·科特勒认为:"满意与否取决于个人通过对产品的可感知效果与他的期望值相比较后所形成的愉悦或失望的感觉状态。"所谓客户期望,指的是客户在购买、消费产品或服务之前对产品或服务的价值、品质、服务、价格等方面的主观认识或预期。所谓客户感知,是指客户在购买或消费过程中企业提供的产品或服务给客户的感觉。

总的来说,客户满意是一种心理活动,是客户的需求被满足后形成的愉悦感或状态;而客户满意度就是客户满意程度的度量,由客户对产品或服务的期望值与客户对购买的产品或服务所感知的实际体验两个因素决定。当客户的感知没有达到期望时,客户就会不满、失望;当感知与期望一致时,客户是满意的;当感知超出期望时,客户就感到"物超所值",就会很满意。

客户满意度(Customer Satisfaction Degree,CSD)是测量客户满意水平的量化指标。实际上,客户满意度就是客户满意状况的测评指标,反映的是客户满意水平。其中"满意"是指一个人通过对产品的可感知的效果(或结果)与他的期望值相比较后所形成的感觉状态。"满意水平"是可感知效果和期望值之间差异的函数。如果可感知效果低于期望,客户就会不满意;如果可感知效果与期望相匹配,客户就满意;如果可感知效果超过期望,客户就会高度满意或欣喜。

$$客户满意度 = f(可感知效果 - 期望值)$$

由此可见,客户满意度是和客户的"期望"与"感知"密切相关的。而期望和感知是客户的心理活动,这种心理活动具有模糊性。

9.1.2 客户满意的分类

客户满意可分为物质满意、精神满意和社会满意三个层次。

1. 物质满意层

物质满意层是客户在对企业提供的产品核心层的消费过程中所产生的满意。物质满意层的影响因素是产品的使用价值,如功能、质量、设计、包装等,它是客户满意中最基础的层次。

2. 精神满意层

精神满意层是客户在对企业提供的产品形式和外延层的消费过程中产生的满意。精神满意层的影响因素是产品的外观、色彩、装潢、品位和服务等。

3. 社会满意层

社会满意层是客户在对企业提供的产品的消费过程中,所体验到的社会利益维护程度。社会满意层的影响因素是产品的道德价值、政治价值和生态价值。产品的道德价值是指在产品的消费过程中,不会产生与社会道德相抵触的现象;产品的政治价值是指在产品的消费过程中不会导致政治动荡、社会不安等后果;产品的生态价值是指在产品的消费过程中不会破坏生态平衡。

客户满意的三个层次是一个有机整体,其关系如图9-1所示。

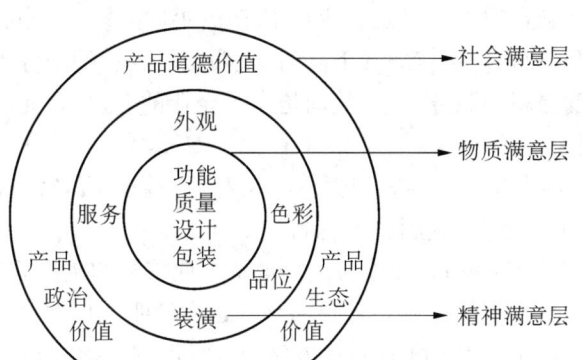

图 9-1 客户满意的层次

9.1.3 客户满意度的衡量指标

客户满意度是衡量客户满意程度的量化指标,由该指标可以直接了解企业或产品在客户心目中的满意程度。客户满意度的测量指标可以分为单个客户满意度的衡量指标和总体客户满意度的衡量指标两类。

1. 单个客户满意度衡量指标

(1) 重复购买的次数。客户是否继续购买某企业或某品牌的产品或者服务,是衡量客户满意度的主要指标。如果客户不再购买该企业或该品牌的产品或服务而改购其他品牌的产品或服务,无疑表明客户对该企业或该品牌的产品或服务很可能是不满意的。在一定时期内,客户对产品或服务的重复购买次数越多,说明客户的满意度越高,反之则越低。

(2) 购买挑选商品的时间。客户在购买产品时,挑选的时间越短,表明客户对该企业或产品的满意度越高;反之,则可能越低。

(3) 对待竞争产品的态度。客户对竞争者表现出越来越多的偏好,则表明客户对该企业的满意度在下降。

(4) 对产品价格的敏感度。客户对某企业或某品牌的产品或服务的价格敏感度或承受能力可以反映出客户对某企业或某品牌的满意度。当某企业或某品牌的产品或服务的价格上调时,客户如果表现出很强的承受能力,那么表明客户对该企业或该品牌非常满意;相反,如果出现客户的转移与叛离,那么说明客户对该企业或该品牌的满意度并不高。

(5) 对产品质量事故的敏感程度。客户对产品或品牌的满意度越高,对出现的质量事故也就可能越宽容;反之,则越不宽容。

(6) 购买额。购买额是指客户购买某企业或某品牌的产品或者服务的金额的多少。一般而言,客户对某企业或某品牌的购买额越大,表明客户对该企业或该品牌的满意度越高,反之,则表明客户的满意度越低。

(7) 客户生命周期。这一指标衡量了客户与企业进行业务往来的时间长度。大多数情况下,客户生命周期越长,意味着客户的满意度越高,忠诚度也越高。

2. 总体客户满意度衡量指标

(1) 客户保持率。客户保持率是一定时期内的客户总数中留下来的客户所占的比重,它反映了企业使客户持续满意的能力以及企业在市场中的竞争能力。当客户满意度调查反映企业的客户满意得分上升,而客户保持率却下降时,表明虽然企业的服务水平并未下降但竞争对手却以高于企业的速度提高了服务水平,从而抢走了企业的客户,企业应当以更快的速度提升服务水平,减小这种损失。

(2) 客户流失率。客户流失率与客户保持率相对。一般而言,客户流失率越高,表明客户的满意度越低,客户流失率越低,其满意度越高。

(3) 客户回头率。客户回头率,又称为重复消费率或重复购买率,是指企业的客户中再次购买的客户数量占总客户数量的比重。客户回头率越高说明客户的总体满意度越高。

(4) 投诉率。客户的投诉是不满意的具体表现。投诉率是指客户在购买或者消费了某企业或某品牌的产品或服务之后所产生的投诉的比例。客户投诉率越高,表明客户越不满意。但是,这里的投诉率不仅指客户直接表现出来的显性投诉,还包括存在于客户心底未予倾诉的隐性投诉。研究表明客户每 4 次购买中会有 1 次不满意,而只有 5% 的不满意客户会投诉,另外 95% 的不投诉客户只会默默地转向其他企业。所以,不能单纯以显性投诉来衡量客户的满意度,企业要全面了解投诉率还必须主动、直接征询客户,这样才能发现可能存在的隐性投诉。

(5) 美誉度。美誉度是客户对企业的认可和赞赏的程度。对企业持积极肯定态度的客户,一般对企业提供的产品服务满意。其满意的态度,或直接来源于过去的交易事项,或由其他满意者口耳相传而建立。以美誉度为测试指标,可以知道企业在客户心目中的认可程度。

(6) 市场占有率。企业的销售量或销售额在市场同类产品中所占的比例越高,说明市场对企业产品的满意度和认可度越高。

除上述指标外,平均重复购买次数、平均购买时间等也可以用来衡量总体客户满意度。

客户满意度是一种暂时的、不稳定的心理状态,为此,企业应该经常进行客户满意度测试。比如,可以经常在现有客户中随机抽取样本,向客户询问对企业的产品或服务是否满意。如果满意,达到了什么程度?对哪些方面感到满意,对哪些方面感到不满意?对改进产品或服务有什么建议?这些测试结果将为企业提升满意度提供参考。

9.1.4 客户满意度指标体系

瑞典早在 1989 年就率先建立起了国家层次上的客户满意度测评指标体系,美国、德国、英国、日本等发达国家相继建立了具有本国特色的国家客户满意度测评体系,以此作为衡量经济增长质量的客观经济指标。我国于 2005 年出台《商业服务业顾客满意度测评规范(草案)》,并于 2007 年正式颁布《商业服务业顾客满意度测评规范》(SB/T 10409—2007)及相关行业标准(如 SB/T 10425—2007 等)。一般情况下,批发和零售业、住宿和餐饮业及居民服务和其他服务业开展的客户满意度测评,参照《商业服务业顾客满意度测评规范》进行。

商业服务业客户满意度测评指标体系核心内容(一级指标)即为客户满意度指数。二级指标包括 8 个指标,用于测量客户在接受特定服务前后的有关感受,其中客户满意度的原因指标有 5 个,结果指标有 3 个。三级指标共 29 个,如表 9-1 所示。

表9-1 商业服务业客户满意度三级测量指标

一级指标	二级指标		三级指标
客户满意度指数	原因指标	企业/品牌形象	企业/品牌总体形象、企业/品牌知名度、企业/品牌特征显著度
		客户预期	总体质量预期、可靠性预期、个性化预期
		产品质量感知	总体产品质量感知、产品质量可靠性感知、产品功能适用性感知、产品款式感知
		服务质量感知	总体服务质量感知、有形性质量感知、可靠性质量感知、保证性质量感知、响应性质量感知、关怀性质量感知
		价值感知	给定质量下对价格的评价、给定价格下对质量的评价、与同层次竞争对手相比之下对价格的评价
	结果指标	客户满意度	总体满意度、实际感受同预期服务水平相比之下的满意度、实际感受同理想服务水平相比之下的满意度、实际感受与同层次竞争对手相比之下的满意度
		客户抱怨	客户抱怨与否、客户投诉与否、投诉处理满意度
		客户忠诚度	接受服务的可能性、向他人推荐的可能性、价格变动忍耐性

建立客户满意度测试指标体系的目的是为了了解客户的期望和要求,了解客户关注的焦点问题,同时有效测评客户的满意度。在建立过程中必须以客户为中心,选择可测量的指标,突出与竞争者的比较并迎合市场的变化。

9.1.5 客户满意度测评原因

1. 对企业而言,是实施客户满意战略的需要

客户满意度是衡量一个企业产品质量的重要标志,是评价企业质量管理体系的一个重要指标,是企业质量管理体系的最主要业绩。对客户满意度的测评,是企业持续改进不竭的源泉。

通过客户的满意度测评,企业可进一步了解客户,了解客户的需求;拉近了供应链中企业与客户之间的距离,就更容易把握市场脉搏,在激烈的市场竞争中争取主动。掌握客观真实、准确可靠的客户满意度,是企业提高品牌形象和产品质量,提高经济效益和管理水平的一项重要工作。企业应主动开展客户满意度测评。

客户的满意度总是随着时间的推移,也就是随着科学技术的发展、社会的进步、竞争的激烈和企业收入或欲望的提高而呈现递减趋势。企业对客户满意度进行测量,有利于发现自己与竞争对手之间的差距。这些差距,正是企业进行持续改进的机会。持续改进很可能导致企业在产品、过程、体系以至企业体制、技术等方面的创新,从而大大提高自己的竞争力。

2. 对客户而言,可以进一步满足自己的需求和期望

客户是企业生存、发展的源泉。企业产品的质量如何,决定了客户的需求和期望的满足程度。不同的产品,即使是同一产品,由于使用环境和寿命周期阶段的不同,满足程度也会不同。客户要实现持续满意,降低接受产品的风险,必然要加强与企业的沟通。客户对产品质量信息的反馈,为企业提供了持续改进的机会,而企业产品质量的提高将更进一步满足客户的需求和期望,这样对企业、对客户均有利,达到了双赢。

9.1.6 客户满意度测评对象

由于不同的客户在事前对企业的期待是不同的,而有的客户容易满意,有的客户却不容易满意,因此在测试客户满意度时,仅调查少数人的意见是不够的,必须以多数人为对象,然后再将结果平均化。

1. 现实客户

现实客户是已经体验过本企业商品和服务的既有客户。由于大多数的企业不是因为吸引客户过少而失败,而是由于未能提供客户满意的商品和服务造成客户流失和业绩减退,因此,测试并提高现实客户满意度非常重要。

2. 使用者和购买者

客户满意度测试的对象是商品或服务的最终使用者还是实际购买者,这需要预先明确。由于商品和服务性质的不同,这两者经常存在差异。通常的理解是合二为一,以购买者为测试对象,这是惯常的做法。但也有相反的情况。例如,以企业使用为主的生产资料,其使用者多是制造部门,而购买者则是供应部门。还有小孩子,虽然他们都是最终使用者,但是购买者在大多数情况下却是他们的父母。在这种购买者和使用者发生分离的情况下,谁的需要应该优先考虑(以谁为测试对象)呢?当然企业的理想是使这两者都满意,可以将这两者都作为测试对象。在测试有困难的时候要注意使这两者达到一定的均衡。

3. 中间商

有些企业并不直接与消费者见面,而需要经过一定的中间环节(如零售商),这时,客户对产品和服务的满意度,与批发商、零售商这样的中间商有很大关系,测试中就不可忽略对中间商的测试。

4. 内部客户

客户满意度的测试不仅要包括传统的外部客户的调查,也要包括企业内部客户的调查。许多企业没有"内部客户"的观念,各部门之间隔阂很严重。各部门员工对外部客户的需求很重视,却忽视了上下线其他部门这样的内部客户,互不合作甚至互相拆台的事情时有发生。实际上,内部各部门彼此之间也应该以对待外部客户那样的方式相待,只有整个流程的各部门都能为其他部门提供满意的制品和服务,才有可能最终提供给客户满意的商品或服务。因而,企业的内部客户满意度是客户满意测试中不能忽视的一个方面,内部客户也是重要的测评对象。

9.1.7 客户满意度监测方法

企业收集客户意见、了解客户满意度的方法主要有四种:客户投诉与建议处理系统、客户满意度调查、神秘客户调查和客户流失分析。

1. 客户投诉与建议处理系统

以客户为中心的企业应当为客户投诉和提出建议提供方便,如宝洁公司、通用电气公司、惠普公司等,都开设了"客户热线",为客户提要求、谈建议、发牢骚敞开了大门。再如许多饭店和旅馆都备有不同的表格,请客人诉说他们的喜好和不满。医院在走道上设置建议箱,为住院病人提供意见卡。这些信息为企业带来了大量的创意,使企业能更快地采取行动,解决问题,如3M企业声称它的产品改进主意有2/3是来自客户的意见。更重要的是,客户投诉与建议处理系统能及时处理客户不满,弥补企业的失误引起的问题,改善客户满意度。互联网时代,论坛、博客、微博等社交类网络工具大量涌现,每一个消费者都有了话语权,企业要紧跟形势,建立多种渠道及时发现和处理客户的意见和建议,真诚地与客户沟通,使客户投诉与建议处理系统成为企业消除客户不满情绪、提高客户满意度、收集客户信息、提炼创意的重要渠道。

2. 客户满意度调查

正如前面所述,多数客户在产生不满时,会默默地转投其他企业,因此,仅仅依靠投诉和建议系统,企业是无法全面了解客户满意度的。一项在新加坡商场中所做的调查表明,当客户对劣质服务不满意时,会有以下反应:70%的购物者将到别处购买;39%的人认为投诉太麻烦;24%的人会告诉其他人不要到提供劣质服务的商店购物;17%的人将对服务写信投诉;9%的会因为劣质服务责备销售人员。上述结果说明并不是所有不满意的客户都会去投诉,因此,企业不能用投诉程度来衡量客户满意程度,应该通过开展周期性的调查,获得有关客户满意的直接衡量指标。

通过客户满意度调查,实现以下目标:

(1)测定企业过去与目前经营管理水平的变化,分析竞争对手与本企业之间的差距。

(2)了解客户的想法,发现客户的潜在要求,明确客户的需要、需求和期望。

(3)检查企业的期望,以达到客户满意和提高客户满意度,有利于制定新的质量或服务改进措施,以及新的经营发展战略与目标。

(4)明确为达到客户满意,企业在今后应该做什么,是否应该转变经营战略或经营方向,从而紧随市场的变化而变化。

(5)增强企业的市场竞争能力和企业盈利能力。

企业可以在现有客户中抽取样本,向其发送问卷或打电话询问,以了解客户对产品、服务或企业的看法和态度等。在这些询问客户满意度的测试中,调查问卷或测试量表一般从以下两方面进行设计:一是列出所有可能影响客户满意的因素,然后按照重要程度由最重要到最不重要排列,最后选出企业最关心的几个因素,让受访者帮助判断这些因素的重要程度。二是让受访者就选出来的那些重要因素的满意度做出评价。客户满意度测评的本质是一个定量分析的过程,即用数字去反映客户对测量对象的态度。对这类问题的测量一般采用"李克特五级量表",该量表由一组陈述组成,每一陈述有"非常不同意""不同意""不一定""同意""非常同意"5种回答,分别记为1、2、3、4、5;具体到客户满意度调查就是要求客户就企业某一方面的表现进行评价,分别设计"非常不满意""较不满意""一般""比较满意""非常满意"5种选项,分别记为1、2、3、4、5分。

3. 神秘客户调查

神秘客户调查最早由肯德基、诺基亚、摩托罗拉、飞利浦等一批跨国公司为管理分部而采用。他们专门雇用、培训一批人,让他们佯装客户,秘密潜入店内进行检查评分。这些佯装的购物者还会故意找些麻烦以考察企业的销售人员能否将事情处理好。有的企业不仅雇用佯装的购物者,而且管理者本人也会时不时地离开办公室,微服出访,到企业和竞争者那里从事购物活动,亲自体验被当作客户的经历。由于这些"神秘客户"来无影、去无踪,而且没有时间规律,这就使连锁店的经理雇员时时感受到某种压力,丝毫不敢疏忽,从而提高了员工的责任心和服务质量。对于管理者来说,还有一种不同寻常的方法是:以客户的身份向自己的企业打电话提出各种问题和抱怨,看看企业职员是如何处理这些问题的。

"神秘客户"这种暗访方式之所以能被企业的管理者所采用,原因就是"神秘客户"在购买商品和消费服务时,观察到的是服务人员无意识的表现。从心理和行为学角度,人在无意识时的表现是最真实的。"神秘客户"是从客户的角度看待问题,"神秘客户"在消费的同时,也和其他消费者一样,对商品和服务进行评价,发现的问题与其他消费者有同样的感受。根据上述服务质量的特性,"神秘客户"弥补了内部管理过程中的一些不足。一个好的"神秘客户"制度犹如竖在企业客户身上的镜子,使企业的管理者不至于"不识庐山真面目,只缘身在此山中",不断地从客户的反馈中提升自身的服务素质。

4. 客户流失分析

客户流失的原因,通常表现在以下几个方面:

(1) 人员流动导致客户流失。这是客户流失的重要原因之一,特别是公司的高级营销管理人员的离职变动,很容易导致客户群的流失。营销人员的离职率多年居高不下,在他们流失的背后,往往伴随着客户的大量流失。

(2) 竞争对手夺走客户。客户,尤其是优质客户,是企业争夺的对象。任何一个品牌或者产品都有软肋,若被竞争对手抓住机会,有可能丧失客户资源。

(3) 市场波动导致客户流失。任何企业在发展中都会遭遇震荡,比如高层不和、资金紧张、意外事故、危机事件等,都会导致市场出现波动,这时候,有些嗅觉灵敏的客户就可能出现倒戈。

(4) 服务细节的疏忽导致客户不满。例如,由于企业服务不到位,大客户感觉没有受到足够的重视,从而放弃合作。

(5) 诚信问题使客户失去安全感。企业向客户随意承诺条件,结果无法兑现,或者返利、奖励等都不能及时兑付给客户,令客户担心企业的诚信而选择离开。

(6) 苛刻的市场政策令客户不堪重负。"店大欺客"是营销中的普遍现象,一些大品牌对供应商、经销商等提出苛刻的条件,导致合作伙伴不堪重负而离去。

(7) 价格无法达成一致。客户认为企业提供的价格偏高,这是导致客户流失的重要原因之一。

(8) 产品无法满足客户的需求。企业如果不能把握客户的需求,坚持创新持续为客户创造价值,就会被市场抛弃。

(9) 客户自身的原因。例如,客户经营不善破产,客户调整发展战略导致与企业的关联业务缩减甚至被砍、客户偏好发生转移等。

上述原因中,企业自身的产品质量、价格、服务等问题是导致客户不满的主要原因,对客户流失的影响程度也最高。企业应通过客户流失分析找到某时间段内客户流失的具体原因,然后针对性提出对策,改善客户流失问题。

案例 9-1　海底捞的服务

四川海底捞餐饮股份有限公司成立于1994年,是一家以经营川味火锅为主,融汇各地火锅特色于一体的大型直营连锁企业。公司以独特、纯正、鲜美的口味和营养健康的菜品,赢得了客户的一致推崇和良好的口碑。自成立之日起,始终秉承"服务至上、顾客至上"的理念,以创新为核心,改变传统的标准化、单一化的服务,提倡个性化的特色服务,致力于为客户提供愉悦的用餐服务,赢得了广泛的社会赞誉。

去海底捞吃饭,刚靠近店门口,所有员工都会和你打招呼,让你倍感亲切。

驾车刚到门口,就有人代替泊车了,等到结账时,会有人主动询问:"是否需要帮忙提车?"

当顾客在海底捞等位区等候的时候,热心的服务员立即送上炸虾片、水果以及豆浆、柠檬水、薄荷水等饮料,还提醒可以在此打牌下棋和免费上网。

点菜时服务员会嘱咐顾客可以点半份,以免浪费。

顾客落座后服务员会帮助穿上围裙,避免食物或菜汤不小心溅到衣服上,还可以避免弄得衣服上满是火锅的味道。

如果顾客打个喷嚏,就会有服务员送来一碗姜汤。

如果顾客戴眼镜,会有服务员送上眼镜布,用来擦镜片上的蒸汽。

如果顾客把手机放在餐桌上,会有人送上可封口的塑料袋,用来装手机,以免溅上汤水。

如果有长头发的女士来用餐,会提供橡皮筋和小发夹,防止头发垂到食物里。

服务员可以免费带孩子玩一会儿,还可以帮助给小孩子喂饭,让父母安心吃饭。

海底捞的包间里经常传出服务员为顾客合唱的"生日快乐",还会为过生日的顾客免费赠送蛋糕。

海底捞在餐后会送一个果盘,如果你要求服务员再给一个果盘,他们都会面带笑容地说没问题,随后立即奉送果盘给你。

海底捞无论点菜、加菜,或是索要什么,服务员总是一路小跑地、充满热情和微笑地迅速为顾客办妥……

就像海底捞的老板张勇所说,海底捞提供"地球人拒绝不了"的服务。这就是海底捞的制胜秘诀,并且已经成为海底捞的独特的竞争优势,使其在短短二十几年内发展成为全国知名的大型连锁餐饮企业。

9.1.8 客户满意度测评流程

1. 设计"顾客满意度"调查表

在进行客户满意度测评之前,应该设计好"顾客满意度调查表"(见表9-2、表9-3)。调查表的内容与要求为:

(1) 调查表中评估项目、评估项目占满意度总分的比率,以及每一项目的具体评估小项、评估小项占该项目分值的比率。

(2) 调查表中客户满意度的评估方法。针对每一评估小项,由客户给出满意度的等级或者原始分数;若客户给出的是评估的等级时,以中间分换算成原始分数。

(3) 调查表中的评估项目数量、评估小项数量,以及它们所占的分值比率可根据调查表对象的不同而进行适当的调整。

表9-2 客户满意度调查表(1)

等级	对应分数	中间分
满意	80~100	90
比较满意	60~80	70
一般	40~60	50
不太满意	20~40	30
不满意	0~20	10

评估项目	评估项目占满意度总分的比率(%)	评估小项	评估小项占该项目分值的比率(%)	备注
实物质量	35	包装	10	
		外观	10	
		性能	60	
		使用方便程度	10	
		说明书内容	10	

续 表

评估项目	评估项目占满意度总分的比率(%)	评估小项	评估小项占该项目分值的比率(%)	备注
服务	30	服务网点	10	
		服务设施	10	
		服务的及时性	30	
		服务的有效性	30	
		服务人员态度	20	
价格	15	产品价格	80	
		维修费	10	
		运输费	10	
交付	10	交付的及时性	50	针对经销商调查时使用
		交付的可靠性	50	
经销商	10	服务态度	30	此一项目只针对最终客户调查时使用
		经销商信誉	30	
		服务项目	20	
		备品、备件供应	20	

表 9-3 客户满意度调查表(2)

客户资料	
姓名	
联系电话	
公司名称	
联系地址	
邮件地址	
购买的产品型号	
你是怎样知道本公司的产品的	( )广告　　　　( )朋友介绍 ( )电脑市场　　( )其他途径调查
一、产品质量和价格方面	
对产品的功能	( )非常满意　( )满意　( )一般 ( )不满意　　( )非常不满意
对产品的稳定性、兼容性	( )非常满意　( )满意　( )一般 ( )不满意　　( )非常不满意

续 表

对产品的外观造型	( )非常满意 ( )满意 ( )一般 ( )不满意 ( )非常不满意
对产品的价格	( )非常满意 ( )满意 ( )一般 ( )不满意 ( )非常不满意
二、服务方面	
(一)热线服务	
热线服务时间	( )非常满意 ( )满意 ( )一般 ( )不满意 ( )非常不满意
服务热线接通	( )非常满意 ( )满意 ( )一般 ( )不满意 ( )非常不满意
热线服务人员的服务态度	( )非常满意 ( )满意 ( )一般 ( )不满意 ( )非常不满意
热线服务人员的责任心	( )非常满意 ( )满意 ( )一般 ( )不满意 ( )非常不满意
热线服务人员的专业知识水平	( )非常满意 ( )满意 ( )一般 ( )不满意 ( )非常不满意
对未解决问题回复及时率	( )非常满意 ( )满意 ( )一般 ( )不满意 ( )非常不满意
(二)维修服务	
产品出现问题后的处理流程	( )非常满意 ( )满意 ( )一般( )不满意 ( )非常不满意
维修品的修复质量	( )非常满意 ( )满意 ( )一般 ( )不满意 ( )非常不满意
维修产品的返回速度 (是否很及时)	( )非常满意 ( )满意 ( )一般 ( )不满意 ( )非常不满意
更换新产品的返回速度 (是否很及时)	( )非常满意 ( )满意 ( )一般 ( )不满意 ( )非常不满意
维修工程师的服务态度	( )非常满意 ( )满意 ( )一般 ( )不满意 ( )非常不满意
三、返修品服务	
是否愿意再次购买××产品	( )愿意 ( )不愿意
你是否愿意将××产品介绍给你的朋友	( )愿意 ( )不愿意

2. 收集客户满意度信息

要使客户满意度测评全面、公正、有效,须收集大量的信息。而收集信息的方法各种各样,现提供一些行之有效的方法供参考。

(1)公司每一件产品都附有"客户档案卡",客户在购买产品后一个月内将此卡寄回本公司客户服务部。客户服务部负责将客户的资料输入公司客户管理电脑系统,此客户将成为本公司的调查跟踪对象。

(2)客户服务部将接到的客户投诉、意见登记在"客户意见、投诉登记表"。

(3) 品管部每月对客户退货情况进行总结,填写"客户退货统计月报表"。
(4) 售后服务部在客服处维修后,应填写"售后服务维修报告表"。
(5) 营销部负责收集与本公司产品有关的消费者组织的报告、新闻媒体的报道、产品监督机构的公告、权威机构的调查报告、行业协会的调查结果等,并做好分类整理。
(6) 客户服务部每年将定期向客户派发或邮寄"客户满意度调查表",收集客户对公司的产品质量、交付、服务等方面的意见。"客户满意度调查表"应在发出的一个月内收回,并保证回收率超过50%。

3. 分析与利用客户满意度信息

1) 填写"服务总结报告"

客户服务部每季度对前一阶段的服务情况(包括服务取得的效果、服务中存在的缺陷、客户意见、坏机型号与数量、客户投诉次数、交货准时性、现场维修的次数等)进行总结并填写"服务总结报告"。

2) 客户满意度调查结果的统计分析

每次进行客户满意度调查后,客户服务部都要对收回的"客户满意度调查表"按产品或者型号规格或客户的类别(经销商、最终客户)进行分类整理和统计分析,计算出下列数据:

$$每个评估小项的平均分数 = 评估小项的原始分数之和 \div 调查表数量$$

$$每一个评估项目的原始分数 = \sum (该项目中每个评估小项的原始分数 \times 设定比率)$$

$$每一个评估项目的平均分数 = 评估项目的原始分数之和 \div 调查表数量$$

$$每一个被调查客户的满意度 = \sum (每一个评估项目的原始分数 \times 设定比率)$$

$$客户的平均满意度 = 每一个被调查客户的满意度之和 \div 调查表数量$$

3) 整理出"客户满意度调查结果及分析报告"

根据对"客户满意度调查表"的统计分析及从其他渠道获得的客户满意度信息(如消费者组织的报告、新闻媒体的报道、产品监督机构的公告、权威机构的调查报告、行业协会的调查、客户投诉等),整理出"客户满意度调查结果及分析报告"。

"客户满意度调查结果及分析报告"至少包括以下内容:

(1) 每一评估项目、评估小项以及客户满意度的统计结果。
(2) 特殊统计数值说明。如某一类产品中平均分数最低的评估小项,某一类产品中平均分数最低的评估项目,客户的平均满意度分数最低的产品,与前次调查结果比较分数降低的小项、项目或产品,升幅最高的小项、项目或产品。
(3) 其他需说明的情况(如消费者组织的报告、新闻媒体的报道、产品监督机构的公告、权威机构的调查报告、行业协会的调查、客户投诉与退货、调查中客户的书面意见等情况)。
(4) 分析结论(包括改进意见)。

4) 根据结果适时要求有关部门改进

如发现客户满意度下降,或某些评估项目(包括评估小项)分值很低,或客户有明确投诉或建议时,应适时要求有关部门采取改进、纠正和预防措施。

9.1.9 实施客户满意度测评的注意事项

(1) 如果企业的客户不多,就不必采取问卷调查形式,直接回访将更有效。

（2）如果企业首先不能了解客户，就不要做大量的客户研究，针对性调查比问卷调查的形式更有效。问卷调查不宜过于频繁，应花费更多的时间和金钱去提高服务质量，改善服务项目，因为行动比评估更重要。

（3）让员工知晓企业的调查结果，而不要保密，因为结果会帮助企业的员工分析客户的要求。

（4）不用无意义的数据。例如，4.33%的满意率对外行而言毫无意义，但是50%的"完全满意"或20%的"比较满意度"则更直观。

（5）不要用一些不常用的说法去表示某一结果。例如，满意度1~10或1~5就不如直接用"完全满意""比较满意""尚可""不合格"或"是""否"等去表示调查结果。除非绝对必要，不要用模糊的尺度代替具体数据，使用图标（如"微笑"）表示满意也是一种好方法。

（6）不要将问卷调查完全委托给外部机构去做，亲身参加有助于将所有的调查问题设计得更好。让管理部门或者会计部门参加这项工作，这会增加他们的客户意识，并减少所调查问题的局限性。

9.2 客户忠诚培育

案例 9-2

如何通过高质量的产品或者服务保持顾客的忠诚度，这是一个令众多公司绞尽脑汁、冥思苦想的问题，因为忠诚的顾客往往带来高额的商业利润。不可否认，享誉世界的新航无疑是最有资格回答这一问题的公司之一。

1. 关注客户——优质服务塑造客户对公司的忠诚度

"不管你是一名修理助理，还是一名发放工资的职员，或者是一名会计，我们能有这份工作，那是因为客户愿意为我们付费，这就是我们的'秘密'"。新航前总裁Joseph Pillay在创业伊始就不停地以此告诫员工，塑造和灌输"关注客户"的思想。事实上，正是持之以恒地关注客户需求，尽可能为客户提供优质服务，新航才有了今天的成就。

在长达32年的经营中，新航总是果断地增加最好的旅客服务，特别是通过旅客的需求和预测来推动自身服务向更高标准前进。早在20世纪70年代，新航就开始为旅客提供可选择餐食、免费饮料和免费耳机服务；20世纪80年代末，新航开始第一班新加坡至吉隆坡之间的"无烟班机"；1992年年初，所有飞离新加坡的新航客机都可以收看美国有线电视网络的国际新闻；2001年，新航在一架从新加坡飞往洛杉矶的班机上首次推出了空中上网服务——乘客只需将自己的手提电脑接入座位上的网络接口，就可以在飞机上收发电子邮件和进行网上冲浪。在过去3年内，新航花费将近4亿元提升舱内视听娱乐系统，为将近7成（所有远程飞机）飞机换上这个系统，花费了超过6亿元提升机舱娱乐设施和商务舱座位。

随着竞争的加剧，客户对服务的要求也像雨后春笋一样疯长，"人们不仅仅把新航和别的航空公司做对比，还会把新航和其他行业的公司从多个不同的角度进行比较。"为了在竞争中保持优势地位，新航成了世界上第一家引入国际烹饪顾问团（SIA International Culinary Panel，ICP）和品酒师的航空公司，该顾问每年为新航提供4次食谱和酒单。硬件只是基础，软件才是真功夫。

当然，服务的一致性与灵动性同时受到关注。比如，怎样让一个有十三四个人的团队在每次飞行中提供同样高标准的服务？新航在对服务进行任何改变之前，所有的程序都会经过精雕细琢，研究、测试的内容包括服务的时间和动作，并进行模拟练习，记录每个动作所花的时间，评估客户的反应。

2. 向内"吆喝"——培育员工对公司的忠诚度

所有培养客户忠诚度的理念文化、规章制度都需要人来执行。这就意味着,如果新航内部员工没有对公司保持足够的满意度和忠诚度,从而努力工作,把好的服务传递给顾客,那么,客户的忠诚度将无从谈起。

注意倾听一线员工的意见,关注对员工的培训,这些都是新航能够在市场上取得优异表现的根本所在。换句话说,只有内部员工对企业忠诚,才能使外部客户对企业忠诚。

"新航对待员工的培训几乎到了虔诚的地步!"在以动态和专注于培训而闻名的新航,从上到下,包括高级副总,每个人都有一个培训的计划,一年会有9 000名员工被送去培训。新航所属的新加坡航空集团有好几个培训学校,专门提供几个核心的职能培训:机舱服务、飞行操作、商业培训、IT、安全、机场服务培训和工程。即使在受到经济不景气的打击时,员工培训仍然是新航重点优先投资的项目。假如你完成了很多培训课程,就可以休息一段时间,甚至可以去学习一门语言,做一点儿新的事情,其目的是"使员工精神振奋"。

注意倾听一线员工的意见是新航的另一个传统,因为他们认为机组人员和乘客的接触是最紧密的,他们是了解客户的"关键人物"。

新航不仅仅致力于为客户提供优质的服务,而且通过各种方式力求控制服务成本与商业利润之间的平衡。的确,新航希望提供最好的坐椅、最好的客舱服务、最好的食物以及最好的地面服务,但是它同时还要求代价不能太高。

1972年,新航还只是一个拥有10架飞机的小型航空公司,如今,几乎每年新航都会获得各种世界性的营销服务大奖,也一直是世界上最盈利的航空公司之一。对于这家保持30多年领先,并总是能够获得丰厚利润的航空公司而言,成功的原因可能很多,但是,"致力于培养员工和客户对企业的忠诚度"无疑是其中一个重要的答案。

9.2.1 客户忠诚的含义

企业开展客户满意研究的动机是为了改善客户关系,但满意度只是客户的一种感觉状态,即使企业知道和了解了客户对企业所提供产品或服务的满意度,也不能保证这种满意度一定会转化为最终的购买行为。理论上,客户满意度只能说明这种产品或服务可能具有的市场潜力,对企业而言,只有了解了客户对其产品或服务的信任和忠诚度,才能更好地挖掘潜在客户需求和增加未来市场销售量。那么,什么是客户忠诚呢?

忠诚在商业字典中经常被解释为"更偏爱购买某一产品或服务的心理状态或态度",或者是"对某种品牌一种长久的青睐"。营销中将客户忠诚定义为:客户受到企业产品、价格和服务特性等因素的影响,产生对企业产品和服务的信赖、维护和希望再次购买的一种心理倾向和重复购买行为。从客户忠诚的定义中可以看出,客户忠诚主要表现在态度和行为两个方面。态度上,表现为客户对企业或企业所提供的产品和服务产生了一定的偏好;行为上,表现为客户会持续购买企业的产品或服务。

客户忠诚是客户满意效果的直接体现。客户满意度仅与态度相关联,争取客户满意的目的是尝试改变客户对产品或服务的态度;而客户忠诚度所表现出来的不仅仅是态度,更是实实在在的购买行为,并且是有目的性的、经过思考而决定的购买行为。因此,很多实施客户中心战略的企业都把客户忠诚度作为商务沟通的重要目标之一。

9.2.2 客户忠诚的类型

根据客户对企业的态度和行为,可将客户忠诚分为态度忠诚和行为忠诚。所谓态度忠诚是指客户内心对企业及其产品和服务的积极的情感,是客户对产品或服务的相当程度的依恋,而客户的行为忠诚是指客户对企业的产品和服务的不断重复购买。

根据客户态度和行为上忠诚高低的组合,可将客户忠诚分为如图9-2所示的四种类型。

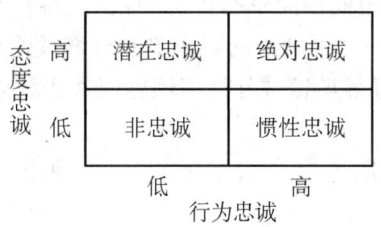

图9-2 客户忠诚的类型

1. 低态度忠诚、低行为忠诚——非忠诚

由于许多原因,某些客户对一定的产品和服务不会产生忠诚感,这种客户不能发展成为公司的忠诚客户。一般来说,企业要避免把目光投向这样的客户。

2. 高态度忠诚、低行为忠诚——潜在忠诚

这种类型的购买者对公司的产品和服务情有独钟。但是由于购买的产品属于耐用品,或消费的次数不多,需要重复购买的次数不多。

但他们会对此广为宣传,极力推荐给亲戚、朋友和家人。这类客户会成为公司的业余营销员,因而他们对公司而言也很有价值。

3. 低态度忠诚、高行为忠诚——惯性忠诚

其忠诚是来自于外在因素,一旦外在因素(如价格、地点等)发生变化时,他们就不再购买企业的产品和服务。惯性忠诚包括:① 垄断忠诚,是指客户别无选择。有调查显示:选择权极小或者没有选择权的客户总是感到不满意。② 惰性忠诚,是指客户由于惰性而不愿意去寻找其他供应商,但他们对公司并不满意,若其他公司能够让他们得到更多的实惠,这些客户就很容易被人挖走。③ 激励忠诚,是指当公司有奖励活动的时候,客户们都会来此购买,当活动结束时,客户们就会转向其他有奖励的或是有更多奖励的公司。④ 方便忠诚,是指客户由于公司提供的产品和服务有空间、时间等方面的方便性而重复购买,这样的客户也很容易被竞争对手挖走。在此类情况下,企业可以通过积极地与客户搞好关系,同时尽量显示出自己的产品或服务有竞争对手没有的优点或长处,来争取将这种客户发展成为绝对忠诚的客户。

4. 高态度忠诚、高行为忠诚——绝对忠诚

真正的忠诚,既包括态度上的认同感,又包括行为上的持久性。这是一种典型的感情或品牌忠诚,这种忠诚对很多企业来说是最有经济价值的。客户对其产品和服务不仅情有独钟,重复购买,而且乐此不疲地宣传他们的好处,热心地向他人推荐其产品和服务。这种客户是任何企业都喜欢的一类客户。

9.2.3 影响客户忠诚的主要因素

影响客户忠诚有时是单一因素作用的结果,有些是多个因素共同作用的结果。

客户忠诚度和满意度之间有着千丝万缕的联系。从上一节关于客户满意的意义中我们知道,客户满意度越高,客户的忠诚度就会越高;客户满意度越低,客户的忠诚度就会越低。可以说,客户满意是推动客户忠诚的最重要因素。

但是,客户满意与客户忠诚之间的关系又没有那么简单,它们之间的关系既复杂,又微妙。

1. 满意则可能忠诚

满意使重复购买行为的实施变得简单易行，同时也使客户对企业产生依赖感。统计结果表明：一个满意的客户，6倍于一个不满意的客户更愿意继续购买企业的产品或服务。

根据客户满意的状况，可将客户忠诚分为信赖忠诚和势利忠诚两种。

1）信赖忠诚

当客户对企业及其产品或服务完全满意时，往往表现出对企业及其产品或服务的信赖忠诚。

信赖忠诚是指客户在完全满意的基础上，对使其从中受益的一个或几个品牌的产品或者服务情有独钟，并且长期、指向性地重复购买。

信赖忠诚的客户在思想上对企业及其产品或服务有很高的精神寄托，注重与企业在情感上的联系，寻求归属感。他们相信企业能够以诚待客，有能力满足客户的期望，对所忠诚企业的失误也会持宽容的态度。当发现该企业的产品或服务存在某些缺陷时，能谅解并且主动向企业反馈信息，而不影响再次购买。他们还乐意为企业做免费宣传，甚至热心地向他人推荐，是企业的热心追随者和义务推销者。

信赖忠诚的客户在行为上表现为指向性、重复性、主动性、排他性购买。当他们想购买一种他们曾经购买过的产品或者服务时，会主动去寻找原来向他们提供过这一产品或服务的企业。有时因为某种原因没有找到所忠诚的品牌，他们也会搁置需求，直到所忠诚的品牌出现。他们能够自觉地排斥货比三家的心理，能在很大程度上抗拒其他企业提供的优惠和折扣等诱惑，而一如既往地购买所忠诚企业的产品或服务。

信赖忠诚的客户是高依恋的客户，他们的忠诚最可靠、最持久，他们是企业最为宝贵的资源，是企业最基本、最重要的客户，是企业最渴求的。他们的忠诚也表明企业现有的产品和服务对他们是有价值的。

2）势利忠诚

当客户对企业及其产品或服务不完全满意，只是对其中某个方面满意时，往往表现出对企业及其产品或服务的势利忠诚。例如，有些客户是因为购买方便，也就是说，这类客户之所以忠诚是为了图购买方便；有些客户是因为价格诱人，也就是说，这类客户之所以忠诚是为了便宜的价格；有些客户是因为可以"中奖""可以打折""有奖励""有赠品"等；有些客户是因为流失成本太高，或者风险更大，或者实惠变少，或者支出增加；等等。

总之，势利忠诚是客户为了能够得到某个(些)好处或者害怕有某个(些)损失，而长久地重复购买某一产品或服务的行为。一旦没有了这些诱惑或者障碍，他们也就不再"忠诚"，很可能就会转向其他更有诱惑的企业。

可见，势利忠诚是"虚情假意"的忠诚，这些客户是用势利的眼光决定忠诚还是不忠诚，他们对企业的依恋度很低，很容易被竞争对手挖走。

因此，企业要尽可能实现客户的信赖忠诚，但是，如果实在无法实现客户的信赖忠诚（信赖忠诚往往不太容易实现和维护），也可以退而求其次，追求实现客户的势利忠诚，这种忠诚对企业同样有价值、有意义，值得企业的重视。

2. 满意也可能不忠诚

一般认为满意的客户在很大程度上就是忠诚的客户，但实际它们之间并不像人们所想象的那样存在着必然的联系。许多企业管理人员发现：有的客户虽然满意，但还是离开了。

据《哈佛商业评论》报告显示,对产品满意的客户中,仍有 65%~85% 的客户会选择新的替代品,也就是说满意并不一定忠诚。

美国汽车制造业曾经投入大量资金并制定了一系列奖励制度,促使员工提高客户满意程度,以便与外国汽车制造厂争夺市场。现在,美国汽车制造厂的客户满意率超过了 90%,然而,只有 30%~40% 的满意客户会再次购买美国汽车。也就是说,虽然汽车制造企业的客户满意度不断提高,但是它们的市场占有率和利润却在不断下降。

可见,满意也可能不忠诚,要获得客户的忠诚,除了令他们满意外,还受其他许多因素的影响。例如,可能因为某种诱惑(竞争对手可能令客户更满意),或者可能迫于某种压力。

因此,如果企业仅仅把注意力放在客户满意上,仍将无法有效地控制客户流失。

3. 不满意则一般不忠诚

一般来说,要让不满意的客户忠诚可能性是很小的,如果不是无可奈何、迫不得已,客户是不会"愚忠"的。或者说,一个不满意的客户迫于某种压力,不一定会马上流失、马上不忠诚,但条件一旦成熟,就会不忠诚。

例如,客户不满意企业污染环境,或不承担社会责任,或不关心公益事业等,就会对企业不忠诚。又如,企业对客户的投诉和抱怨处理不及时、不妥当,客户就会对企业不忠诚。

4. 不满意也有可能忠诚

有两种情况,一种是惰性忠诚,另一种是垄断忠诚。

惰性忠诚是指客户尽管对产品或者服务不满,但是由于本身的惰性而不愿意去寻找其他供应商或者服务商。对于这种忠诚,如果其他企业主动出击,让惰性忠诚者得到更多的实惠,还是容易将他们挖走的。

垄断忠诚是指在卖方占主导地位的市场条件下,或者在不开放的市场条件下,尽管客户不满却因为别无选择,找不到其他替代品,不得已,只能忠诚。例如,市场上仅有一个供应商,或是政府规定的,或是通过兼并形成的寡头垄断,在这些垄断的背景下,满意度对忠诚度不起什么作用——尽管不满意,客户也别无选择,仍然会维持很高的忠诚度,因为根本没有"存有二心"的机会和条件。

虽然惰性忠诚和垄断忠诚能够给企业带来利润,企业可以借势、顺势而为,但是,企业不可麻痹大意、掉以轻心,因为小满意的忠诚是靠不住的、很脆弱的,一旦时机成熟,这类不满意客户就会毫不留情地流失。

从以上的分析来看,客户忠诚很大程度上受客户满意的影响,但是不绝对。一般来说,忠诚的客户通常来源于满意的客户,但是,满意的客户也并不一定忠诚,因为可能受到某种诱惑或者迫于某种压力;一般来讲,客户不满意通常就不会忠诚,但是,有时尽管不满意也可能因为惰性或者迫于无奈而忠诚。

所以,企业要想维护客户关系,首要的就是要尽可能地提高客户满意度,但仅此而已是不够的,企业要想维护好客户关系,除了让客户满意外,还得考虑影响客户忠诚的其他因素,需要其他手段的配合。

案例 9-3　　　　　　　　　　凯瑟琳"弃大从小"

凯瑟琳小姐一直以来都是澳洲某最大、历史最悠久的银行的忠实客户。有一年她收到银行寄来的通知,告诉她可以到墨尔本分行领取新的信用卡。但是她已经在悉尼定居 8 年,期间她起码通知银行四五次,要求更改地址信息，将服务转到悉尼分行。

她拨通了银行通知信件上的服务电话，询问是否可以将墨尔本分行的信用卡寄到悉尼分行，但服务人员表示无能为力，告诉她必须自己打电话或者传真到墨尔本分行。凯瑟琳小姐告诉服务人员过去几年间已经好几次要求墨尔本分行修正资料，这次不应该再浪费她的时间和金钱了，因为这是银行延迟处理造成的错误。此时，服务人员开始有点不耐烦："但这件事我无能为力。"于是凯瑟琳要求与其上司通话，没想到服务人员竟然直接挂断电话。于是凯瑟琳二话不说直接到那家银行，把自己的账户清一清，转到街角的另一家小银行去了。

这件事发生数月之后，凯瑟琳突然对投资房地产感兴趣，便打电话给这家小银行询问相关的贷款方案。由于当时不方便亲自走一趟，所以只是简单地在电话里告知她的资产、债务和收入情况。那时她其实只是想收集一点相关的信息，了解一下房地产投资市场而已。

服务人员礼貌地告诉她，她将会在24小时之后得到想到的资讯。果然如她所承诺的，凯瑟琳在一天后接到她的来电，告诉她一个远远超出她预期之外的贷款金额，并说明计算方式："希望您不介意，我向几家市内的房地产公司查询了符合您条件的方案，并以此计算出最适合您需求的金额。"

作为这家小银行的客户，现在凯瑟琳感到十分愉快，并决定以后的所有银行业务都在这家原本不起眼的小银行办理，因为他们的服务态度给了她对其忠诚的理由。

9.2.4 实现客户忠诚的策略

从以上影响客户忠诚的因素分析中我们知道，企业必须通过建立激励忠诚和约束流失机制，双管齐下，这样才能实现客户忠诚。

1. 努力实现客户满意

客户越满意，忠诚的可能性就越大，而且只有最高等级的满意度才能实现最高等级的忠诚度。可见，企业应当追求让客户满意，甚至完全满意。

例如，1987年施乐公司在进行客户满意度的评估中发现，不仅满意与再购买意愿相关而且完全满意的客户的再购率是满意客户的6倍。为了追求客户完全满意，施乐公司承诺在客户购买后3年内，如果有任何不满意，公司保证为其更换相同或类似的产品，一切费用由公司承担，这样就确保了相当多的客户愿意持续忠诚于施乐。

案例9-4　　泰国东方饭店的客户忠诚

泰国的东方饭店堪称亚洲饭店之最，几乎天天客满，不提前一个月预订是很难有入住机会的，而且客人大都来自西方发达国家。泰国在亚洲算不上发达，但为什么会有如此诱人的饭店呢？大家往往会以为泰国是一个旅游国家，而且又有世界上独有的人妖表演，是不是他们在这方面下了工夫？错了，他们靠的是"真功夫"，是非同寻常的客户关系管理，我们不妨通过实例来看一下。

于先生因公务经常到泰国出差，并下榻在东方饭店，第一次入住时，良好的饭店环境和服务就给他留下了深刻的印象，第二次入住时的几个细节更使他对饭店的好感迅速升级。

那天早上，在他走出房门准备去餐厅的时候，楼层服务生恭敬地问道："于先生是要用早餐吗？"他很奇怪，反问："你怎么知道我姓于？"服务生说："我们饭店规定，晚上要背熟所有客人的姓名。"这令于先生大吃一惊，因为他频繁往返于世界各地，入住过无数高级酒店，但这种情况还是第一次碰到。

于先生高兴地乘电梯到餐厅所在的楼层，刚刚走出电梯门，餐厅的服务生说："于先生，里面请！"他更加疑惑，因为服务生并没有看到他的房卡，就问："你知道我姓于？"

服务生答："上面的电话刚刚打下来，说您已经下楼了。"如此高的效率让于先生再次大吃一惊。

于先生刚走进餐厅，服务小姐微笑着问："于先生还要老位子吗？"于先生的惊讶再次升级，心想："尽管我不是第一次在这里吃饭，但最近的一次也有一年多了，难道这里的服务小姐记忆力那么好？"看到于先生惊讶的表情,服务小姐主动解释说:"我刚刚查过电脑记录,您在去年的6月8日在靠近第二个窗口的位子上用过早餐。"于先生听后兴奋地说:"老位子!老位子!"小姐接着问:"老菜单?一个三明治,一杯咖啡,一个鸡蛋。"现在于先生已经不再惊讶,"老菜单,就要老菜单!"于先生已经兴奋到了极点。

餐厅赠送了一碟小菜,由于这种小菜于先生是第一次看到,他问:"这是什么?"服务生后退两步说:"这是我们特有的××小菜。"服务生为什么要先后退两步呢?他是怕自己说话时口水不小心落在客人的食品上,这种细致的服务不要说在一般的酒店,就是在美国最好的饭店都没见过。这一次早餐给于先生留下了终生难忘的印象。

后来,由于业务调整的原因,于先生有3年的时间没有再到泰国,在于先生生日的时候,他突然收到了一封来自东方饭店的生日贺卡,里面还附了一封短信,内容是:"亲爱的于先生,您已经有3年没有来过我们这里了,我们全体人员都非常想念您,希望能再次见到您!今天是您的生日,祝您生日愉快!"于先生当时激动得热泪盈眶,发誓如果再去泰国,绝对不会到任何其他饭店,一定要住东方饭店,而且要说服所有的朋友也像他那样选择。就这样,一封贴着六元邮票的信买到了一颗心。

2. 奖励客户的忠诚

我们知道,想要让某人做某事,如果能够让他从做这件事中得到好处,那么,他自然就会积极主动地去做这件事,而用不着别人引导或监督。

同样的道理,企业想要赢得客户忠诚,就要对忠诚客户进行奖励,奖励的目的就是要让客户从忠诚中受益,让三心二意者得到鞭策,让客户因流失付出代价,从而使客户在利益驱动下维护忠诚(哪怕是虚假忠诚)。

1) 采用重购多购优惠的办法促进客户长期重购多购

奖励客户忠诚的代表形式是频繁营销计划,它最早产生于20世纪70年代初,也称为老主顾营销规划,指向经常或大量购买的客户提供奖励,目的是促使现有客户维护对企业的忠诚。度奖励的形式有折扣、积分、赠品、奖品等优惠和好处,如根据购买数量的多少、购买频率的高低实行价格优惠和打折销售,或者赠送其他价值相当的礼品、奖品等,或者实行以旧(产品)折价换新(产品),以此来表示对老客户的关爱,降低他们重复购买的成本。

例如,有家餐厅将客户每次用餐后结账的账目记录在案,自然,账目金额大的客户都是餐厅的常客。到了年终,餐厅将纯利润的10%按客户总账目金额大小的比例向客户发放奖金。这项"利润共享"的策略,使得该餐厅天天客满。

又如,国外一家著名的化妆品公司组建了客户俱乐部,规定凡是老客户每年可以免费美容若干次,购买产品的可以享受优惠,介绍新客户参加俱乐部的,还给予一定的奖励。因此,该公司形成了一支几百万的忠诚客户队伍。

美国西南航空公司最早推出对乘客在积累了一定的里程后可与自己的伴侣一起享受免费的国内飞行。这一计划一经推出便大获成功,许多公司纷纷仿效也推出了各种各样的奖励计划,像美洲航空公司、西北航空公司和联合航空公司等都开发了频繁飞行计划,用来奖励忠诚的乘客,忠诚的乘客通过累积的里程数可获得折扣或者免费机票或者头等舱的高级座位。现在国内的航空公司也纷纷推出了自己的"常旅客计划"来奖励忠诚的乘客。

又如,中国联通曾分别给连续六个月通信费大于300元、500元、800元的CDMA或GSN客户颁发三星、四星、五星级服务通行卡,星级会员享受所有与其会籍相匹配的通信优惠,同时还可享受到其他(如全国范围内的预订房等)许多通信外优惠服务。

2) 提供奖励忠诚的其他配套措施

这里的其他配套措施是指特权、优待、机会、荣耀等物质利益以外的利益。

例如，为了提高分销商的忠诚度，企业可以授予分销商以独家经营权，如果能够成为大企业或名牌产品的独家经销商或者代理商，可以树立分销商在市场上的声望和地位，有利于调动分销商的经营积极性；企业可以为分销商培训销售人员和服务人员，特别是当产品技术性强，推销和服务都需要一定的专门技术时，这种培训就显得更加重要。例如，美国福特汽车公司在向拉美国家出售拖拉机过程中，为其经销商培训了大批雇员，培训内容主要是拖拉机和设备的修理、保养和使用方法等。此举使福特汽车公司加强了与其经销商的关系，提高了经销商在拖拉机维修服务方面的能力，也迅速扩大了对福特汽车公司拖拉机的经销量。

企业还可以为分销商承担经营风险。例如，某企业明确表态：只要分销商全心全意地经营本企业的产品，就保证不让其亏本；在产品涨价时，对已开过票还没有提走的产品不提价，在产品降价时，分销商已提走但还没有售出的产品，按新价格冲红字。这样分销商就等于吃了定心丸，敢于在淡季充当蓄水池，提前购买和囤积，使企业的销售出现淡季不淡、旺季更旺的局面。

企业也可以向分销商提供信贷援助。例如，允许延期付款、赊购，当分销商规模较小或出现暂时财务困难时，这种信贷援助就显得更为宝贵。

此外，还可由企业出资做广告，也可以请分销商在当地做广告，再由企业提供部分甚至全部资助，以及提供互购机会，既向分销商推销产品又向分销商购买产品。

3. 增加客户对企业的信任与感情

1）增加客户对企业的信任

一系列的客户满意产生客户信任，长期的客户信任形成客户忠诚。企业要建立高水平的客户忠诚还必须把焦点放在赢得客户信任上而不仅是客户满意上，并且要持续不断地增强客户对企业的信任，这样才能获得客户对企业的永久忠诚。

有些企业试图通过"搞关系""走后门"来"搞定"客户，但事实上，客户清楚"搞关系""走后门"都带有赤裸裸的目的，凡事若始以利始，便难以义终。所以，"搞关系""走后门"无法获得客户信任，无法获得长期而稳定的客户关系，随时存在土崩瓦解的可能。

那么，企业如何才能增加客户的信任呢？

第一，要牢牢树立"客户至上"的观念，想客户所想，急客户所急，解客户所难，帮客户所需，所提供的产品与服务确实能够满足客户需要。

第二，要提供广泛并值得信赖的信息（包括广告），当客户认识到这些信息是值得信赖并可接受的时候，企业和客户之间的信任就会逐步产生并得到强化。

第三，要重视客户可能遇到的风险，然后有针对性地提出保证或承诺，并切实履行，以减少他们的顾虑，从而赢得他们的信任。

第四，要尊重客户的隐私权，使客户有安全感，进而产生信赖感。

第五，要认真处理客户投诉，如果企业能够及时、妥善地处理客户的投诉，就能够赢得客户的信任。

例如，"为客户创造最大的营运价值"是沃尔沃卡车公司始终追求的目标，在每做一笔销售时，沃尔沃工作人员都要为用户量身定做一套"全面物流解决方案"，算运费、算路线、算效率，甚至算到油价起伏对盈利的影响。精诚所至，金石为开，客户当然会将信任的眼光投向沃尔沃卡车，并成为其忠诚的客户，沃尔沃公司得到的回报是节节攀升的盈利。

2）增强客户对企业的感情

没有留不住的客户，只有不会留客的商家。建立客户忠诚说到底就是赢得客户的心。联邦快递的创始人佛莱德·史密斯有一句名言:"想称霸市场,首先要让客户的心跟着你走,然后才能让客户的腰包跟着你走。"因此,企业在与客户建立关系之后,还要努力寻找交易之外的关系,如加强与客户的感情交流和感情投资,这样才能巩固和强化企业与客户的关系,从而提高客户转换购买的精神成本,使客户不忍离去。那么,如何增强客户对企业的情感牵挂呢?

(1) 积极沟通,密切交往。

企业应当积极地与客户进行定期或不定期的沟通,进行拜访或者经常性的电话问候,了解他们的想法和意见,并邀请他们参与到企业的各项决策中,让客户觉得自己很受重视。对于重要的客户,企业负责人要亲自接待和登门拜访,努力加深双方的情感联系,并且发展联盟式的客户关系。在客户的重要日子(如生日、结婚纪念日、职务升迁、乔迁之喜、子女上大学、厂庆日等),采取恰当的方式予以祝贺,如寄节日贺卡、赠送鲜花或礼品等,让客户感觉到企业实实在在的关怀就在身边。

例如,汽车销售大王吉拉德在他经销汽车的十多年间,每个月给客户寄一张不同款式的、像工艺品那样精美的卡片,为此他每月要寄出1.3万多张卡片,而客户会将这些卡片长期保存,并视吉拉德为亲密朋友。

在酒店服务中,如果酒店善于通过前台搜集客户的详细资料,了解到今天是哪位客人过生日或其他纪念日,从而进行相应的关怀,如送鲜花、生日蛋糕、寿面等,就能够加深客户对酒店的感情。

此外,企业可以邀请客户参加娱乐活动,如打保龄球、观赏歌舞、参加高级晚会等,过年过节时举行客户游园会、客户团拜会、客户酒会、客户答谢会等显示客户尊贵地位之类的活动,喝喝茶、喝喝酒、唱唱歌,再读一封热情洋溢的感谢信,也可以增进客户对企业的友情、强化关系。

(2) 超越期待,雪中送炭。

生活中我们常说"将心比心,以心换心",企业与客户之间特别需要这种理解与关心。当企业对处于危困之中的客户"雪中送炭",那么,很可能为自己培养了未来的忠诚客户。

假如当客户有困难时,企业能够伸出援手,如利用自己的社会关系帮助客户解决孩子入托、升学、就业等问题,就会令客户感动。假如客户因为搬迁不方便购买,企业主动送货上门,就会使客户觉得自己得到了特殊的关心。假如客户因为资金周转问题不能及时支付购买产品的费用,企业通过分期付款、赊账的形式予以援助,那么客户就会心存感激,当其资金问题解决后将回报以忠诚。

在"非典"时期,一个问候电话、一条防治 SARS 的短信、一剂中药、一瓶消毒液、一打口罩,都能帮助企业与客户建立深厚的感情。

南京民生汽车客运公司除了提供客运服务外,还提供租车服务。当租车客户遇到交通纠纷时,公司以客户"亲属"而不是车主的身份全权处理一切事务。民生汽车客运公司的这项举措使客户大受感动,深得租车客户的好评,客户感到民生汽车客运公司时刻都在为他着想,自然忠诚有加。

4. 提高客户的转换成本

一般来讲,如果客户在更换品牌或企业时感到转换成本太高,或客户原来所获得的利益会因为更换品牌或企业而损失,或者将面临新的风险和负担,就可以加强客户的忠诚。

例如,软件企业一开始为客户提供有效的服务支持,包括提供免费软件、免费维修保养及事故处理等,并帮助客户学习如何正确地使用软件。那么,一段时间以后,客户学习软件使用所花的时间、精力将会成为一种转换成本，使客户在别的选择不能体现明显的优越性时自愿重复使用，成为忠诚客户，而不会轻易转换。

另外，采取成套礼品等方法，如机票的贵宾卡、超市的积分卡以及快餐店的组合玩具等，也可以提高客户的转换成本，因为客户一旦转换就将损失里程奖励、价格折扣、集齐玩具等利益，这样就可以将客户"套牢"，使客户从主观上尽量避免转换而尽可能地忠诚，尽管这种忠诚很可能是势利忠诚、虚假忠诚。

此外，个性化的产品或服务在可能增加客户满意度的同时，也增加了客户的特定投入，如时间、精力、感情等，即增加了转换成本，因而能够提高他们的退出障碍，从而有效地阻止客户的叛离。

例如，Amazon 网上书店具有基于历史交易数据的客户需求推荐系统及积分系统，客户能够从中获益，如果客户转向另一网上书店，就将损失其在 Amazon 书店中的交易积累和大量交互点击的投入，失去本来可以得到的利益，这样就会使客户选择留下。

5. 建立客户组织

建立客户组织可使企业与客户的关系更加正式化、稳固化，使客户感到自己有价值、受欢迎、被重视，从而使客户产生归属感，因而有利于企业与客户建立超出交易关系之外的情感关系。客户组织还使企业与客户之间由短期关系变成长期关系，由松散关系变成紧密关系，由偶然关系变成必然关系，从而维护现有客户和培养忠诚客户，确保企业有一个基本的忠诚客户群。因此，建立客户组织是巩固和扩大市场占有率、稳定客户队伍的一种行之有效的办法，有利于建立长期稳定的主顾关系。

例如，上海华联商厦对持有"会员卡"的客户在商厦购物可享受一定的折扣，并根据消费的金额自动累计积分；会员还可通过电话订购商厦的各种产品，不论大小，市区内全部免费送货上门，对电视机、音响等产品免费上门进行调试，礼品实行免费包扎；商厦还注意倾听会员的意见和建议，不定期地向会员提供产品信息和市场动态等各种资料，会员生日还能收到商厦的祝福贺卡及小礼物。

9.3 客户投诉处理

9.3.1 客户投诉对企业的意义

客户投诉是客户对企业管理和服务不满的表达方式，它为企业创造了各种各样的机会，既是企业发现问题和失误的机会，也是企业促进连续改进的机会，还是企业留住满意客户的最后机会。具体而言，可分为以下几点：

（1）客户投诉是因为企业的产品和服务有瑕疵、有不足；

（2）客户投诉可能反映了企业产品和服务未能满足顾客需求，可以从中发现新的商机；

（3）客户投诉可使企业避免流失客户，再次获得客户；

（4）客户投诉是企业有价值且免费的信息来源，是企业了解客户未满足的需求的渠道，是企业创新的来源，是使企业再次获得客户的机会。

小知识 9-1

研究表明,与流失客户做生意的概率是陌生人的2倍。另有研究表明,40%的顾客对服务的感知受企业不可预见问题反映的影响,由此可见管理客户投诉对企业的重要意义。

9.3.2 不满意客户投诉行为分析

大多数对企业产品不满意的顾客,其行为有如下两种。

1. 不投诉

不投诉有两种具体情况:一种是选择去别的地方购买东西,并告诉其他人他所遇到的麻烦;二是继续购买产品和服务,但此类客户要么是对企业的不满在可接受的范围,要么是企业设置了退出壁垒,因而不得不被锁定在这样的关系中。

2. 投诉

投诉分为以下几种情况:问题没有得到解决或对解决方式不满意,部分流失,部分保留;对于投诉解决方式感到满意,少数流失,但大数据保留,并对公司保持忠诚。

表9-4列出了投诉类别及相应的再购买率。

表9-4 投诉类别与再购买率

类 别	问题主次	再次购买可能性(%)
不投诉者	主要问题	9
	次要问题	37
投诉但没有得到解决者	主要问题	19
	次要问题	46
投诉获得解决者	主要问题	54
	次要问题	70
投诉获得迅速解决者	主要问题	82
	次要问题	95

9.3.3 客户投诉处理办法

1. 不妨先道歉

客户在投诉的时候,首先需要有一个人先站出来承担这件事情的责任。如果在处理投诉的时候,能够一开始就真诚地道歉,那么客户的这种心理需求就得到了满足。金无足赤,人无完人,况且公司越大员工越多,失误也就在所难免,只要做到谦虚有礼,大部分情况下,客户会谅解的。

很多时候,企业不敢道歉,害怕道歉,是因为怕一道歉,责任就是自己的了,担心客户会继续纠缠。而实际上这是非常没有必要的,因为即使不道歉,客户依然会要求赔偿。而道歉的话,客户的态度会变得缓和,会给双方创造一个良好的谈话氛围。少了这句抱歉,后面的内容也就难以表达,挽留客户也就无从谈起。

2. 倾听客户的诉说

当客户不满时,他们想做两件事情:首先,宣泄自己的情绪;然后,让问题得到解决。如果客户情绪激动,怒气冲天,我们首先要做的事情就是正确预测客户的需求,特别是客户情绪发泄的需求。要做好心理准备,特别是被痛骂的准备。

1) 让客户发泄

先通过开放式的问题让客户发泄,然后才能了解问题的实情。处理投诉的原则是"先处理情绪,后处理事件",因此,首先要理解客户的心情,稳定客户的情绪,请客户坐下来慢慢谈。在谈话过程中,要尽量通过一个开放式的问题,把客户从情绪引导到事件上面去,让他把问题讲述出来。你会发现,在倾诉的过程中,实际上客户的情感得到了宣泄。

2) 充分倾听

当客户产生投诉时,千万不要一味地向客户解释或者辩白,这样只会浪费时间和令客户更加反感。对待客户的投诉,首先要虚心接受,对大部分客户来说,投诉产生后,并不一定非要企业有形式上的补偿,只是要求能发泄一下自己心中的不满情绪,得到卖方的认同和理解,消除自己心中的怨气,使心理上得到一种平衡。而如果企业连"耐心倾听"这一点都做不到的话,必然是火上浇油,导致投诉升级。

因此,在处理投诉事件时,首先要让客户把他内心的牢骚话全部说完,要认真倾听,同时以"是""确实如此"等语言以及点头的方式表示同情,不要流露出不耐烦或讽刺挖苦客户,更不能用"不,我没有那个意思"或"根本就不是那么回事"等话语来打断客户。

另外,我们应倾听整个情况,不要加入个人的主观意见,起码在客户没有说完之前不要加入,不然问题就会转入另一个方面——争吵。这时客户就会有两个方面的投诉:一是商品,二是争吵,问题就更难处理了。

案例 9-5　　松下幸之助的秘诀

在日本被誉为"经营之神"的松下幸之助先生认为,对于客户的投诉不但不能厌烦,反而要当成一个好机会。他曾经告诫部属:"客户肯上门来投诉,其实对企业而言实在是一次难得的纠正自身失误的好机会。每逢客户买了次品或碰到不良服务时,因怕麻烦或者不好意思而不来投诉,但坏印象坏名声永远留在他们的心中。因此,对待有投诉的客户一定要以礼相待,耐心听取对方的意见,并尽量使他们满意而归。即使碰到爱挑剔的客户,也要婉转忍让,至少要在心理上给这样的客户一种如愿以偿的感觉,如有可能,推销人员尽量在少受损失的前提下满足他们提出的一些要求。假若能使鸡蛋里面挑骨头的客户也满意而归,那么你将受益无穷,因为他们中有人会给你做义务的宣传员和义务的推销员。"

松下幸之助还结合自己的亲身经历讲到这样一件事:有位东京某所大学的教授寄信给他,说该校电子研究所购买的松下公司产品出现故障。接到投诉信的当天,松下幸之助立刻让生产这一产品的部门最高负责人去学校了解情况,经过厂方诚心诚意的说服与妥善的处理,研究人员怒气顿消,而且对方还为松下公司推荐其他用户和订货单位。

3. 不要为自己辩白

面对客户投诉的时候,我们要冷静,不要为自己辩白。要尊重客户的立场,不要指望扭转客户的立场,相反,这样表达可能效果更好:"如果是我,我也会发火的。"稳住阵势,缓解冲撞,再分而治之。为了表明处理问题的认真负责态度,最好用笔记本记下怨言的要点,并请客户确认,这样会给客户留下好印象,也有利于进一步处理这些怨言。

当我们自身无法解决客户的投诉时,可以请营销主管或者经理出面。营销主管或经理在调解中也同样一定要以中肯的态度耐心听取客户的意见,这对客户将是一个很好的心理安慰,有利于投诉的消除。客户将内心的不安发泄得越充分,与企业的矛盾越容易得到化解。

4. 表达对客户的理解

客户在投诉时，他的愤怒带有强烈的感情因素，因此如果能够首先在感情上对对方表示理解和支持，那么将成为最终圆满解决问题的良好开端。表达理解和同情要充分利用各种方式，与申诉者直接面谈时，以眼神来表示同情、以诚心诚意、认真的表情来表示理解，以适当的身体语言（如点头）表示同意等等。另外，在电话处理时，可以以说话的方式（如语调、音量、抑扬）等来表示同感。但是，在表示理解与同情的时候，态度一定要诚恳，否则会被客户理解为心不在焉的敷衍，可能反而刺激了客户的愤怒。表达理解，必须找到双方的一致点。

5. 积极解决问题

道歉是有用的，而且是必要的，但是远远不够的。能够真正让客户平息愤怒，化解焦虑的，是马上帮他们解决问题。"对不起，是我们的过失"之后，一句"您看我们能为您做些什么呢？"更实在。单纯的同情、理解不够的，客户需要迅速得到解决问题的方案。

6. 消除客户抱怨

作为一名优秀的客户投诉处理人员，只有了解、掌握并灵活运用多种消除抱怨的技巧，才能在处理客户抱怨的过程中得心应手，具体技巧主要有以下几种。

1) 平抑法

通常客户会带着怒气投诉或抱怨，这是十分正常的现象，此时客户投诉处理人员首先应当态度谦让地接受客户的投诉或抱怨，引导客户讲出原因，然后针对问题解释和解决。这种方式适用于所有抱怨和投诉处理，是采用最多的一种方法。这种方法应把握三个要点：一听，认真倾听客户的投诉、抱怨，搞清楚客户不满的要点所在；二表态，表明对此事的态度，使客户感到你有诚意对待他们的投诉或抱怨；三承诺，能够马上解决的当时解决，不能马上解决的给一个明确的承诺，直到客户感到满意为止。

2) 委婉法

这种方法就是当客户提出自己的抱怨后，客户投诉处理人员先肯定对方的抱怨，然后再陈述自己的观点。这种方法特别适用于澄清客户的错误想法、鼓励客户进一步提出自己的想法等方面，常常起到出人意料的显著效果。使用委婉法，特别适用于主观自负且自以为是的客户。这种方法的表达句型是"是的……但是……"。但这种句型暗示着极强烈的否定性，因此，应用时可将其改为较委婉的"是……而……"句型，或尽量避免出现"但是"。因此，还可以使用"除非……"的句型。

3) 转化法

这种方法适用于误解所导致的投诉或抱怨，因此处理这种抱怨时应当首先让客户明白问题所在，当客户明白是因为误解导致争议时，问题也就解决了。采用转化法的客户投诉处理人员，必须经验丰富，精通促销和客户投诉处理技巧，因为只有这样的客户投诉处理人员，才能察言观色，当机立断，适时巧妙地将客户误解转化。转化方式要轻松自然。这种方式运用恰当，客户会理解，若转化不当，则会弄巧成拙，使客户生气，反而会增加阻力。因此，客户投诉处理人员在用此法时应心平气和，即使客户抱怨明显缺乏事实根据，也不能当面驳斥，而应旁敲侧击、启发和暗示。

4) 承认法

如果产品瑕疵或客户投诉处理质量不能令客户满意，就应当承认错误，并争取客户谅解，而不能推卸责任，或者寻找借口，因为理在客户，任何推诿都会使矛盾激化。承认错误是第一步，接着应该在明确承诺的基础上迅速解决问题，不能拖延时间，在事发的第一时间解决问题成本会最低，客户会认可。一旦时间长了就会另生事端。

5) 转移法

转移是指客户的投诉可以不予理睬而将话题转入其他方面。有时客户提出投诉本身就是无事生非或无端生事，或者比较荒谬，这时最好不予理睬，而应当迅速转移话题，使客户感到你不想与他加剧矛盾。但是，客户投诉处理人员对客户无关紧要的投诉可以有不予理睬的念头，但是外表应显得若无其事，不要让客户看出破绽，以免使客户产生被冷落的想法。需要注意的是，如果客户再度提起投诉，客户投诉处理人员就不能不理会，因为既然再度，表明客户已经把该投诉当真，也就是这个意见对他很重要，此时客户投诉处理人员决不能不理不睬，而是用其他方法以转化和消除客户抱怨。

6) 幽默法

幽默感是缓解气氛的最佳武器，会心一笑，什么不满都可以化解了。

7. 控制客户愤怒情绪

客户投诉时，首先要控制客户不满或愤怒的情绪，需要做到以下几点。

1) 向客户表示理解

对客户所经历的不便事实进行道歉和承认。一句简单的道歉话，是留住客户的第一步。自我道歉语言要比机械式的标准的道歉语更有效。学会倾听，生气的客户经常会寻找一位对其遭遇表示出真实情感的好听众。

2) 向客户咨询有关事情的经过，弄清客户想要得到什么结果

不与客户产生大的冲突，力求保持关系，常见的不满如产品质量、送货不及时、不遵守合同、产品款式不满意、价格不合理、售后服务不到位等等，形式千变万化。了解客户投诉的内容后，要判断客户投诉的理由是否充分，投诉的要求是否合理，如果投诉不能成立，即可以以婉转的方式答复客户，取得客户的谅解，消除误会。

3) 对投诉的事件做出快速、有效的反应

根据客户投诉的内容，确定相关的具体受理单位和受理负责人。针对问题提出一种或几种公平的解决方案。客户要求的是行动，而非仅仅是几句空话。在多种方案中选择一个最佳解决问题的办法来答复客户，并得到客户同意后，针对带来的不便或造成的伤害给予客户一些具有价值的补偿。客户会对那些表示出真诚歉意的、合理的姿态感到满足。

4) 对决定的方案进行落实和跟踪，得到一个完美的结果

要确定你可以交付给客户所承诺的东西，否则就不要许诺。当销售代表或者客户服务代表采取跟踪行动落实时，客户对此举动就会印象更深刻。

5) 对投诉的事件进行归纳总结，吸取教训经验

提高客户服务质量和服务水平，降低投诉率，告诉客户其意见对我们的企业很重要，不妨留下客户的联系方式，再寄上一封感谢信，这样的成本付出不过十几元，却能够在一定的区域获得良好的口碑宣传。

9.3.4 客户投诉处理人员的沟通技巧

在与愤怒的客户沟通的时候，措辞是必须非常谨慎的，言语既可能平息怒火，也可能成为冲突的导火索。选择正确的措辞，并且表明一种积极的、乐于助人的态度是非常重要的。

(1) 对事不对人。说"你没有填对"就不如"这张表格还有些东西需要你们填一下"。

(2) 间接说明客户的错误。让客户因为错误被点名而觉得难堪，进而恼羞成怒，是非常不利于

问题的解决的。"你搞错了"不如"我觉得这里存在错误","你把我搞糊涂了"不如"我被搞糊涂了"。

（3）负起责任告诉客户能做的而不是告诉不能做的,即使你无法提供帮助,也不要强调这一点,而是把客户介绍给能帮他的人。这时候,"我不能……"不如"我可以……","这不是我的事"不如"让我想想我能做什么"。

（4）是帮助、交流,而不是下命令。人们都不喜欢没有选择的余地。要文雅地请求客户去做某件事情,或者向他们说明为什么那样做,对他们有何好处。人们也不喜欢接受命令,所以要有礼貌地把命令重新表述为请求,或间接地下命令。例如,把"你必须……"换成"请您……",把"你本来应该这样做的"换成"我们最好这样",把"在这儿等着"换成"您可否等一下？我跟我的上司说几句话"。

（5）不要引起对抗。假如客户认为他们遇到了批评,他们就会对抗性地、愤怒地做出反应。所以不妨将"这事你从来没有做对过"换成"这事常常做不正确",把"你这里填对了,但是……"换成"你这里填得很好,还有……",把"你要花费……"换成"价格是……",把"你有什么问题"换成"请告诉我发生了什么事情"。

（6）表示理解客户的心情。"你疯了"换成"我能理解你所说的东西","我知道你的感受"换成"我能理解你怎么会有这种感受的","我不知道你为什么如此不满"换成"我能理解这件事怎么会使人恼火","我也不满的"换成"对不起,给您造成了不便"。

（7）用委婉的方式澄清事实,而不是争论。"你大错特错了"换成"听起来您的意思是说……","您的话没有任何意义"换成"也许我理解错了","这肯定错了"换成"我对你的话是这样理解的"。叹气和咒骂是绝对不要的,单调的叹气会让人觉得你很无奈,而一句脏话会让所有的努力都付之东流。面对愤怒的客户,要让你的语调平静、坚定,充满关切和安慰。如果你说话的声音听起来是恼怒的、不耐烦的,或居高临下的,那么客户会更加愤怒;如果你的说话声听起来很自信而且很有礼貌,那么他就会相信你的态度很认真,这样就比较容易平息他的不满。

本章小结

本章主要介绍了商务沟通中客户关系维护的相关概念。分别介绍客户满意度的概念,影响客户满意度的因素,以及提升客户满意度的办法。在维护客户满意度的基础之上,提出客户忠诚度的概念,分析影响客户忠诚度的因素和策略。最后介绍了应对客户投诉的基本原则和技巧。

核心概念

客户满意度　客户忠诚度　客户投诉

思考与技能训练

一、基本训练

1. 选择题

（1）客户满意可分为物质满意、精神满意和(　　)三个层次。

A. 心理满意　　　　B. 社会满意　　　　C. 企业满意　　　　D. 总体满意

(2) 我国于( )年正式颁布《商业服务业顾客满意度测评规范》及相关行业标准。
A. 2016　　　　B. 2003　　　　C. 2007　　　　D. 2015
(3) 根据客户对企业的态度和行为,可将客户忠诚分为( )。
A. 态度忠诚　行为忠诚　　　　　　　B. 潜在忠诚　绝对忠诚
C. 惯性忠诚　行为忠诚　　　　　　　D. 潜在忠诚　行为忠诚
(4) ( )类型的投诉者再次购买企业商品的可能性最低。
A. 不投诉者　　　　　　　　　　　　B. 投诉但没有得到解决者
C. 投诉获得解决者　　　　　　　　　D. 投诉获得迅速解决者

2. 简答题

(1) 客户满意度的内涵是什么？客户满意可分为哪几个层次？
(2) 客户满意度的衡量指标有哪些？作用机制是什么？
(3) 客户满意度监测方法有哪些？请举例说明。
(4) 客户忠诚度的含义是什么？类型有哪些？
(5) 影响客户忠诚的主要因素有哪些？请举例说明。
(6) 实现客户忠诚的策略有哪些？
(7) 客户投诉对企业的意义是什么？
(8) 客户投诉处理办法有哪些？

二、案例分析

1. 案例

国内某著名家电公司,立足国内消费市场,发展完整的全国性销售网络,拥有1 000多家经销商。该企业服务对象包含其品牌家电产品的使用者及品牌的认同者。该公司及时向服务对象提供市场、产品及技术等各方面的最新资讯,以达成与服务对象的更好沟通。

完善的产品服务首先需要产品质量作为保证,需要完整的咨询及售后服务作为基础,还要有市场通路各环节的全力配合。因此,所发展经销商等都需要进行服务资格评审,除定期举办各类会议,进行有效的服务素质训练与沟通,还不定期开设技术训练课程等,全力提高通路成员的服务意识与服务素质,以向消费者提供最好的专业化的完整服务。

该公司特别强调售后服务品质,除对销售网点的技术支持人员进行维护技术训练外,还特别对维修网点的维修工程师进行技术与服务认证考核,并发给等级证书,以提供快速的、高水准的维修服务。

该公司在总部与各地分公司均设有客户服务中心、快速技术维护中心,负责产品使用者技术问题的解答或维护难题的解决,凡是该品牌产品在保修服务年限内,其服务及维护系统都能做到完整、迅速、便捷的售后服务保障。

问题：
(1) 该企业在客户满意度和忠诚度培育方面给你什么样的启发？
(2) 该企业的服务建设,给用户带来哪些具体的利益？给企业自身带来哪些利益？

2. 案例

某电信运营商广州区营业厅三个月来,在全市的绩效评估成绩一直下滑,最近还出现了一宗服务性投诉,全体人员绩效扣除30%。你是这一区的客户服务主管,该厅一直以来业绩不错,因此你在某天15:00左右来到营业厅观察,在半小时内,你发现以下情况：

(1) 两名客户抱怨等候时间过长,离开营业厅；
(2) 空调坏了,营业人员大汗淋漓；
(3) 营业人员基本无笑容。

问题：
(1) 假如你需要对该厅的人员做小组访谈,了解工作上遇到的困难与瓶颈。你会从哪些方面了解情况？

第九章 客户关系维护

(2) 从企业角度出发,谈谈如何改善服务人员的工作热情。

三、技能训练

1. **顾客**:你们的产品质量太差了,你让我怎么使用呢?

销售:××先生(女士),你好,对于您的遭遇我深表歉意,我也愿意为您提供优质的产品,遗憾的是,我们已经把产品卖给你了,使你受到了一些麻烦,真是不好意思。××先生(女士),您看我是给您换产品还是退钱给您呢?

2. **顾客**:你们做事的效率太差了。

销售:是的,是的。您的心情我非常的了解。我们也不想这样子。我非常抱歉今天带给您的不愉快。我想以先生(女士)您的做事风格来说,一定可以原谅我们的。感谢您给我们提个醒,我一定会改进,谢谢您。

要求:假设你遇到上述投诉,你如何应对呢?请填写下列表格,写出解决计划。

客户投诉登记表

受理编号		受理日期	
投诉客户姓名		投诉类型	□商品 □服务 □其他
客户地址		电话	
投诉缘由			
客户要求			
投诉处理	□受　　理	承诺办理期限	
	□不予受理	理由	
备注			

制表:　　　　　　　　　　　　　　审核:

客户投诉处理表

投诉内容	投诉编号		客户姓名	
	商品名称		购货日期	
	投诉类型			
	投诉缘由		投诉者情况	
	客户要求		数量	
	经办人意见		签字	
客户部门意见				
营销部门意见				
生产部门意见				
质检部门意见				
财务部门意见				
副总经理批示				
总经理批示				

制表:　　　　　　　　　　　　　　审核:

第三部分 商务沟通技巧

第十章 商务礼仪

知识目标

1. 掌握仪容、仪表、仪态礼仪。
2. 掌握服饰礼仪。
3. 掌握商务会面礼仪。
4. 掌握洽谈及签约礼仪。

技能目标

1. 在商务交往中仪态、着装等礼仪的运用。
2. 在商务活动中正确运用称呼、介绍、握手和名片礼仪。
3. 商务洽谈礼仪的实际运用。

本章知识结构

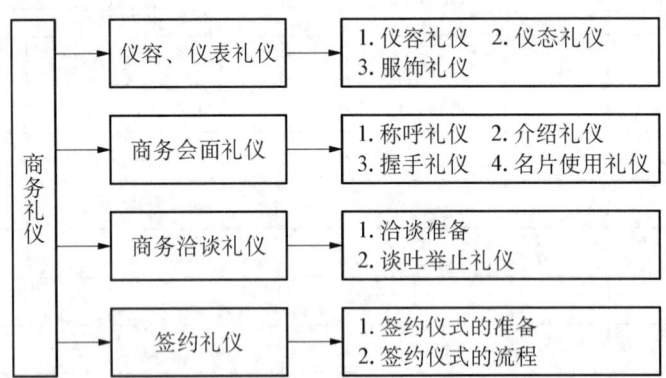

引导案例

某公司方总经理约见了一个重要的客户李总经理,见面之后李经理就将名片递给了方经理,方总经理看完名片,就将名片放到了桌子上,两人继续谈合作事宜。过了一会,办公室秘书小王将咖啡端上桌,请两位经理享用,方总经理喝了一口,随手将咖啡杯子放在了名片上,自己没有感觉到,而李总经理已经皱起了眉头,但并没有说什么。

第十章 商务礼仪

> **问题提示**
>
> 请问,李总经理为什么皱起了眉头?接受他人名片时,应注意哪些礼仪问题?递给他人名片时,要注意哪些礼仪问题?

怎样才能顺利地与别人打交道,孔子说过"不学礼,无以立"。当今的社会,更是如此,商务活动中掌握必备的礼仪知识,有利于促进双方交往活动的顺利开展。礼仪是一种行为规范,它不仅是社会生活的要求,更是一个人乃至一个民族文明程度高低的体现。在现代社会的各个方面,礼仪发挥着重要的作用,它使我们的生活更有秩序,使人际关系更为和谐。

人们在交往之初,由于双方相互之间不是十分了解,因此,不可避免地会对彼此产生某种戒备心理或距离感。如果双方在交往中都能做到施之以礼,应之以礼,则可以消除交往双方之间的心理隔阂,拉近彼此的距离。另一方面,每个人在人际交往中都有获得他人尊重的心理需求,而相互尊重又是良好的人际交往的根本条件。因此,注重交往礼仪,无疑会增加对方对自己的好感,从而为以后的进一步交往奠定良好的基础。

商务礼仪是商务从业人员在商务交往中为表示尊重对方而采取的共同约定并形成的礼仪规则。商务礼仪成为商务活动中不可或缺的重要内容及商务活动成功的重要条件。

10.1 仪容、仪表礼仪

10.1.1 仪容礼仪

案例 10-1　　　　　　肯尼迪总统的竞选礼仪

1960年9月,尼克松和肯尼迪在全美的电视观众面前,举行他们竞选总统的第一次辩论。当时,这两个人的名望和才能大体上相当,可谓棋逢对手。但大多数评论员预料,尼克松素以经验丰富的"电视演员"著称,可以击败比他缺乏电视讲演经验的肯尼迪,但事实并非如此。

为什么呢?肯尼迪事前进行了练习和彩排,还专门跑到海滩晒太阳,养精蓄锐。结果,他在屏幕上出现时,精神焕发,满面红光,挥洒自如。而尼克松没听从电视导演的规劝,加之十分劳累,更失策的是面部化妆用了深色的粉底,因而在屏幕上显得精神疲惫,表情痛苦,声嘶力竭。正如一位历史学家所形容:"他让全世界看来,好像是一个不爱刮胡子和出汗过多的人带着忧郁感等待着电视广告告诉他怎么不要失礼。"

在人际交往中,仪容就是一个人的第一张名片,每个人的仪容都会引起交往对象的特别关注并将影响到对方对自己的整体评价。在个人的仪表问题之中,仪容是重点之中的重点。不同的仪容和服饰,反映出一个人的礼貌如何,也反映出一个人的精神面貌和文化修养程度如何。恰当的仪容和服饰不仅体现了对他人的尊重,也会有助于商务活动的顺利开展。

仪容主要是指人的容貌,由发式、面容以及人体所有未被服饰遮掩的肌肤所构成,是人的仪表的基本要素。仪容受到两个因素的影响,一是自然因素,先天的外貌条件;二是妆式,修饰后的外貌。俗话说"没有丑女人,只有懒女人",先天美好的仪容相貌,无疑会令人赏心悦目。但并非每个人都拥有这样的优势,只要通过后天的修饰,也就是对仪容进行必要的修饰,扬长避短,也可以设计、塑造出美好的个人形象。

1. 面容美化

面容是人的仪容之首,是人体裸露在外时间最长的部位,也是最容易引起人们注意的地方。由于性别的差异、社会分工的不同,人们认知角度的不同,使得男女在面容美化的方式、方法和具体要求上有各自不同的特点。

1) 面容美化基本要求

对于男性来说,面容美化最重要的是做到脸部干净整洁,主要是胡须要剃干净,没有宗教信仰者,不要留胡子,鼻毛应剪短,切不可长出鼻孔,口无异味;对于女性来说,面部可适当化妆,增添自信,缓解压力,在商务活动中化妆是表示对对方的尊重。女性化妆的基本要求是自然、得体。以浅妆、淡妆为宜,不能浓妆艳抹,更不能使用气味浓烈的化妆品。

2) 化妆的基本礼仪要求

(1) 化妆应与年龄相适应。不同年龄的女士应采用不同的化妆方法。年轻女性适于用清淡的化妆法,中年女性保持适度的浓妆,老年女性应使用乳液状化妆品来滋润皮肤。

(2) 化妆的浓淡要与时间、场合相协调。化妆不仅应随季节的变换而变化,而且白天和晚上有所不同。不论是公关活动、洽谈公务,还是走访亲友、赴约聚会,化妆均应"雅致"。

3) 化妆的基本流程

(1) 清洁面部。用温水及洗面奶清洗面部油脂、汗水、灰尘等污垢,保持面部皮肤洁净。

(2) 护肤。给清洗后的面部涂上爽肤水,然后根据肤质抹上护肤霜,或者是美容隔离霜。

(3) 打粉底。选择与肤色较接近的粉底,用海绵块或手指从鼻子处向外均匀涂抹。粉底抹完后要达到调整肤色、掩盖瑕疵,使皮肤细腻光洁的目的。注意不要使用太白的粉底,容易让人产生不自然的感觉。

(4) 画眉毛。首先用眉刷自下而上将眉毛梳理整齐,然后用眉笔顺眉毛生长方向一道道描画,眉毛从眉头起至三分之二处为眉峰,描至眉峰处应以自然弧度描至眉尾,眉尾处渐淡。

(5) 画眼线。眼线要贴着睫毛根画,浓妆时可稍宽一些,淡妆时可稍细一些,上眼线应比下眼线重一些。

(6) 涂眼影。眼影的颜色要根据自己的肤色和服装进行选择。

(7) 刷睫毛。先将睫毛用睫毛夹子夹得由内向外翻卷,然后用睫毛刷从睫毛根到睫毛尖刷上睫毛液。

(8) 抹腮红。腮红应抹在微笑时面部形成的最高点,然后向耳朵上缘方向抹一条,将边缘晕开,可用腮红和阴影粉做脸形的矫正。

(9) 定妆。定妆可以使用粉饼或者散粉,用粉扑将定妆粉均匀地扑在脸上即可。注意不要把定妆粉用力拍打在脸上,涂抹时越轻柔越好,应在鼻翼位置多扑一些,减少油脂分泌,使妆容更为持久。扑好粉后,用大粉刷将妆面上的浮粉扫掉。

(10) 涂口红。先用唇线笔画好唇廓,再用唇膏涂在唇廓内,可用唇刷涂,也可用棒式唇膏直接涂。

> **小知识 10-1** **正确的洗脸方法**
>
> 洗脸是我们日常活动中比较基础的一种美容方式,但并不是人人都知道怎样洗脸,正确的洗脸方式如下:
> 第一步,用温水湿润脸部。
>
> 洗脸用的水温非常重要,用温水洗脸,既能保证毛孔充分张开,又不会使皮肤的天然保湿油分过分丢失。

第二步,使洁面乳充分起沫。

无论用什么样的洁面乳,量都是不宜过多,面积约有五分硬币大小即可。在向脸部涂抹之前,一定要先把洁面乳在手心充分打起泡沫,如果洁面乳不充分起沫,不但起不到清洁效果,还会残留在毛孔内,引起青春痘。

第三步,轻轻按摩15下。

把泡沫涂在脸部,以后要轻轻打圈按摩不要太用力,以免产生皱纹,让泡沫遍及整个面部。

第四步,清洗洁面乳。

用洁面乳按摩完成后,用湿润的毛巾轻轻在脸部按,反复几次后就能清除掉洁面乳,又不伤害皮肤。

第五步,检查发髻。

清洗完毕后,还需照照镜子,检查一下发际周围是否有残留的洁面乳。

第六步,用冷水撩洗20下。

最后,用双手捧起冷水,撩洗面部20下,同时用蘸了凉水的毛巾轻敷脸部,这样可以使毛孔收紧,同时促进面部血液循环。

2. 发型美化

一般来说,发型要与自己的性别、脸型、肤色、体型相匹配,与自己的气质、职业、身份相吻合,才能显现出真正的美。

根据礼仪规范的一般要求,职业人员的头发,应该长短适中,并要定期对自己的头发进行修剪,以保持发型美丽及适当的长度。对于男士来讲,头发的具体长度有着规定的上限与下限,即要做到前发不覆额,侧发不掩耳,后发不触领。

对于女士来说,女士头发前面不应挡住眼睛,后面不宜长于肩膀,对于短发的女性,应经常修剪,保持头发的整齐;留长发的也应该经常修剪,保持头发长短适中。在公务场所,女士要把长发盘起来,编起来或者置于工作帽之内,不可以披头散发。

美的发型可以增强人在社交中的自信心,陶冶人们的情操,领略对生活的热爱。不同的发型,能带给人不同的感觉,不同的气质、爱好、脸型、发质、年龄的人要针对自身情况,扬长避短,选择和修饰适合自己的发型。对于商务人员来讲,头发的造型的选择,应该简单大方,朴素,传统一些较好,要充分考虑自己的工作性质,不宜使自己的发型过于时髦,标新立异。发型主要应注意以下几个方面。

1) 清洁

应经常洗发,使自己的头发保持清洁、干净、卫生。尽可能每天洗发,使头发保持蓬松,特别是参加重要活动时,要随时检查自己头发的清洁度,保证无头皮屑、无异味。

2) 修剪

要长短适当,宜短不宜长,但并不是越短越好,男士头发以六厘米左右为佳,最长不应盖过领口,遮住额头。对于女士来讲,要求比较宽松,可以留长头发,但在正式工作场合,则必须把头发盘起,避免披头散发。因此,需要注意对头发进行必要的修剪。

3) 梳理

必须把头发梳理到位,不允许蓬松凌乱。为了使头发保持既定的发型可以使用美发用品加以定型,保持其整齐干净。出席重要的商务活动或社交活动最好先去理发店对头发进行修剪或修饰,这样可以显示出你对此次活动的重视,给予主办方受尊重的感觉。

3. 手部美化

手常常露在服饰之外,极易被他人注意到。社交中要经常与人握手,要做各种手势,所以健康美观的双手和手上的指甲都是不可忽视的一部分。要充分重视自己双手的保养,经常使用护手霜,保持手部润滑细腻,与洗脸相比,双手要洗得更勤。不要蓄长指甲,要养成勤剪指甲的好习惯。男士指甲不宜长过手指,女士的指甲允许有3~5毫米的长度。

1) 护理指甲

为保持指甲健康、美观,要定期修剪指甲,将其修剪成椭圆形。手指简单的按摩运动可促进指尖血液循环,有利于营养和氧气输送至指甲。另外,女性可根据不同情况的需要,涂上不同颜色的指甲油,可美化指甲。但不可以涂艳丽的指甲油,可以使用无色指甲油,保养指甲。

2) 滋润双手

手部肌肤的油脂腺较少,较身体其他部分更易变得干燥,但又经常需要暴露于空气中,因此要细心呵护双手,如每晚用滋润的润手霜按摩双手;经常除去手上的死皮;做家务或粗活时戴上手套;经常运动,使之保持柔软;偶尔可敷上一些现成或自制的护手膜。

4. 口腔

注意去除口部的多余物,如唾沫、食物残渣以及牙齿缝间的牙垢。在职业场合,如果与人交谈时口中散发出难闻的气味,会使对方很不愉快,自己也会很难堪。建议在参加重要活动之前,尽量不要吃蒜、葱、韭菜等刺激性食物,在正规的交际场所也不能当众嚼口香糖。要尽量少抽烟,少喝浓茶。在社交场合进餐后,切忌当着别人的面剔牙,可以用手掌或餐巾纸掩住嘴角,然后再剔牙。

沟通活动 10 - 1

教师演示工作妆画法,学生练习给自己化工作妆。

10.1.2 仪态礼仪

仪态是指人在各种行为中所体现出来的表情和风度,即我们通常所说的体态语。在商务活动中,我们通过表情、姿态等向对方传递的信息内容,远超过了用语言所表达的内容。仪态作为一种无声的语言,在商务活动中被广泛运用。良好的仪态不仅给对方带来舒适的心理感受,同时也反映出商务人员的涵养。

1. 站姿

优美得体的站姿能衬托出商务从业人员优雅的气质和风度,也是商务人员培养体态美的起点。站姿基本要求是站立端正,身姿挺拔、体态优美,做到"站如松"。站姿主要有正步站姿、分腿站姿,女性还有T字和V字站姿。

1) 正步站姿

两脚并拢,两膝并拢,双手自然下垂。适用于正式场合示礼前或者各种训练前的预备姿态。

2) 分腿站姿

两脚跟靠拢,两腿两膝并拢、挺直,脚尖分开,女士呈45°(男士呈45°~60°),一般以能放入一拳为宜。左手在下、右手在上自然交叉叠放于小腹前,女士双手交叉握于拇指部位(男士握于手背部位)。

3) T字站姿

在分腿站姿的基础上,右脚后撤,使左脚内侧脚跟靠于右脚足弓处。两腿两膝并拢、挺直。双手在腹前交叉、右手握住左手的手指部位。身体重心可放在两脚上,也可放在一只脚上,可通过两脚重心的转移缓解疲劳。

4) V字站姿

两脚跟并拢,脚尖呈45°～60°,身体重心在两脚上,双手自然下垂。

不同的站姿会给人不同的感觉,站立时背脊挺得笔直,往往给人充满自信,乐观豁达,极向上的感觉。站立时弯腰曲背,容易给人缺乏自信,消极悲观的感觉,因此在商务活动中要求腰背挺直,自然挺胸,颈额向下,双臂自然下垂。商务人士的站姿应该是自然、轻松、优美的,身体一定要保持绝对的挺拔。

2. 坐姿

坐姿是最常用的一种举止,是一种静态的身体造型,是人们在社交应酬中采用最多的姿势。良好的坐姿会给人文雅、稳重、自然大方的美感,而且也是展现自己气质与修养的重要形式。

1) 入座的基本要求

入座要轻、稳,入座时要走到座位前,转身后退,轻稳坐下,女士穿裙装时要将裙脚向前收拢再落座。落座后要立腰、上身自然挺拔,微向前倾,重心垂直向下。双肩平正放松,双臂自然弯曲,面带笑容,双目平视。起身时,右脚向后收半步而后站起离座。双腿垂直式坐姿是正式场合最基本的坐姿,男女均适用,它给人以诚恳、认真的印象。双腿垂直于地面,双脚脚跟、膝盖到大腿位置都要并拢,上身挺直,稍向前倾,注意女士两腿并紧。两臂自然弯曲、右手握左手自然放于腿部。女性坐椅子的2/3处,不可坐满椅,也不可坐1/3处。男性可坐满椅。

另外,女士坐姿还有以下几种:

(1) 双腿斜放式坐姿。在基本坐姿的基础上,左脚向前平移一步,左脚掌内侧着地。右脚左移,右脚尖与左脚尖平齐,脚掌外侧着地,脚跟提起。双脚靠拢斜放,大腿与小腿均呈90°直角,小腿不回曲,充分显示小腿的长度。两脚、两腿、两膝靠拢,不得露出缝隙。两臂自然弯曲,右手握住左手,自然放于腿部。

(2) 双腿交叉式坐姿。双腿交叉式坐姿适用于坐低矮凳子时,以左斜放交叉式坐姿为例,基本步骤为:在基本坐姿的基础上,左脚向左平移,左脚掌内侧着地,脚跟抬起。右腿在上与左腿相交,右脚尖下绷。双小腿呈斜放、两腿靠拢。两臂自然弯曲,右手握住左手,自然放于腿部。

(3) 双脚内收敛式坐姿。在基本坐姿的基础上,两条小腿向后侧曲回,双脚脚掌着地,膝盖以上并拢,两脚稍微张开。两臂自然弯曲,右手握住左手,自然放于腿部。

2) 离座的基本要求

离开座位前,要先用语言或动作向他人示意,和他人一起离座时,要注意地位低者让地位高者先离座,离座时动作要轻,注意不要弄出声响,影响他人,从左侧离座,从容离开。

3. 行姿

行姿即走姿。俗话说,行如风,行姿是人体所呈现出的一种动态美,是站姿的延续。行姿是展现人体动态美的重要形式,行姿的基本要求是步伐从容,步态稳健,行走时上身挺直,头部端正,下颌微收,双肩齐平,双目平视,抬头挺胸,重心稍向前倾,两臂自然下垂,手掌心向内,以身体为中心前后摆动,做到精神饱满,表情自然,动作优美。

1) 步位要标准

步位是指行走时脚落地的位置。女士行走时两脚跟前后要踏在同一条虚拟直线上,脚尖正对前方,称"一字步"。男士行走时两脚跟前后交替前进在一条直线上,脚尖稍稍外展,两脚之间距离约 3 cm。要注意不能走外八字或内八字。

2) 步幅要适中

步幅是指跨步时两脚间的距离。一般与本人一只脚或一只半脚的长度相近。男士穿西装时,步幅可大些。女士穿旗袍、高跟鞋时,比平时裤装步幅略小些。

3) 步速要均匀

步速是指人行走的速度。行走时步速要均匀,避免忽快忽慢,一般认为步速在每分钟 80~120 步较为适合。

4. 蹲姿

俗话说:"蹲要雅",蹲姿要动作美观,姿态优雅。在商务活动中,蹲姿多用于低处取物、拾物或整理自己的鞋袜时所呈现的姿态。它是人体静态与动态美的综合。蹲姿的基本要求是下蹲时,头、胸、膝关节要在一个水平线上,两腿全力支撑身体,不可低头,也不可弯腰,要慢慢地把腰部放低,再拿取东西。女士要特别注意将双腿靠拢,臀部向下。下蹲时,切不可把双腿叉开,臀部向后翘起。常用的蹲姿有交叉式蹲姿、高低式蹲姿等。

1) 交叉式蹲姿

在实际生活中常常会用到蹲姿,如集体合影前排需要蹲下时,女士可采用交叉式蹲姿。下蹲时右脚在前,左脚在后,右小腿垂直于地面,全脚着地;左膝由后面伸向右侧,左脚跟抬起,脚掌着地;两腿靠紧,合力支撑身体;臀部向下,上身稍前倾。

2) 高低式蹲姿

下蹲时右脚在前,左脚在后,右小腿垂直于地面,全脚着地,两腿靠紧向下蹲;左脚脚跟提起,脚掌着地;左膝低于右膝,臀部向下,基本上以左腿支撑身体。

5. 手势

手是人体态语中最重要的传播媒介,通过手和手指活动来传递信息。人在紧张、兴奋、焦急时,手都会有意无意地表现出来。手势表现的含义非常丰富,表达的感情也非常微妙复杂,如招手致意、挥手告别、拍手称赞、拱手致谢、举手赞同、摆手拒绝等等。在社会交往中,正确恰当地运用手势表情达意,可以提高交往效果,为交际形象增辉。

1) 手势规范

五指并拢伸直,腕关节伸直,手与前臂成一条直线。做动作时,肘关节自然弯曲,大小臂成 130~140°左右弧度,掌心倾向上方,手掌与地面呈 45°。

2) 几种常见手势

(1) 自然垂放。自然垂放的手势有两种:一种是双手自然下垂,左手手心向上,右手手心向下,掌心叠放,置于腹前;第二种是双手伸直下垂,掌心向内,分别贴放在大腿的两侧。

(2) 背手。背手的做法是双臂伸到身后,双手相握,同时昂首挺胸,主要是用于显示自己的身份、地位及权威性。

(3) 鼓掌。鼓掌主要用来表示欢迎、祝贺以及支持,其做法是右手掌心向下,左手掌心向上,双手有节奏地拍击。

(4) 拱手。相见或感谢时常用的一种手势。行礼时,双手互握合于胸前。男性拱手时,一般右手握拳在内,左手在外。女子行拱手礼时则正好反过来,这是因为男子以左为尊,女子以右为尊。

(5) 夸奖。其做法是伸出右手，跷起大拇指，指尖向上，指腹面向被称赞者。

案例 10-2　　抖腿抖掉了合同

有一位美国华侨，回国洽谈合资业务，洽谈了好几次，最后一次来之前，他对一位中国朋友说："这是我最后一次洽谈了，我要跟他们的最高领导谈，谈得好，就可以拍板。"过了两个星期，他又回到了美国，朋友问："谈成了吗？"他说："没谈成。"朋友问其原因，他回答："对方很有诚意，进行得也很好，就是跟我谈判的这个领导坐在我的对面，当他跟我谈判时，不时地抖着他的双腿，我觉得还没有跟他合作，我的财都被他抖掉了。"

沟通活动 10-2

请几位同学上台表演不同的坐姿、站姿、行姿等仪态礼仪，师生共同纠正错误。

6. 表情

表情是指人的面部情态，即通过面部眼睛、嘴巴、鼻子等的动作来表达内心思想感情，主要包括目光和微笑。法国著名作家罗曼·罗兰说过："面部表情是多个世纪培养成的语言，是比嘴里讲得更复杂到千百倍的语言。"可见，面部表情反映了人类最深刻而最复杂的内心世界。

1) 目光

目光是面部表情的核心，人们常说"眼睛是心灵的窗户"，这是因为心灵深处隐藏的秘密都会不知不觉地从眼神中流露出来。在不同的场合、不同的情况下，目光注视的时间长短和注视的区域要有所不同。

(1) 注视时间。在商务交往中，与对方交谈时，应经常与对方目光保持接触，表示对对方所谈话题的重视，但也不可过长时间地盯视对方，一般来说，与对方目光接触的时间，以与之相处的时间的 1/3 为宜。

(2) 注视区域。注视的区域要因人而异，注视区域主要分为三种：一是公务区，用于业务洽谈、商务谈判、布置任务等；二是社交区，注视范围是对方的眼部至唇部，通常在普通社交场合多采用，容易形成平等感，能创造良好的社交氛围；三是亲密区，主要针对具有亲密关系的人，包括恋人、亲朋好友，注视的范围是对方的脸部至胸部。

(3) 注视角度。双目注视商务交往对象的时候，目光的角度不同，表达的含义也不同：平视通常用于一般场合及与职位、身份、地位平等的人进行商务交往的时候；仰视多用于非常敬重、尊崇的对方；俯视主要表达对低职位者或晚辈的疼惜、期望，也能表达对商务交往对象的轻蔑、鄙视。另外，商务交往中切忌斜视对方，这将被视为非常无礼的行为。

2) 微笑

微笑是人际交往中的润滑剂，具有一种磁性的魅力。美国希尔顿酒店董事长康纳德·希尔顿在 50 多年里不断地到他设在世界各国的希尔顿酒店视察，视察中他经常问下级的一句话是"你今天对客人微笑了吗？"

商务交往中笑的时候一定要真诚、优雅，可以含笑、微笑、轻笑或者浅笑，切忌大笑、窃笑、假笑、怪笑、冷笑和媚笑。微笑要注意场合、对象。例如，在特别严肃的场合，别人做错事，说错话，受到批评时，当别人遭受重大打击，心情悲痛时，不宜笑。两人初次见面时，同事见面时，商务洽谈时都可以通过微笑来拉近双方的距离。

沟通活动 10-3

学生两两一组练习微笑，并互相赞美对方。

10.1.3 服饰礼仪

服饰是指人的衣服装饰,是商务从业人员树立良好的个人形象的必备因素之一。英国著名作家莎士比亚说过,"一个人的穿着打扮,往往就是一个人的身份、地位和教养的最形象的写照"。服饰礼仪主要在于服饰与仪容、仪态的协调,是指一个人的仪表要与他的年龄、体型、职业和所在的场合吻合,使其和谐搭配,并给人以美感。从年龄来看,不同年龄的人有不同的穿着要求,如年轻人应穿着鲜艳、活泼、随意一些,体现出年轻人的朝气和蓬勃向上的青春之美;而中老年人的着装则要注意庄重、雅致、整洁,体现出成熟和稳重。从职业来看,不同职业的人也有不同的仪表要求,如教师的穿着应庄重、大方;学生的穿着应整洁、富于朝气;医生的穿着要力求显得稳重而富有经验。此外,不同体型、不同肤色的人,应扬长避短,选择合适的服饰。

1. 着装礼仪的原则

1) TPOR 原则

国外有人提出了服饰礼仪的"TPO"原则。T、P、O 分别是英语中 Time、Place、Object 三个单词的首字母。"T"指时间,泛指早晚、季节、时代等;"P"代表地方、场所、位置、职位;"O"代表目的、目标、对象。TPO 原则是目前国际上公认的衣着标准。着装遵循了这个原则,就是合乎礼仪的。随后不少的礼仪专家,在 TPO 原则的基础上进行了延伸和拓展,增加了一个"R",即英文"Role",形成了着装礼仪的 TPOR 原则。

(1) 时间原则。

不同时段的着装规则对女士尤其重要。男士有一套质地上乘的深色西装或中山装足以包打天下,而女士的着装则要随时间而变换。白天工作时,女士应穿正式套装,以体现专业性;晚上出席鸡尾酒会就需多加一些修饰,保持与时段要求同步;运动时要穿上适合的运动装或休闲服而不能采用穿正装或者是礼服参加运动。服饰应当随四季变化而变换,不宜打破常规,标新立异,同时服饰要与时代的主流风格保持一致,不应过分追求时髦,也不宜复古。

(2) 场合原则。衣着要与场合协调。与顾客会谈、参加正式会议等,衣着应庄重考究;听音乐会或看芭蕾舞,则应按惯例着正装;出席正式宴会时,应穿中国的传统旗袍或西方的长裙晚礼服;而在与朋友聚会、郊游等场合,着装应轻便舒适。处理一般类型的公务服饰,应当力求庄重典雅。

(3) 地点原则。在自己家里接待客人,可以穿着舒适但整洁的休闲服;如果是去公司或单位拜访,穿职业套装会显得专业。

(4) 角色原则。角色指人在日常生活中扮演的社会角色,一个人同时扮演多种角色,如工作时,是部门主管,要穿着得体的西装,展示专业的职业素质;休闲时,是父亲、丈夫,则可以穿上休闲服,展示出慈父的一面。因此,着装要符合个人的不同的社会角色才容易被人理解以及接受。

2) 整洁原则

服装不一定要追求时髦、高档,最重要的是整洁、干净,衣领和袖口处尤其要注意整洁,服装应勤换勤洗,不穿有破损、有污渍的衣服,纽扣、拉链等配件应齐全。

3) 和谐原则

正确的着装能起到修饰形体、容貌等作用,形成和谐的整体美。服饰的整体美构成,包括人的形体、内在气质和服饰的款式、色彩、质地、工艺及着装的环境等。服饰美就是从这些因素的和谐统一中显现出来的。

4）个性化原则

着装的个性化原则主要指服饰要合乎自身条件和特点，依个人的性格、年龄、身材、爱好、职业等要素着装，力求反映一个人的个性特征。选择服装要因人而异，着装重点在于展示所长，遮掩所短，显现独特的个性魅力和最佳风貌。服装颜色要与自己的肤色相协调，款式要符合自己的体型，比如身材较胖的女性偏好穿高弹性的紧身服，是有损自身形象的。服装的选择还要与性格相符，一般性格外向型的人喜欢穿着颜色较鲜艳活泼的衣服，性格内向型的人往往更倾向于选择冷色调的衣服。

5）整体原则

服饰的整体性原则包含两个方面。一是服装本体与配件相符合，要有整体感。服装的主体在色彩、图案、款式、质量上要统一和谐，其次是配套的帽子、围巾、领带、丝巾、手套、鞋袜、皮包等要与服装的主体达成一致，对服装的主体起到烘托、渲染的作用，力求在色彩、风格、款式、图案等方面整体匹配。二是服装、配饰、妆饰要整体和谐。服装的整体色调要与妆饰达成一致，妆饰与服饰产生一种和谐的整体美效果。尤其是女性在化妆的时候，要充分考虑服装与妆饰的整体协调性，从而选择恰当的化妆用品。

2．服装的搭配

1）男性商务人员着装礼仪

（1）标准着装。

西装起源于欧洲，因其设计造型美观，线条简洁流畅，立体感强，穿着舒适，而成为当今国际上最标准最通用的礼服，穿着西装时，必须掌握衬衫、领带、鞋袜、公文包与服装的搭配常识。

（2）配饰。

正式商务活动中所穿的衬衫必须是长袖衬衫，宜选全棉或棉纤维较多的混纺面料，无任何图案最佳。前者适用于日常工作场合穿，后者不容易起皱，旅行时穿着更好。最好的衬衫是那种质朴、带有光泽的棉布衬衫，它和任何西装相配上去效果都很好。在两手伸直时，衬衫的袖子应该比西装袖子长1～2厘米左右，且衬衫领的高度应比西服领高出1.5～2厘米。在商务场合，西装必须和衬衫同时穿着，直接穿着衬衫，打着领带去参加正式商务活动，是不符合礼仪规范的。

领带多选用真丝或羊毛面料，色彩可以使用蓝色、灰色、棕色、黑色、紫红色等单色，可用于各类场合。在正式场合佩戴的领带颜色一般不应超过三种颜色。图案以条纹、圆点、方格等几何形状为主或者没有任何图案。通常，西装、衬衫、领带这三样中必须有两样是素色。西装、领带的颜色必须跟头发、肤色、眼睛相配合。领带打好后标准的长度为尖头到皮带扣处为宜，过长或过短都是不合适的。

与西装配套的鞋袜，通常是深色、单色的，最合适的搭配是黑色。系带的黑色皮鞋最为常见，而磨砂皮鞋、翻毛皮鞋都不宜与西装搭配。

男士通常会随身携带一个公文包来放置相关物品，公文包的质地以真皮为宜。最标准的公文包是手提式长方形公文包，其他箱式、夹式、挎式、背式皮包均不可作为公文包使用。公文包的颜色应尽量接近皮鞋的颜色，一般不宜有图案、文字。包里的东西应摆放整齐，进入别人的室内后应将包放在主人指定的地方或置于自己座位附近的地板上。

（3）重要原则。

在搭配时还应该注意三色原则、"三一定律"、三大禁忌。三色原则是指全身不要超过三个色系，色系要尽量少，但不要完全一样。"三一定律"是指鞋子、腰带、公文包要同一个颜色，而且首选黑色,以代表庄重。三大禁忌则是指不穿尼龙袜,不穿白袜子,鞋子袜子浑然一色最好看;不要穿夹克打领带;袖子商标不拆代表未启封,具有盲流的基本特征。

2) 女性商务人员着装礼仪

(1) 标准着装。

裙装最能体现女性的体态美,商务女性在参加正式活动时,穿套裙是最佳的选择。款式区别主要集中在上衣衣领、扣子和式样上。衣领式样主要有翻领、V 字领、U 字领、圆领等,衣扣有单排扣、双排扣及无扣式。在参加正式场合时,上衣的衣扣应全部系上。式样主要有西装裙、百褶裙、A 字裙、旗袍裙等。

(2) 配饰。

套裙的搭配通常应注意衬衫、内衣、衬裙、鞋袜等方面。

衬衫最好选择无图案的单色衬衫,衬衫的下摆需掖入裙腰内,衬衫的纽扣要系好,衬衫在公共场合不宜直接外穿。

衬裙应注意线条简单,穿着合身,大小应小于套裙。衬裙不宜外露,因此一般没有图案,色彩要比套裙颜色淡或为浅色。

与套裙配套的鞋子,最好是牛皮皮鞋,可以选择黑色或与套裙相同的颜色。皮鞋多为高跟、半高跟的皮鞋。

需特别注意不能穿黑皮裙,不光腿,不能在裙子下加健美裤,不能穿半截的袜子,弄出"三截腿",用专业术语形容叫"恶意分割"。

3. 着装注意事项

(1) 参加正式活动时,男子一般应穿着上下同色同质的毛料西装、中山装或礼服,女性应选择西装套裙、旗袍或礼服。正式场合不能穿短裤背心、超短裙、紧身裤等,内衣更不能外露在外衣外面。

(2) 按规定着装。重大的宴会、庆典和商务谈判等比较正式和隆重的场合,尤其是涉外商务活动,组织者所发请柬上有时会注明着装要求,参加者就应按规定着装。即使组织者没有提出具体的着装规定,参加者也应穿着较正式的服装。

(3) 按规范着装。正式场合的着装有一定的礼仪规范。西装上装有单排扣和双排扣,单排扣又有单粒扣、双粒扣、三粒扣之别,非正式场合,一般可不扣纽扣,在正式场合要求将实际扣(即单粒扣)、双粒扣的第一粒、三粒扣中间一粒扣上,其余都是样钮(也称游扣),不必扣上。双排扣一般不要敞开穿。在正式场合,西装套裙上衣的扣子应按规定扣好,不可敞开不系扣,也不可随便当着他人的面把上衣脱下,特别注意,内衣不外现。

(4) 参加社交活动,进入室内场所,均应摘帽、脱掉大衣、风衣、雨衣等。男子任何时候在室内不得戴帽子和手套。室内一般忌戴墨镜,在室外遇有隆重仪式或迎送等礼节性场合,也不应戴墨镜。有眼病需戴有色眼镜时,应向客人或主人说明并表示歉意,或在握手、交谈时将眼镜摘下,离别时再戴上。

4. 配饰礼仪

饰品主要包括项链、耳环、戒指。在正式场合,女性可以不戴饰品,如果要戴,数量以少为佳,不要多于三种,而且一定要戴质量上乘的饰品,否则宁可不戴。其中,项链和耳环佩戴时应考虑与服装及个人的身材、脸型相适应。例如,矮胖圆脸的女性适合佩戴下垂到胸部的项链和贴耳的长型耳环,这样可以显得身材增高,脸型加长,能起到装饰美化的作用。习俗规矩是男戴观音女戴佛,女性不适宜带十字架。项链男女均可佩戴,但仅限一条,且男士所戴的项链一般不宜外露。戒指的佩戴更需注意的是佩戴的位置,通常戒指都戴在左手上,戴在食指上表示无偶,戴在中指上表示正处于恋爱中,戴在无名指上表示已订婚或结婚,戴在小指上表示自己独身,因此不可随意佩戴。耳环限女性使用,且要成对佩戴。

沟通活动 10-4

学习几种领带的打法
(1)教师示范几种常用领带打法;
(2)学生两两一组相互学习系领带。

10.2　商务会面礼仪

10.2.1　称呼礼仪

称呼指的是人们在日常交往中所采用的彼此之间的称谓。称呼可以反映出一个人的身份、性别、社会地位以及婚姻状况,也可以反映出双方的关系亲疏不同。称呼的内容不同会使人产生不同的感觉,在商务交往中要正确地使用称呼,才能使交往对象产生与你交往的欲望。

在进行商务交往之前,应先调查清楚对方的情况,如职位、职称、学历等,以免因为称呼不当而误事。有他人在旁介绍时,应按介绍人所用的称呼称呼对方,不可随便更改。商务交往,礼貌当先,与人交谈,称谓当先,因而称呼礼仪具有重要意义。

1. 工作称呼

工作称呼主要有以下几种:
(1)职务性称呼,如"张总经理""王董事长"等;
(2)职称性称呼,如"张工程师""马会计师""许教授"等;
(3)军衔性称呼,如"于将军""杨少将""孙营长"等;
(4)学衔性称呼,如"李博士""孙硕士"等;
(5)行业性称呼,如"赵老师""张大夫""严法官"等。

2. 涉外称呼

在国际交往中,对商务人士可直接用职务来称呼,如马总经理、严厂长等。一般惯用的称呼,对男子称"先生";对女子称"女士"或"小姐";对政界人士可直接用行政职务来称呼,如"总统先生""部长阁下";对医生、教授、法官、律师等人士可以用其职称或学衔为主来称呼,同时加上姓氏或先生,如"皮特博士""法官先生"等;对宗教界人士可直呼其神职,也可在神职前加上姓氏称呼。

3. 不恰当的称呼

1)无称呼

在商务活动中不称呼对方就直接开始谈话是非常失礼的行为。这种行为不仅使对方觉得不受重视,而且会觉得过于唐突,缺乏商务人士必备的素质。

2)使用错误称呼

错误的称呼主要是读错或者是因误会导致的称呼错误。称呼他人时,对不认识的字,要事先做好准备,查阅字典、词典。如果临时遇到,要谦虚请教对方,防止误会产生。还有一种情况是对对方的年龄婚否及与其他人的关系判断错误,导致称呼错误。这时要及时向对方道歉,并更改正确称呼。

3) 使用庸俗的称呼

商务人士在正式场合,采用低级庸俗的称呼,是不恰当的。诸如"哥们""兄弟""小妞"等,均不适合出自商务人士之口,否则会显得档次不高、缺乏修养。

4) 使用他人的绰号

在正式的商务场合,当面以绰号称呼他人是不尊重对方的表现。无论双方的关系多好,一旦在正式场合,就应使用正式的称呼。

5) 随意省略称谓

不可随意对称谓进行简化,如"高工程师",可以简称"高工",但如果是"朱工程师"就不可以省略为"朱工"。

6) 使用过时称呼

有些称呼带有时代性,如老爷、太太、公子,因此不适合在现代商务活动或日常生活中使用。

案例 10-3

某公司张总经理为了参加在该市举办的经济技术开发洽谈会,已准备了很久。他一心想借此机会寻找一家合作伙伴,以拓展更大的市场。

就像想象中的那样,洽谈会上来了不少张总非常向往合作的企业,有几家也对该公司项目表示感兴趣。也许是连日的操劳或是过于兴奋,张总在和这些公司负责人洽谈时,称呼李总为陈总,又把陈总称呼成王总,如此张冠李戴,引起了对方的反感。更有一位有意向与其合作的公司老总,递名片给他时,他一看姓"禤",这字不认识,又不好意思请教别人,只能想着读字读旁,称"yu"总,该公司老总嘴上没说什么,脸色却沉了下来。最后,张总没能在洽谈会上找到自己合适的合作伙伴,他们觉得头脑如此不清晰的合作者,经营能力值得怀疑,因而都取消了合作的打算。

小知识 10-2   最难认的八个姓氏

以下八个姓氏被称为最难读的姓氏。

(1) 蒯:读作"kuai"第三声,来源:一是殷商时期古国的名字,在现在的河南省的洛阳市有这个姓氏的出现;二是源出于姬姓,春秋的时候有一个大夫被封于蒯邑,之后的子子孙孙都以这个为姓;三是春秋时的卫庄公;四是秦汉时候的工匠,是以职业的称谓为姓氏的。

(2) 禚:读作"zhuo"第二声,来源是姜氏,禚地现在是在山东省的长清县内,因为当时盛产肥羊,所以被称作这个字。

(3) 庹:读作"tuo"第三声,来源:一是源自熊姓,是传说五个皇帝之中的一个帝王的子孙,跟楚国是一个姓;二是古时候先世当上的一个官职的名字,所以后代就以这个为姓;三是湖南的一个土家族中的田姓转化过来的。

(4) 亓:读作"qi"第二声,出自一个复姓,叫亓官,是西周时候一个官职名字,后来的子孙就以这个官职的名字作为姓氏。

(5) 郄:读作"qie"第四声,来源古时候一个封地,后来当地的人都以这个作为姓氏。

(6) 禤:读作"xuan"第一声,出自当时的黄帝的后代;还有"qian"第一声,古时候是一个将军的名字,被赐予的姓氏。

(7) 麴:读作"qu"第一声,在古时候本来是鞠,后来一个尚书令为了躲避灾祸,改姓氏叫作这个字,后来就一直都是这个姓氏。

(8) 爨:现读作"cuan"第四声,古代读"chuan"第四声,来源:一是出自于姬姓,是一个官职名字;二是封地的名字,所以后世的子孙都是这个姓氏。

(资料来源:https://baijiahao.baidu.com/s?id=1603074868062136549&wfr=spider&for=pc.经改写。)

10.2.2 握手礼仪

关于握手礼的来源主要有两种说法:一是握手礼来源于刀耕火种的原始社会,当时人们在狩猎或战争后,为了表明自己没有恶意,向对方展示手中没有武器时,将双手伸开让对方摸手心;另一种说法是,握手礼来源于中世纪欧洲的武士,和解时握手,为了表示友好,表明手中没有武器。随后握手礼通行于欧美地区,在辛亥革命时期,传入中国。现在握手礼已经成为世界通用的礼节,主要用于见面时的问候与致意,是商务交往中常见的礼节。握手是为了表示对对方的尊重、友好、关心或敬意,有时也表示祝贺、感谢、慰问或鼓励。

1. 握手的标准姿势

1) 起身站立

在与别人握手时,要起身站立,上身稍微前倾,两足立正,以示尊重。女士可以有所例外,用微笑点头的方式表示。

2) 使用右手

右手四指并拢、拇指张开伸向对方,手掌与地面垂直,在齐腰高度与对方平行相握。用左手与别人握手,一般被认为是不礼貌的。

3) 距离

握手时双方保持约一步远的距离,距离太远或太近都不雅。

4) 神态

握手时要面带微笑,目视对方眼睛,并适当寒暄问候。

5) 力度

握手时力度要适中。力量过轻,有气无力,会让人觉得缺乏热情;力量过重,有挑衅之嫌。

6) 时间

握手时间太短,有敷衍对方之嫌;握手时间过长,则热情过度。一般以 2~3 秒为宜,若是熟人,关系亲密者或旧别重逢朋友,握手时间可以稍长一些。

2. 握手时机

握手之前要审时度势,留意握手信号,选择适当时机。通常,两人初次见面,熟人久别重逢,告辞或送行都可以握手表示自己的善意。在一些商务活动中,双方交谈中出现了令人满意的共同点时,双方原先的矛盾出现了某种良好的改变或彻底和解时也以握手为礼。

3. 握手次序

见面握手是向对方表示友好和礼貌,但在人际交往中,伸手的次序是有讲究的,要视身份、地位、年龄等因素而定,不可贸然出手。

(1) 长辈的先伸手,晚辈随之;

(2) 职位高的先伸手,职位低随之;

(3) 女士先伸手,男士随之;

(4) 主人先伸手,客人随之。

在交往中,作为晚辈、下级、男士、客人,应当先问好,见对方有握手意愿时,方可伸出手与其相握。值得注意的是,当握手双方符合其中两个或两个以上顺序时,一般以先职位再年龄,先年龄再性别的顺序握手。例如,一位年长的职位低的女士和一位年轻的职位高的男士握手时,应由这位男士先伸手。当别人伸出手时,不可随便拒绝与人握手。

4. 握手的注意事项

握手时,手必须保持干净,不要戴着手套或墨镜与人握手,女士身着礼服礼帽戴手套除外。身穿军服的军人可以戴手套与人握手。军人握手时,应先行军礼再握手。在多人同时握手时,不可交叉握手。当自己伸手时发现别人已经伸手,应主动收回,并说声"对不起",待别人握完手后再伸手相握。交际时人数较多,可以只跟相近的几个人握手,向其他人点头示意或微微鞠躬即可。

10.2.3　介绍礼仪

介绍是使陌生的双方相识的必不可少的环节,是商务场合相互了解的基本方式。介绍的形式主要有自我介绍、介绍他人和集体介绍。能够正确运用介绍的礼节,会给对方留下良好的第一印象。

1. 自我介绍

自我介绍是没有中间人的情况下,把自己介绍给其他人,以便使对方认识自己。在商务活动中,欲结识某人又没有人引见时,即可向对方进行自我介绍。在自我介绍前,要先向对方点头致意,得到回应后再介绍自己的姓名、单位、部门、职务,并可随之递上名片。进行自我介绍时态度要友善,语气要自然,语速要适中,语言表达要清晰,声音大小要适中,既不要太大声,影响他人正常工作或惊吓到他人,也不能声音过于细小,使人难以听清。一般而言,自我介绍的内容可以非常简单,但要实事求是、真实可信。

自我介绍形式有多种,可以平铺直叙、单刀直入地向对方介绍自己。例如,"你好,我叫黄明。我是某某公司市场部经理。"有时也需要讲究技巧,以便对方能记住自己。例如,"你好,我叫黄明,大肚黄,日月明。我是某某公司市场部经理。"有时可以把自己的姓名同名人的姓氏或是常用名词相结合,以增强别人的记忆。例如,"你好,我叫黄明,比明星黄晓明少一个字。我是某某公司市场部经理。"

2. 介绍他人

商务场合互不认识的人,常常是通过第三者进行介绍,介绍他人是第三者为彼此不认识的双方引见介绍的一种交际方式。

1) 介绍的顺序

遵守"尊者优先了解对方"的原则。先将职位低的人介绍给职位高的人;先将年轻者介绍给年长者;先将男性介绍给女性;先将主方人士介绍给客方人士;先将未婚者介绍给已婚者;先将与自己关系密切的一方介绍给另一方。

当所要介绍的双方符合其中两个或两个以上顺序时,一般以先职位再年龄,先年龄再性别的顺序做介绍。例如,要为一位年长的职位低的女士和一位年轻的职位高的男士做介绍时,应该将这位女士介绍给这位男士。

2) 介绍的内容

介绍内容包括双方的身份、职位等。

3) 介绍的方式

作介绍时,被介绍双方应起身站立,面含微笑;一般来说,介绍者位于中间,介绍时用右手,手心朝上,手背朝下,五指伸开朝向被介绍者中的一方。此时,介绍者的眼睛要看着另一方;介绍完毕,双方应依照礼仪顺序握手,彼此问候。

3. 集体介绍

集体介绍是指介绍者为他人做介绍时,被介绍者一方或双方不止一人。

1) 介绍的顺序

集体介绍的顺序仍然要遵循"尊者先知"原则;少数服从多数原则,即先把人数少的一方介绍给人数多的一方;当被介绍的集体超过三方以上时,介绍的顺序应为,从高到低,从长到幼,从尊到卑。因此,在介绍前,应该对各方的位次进行排序。

2) 介绍的内容

介绍内容要清晰、准确,不能想当然,对被介绍者的姓名、职务、职称、学历和专长等要经过确认方可介绍,介绍的内容要详略得当,要清楚什么应该介绍,介绍到何种程度,什么不能介绍,要恰到好处。

3) 介绍的方式

既可以双向介绍,将双方或各方相互做介绍,也可以单向介绍,只将集体中某一方介绍给另一方。

4. 介绍礼仪注意事项

介绍时应注意的几个方面:

(1) 面带微笑,目视对方,举止端庄得体。

(2) 语言应清晰明了。

(3) 头衔应冠在姓名之后。

(4) 被介绍的双方应起身或欠身,以示相互尊重。介绍后,双方应主动握手,可寒暄几句,也可交换名片。

(5) 为他人介绍后,介绍者应略停片刻,引导双方交谈后再离开。

小知识 10-3　　　　　　　　**常用的商务交际用语**

初次见面应说:幸会	请人解答应用:请问	看望别人应说:拜访
赞人见解应用:高见	等候别人应说:恭候	归还原物应说:奉还
请人勿送应用:留步	求人原谅应说:包涵	对方来信应称:惠书
欢迎顾客应叫:光临	麻烦别人应说:打扰	好久不见应说:久违
请人帮忙应说:烦请	客人来到应用:欢迎	请求方便应说:借光
中途先走应说:失陪	托人办事应说:拜托	与人分别应说:告辞
请人指教应说:赐教	赠送作品应用:雅正	

10.2.4　名片礼仪

据资料调查,名片最早产生于春秋战国时期,人们将名字刻画在竹片或者木片上,用来做拜见时通报使用。到了西汉,名片被称为"谒";东汉时期,又被称为"刺";唐朝时期,称"名纸";宋朝时,称"门状";到了明清时期便有了"名片"的叫法。

《现代汉语词典》对名片的解释是，旧时拜访人或跟人相互联系时所用的长方形纸片，上面印着自己的姓名、职位、地址等。现在，名片已经成了一个人身份的象征，是人们社交活动的重要工具。一般来讲，名片上面印有个人的姓名、职务、公司名、联系方式等信息，商务交往中递送名片既是在告诉对方自己是谁、住在何处及如何联络，也是自我推销的一个重要手段。因此，对于名片的递送、接受、存放也要讲究礼仪规范。

1. 名片的递送

递送名片是商务礼仪中常见的重要礼仪。递送名片应遵循以下一些基本礼仪：

（1）准备数量充足的名片，并且保持名片干净整洁，切不可有折皱、污损或涂改过的痕迹。

（2）向他人递送名片时应双手递送，其礼仪与握手相似。除为了让对方认识自己，主动递送名片外，通常是年长者或职位偏高者主动出示给年轻者或职位低者。

（3）递送名片的时机，一般在会面结束后，但有时也可在握手时进行。递送名片的时间，应本着入乡随俗的原则。例如，在丹麦，通常在会见开始时进行；在日本，是在做完自我介绍并鞠躬后交换名片，并且是由来访一方先将名片递上。

（4）不可把名片视同传单随便散发。随意散发名片会使自己的名片得不到尊重和珍惜。应考虑对方是否真的需要你的名片，以便将来与你联络。在人数较多的场合或聚会上，交换名片应在私下进行。互换名片的适当方式是每次仅在两个人之间进行。

2. 名片的接受

接受对方的名片时应起身站立，面带微笑注视对方，双手接过名片，同时应说"谢谢"，然后要认真微笑阅读名片内容，阅读时可将对方的姓名职衔念出声来，并抬头看看对方的脸，使对方产生一种受重视的满足感。然后，适时地回敬一张本人的名片，如身上未带名片，应向对方表示歉意。在对方离去之前，或话题尚未结束，不要急于将对方的名片收藏起来。

3. 名片的存放

接到他人名片时切不可随意摆弄，乱丢乱放，或扔在桌子上，而应放在西服左胸的内衣袋或名片夹里，以示尊重。

案例 10-4

世界上最伟大的推销员乔·吉拉德很有耐性，不放弃任何一个推销的机会。或许客户五年后才需要买车，或许客户两年后才需要送车给大学毕业的孩子当礼物，但这并没关系，不管等多久，乔·吉拉德都会经常打电话追踪客户，一年12个月更是不间断地寄出不同花样设计、上面永远印有"I love you!"的卡片给所有客户。他创造的最高纪录是曾每月寄出1.6万张名片。

乔·吉拉德还特别把名片印成橄榄绿，令人联想到一张张美钞。他逢人必发名片，每见一次面就发一张，坚持要对方收下。对此乔·吉拉德解释道，销售员一定要让全世界的人都知道"你在卖什么"，而且一次一次加强印象，让这些人一想到要买车，自然就会想到乔·吉拉德。

乔·吉拉德有一个特别的习惯，喜欢在公众场合"撒"名片。例如，在热门球赛观众席上，他便整袋整袋地撒出名片。对此，他耸耸肩说："我同意这是个很怪异的举动，但是因为怪异，人们才会记得，而且只要有一张落入想买车的人手中，我赚到的佣金就超过这些名片的成本了。"

沟通活动 10-5　　　　**会面礼仪演练**

（1）学生两到三人一组，演练握手、介绍、递名片的正确姿势。

（2）教师点评。

10.3　商务洽谈礼仪

会谈是商务活动过程中的一项重要活动。商界所进行的洽谈又称为商务谈判,是最重要的商务活动之一,在业务洽谈、商务谈判中,尤其是在国际商务谈判中,谈判一方应根据谈判对手的身份和谈判目的,安排相应的有关部门负责人与之进行礼节性会谈。洽谈要遵从一定的规范,才能达到双方交流信息、沟通思想的目的。

10.3.1　洽谈准备

1. 传达会谈信息

会谈前,应将会谈时间、地点和双方参加人员的名单,告知有关人员和有关单位以便做好必要的安排。

2. 选择会谈地点

会谈地点的选择可以选择双方的办公场所、会议室、接待室等,也可选择其他休闲场所,如咖啡厅、茶馆等。地点的选择要根据会谈内容而定,大型业务洽谈,地点选择的要求较高,正式的业务往来,往往选择双方所在地轮流进行,以示平等;也可在第三地进行,以示公正。小型的洽谈,参加人数少,不太重视地点。一对一的业务洽谈,地点选择可随意些。一般说来,洽谈地点选择在自己熟悉的场所要比生疏的地方得心应手,但选择地点须取得对方同意。

3. 布置会谈场所

如果会谈地点选择在双方所在地,则主场方要提前做好会场的布置工作,首先要选择宽敞明亮、整洁安静的场所,会场要精心布置,这也是对对方的一种尊重。大型洽谈会议应设有席位卡,注有出席者的名字或职务,以便导引入座;要备有一定的茶具、茶水和饮料;还要准备好音响设备、灯光设备以及通信、复印设备及必要的文具。大型洽谈会,要安排好双方的座位,一般来说,主、宾双方分开来坐,一能加强气势,二能协助主谈人。小型洽谈会,双方参加人员较少,或是相互间较熟悉,则可随意落座。

10.3.2　谈吐举止礼仪

1. 谈吐文雅

说话时必须做到态度诚恳,亲切,才能使对方对我们产生表里一致的印象。多使用敬语、雅语和谦语,能够有效地体现个人的文化素养以及对他人的尊重。询问他人时,应选择适合的称呼,使用请求用语,对方答复时,要做到神情专注,心无旁骛。问询完毕后应向对方致谢。

2. 善用肢体语言

交谈过程中,要注意肢体语言的运用,做到举止大方得体,恰当地使用肢体语言来补充说明其所阐述的具体事由。倾听者则可以用点头、微笑来表达自己认真倾听的态度。交谈中的肢体语言要避免过分和过多。例如,与人交谈时可有动作,但动作幅度不可过大,不可手舞足蹈、拉拉扯扯、拍拍打打。在他人说话时,不可左顾右盼,或是双手置于胸前,甚至剪指甲、挖耳朵等。交谈时应尽量避免打哈欠,如果实在忍不住,也应侧头掩口,并向他人致歉。尤其应当注意的是,不要在交谈时以手指指人,因为这种动作有轻蔑之意。

3. 与人保持适当距离

每个人都会有一个私人的空间距离,当其他人闯进自己的私人领域时,一般人都会感到紧张和不安,因此,交谈时要注意使双方处于私人空间之外。私人空间距离会因双方的关系亲疏而不同。双方关系越密切,私人距离就越小,双方关系越疏远,私人距离就越远。一般来说,私人的空间距离半径在 0.5~1 m 之间。关系特别密切的交谈距离可以为零,如情人或夫妻之间。

4. 注意聆听他人讲话

在交谈时,注视说话者,保持适当的目光接触,做到多听少说,不中途打断对方的话语,适时而恰当地提出问题,表述自己的意见,对方所讲的主题偏离己方主题时,可通过巧妙应答,把对方讲话的内容引向己方需要的方向。

5. 控制交谈声音

交谈时的声音大小要适当,语调要平和,咬字要清晰,音量要适度,以对方听清楚为准。交谈时音量太大,会给人以咄咄逼人的感觉;音量太小,容易让人感觉有气无力,对会谈的话题不感兴趣。尽量少用或不用语气词。

10.4 签约礼仪

商业组织之间经过协商就某项商务贸易活动达成协议,形成一个约定性的文件,一般要举行签约仪式。签约仪式通常是指订立合同、协议的双方在合同、协议正式签署时所举行的仪式。签约在商务交往中标志着有关各方的相互关系取得了最大的进展以及为消除彼此之间的误会而达成了一致性见解的重大成果,因此极受商界人士重视。根据仪式礼仪的规定,对签署合同之类重大事件应当严格依照规范来举行。

10.4.1 签约仪式的准备

1. 合同文本准备

在签约仪式中合同事关重大,一旦签署即具有法律效力,所以合同文本要由签订双方指定专人分工合作完成,文本的定稿、翻译、校对,并印刷装订妥当,签约各方各备一份。如有争议或处理不当,应在签约仪式前通过再次谈判达到各方谅解和满意方可确定。对于签署涉外合同,应按照国际惯例,待签的文本应同时使用有关各方法定的官方语言。

2. 参加人员

1) 签字人

签字人员是签约仪式上的主要角色,签字人可以是洽谈的主谈人,也可以是各方的更高级别的领导,签字人必须具有法定资格,如委托签约,必须出示委托人亲笔签署的委托书。签字双方职务和身份应当一致或大致相同。

2) 助签人

助签人的主要任务是在签字过程中帮助签字人员打开文本,指明签字的地方,助签人应选择做事认真仔细、忠实可靠、熟悉业务、了解文本印制情况的人。双方签字时,双方助签人的人选应事先确定,多方签字时,可由主办方派一名助签人依次协助各方签字。值得注意的是,由礼仪小姐担任助签人的做法,只适合一些喜庆的签字仪式,而且事先要对礼仪小姐进行培训。

3) 见证人

见证人主要是参加谈判的人员,出席签字仪式双方人数应大致相同,有必要时可邀请担保人、协调人、律师、公证机关的公证人员参加。

3. 确定举办地点

签字仪式场所的选择应根据签约仪式人员的身份、级别、参加签约仪式人员的多少以及合同文件签署的重要程度等诸多因素来考虑。签字厅有常设专用的,也有临时以会议厅、会客厅来代替的,应尽量选择宽敞明亮、适宜签字的场所。签字场所的选择应由签约有关各方共同协商,切不可自行确定后再通知其他各方。

4. 做好会场布置

签字场所的布置原则主要是整洁、庄重,标准的签字厅应当在室内铺上地毯。除必要的签字用的桌椅外,其他一切陈设都不需要。

1) 签字桌

在签字大厅中间摆放一张长方形签字桌,签字桌桌面要干净、整洁,上铺深绿色或暗红色台布,桌后放两把椅子为签字人的座位,主方在左,客方在右,即客方的座位安排在主方的右边。多方签字时可将签字桌排成圆形或方形,或仅放一张桌子,由各方代表依次签字。多方签字,应按礼宾次序安排各方签字代表的座位,也可事先商定签字的顺序,排在第一位的居中,第二位排在其右手边,第三位排在其左手边。签字桌上可放置各方签字人的席卡,席卡上应注明签字的组织名称,签字人的职务及姓名。涉外签字仪式,应当用中英文两种文字标示。

2) 签字用具

在签字桌上应事先安放好代签的合同文本以及签字笔、印章等签字时所用的文具。

3) 会标

会标应反映签约双方的名称、签约内容。

4) 国旗

与外商签署涉外商务合同时,还需在签字桌上插放有关各方的国旗。插放国旗时,其位置与顺序,按照礼宾顺序进行。

5) 讲台

如果安排了致辞,可以在签字桌的右侧放置讲台和话筒。

6) 香槟酒

有时在签约仪式结束后,各方举行小型酒会,举杯共庆会谈成功,工作人员应事先准备好香槟酒、酒杯等。

5. 领导的选定和记者的邀请

为了表示对谈判成果的重视和庆贺,签字各方也可以派出身份较高的领导人参加签字仪式,但应当注意规格大致相等。为了扩大影响,还可以邀请有关新闻单位派记者参加签字仪式。

10.4.2 签约仪式的流程

1. 宣布开始

有关各方人员进入签字厅,按规定位置入座,其他人员按身份顺序排列于各自的签字人员座位之后,双方的助签人员分别站立在各自签字人员的外侧。来宾和新闻记者站在桌子前边,留适当空间。支持人宣布签约开始。

2. 签署文本

双方助签人拿出合同文本,翻开应签字的一页,指明签字的地方,签字人在本方保存的合同文本上签字,并盖上印章。然后双方助签人互相传递文本,签字人再在对方保存的合同文本上签字。商务活动规定,每个签字人在由己方保存的合同文本上签字时,按惯例应当名列首位。

3. 交换文本

签字人交换已经由有关各方正式签署的合同文本。各方签字人互相握手庆贺。全场人员应鼓掌,表示庆贺。

4. 共同举杯庆贺

国际上通行的做法,签约各方交换已签的合同文本后,有关人员尤其是签字人可共饮香槟酒,互相道贺,用来增加喜庆色彩。

5. 接受媒体采访

如有新闻记者出席,还要对签约事宜进行提问回答。

案例 10-5

张小姐是一位工商管理专业本科毕业生,就职于某大型企业公关部,工作积极努力,成绩显著,三年后就被升任公关部经理。但有一次,她差点为公司带来了几百万的损失。当时,公司与美国某跨国公司洽谈某种产品的出口业务,为此公司同仁做了大量的、细致的准备工作,经过几轮艰苦的谈判,双方终于达成协议。为表示对此次合作的重视,双方决定为此举行一场签约仪式。因为当时双方的洽谈在我国举行,故双方商定由中方负责签约仪式的安排工作。公司将签约仪式的重任交给张小姐负责,张小姐因为工作繁忙,将任务交给了下属小王,后又无暇询问工作进展,结果就在正式签约的时候,美国代表团成员一进入签字厅就转身拂袖而去。经询问,原因是中方企业在布置签字厅时,职员小王在桌上摆放中美两国国旗时,误将中国的传统做法"以左为上"代替了目前国际惯例"以右为上",将中方国旗摆放在签字桌右侧,而错将美国国旗放在签字桌的左侧。美方代表错以为中方公司故意为之,无意与其签约,故拒绝进入签字厅,项目差点因此告吹。后经多方解释,风波才得以平息。而张小姐也因未认真履行工作职责而被调离公关部。

本章小结

本章主要介绍商务沟通中的仪容、仪表、仪态礼仪,以及沟通活动中的称呼、介绍、握手、名片、洽谈、签约等礼仪。

核心概念

仪容仪表　称呼　介绍礼仪　握手礼仪　名片礼仪　会面礼仪　洽谈礼仪　签约礼仪

思考与技能训练

一、基本训练

1. 选择题

(1) TPO原则,其中P代表的是(　　)。
A. 时间、地点　　B. 地点、场合　　C. 目的、对象　　D. 目的、场合

(2) 在正式场合,男士应该穿的裤装是(　　)。
A. 牛仔裤　　B. 休闲裤　　C. 长度适宜的西裤

(3) 下列关于坐姿的基本要求错误的是(　　)。
A. 端庄　　B. 随意　　C. 大方　　D. 舒适

(4) 正式场合下女士不宜穿着(　　)。
A. 连衣裙或中式上衣配长裙　　B. 皮裙
C. 半高跟皮鞋　　D. 深色长袜

(5) 男士站立时一般应双脚分开,大致(　　)。
A. 一半肩宽　　B. 与肩同宽　　C. 一步宽度　　D. 随意

(6) 在商务礼仪中,男士西服如果是两粒扣子,那么扣子的系法应为(　　)。
A. 两粒都系　　B. 系上面第一粒　　C. 系下面一粒　　D. 全部敞开

(7) 从事服务行业的女性不能留披肩发,其头发最长不应长于(　　)。
A. 耳部　　B. 颈部　　C. 腰部　　D. 肩部

(8) 在商务交往中,使用称呼应该(　　)。
A. 就低不就高　　B. 就高不就低　　C. 适中　　D. 以上都不对

(9) 如何恰当地介绍别人是商务人员必备的礼仪技巧,能够正确地掌握先后次序是十分重要的。通常在介绍中,(　　)不符合正确礼仪。
A. 首先将职位低的人介绍给职位高的人　　B. 首先将女性介绍给男性
C. 首先将年轻者介绍给年长者　　D. 首先将男性介绍给女性

(10) 在男女之间的握手中,伸手的先后顺序也十分重要,在一般情况下是(　　)。
A. 女方应先伸手去握,这样显得自己落落大方,也不会让男方觉得难堪
B. 男方应先伸手去握,这样会显得自己绅士风度,也避免女方不好意思去握
C. 男女双方谁先伸手都可以
D. 男女双方同时伸手

(11) 名片是现代商务活动中必不可少的工具之一,有关它的礼仪当然不可忽视,下列做法正确的是(　　)。
A. 为显示自己的身份,应尽可能多地把自己的头衔都印在名片上
B. 为方便对方联系,名片上一定要有自己的私人联系方式
C. 在用餐时,要利用好时机多发名片,以加强联系
D. 接过名片时要马上看并读出来,再放到桌角以方便随时看

(12) 合理的称呼也能表现礼仪,下列称呼方式不正确的是(　　)。
A. 应使用合理的称谓
B. 当不知道对方性别时,不能乱写,可用职业称呼
C. 很熟的朋友在商务场合可称小名或是昵称以示亲切
D. 名字可缩写,姓不可以

2. 简答题

(1) 个人仪容礼仪有哪三个层次?
(2) 仪容美的基本要求有哪些?
(3) 什么是着装的 TPOR 原则?
(4) 女士穿着套裙有哪些需要注意的问题?
(5) 男士穿着西装有哪些注意事项?
(6) 男士与女士的标准站姿有何区别?
(7) 自我介绍要注意哪些问题?
(8) 给他人做介绍时的顺序是怎样的?
(9) 递给他人名片时要注意哪些问题?

二、案例分析

1. 案例

小李是某公司销售人员,一次乘坐地铁到某公司洽谈一笔生意。地铁上人很多,在换乘站时,小李抢到了一个位置,小李感觉很累,坐下后就将腿伸到过道上,整个人歪在座位上睡了起来。因为实在太困了,他的头一会儿歪在了旁边一位小姐的身上,小姐很不好意思地不断地移开自己的身体,小李的头又一会儿歪在另一位男士的身上,看着他熟睡的样子和听着他发出的呼噜声,大家觉得很好笑。

睡醒以后,他又开始打开手机旁若无人般地听起音乐来了,嘴里还不自觉地跟着音乐哼哼,声音很大,很多人皱起了眉头。

问题:
试分析小李有哪些不符合礼仪规范的行为。

2. 案例

小陈刚调到招商局工作,就被任命到欧洲开展招商引资工作,因为出国之前她为了做准备,忘记重新印制一套名片,所以,每到送名片的时候,她都得解释一番,告诉对方刚调动工作,没有重新印制名片。为了让对方能找到自己的最新的电话和住址,她只得在名片上临时用笔加注了新的办公电话号码和地址。半个月跑下来,她累得筋疲力尽,却未见有外商与其有过实质性接触。后来经人指点,她才明白问题出在哪儿,原来是她自己奉送给外商的名片不合规范。小陈临时在自己的名片上加注了办公电话号码,在外商看来,只能表明她的为人处世敷衍了事,做事马马虎虎,因而都不敢与其合作。名片犹如一个人的"脸面",切不可对其任意涂涂改改,加加减减。

问题:
(1) 试结合案例分析名片在当今的商业交往中的重要作用。
(2) 在商务交往中应如何正确向对方出示名片?

三、技能训练

根据本章内容,完成以下实训。

1. 模拟演练一:仪容、仪表礼仪

要求:
(1) 男生穿西装、系领带。
(2) 女生穿着一套色彩搭配最协调的服装。
(3) 练习仪态,掌握正确、高雅坐姿、站姿、走姿、蹲姿等仪态礼仪。
(4) 分组练习。
(5) 师生共同纠正错误。

2. 模拟演练二:名片礼仪

目的:通过名片制作,了解商务沟通中名片使用技巧,并掌握名片礼仪相关知识。

要求：

(1) 根据某公司的招聘信息拟定一职位，设计一张十年后属于自己的名片。

(2) 学生四到五人一组，设置场景，如认识新客户、参加酒会、商业餐宴、朋友重逢等，交换名片。

3. 模拟演练三：签约仪式

　　立新集团创建于2000年，经过近18年的快速稳健发展，现已成为一家集化工、物流、农业和投资等业务为主的多元化产业集团，客户遍及全球数十个国家，拥有5 000多名员工。经过多次谈判，与美国UPS公司达成技术研发合作协议，共同致力于为全球消费者提供具有世界一流水平的纯电动汽车。双方决定于2018年12月25日在新世纪大酒店举行签约仪式。

　　目的： 通过模拟演练，掌握洽谈结束时，达成交易，举办签约仪式的礼仪规范。

　　要求：

(1) 分小组制定签约仪式策划方案；

(2) 选择学校礼堂或其他空旷场地进行模拟签约场地布置；

(3) 每组学生分别扮演参与签约仪式各方代表；

(4) 模拟展示签约仪式活动流程。

第十一章 跨文化沟通

知识目标

1. 熟悉国际商务沟通中的文化差异。
2. 掌握不同文化背景下沟通风格的差异。

技能目标

1. 具备洞察中外文化差异并将其运用到实际的商务沟通中的能力。
2. 能够结合不同国家的沟通风格及相关对策,将其运用到跨国商务沟通中。

本章知识结构

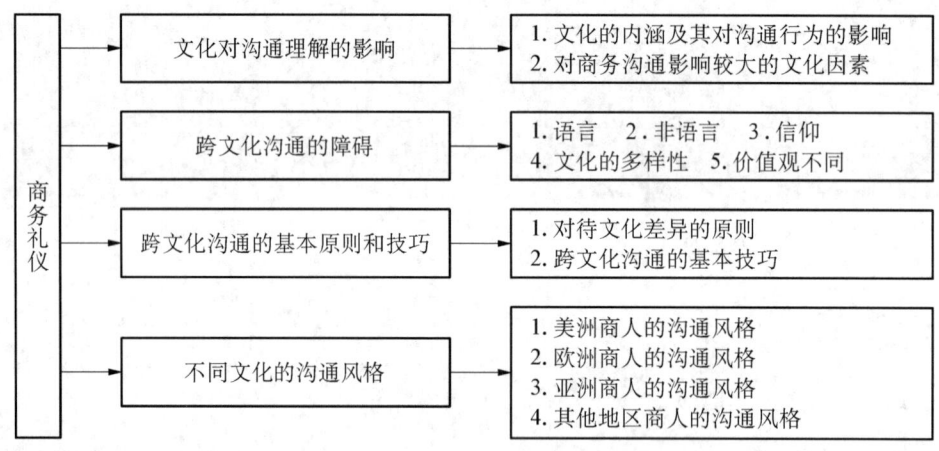

引导案例

当今社会,人们非常注重个人的仪表、体态、美容等因素在公众场合或在社交过程中的重要作用。犹太人在谈判的时候,非常讲究服饰及相关的细节。《犹太法典》中就有这样一句话:"人在自己的故乡所受的待遇由评价而决定,在外乡则由服饰而决定。"意思是说,一个人在自己的故乡,即使是衣衫褴褛,只要大家知道他的品行和才能,就会一如既往地尊重他;但是一旦到了陌生环境,若不入乡随俗地认真打扮自己,别人难免就会以貌取人。

所以,犹太人在谈判的时候,会根据不同的场合,设计不同的服饰和礼节。因为在他们的眼中,这些非语言的细节因素看似微不足道,但往往会左右谈判的发展方向。在犹太人眼中,去谈一个重大的事情,如果一身寒酸的打扮,对方就会产生不合作的念头;过于奢华,别人也会认为是个花花公子,不敢和他进行谈判;若穿着奇特,一副流氓派头,对方也会因害怕而产生警觉,生怕上当受骗。因此,他们很讲究细节和衣着。

中央电视台新闻联播节目播音员的服饰是非常值得我们认真学习的。如果你稍加留心就会看到,每年的春节或其他传统节日,他们都会衣着艳丽,以表达一种全国人民共同的喜庆,以及发自内心的热情。在平时,他们一般服饰庄重、典雅,表示对观众及对神圣的中央电视台新闻联播播音岗位的尊重。

问题提示

请从你的角度来解读"以貌取人"。

11.1 文化对沟通理解的影响

11.1.1 文化的内涵及其对沟通行为的影响

1. 文化的内涵及其对行为的影响

文化是特定的人群社会中一系列习俗、规范和准则的综合,是在长期的社会生活环境中将人们连接起来的纽带,它包括风俗习惯、宗教信仰、道德规范以及价值观念、态度和行为方式等内容。人们总是借助于一套长期形成的确定的风俗习惯、各种制度、道德规范和思维方式来观察世界。同样,人们也没有无缘无故的行为,不同的文化融汇了详尽入微的人类行为,文化是影响人们行为的最重要的因素。一方面,文化从总体上对行为进行约束或界定,同时也成为我们解释行为的依据;另一方面,行为从微观上构成文化,从长远来看,文化的内涵也反映了这个时期人们行为方面的特征。因此,在某一特定的文化背景下,人的行为是有一定的可预知性的。

2. 文化对沟通行为的影响

案例 11—1

Mike Burgess(迈克·布格斯)是来自德州的一位项目经理,主管印尼的一支多元文化团队。周五早上开会时,他要求其团队成员9点到会。然而,直到9点20分,6位印尼成员中的最后3人才露面,而且每人带来一名不速之客。本来会议已晚开半小时,但迈克还得重新布置会场,以安排这3名额外与会者就座。

尽管会议协调员另外搬来3把椅子,迈克注意到4位日方成员还是调整了座位以便4人能坐在一起。然后大家都坐等印尼方的高级成员布迪先生来做会议开场白。当他终于到场时,却又将原定5分钟的讲话拖长到10分钟,结果9点钟的会议到9点45分才正式开始。迈克宣布了会议议程并邀请各位提问。令他惊讶的是,无人愿意首先提问。这时他才意识到应先请布迪先生发言。果然,布迪先生讲话之后,他的团队成员才一一开口。

起初,迈克还能较好地控制讨论,但他很快发现印尼成员私下开起小会,迈克对此感到很气恼。通常,他希望会议应集中精力商讨团队的发展目标及其最终结果。讨论进行到一半时,迈克与美方技术总监罗伯特产生分歧。两人之间的激烈争执,使来自印尼和日本的团队成员颇感吃惊。10点30分,印尼与日本的团队成员气愤地提出休息。休息期间,印尼的团队成员对迈克只准备咖啡而没有提供点心的做法表示惊讶。奇怪的是,迈克已在印尼工作数月,竟没有注意到这个最基本的印尼习俗。

重开会议之后,迈克想以一项表决结束会议。迈克已开始与美方成员一起准备就他们长期讨论的议程进行民主表决,但他还是希望日本的团队领导能投赞同票。但这位日本领导请求给他一周时间以便他与东京总部协商,结果使迈克的项目日程不得不推后一周。这令迈克很灰心。但这位日本的团队领导却认为这是报复迈克让他难过的好机会,他当面质问迈克为什么他们二人同在一间办公室,两人相距不过25英尺,却只是一个劲地给他发送电子邮件,而不亲自找他面谈。

沟通作为一种个人或群体的行为,它也同样不可避免地受到人的内在因素的支配和外部因素的制约。在商务沟通过程中,沟通者存在着文化的差异,而文化的差异则决定着沟通者的行为方式。

沟通行为的参与者来自不同的国家和地区时,其价值观、立场、经历各不相同,而且拥有本国、本地区的文化习惯。例如,阿拉伯人与欧洲人有着各自独特的交流方式;我国的"北方人"与"南方人"也各自具有自身明显的特点和爱好。所以,只有充分了解了来自不同国家、不同地区的沟通者所具有的文化差异,才能更好地把握沟通行为,促使沟通成功。

对于沟通行为而言,由于沟通者个人或群体来自不同国家或地区,具有明显的文化差异,因而沟通双方会表现出不同的行为方式。阿拉伯人的沟通有阿拉伯人的特点,欧洲人有欧洲人的特色,土著印第安人同样也有其反映本民族文化的沟通方式等。这些不同方式的沟通行为,正反映了沟通之间的文化差异。

文化差异决定着沟通者的价值观念。价值观念是一种被广泛认可的信念。在经济发达的社会里,价值观发展得更为抽象化,并打破了空间范围流传于全社会,使人们的行为表现得复杂化和多样化。价值观念又是以社会文化为背景的。有什么样的社会文化就有什么样的价值观念。风俗习惯、道德准则、宗教信仰等文化背景对人的经验和信仰起着决定性的作用,其表现形式也是千差万别的。

作为商务沟通者,彼此间存在的文化差异致使其对事物的认识结构以及所形成的广泛信念等也各不相同。因此,我们需要很好地了解文化差异对商务沟通人员价值观念的影响程度,以利于沟通双方尽快达成协议。

11.1.2 对商务沟通影响较大的文化因素

国际商业贸易不仅跨越国界,同时也是跨文化的。文化深刻地影响着人们的思考、交流和行为,同时也影响着人们进行交易和协商的方式。例如,中国上海某公司的经理和加拿大某个家族企业的部门主管之间的文化差异就有可能会成为整个谈判过程中的阻碍因素。

1. 谈判的目标:合约还是关系

来自不同文化背景的沟通可能会倾向于认为沟通的目的是不同的。对于某些文化的商业人士来说,一次商务沟通的目标,首先是双方签署合同。而其他文化则倾向于认为,商务沟通的目标不是签订合同,而是创立双方之间的关系。虽然从书面上能表达关系本身的就是合同。例如,在调查来自12个民族超过400个人的过程中,尽管74%的西班牙受访者声称,他们沟通的目标是一个合同,但印度的高管只有33%有过类似的想法。在方法上的差异可以解释为什么某些亚洲的谈判,谈判的目标往往是建立一个关系,往往会给予更多的时间和精力来进行初期谈判;而北美人则经常急于想要通过这第一个交易决策的阶段。谈判的初期,双方寻求充分了解对方的机会,是后面建立一个良好的业务关系的重要基础。当它们似乎不那么重要时,目标就仅仅是一个合同。

因此,重要的是要确定对方是如何看待你的谈判目的。如果关系型谈判代表坐在桌子的另一边,仅仅说服他们提供一个低成本合同也许不足以让你做成这单生意。你可能还必须说服他们：从第一次会议开始，你们两个公司有建立一个长期有益的关系的潜力。如果对方只是想签合同，而你试图建立一个关系可能就只是在浪费时间和精力。

2. 谈判的态度：胜负或双赢

因为在文化、个性方面的差异，业务人员进行沟通的时候基本上只有两种态度：使双方都能在其中获益（双赢），或是一方获益一方损失（胜负）。双赢的沟通者把沟通看作是一个协作解决问题的过程；胜负谈判者则认为这是一个对抗的过程。进行谈判时，重要的是要知道坐在桌子对面的是什么类型的谈判者。调查显示，不同文化之间的差异显著。例如，100%的日本受访者声称，他们认为谈判是一个双赢的过程，而只有33%的西班牙高管持有这种观点。

3. 个人风格：正式或非正式的

个人风格会影响一个谈判者与别人交谈的方式，包括遣词造句，衣着，讲话方式，与他人的互动方式。文化强烈影响着谈判者的个人风格。例如，日本人比美国人的风格更加正式严谨。一个正式风格的谈判代表会坚持称呼对方的职位，避免聊天内容涉及对方个人私事和其他谈判小组成员的私人生活。而一个非正式风格的谈判代表会试图直呼其名，以迅速寻求建立一个私人友好的朋友关系，并且会在谈判正式开始的时候脱去外套，并卷起袖子。每一种文化都有很多属于它的特别方式去表达特殊的情感，是独属于同一种文化的人交流的形式，是他们作为同一群体之间通信的一种手段。在美国人看来，称某人的名字是友好的行为，所以是一件好事。而在日本人看来，在第一次会议上称呼别人的名字是不尊重的行为，所以不好。在外交谈判中必须尊重相应的文化和礼仪。始终采取正式的姿态比不正式的安全，若如果情况允许的话，也可以转变为一个不那么正式的姿态。

4. 交流：直接或间接的？

交流的方式随着文化的不同而改变。一些地方强调直接、最简单的沟通方法；而一些地方则严重依赖于间接的、复杂的方法。后者可以使用婉转曲折的说法，比如讲话、表情、手势等各式身体语言。在重视直接的文化里，如美国或以色列，你可以指望你的建议和问题得到明确回应。在依赖于间接沟通的文化里，比如日本，对于建议，我们要观察看似含糊的意见、手势或其他暗示。你将不会在第一次会议时就收到一个明确的承诺或拒绝。

这两种风格的谈判者在谈判的时候可能会产生冲突。例如，采用间接的方式的日本谈判代表表示拒绝的时候经常会导致外国企业高管认为他们的建议仍在审议中，而其实日方是拒绝了他们的。在 David Camp 进行以色列和埃及和平谈判的时候，以色列更加偏爱直接形式的交流，而埃及则更倾向于间接的交流方式，这种文化差异有时候会恶化双方的关系。埃及人会认为以色列的直接具有攻击性，因此是一种侮辱；而以色列人则认为埃及的委婉是一种不真诚的表现，不是在表达他们真正的想法。

5. 对时间的敏感程度：高还是低

关于各个国家谈判风格的讨论总是围绕着某个文化对于时间的态度。有人说，德国人总是很准时，拉丁人都习惯性地迟到，日本的谈判缓慢，美国人回应得很快。评论家有时会声称某些文化比起其他东西来说更加看重时间，但这种观察可能不是对这种情况最准确的观察。相反，谈判可能更加看重付出的时间相对于谈判目标的价值。对于美国人来说，交易就是签订合同，时间就是金钱，所以他们要迅速做出回应。因此，美国人尽量把需要办理的手续降低到最低限度，迅速地完成一件事。日本和其他亚洲人，他们的目标是建立关系，而不是简单地签订合同，谈判过程需要投入时间，使双方能够更好地了解彼此，以便决定他们是否愿意建立长期的关系。为了努力隐藏些什么的时候,他们也许会积极地缩短谈判时间。例如,在1990年中期备受媒体关注的一个案例①中,安然的子公司Dabhol电力公司,在和Maharashtra政府就其与印度之间的长期电力供应合同谈判中受到了挑战,最终是由于在谈判过程中绕过了这一类事务惯例要求的快速授权程序而被认为太匆忙、太不体面。由于谈判进展得太"快",一部分印度公民理所当然地认为政府没有保护好公众利益。在公司的回应中,Rebecca Mark,安然国际公司董事长兼首席执行官,向记者说:"我们非常关注时间,因为时间对于我们来说就是金钱"。

6. 情绪化程度:高还是低

其他文化的谈判行为的差异几乎总是会归结于一个特定群体表达情感的倾向。根据一直以来的印象,拉丁美洲人习惯于在谈判桌上表达自己的情绪,而日本和其他许多亚洲人则会隐藏自己的感情。显然,个体人格在这里发挥着作用,有被动的拉丁人,也有头脑发热的日本人。不同的文化有不同的表达情绪适宜的规则和方式,而这些方式被带到了谈判桌上,谈判者应设法去了解他们。

在调查中,在拉丁美洲,西班牙人在统计结果中明显地表现出他们是更加情绪化的群体;在欧洲,德国和英国人最不情绪化;而在亚洲,日本人也是最不情绪化的,但比起德国和英国人程度较重。

7. 协议的形式:粗略或详细

无论谈判的目标是合同或关系,交易谈判几乎都会以某种书面协议的形式表现出来。文化因素会影响各个组织的书面协议。一般来说,美国人更倾向于预见所有可能出现的情况和发生的情况,无论这些情况多么不可思议。其他文化,如中国,更喜欢大概的规则,而不是根据具体规则签订合同,交易的本质是双方之间的关系。如果意外情况发生,各方应主要看他们的关系,而不是根据合同来解决问题。因此,在某些情况下,中国的谈判代表也许会认为美国人规定好所有突发情况是他们对于未来关系的稳定缺乏信心的证明。

在调查中,78%首选具体协议,而只有22%首选一般性协议。不同的文化对于这一问题的考虑差异程度很大。英国只有11%支持一般性协议,在日本和德国则有45.5%的人支持一般性协议。

8. 建立一个协议:自下而上或自上而下

相关协议的形式取决于谈判生意是感性还是推论过程。它是从总体原则开始,并具体到每一个项目,或者是从具体的项目(如价格、货期、产品质量和数量)开始去制定协议,不同的文化会更加倾向于其中一种方法。一些观察家认为,法国人更愿意首先在总体原则上达成一致,而美国人往往首先会寻求达成协议的细节。对美国人来说,交易的谈判基本上是双方对细节做出一系列妥协和权衡。对于法国人来说,其实质是基本原则的共识、指导和决定之后的谈判过程,商定好的一般原则会成为框架、骨架,在这之上构建合同。

有调查发现,法国人、阿根廷人和印度人倾向于认为交易达成是一种自上而下的过程(演绎法);而日本人、墨西哥人和巴西人倾向于把它看作是一个自下而上(感性)的过程。在谈判风格上,另一个不同是出现在"向下构建"和"向上建设"的方式上的意见分歧。向下构建,谈判开始的时候就会把双方都同意的那些条款全都加进去。而向上构建,则是先从一份能够扩充和添加额外条款的最简洁的合同开始。根据许多观察家的发现,美国人倾向于向下构建,而日

---

① Enron's Rebecca Mark. You Have to be Pushy and Aggressive. Business Week, February 24, 1997.

本人更倾向于向上构建。

9. 团队组织:一个领导者或团体的共识

在任何谈判中,重要的是要懂得对方的组织,谁有权做出承诺,以及如何做出决策。文化是影响高管组织完成谈判、达成交易的重要因素之一。有些文化强调个人,有些则强调团队。这些观念可能会在谈判中影响双方的组织。

一个极端是谈判小组拥有能决定一切事务的最高领袖。许多美国团队倾向于采用这种做法。其他文化,特别是日本和中国,重视团队谈判和协商一致的决策。当我们与这样一个团队进行谈判,它可能没有很明显的领袖和决策者。在第一类中,谈判小组规模通常是很小的;而第二种往往较大。例如,在一个重要谈判中,桌上只有3个美国人与10个中国人谈判的情况并不少见。同样,独裁的谈判小组通常能比共同决策的团队更快地做出承诺。其结果是,共同决策的组织通常需要更多的时间来谈判以达成一项协议。

有调查显示①,59%的企业倾向于一个领袖(最终决策者),而41%的企业更喜欢共同决策的形式。各文化群体也表现出了对于组织决策形式各种各样的偏好。最偏向于共同决策的是法国。许多研究都指出了法国人的个人主义,也许法国人的眼里共同决策的安排是保护个人主义的最佳途径。尽管日本以共同决策而闻名,但日本受访者只有45%的人称更喜欢基于共识的谈判小组。巴西人、中国人和墨西哥人比任何其他群体都更倾向于只有一个人进行决策,这可能反映了这些国家的政治传统。

10. 风险承担能力:高还是低

某些文化比其他文化不愿意冒风险。② 在交易进行时,谈判者的文化影响着一方冒险去透露信息,尝试新的方法和在拟定的行动方针中容忍不确定因素的意愿。日本人更强调索要、获取大量的信息,并且在他们复杂的集体决策过程中倾向于规避风险。相比之下,美国人更愿意冒风险。

有调查显示,约70%的人称自己有承担风险的倾向,而只有30%自称是不愿意承担风险的人。在文化中,对于这个问题的回答有显著的不同。日本被认为是高度风险规避倾向的谈判者,这一趋势凸显了日本对风险的厌恶程度;通过比较,美国人在调查中认为自己是风险承担者,但法国人、英国人和印度人的比例甚至更高。

11.2 跨文化沟通的障碍

11.2.1 语言

案例 11-2

美国人说话直截了当,开门见山;而中国人则喜欢拐弯抹角,犹抱琵琶半遮面。在谈生意的时候也常常见到这样的风格差别。中国人谈具体的生意之前总要把自己公司的背景、公司的组织结构和人员组成等情况详细介

---

① Edward T. Hall and M. Reed Hall. Understanding Cultural Difference. Yarmouth, Maine: Intercultural Press, 1990.
② Geert Hofstede. Culture's Consequences: International Differences in Work-related Values Newbury Park. CA: Sage Publications, 1980.

绍清楚,一两个小时后也许才谈及真正要谈的生意;而美国人很可能一上来就直奔主题,所以常常会产生误解。

李女士:这就是我们公司创建者的部分远见。

霍特先生:我知道了,贵公司有一段悠久而有趣的历史。如果你不介意的话,我们或许该谈谈我们该怎样合作。

李女士:你没有要补充的吗?

霍特先生:关于我们?没有了。你是知道的,我们是个年轻的公司,和贵公司不一样。

李女士:好,那么我们可以谈谈业务上的事情了。有了你的承诺,我们从描绘我们公司的组织结构开始吧,然后再说说这样的组织结构是怎样影响到我们公司的行事原则的。然后,你也说说你们的公司。

霍特先生:我知道了,然后我们谈谈具体条款?

李女士:条款?

霍特先生:你知道的,就是一些基本事项。

李女士:我们不是正在谈基本事项吗?

显然,李女士与霍特先生对所谓"基本事项"的理解很不相同:一个认为公司的基本背景才是基本事宜,而另一个认为具体的生意条目才是基本事宜。误解由此产生。

11.2.2 非语言

非语言在沟通中的地位丝毫不逊于语言。非语言的表达方式十分的丰富,如有肢体语言(眼神、手势、站姿)、服饰(有些服饰是只允许特定身份或者特定时间、场合穿着)。例如,在中国竖起大拇指表示夸奖,然而在某些国家这是典型的侮辱的手势。最大的跨文化错误莫过于尼克松在第一次访问巴西时所犯的错误。如果了解尼克松的人都知道他最喜欢的手势,也是他的代表手势,就是高举双手做 OK 状,这一手势在美国文化里是代表胜利和友好,然而,在巴西就不然了,在巴西文化里这是最下流的手势,等于美国文化里竖起中指的手势。

11.2.3 信仰

案例 11-3

一位同学性格开朗、健谈,学习成绩良好。临近毕业,有一天,一家著名企业来学校招聘员工。他报名去面试,穿着整洁、得体,还打上了领带,形象光彩照人。在面试过程中,他表现得沉着冷静,应答自如,面试主持人非常满意。在即将结束面试的时候,他抬起胳膊,看了一眼腕上手表的时间。

当天晚上公布面试的结果,他面试没有通过。该同学百思不得其解,后来,他与班主任聊起此事。班主任无意中发现他的胳膊上的刺青。就和他分析了问题所在,他才恍然大悟。

你能帮助该同学分析没有通过面试的原因所在吗?

在跨文化的冲突中,核心文化的冲突最不容易被发现,但往往破坏力最强。典型的核心文化是宗教信仰,在信仰者的眼中,宗教是神圣不可侵犯的。侵犯沟通双方的信仰无疑是为沟通埋下一颗重磅炸弹,而且这种冲突是最不容易被化解的。

11.2.4 文化的多样性

不同文化的人群有其所偏好和习惯的沟通方式。在高内涵文化国家,如中国、日本等,人们的表达通常较为委婉、间接;而在低内涵文化国家,直截了当的表达则较为常见。高内涵文化的谈判者比较注重发现和理解对方没有通过口头表达出的意思,而低内涵文化的谈判者则偏爱较多地运用口头表达,直接发出或接受明确的信息。来自这两种不同文化的谈判者在进行谈判时,很容易想象的结果是一方认为对方过于粗鲁,而另一方则可能认为对方缺乏谈判的诚意,或将对方的沉默误解为对其所提条件的认可。

下面对几种典型的文化中的沟通特点进行比较,如表 11-1 所示。

表 11-1 不同文化背景下商务沟通特点比较

典型示例	民族性格特征	谈判关系的建立	沟通方式	时间观念	决策程序	对合同的态度
美国人	外露自信	积极务实	直截了当	讲求效率	简捷快速	重视法律
英国人	傲慢矜持	谨慎保守	绅士风度	认真紧凑	重视等级	反复推敲
法国人	浪漫幽默	人情味重	热烈轻松	自由松散	个体倾向	形式简约
德国人	沉稳自律	严肃刻板	逻辑性强	守时高效	个人负责	严谨守约
俄罗斯人	热情豪爽	重视友谊	僵硬健谈	拖延低效	官僚主义	迷恋技术
日本人	平和拘谨	诚信和谐	间接委婉	周到缓慢	团队精神	不重细节

11.2.5 价值观不同

价值观是个人或群体主要通过文化交际构成的模式,是最深层的文化。价值观是"喜欢某种事态而不喜欢另一种事态的大致倾向",决定人们如何进行交际。无论是语言交际、非语言交际或是社会交往,无一不受到价值观的支配。见面打招呼:中国握手,日本鞠躬,西方国家拥抱、接吻……消费观念:中国攒钱买房,西方借贷买房。妇女在家庭中的角色:中国属贤妻良母型,西方属工作事业型。爱情观念:中国忠诚型,西方开放型。

案例 11-4

假设一个小孩看见邻居家的果树上结满了苹果,而不去摘吃,问他为什么不摘别人家的苹果,他会怎么回答呢?

如果是信奉基督教欧美国家的小孩,他会回答说:"我不能去摘,因为上帝在看着我。"

如果是中国、日本等东方国家的孩子,一定会回答说:"那是人家的东西,我们不能要。"

西方人信仰基督教,认为自己是上帝之子,自己无时无刻不在受着上帝的监视与庇护。我们中国人大多数不信上帝,但我们亦有自己的道德准则。

(资料来源:http://blog.163.com/qiaokelichi@126/blog/static/50486326201081410102 7622/)

11.3 跨文化沟通的基本原则和技巧

沟通活动 11-1

目的: 从他国文化、民俗中体会外国人的性格和作风,为能与他们友好地进行沟通做准备。

道具: 桌子、椅子。

参加人数: 至少两人以上。

方法与规则:

(1) 游戏开始前,游戏参与者需要从不同的渠道了解美国(或其他国家)的文化及其特点,并做记录;

(2) 每个人都将自己收集的他国民俗讲给大家听,最好能找到这一民俗的来源;

(3) 所有人一起讨论,并与中国做对比,找出两者之间的相同点与不同点。

11.3.1 对待文化差异的原则

跨文化谈判受到文化差异的影响,为了取得寻求中的一致性协议,沟通者应关注文化对于构成沟通的要素——利益、替代选择、共同收益以及创造价值和索取价值的过程的影响,正确地推测、判断谈判对方对谈判的预期,从而制定相应的策略。

1. 因循文化认识沟通者的行为

沟通者的行为大致受到四个基本因素的影响:文化、个性、沟通者的习惯以及沟通的形式和环境。这些因素相互交织在一起,共同影响着沟通者的行为,很难分辨其对应的关系。尽管如此,在真正开始磋商、辩论之前,沟通者应该搞清三个问题:

(1) 谁是真正的沟通对手?

(2) 沟通对手的利益、需要和目的是什么?

(3) 沟通对手的预期是什么?

在认识上述三个问题时,文化是一个重要线索。

2. 正确对待文化差异

沟通者对文化差异必须要有足够的敏感性,要尊重对方的文化习惯和风俗。任何一个跨文化沟通活动中的沟通人员都必须要认识到,文化是没有优劣的,必须要尽量避免模式化地看待另一种文化的思维习惯。

3. 接纳不同的文化

跨文化沟通者应该超越排外的原则,承认文化差异,并对不同文化采取积极、真挚的接受态度而不是简单的容忍或漠视。因此,沟通者要了解、掌握并学会恰当运用文化中的习俗、礼节和禁忌。

4. 制定灵活的谈判策略

在跨文化谈判中,不同文化背景的沟通者策略行为有着很大差异,在认识不同文化之间沟通策略运用的差异性基础上,沟通者要使己方的沟通策略具有一定的灵活性,使沟通策略适应特定的人、特定的问题和特定的场合,寻求在相互适应对方策略行为中达成与各自利益相匹配的整合性的协议。

11.3.2 跨文化沟通的基本技巧

在跨文化沟通中,沟通人员在把握上述原则的同时,还需要遵循以下基本要点。

1. 要有更充分的准备

(1) 充分地分析和了解潜在的对手,了解对手的文化,包括习俗、行为准则、价值观念和商业惯例,分析政府介入(有时是双方政府介入)的可能性,及其介入可能带来的问题。

(2) 研究商务活动的环境,包括国际政治、经济、法律和社会环境等,评估各种潜在的风险及其可能产生的影响,拟定各种防范风险的措施。

(3) 合理安排沟通计划,解决好沟通过程中可能出现的体力疲劳、难以获得必要的信息等问题。

2. 使自己为对方接受

在沟通过程中,为了使对方能够在承认文化的多样性、独特性和差异性的基础上接受自己,关键是能够做到不以自我为中心。要使对方能接受自己,一是在关系到共同目标的问题上要注意采取一致的行动去发现沟通中的共享利益;二是争取对方的接受还需要避免有损双方关系的行动和反应。

3. 避免沟通中的障碍和误解

沟通人员能够熟练运用对方语言,至少双方能够使用一种共同语言来进行磋商交流,对提高沟通过程中双方交流的效率,避免沟通中的障碍和误解,有着特别重要的意义。在跨文化沟通中,非语言沟通是一个非常重要的因素。沟通人员要注意自己的形体语言,要注意揣摩对方的手势、语调、沉默、停顿和面部表情的含义,从而避免导致歧义和误解。

4. 审慎交往

在跨文化沟通中,沟通人员应该时时意识到文化差异的存在,审慎地体会对方的意思、态度、情绪的发展以及动作、表情的含义等等,尽量避免不必要的误解和冲突。

11.4 不同文化的沟通风格

跨文化沟通不仅在国际商务活动中占据相当大的比重,而且具有相当重要的地位。熟悉不同文化的商人的沟通风格可以带来良好的沟通效果,推动整个国际商务活动良性发展,是建立海外市场销售网络、获得合作伙伴等的良好途径。

沟通风格是在沟通过程中表现出来的言行举止,是参与沟通人员的文化积淀的折射和反映。由于历史、政治、经济、文化等环境的不同,不同国家、地区的谈判者具有不同的谈判风格。

熟悉不同的沟通风格有助于营造良好的沟通氛围,为下一步沟通提供依据。沟通风格所涉及的知识领域非常广阔,如天文、地理、社会、宗教、民俗、文化、心理、行为、政治、经济等,有助于扩展我们的知识面,提高我们的沟通技巧,同时,我们也可以实行"拿来主义",汲取不同国家、不同民族和地区沟通风格中优秀的东西,为我们所用。

案例 11-5

有一艘国际邮轮在大海上航行到一半路程时,出现了严重的机械故障,当邮轮快要沉的时候,船长要求大家弃船逃生,转移到救生艇上。他到船舱里向游客解释了轮船目前遇到的紧急状况,要求大家马上跳到救生艇上逃生,但是等他解释完毕以后,居然没有一个人愿意这样做。

船长十分生气,懊恼地回到甲板上。大副见他一个人出来了,感到十分奇怪,了解情况以后,他自告奋勇向船长请命,去说服那些游客。5分钟以后,这些游客居然都自愿地跳到了救生艇上,船长感到十分奇怪,问大副是怎么完成这项使命的。

大副对船长说:"我对他们几个不同国家的人说了不同的话。我对美国人说,你的船票包含了保险费,因为目前出现危险,你将得到巨额保险理赔!我对英国人说,这是一件很有绅士风度的事!我对德国人说,船长命令你,马上撤离到救生艇上去!我对法国人说,难道你不想去品尝当地的美食了吗?我对中国人说,你年迈的父母亲还在家乡等你,你的子女盼你早日回家,你快上救生艇吧!"

(资料来源:杜慕群.管理沟通.清华大学出版社,2009.)

11.4.1 美洲商人的沟通风格

亚美利加洲（America）分为北亚美利加洲（North America）和南亚美利加洲（South America），位于太平洋东岸、大西洋西岸。美洲位于西半球，自然地理分为北美洲、中美洲和南美洲，南纬60°～北纬80°，西经30°～西经160°，面积达4 206.8万平方公里，占地球地表面积的8.3%、陆地面积的28.4%，美洲地区拥有大约9.5亿居民，占到了人类总数的13.5%，是唯一一个整体在西半球的大洲。北美洲和南美洲，以巴拿马运河为界，总称亚美利加洲。这是百度百科对美洲的介绍。在大多数人的印象中，一提起美洲，我们就会想到外向、随意的美国商人，热情奔放的巴西桑巴文化，等等。

1. 美国商人的沟通风格

一些研究美国问题的专家，将美国商人的特点归纳为：坦率外露，热情豪爽，自信真诚，幽默诙谐，不拘小节，崇尚实际利益，富有强烈的竞争和冒险精神，等等。与美国人做生意，"是"和"否"必须保持清楚，这是一条基本的原则；第二，有什么说什么，但绝对不要指名批评某人；第三，美国人对商品的包装和装潢比较讲究，他们是先谈细节再谈原则的西方思维；第四，美国人通常喜欢公事公办，个人交往和商业交往是明确分开的；第五，美国人的时间观念很强，办事要预约，并且非常准时。

案例11-6

在美国的一个边远小镇上，由于法官和法律人员有限，因此组成了一个由12名农夫组成的陪审团。按照当地的法律规定，只有当这12名陪审团成员都同意时，某项判决才能成立，才具有法律效力。有一次，陪审团在审理一起案件时，其中11名陪审团成员已达成一致看法，认定被告有罪，但另一名认为应该宣告被告无罪。由于陪审团内意见不一致，审判陷入了僵局。其中11名企图说服另一名，但是这位代表是个年纪很大、头脑很顽固的人，就是不肯改变自己的看法。从早上到下午审判不能结束，11个农夫有些身心疲倦，但另一个还没有丝毫让步的意思。

就在11个农夫一筹莫展时，突然天空布满了乌云，一场大雨即将来临。此时正值秋收过后，各家各户的粮食都在晒在场院里。眼看一场大雨即将来临，那11名代表都在为自家的粮食着急，他们都希望赶快结束这次判决，尽快回去收粮食。于是都对另一个农夫说："老兄，你就别再坚持了，眼看就要下雨了，我们的粮食都在外面晒着，赶快结束判决回家收粮食吧。"可那个农夫丝毫不为之所动，坚持说："不成，我们是陪审团的成员，我们要坚持公正，这是国家赋予我们的责任，岂能轻易做出决定，在我们没有达成一致意见之前，谁也不能擅自做出判决！"这令那几个农夫更加着急，哪有心思讨论判决的事情。为了尽快结束这令人难受的讨论，11个农夫开始动摇了，考虑开始改变自己的立场。这时一声惊雷震破了11个农夫的心，他们再也忍受不住了，纷纷表示愿意改变自己的态度，转而投票赞成那一位农夫的意见，宣告被告无罪。

小知识11-1

美国人最忌讳数字"13"和"星期五"。

美国人讨厌蝙蝠，忌讳用蝙蝠做图案的商品包装纸，忌讳黑色的猫，认为黑色的猫会给人带来厄运。

一般情况下，送礼品忌讳送重礼，忌讳送妇女香水、化妆品或衣物。

美国人十分注重隐私权，忌讳打听别人的私事。

与美国人交往时注意保持适当的距离是十分必要的礼节。美国人认为，个人的空间不容侵犯，因此，碰到别人时，要及时道歉，坐在他人身边要征得对方的同意，交谈时双方身体要保持一定的距离。

（资料来源：乔淑英，王爱晶.商务谈判.北京师范大学出版社，2007.）

2. 加拿大商人的沟通风格

加拿大是个移民国家,民族众多,各民族相互影响,文化彼此渗透,大多数人性格开朗,强调自由,注重实利,发挥个性,讲究生活舒适。加拿大商人一般懂英、法两种语言,因此,在沟通决策上,有非常浓重的法国人和英国人的风格,英裔商人一般比较谨慎、保守、重守信誉,而法裔商人对于达成共识之后的文书要求比较马虎。

3. 拉美商人的谈判风格

拉丁美洲是指美国以南的美洲地区,包括墨西哥、中美洲和南美洲,共有30多个国家。大部分拉美国家,由于历史原因,经济比较落后,经济单一化严重,贫富两极分化明显。虽然如此,拉美国家的商人都以自己悠久的传统和独特的文化而自豪,他们反对甚至痛恨那些发达国家商人的趾高气扬、自以为是,不愿屈从于美国或欧洲商人的训话式沟通方式。他们总是希望沟通对象能在平等互利的前提下进行沟通合作,也希望对方能尊重他们的人格,尊重他们的历史。

拉美商人的性格比较开朗、直爽,与处事敏捷的北美商人不同,拉美商人比较悠闲。拉美国家的假期是比较多的,美国美世咨询公司(Mercer)在2018年12月公布的数据显示,智利、阿根廷以及哥伦比亚是2019年拉丁美洲假期数量最多的国家,这3个国家的公休假日数量均为16天,也就是说这3个国家居民在2019年的工作日只有245天。而秘鲁的劳动法还规定,工作一年,可以请一个月的带薪假期。所以,与拉美商人在沟通洽谈的过程中,他们会突然请假,一定要等到他们休完假归来,沟通才能继续。

在同拉美商人进行商务沟通的过程中,感情因素显得很重要。只要彼此成为知己之后,我们如果有需要去拜托拉美商人时,他们会毫不犹豫地为我们分忧,而且会充分考虑我们的利益和要求之后优先处理。

与北美商人相比,拉美商人的责任感一般,信誉一般,也不太守时。他们有不遵守付款日期、无故延迟付款的情况。

在拉美众多国家中,巴西人特别爱好娱乐,他们不会让生意妨碍自己享受闲暇的乐趣。因此,千万不要在狂欢节期间与他们进行商务沟通,否则会被当作不受欢迎的人。巴西人比较浪漫,喜欢你才会同你做生意。阿根廷人比拉美其他大多数国家的人民显得更正统一些,非常欧洲化。他们会与沟通对象反复握手,并且不厌其烦。智利、巴拉圭、乌拉圭和哥伦比亚的商人非常保守,他们彬彬有礼,讲究穿着,沟通过程中一般总是西装革履,打领带,非常正规。

11.4.2 欧洲商人的沟通风格

1. 英国商人的沟通风格

英国人的性格既有过去大英帝国留下的傲慢矜持,又有本民族谦和的一面。他们很传统,在生活习惯上保留了传统特色。例如,讲究服饰,尤其是在正式场合,穿戴上有许多规则约束,社交活动中也一丝不苟地遵循正式交往中的传统礼节。

英国商人一般不轻易与沟通对象建立个人关系。即使是本国人,个人之间也保留了一定的交往空间,他们一般不在公共场合外露个人感情,也绝不随便打听别人的事,未经介绍也不轻易与陌生人交往,不轻易相信别人或依靠别人。所以,刚刚与英国商人接触的过程中,总感觉英国商人高傲、保守、有距离感,但随着交往的加深,建立起友谊之后,他们会十分珍惜并长期信任我们。可见,英国商人习惯将个人生活与商务交往活动严格分开,而且有一套关于沟通交往的行为礼仪规范。

由于英国文化和历史的原因,英国商人仍然有较强烈的等级观念。在社交场合,平民、贵族依然区分明确,在阅读习惯上就能体现出来,上流社会的人看《时报》《金融时报》,中产阶级会看《每月电讯报》,而其他更多的人看《太阳报》和《每日镜报》。这种等级观念使他们比较注重沟通对象的身份、经历、业绩、背景,等等。

案例 11-7

1942年5月,英美两国同意在年内开辟欧洲第二战场,以缓解苏联战场上的压力。但是不久,英国首相丘吉尔看到苏联战场节节胜利,又开始后悔自己做出的决定。于是就和美国总统罗斯福商量,暂时不要在欧洲登陆,而是开辟非洲战场,即"火炬计划"。但是,令丘吉尔头疼的是,不知如何对苏联领导人斯大林说这一决定。为了表示诚意,丘吉尔亲自到莫斯科和斯大林会谈。

会谈在晚上举行,丘吉尔做好了充分的心理准备,准备着看斯大林的脸色。尽管丘吉尔列举了一大堆理由,向斯大林说明不能按期开辟第二战场的原因,斯大林还是始终拉长着脸,并严厉地质问说:"据我所知,你们是不能用大量的兵力来开辟第二战场,甚至也不愿意用6个师登陆了。""的确如此,斯大林阁下。"丘吉尔诚恳地说:"事实上,我们有足够的兵力登陆,但是我觉得现在在欧洲开辟第二战场还不是时候,因为这有可能破坏我们明年的整个作战计划,战争是残酷的,不是儿戏,我们不能轻易做出某一决策。"

斯大林的脸色更加难看了,厉声说:"对不起,阁下,您的战争观与我的不同,在我看来战争就是冒险,没有这种冒险的精神,何谈胜利?我真是不明白,你们为什么那么害怕德军呢?"丘吉尔反驳说:"我们并不是害怕德军。您也知道,希特勒在1940年正值他的全盛时期,而当时我们英国只有2万经过训练的军队,200门大炮、50辆坦克。面对这样弱小的我们,希特勒并没有来攻打我们,原因很简单,跨越英吉利海峡并非易事啊。""丘吉尔先生,我要提醒您一个关键的因素,希特勒在英国登陆,势必遭到英国人民的抵抗。但是,如果英军在法国登陆,必将受到法国人民的欢迎,人心向背也是决定战争胜败的关键。"

至此,谈判陷入了僵局,两国元首谁也说服不了谁,会议室内的气氛紧张起来。斯大林最后说:"虽然我不能说服您改变您的决定,但是我还是坚持认为您的观念我不能认同。"丘吉尔看到斯大林的态度如此坚决,为了打破令人窒息的气氛,只好转变话题,谈谈对德国轰炸的问题。经过这番谈话后,紧张的气氛有所缓和。斯大林脸上也出现了一丝笑意。

丘吉尔认为现在是说出英美两国商定的"火炬计划"的时候,于是说:"现在我们回过头来谈谈1942年在法国登陆的事情吧,我是专门为了这一问题而来的。事实上,我认为法国并非唯一的选择,我们和美国人制订了另外一个计划。美国总统罗斯福先生授权我把这个计划秘密地告诉您。"斯大林看丘吉尔一副神秘的表情,不禁对这个"火炬计划"产生了兴趣。丘吉尔简单地介绍了"火炬计划"的内容,斯大林还谈了他对这个计划的理解和意见,丘吉尔表示赞同。此时,虽然斯大林对英美推迟在法国登陆的事情不悦,但是气氛已经明显缓和。丘吉尔又继续说:"我们还打算把英美联合空军调到苏联南翼,以支援苏军。"斯大林表示感谢,至此会谈已是云开雾散,但是对于丘吉尔来说,此时,还不是见彩虹的时候。

第二天晚上,第二轮会谈就开始了。斯大林先是拿出来此前美英苏三国签订的备忘录,据此谴责美英没有履约如期在1942年开辟的第二战场,接着又责备美英没有按承诺送给苏军必需的军用物资等。斯大林虽然表情严肃但是毫无怒容。他反复强调自己的观点,认为美英军队不必害怕德军。

斯大林讲到这里,丘吉尔再也不能忍受了,他激动地说:"我千里迢迢来的这里,是为了建立良好的合作关系。我们已经竭尽全力帮助你们,曾孤立无援地坚持了一年的战斗,遭受了巨大的损失,但是,我们三国已经建立联盟,我相信只要齐心协力,就一定能够取得胜利。"斯大林看到丘吉尔因为激动,以至于满脸通红,为缓解一下气氛,他开玩笑说:"我很喜欢听丘吉尔首相发言的声调,真是太妙了。"因而博得会场一笑,也缓解了气氛。

次日晚上,丘吉尔出席了在克里姆林宫举办的正式宴会,宴会气氛友好而热烈。丘吉尔见斯大林心情不错,说:"尊敬的阁下,您已经原谅我了吗?"斯大林哈哈一笑说:"这一切都已经过去,过去的事情应归于上帝。"

2. 法国商人的沟通风格

法国人乐观、开朗、热情、幽默,并注重生活情趣,富有浓郁的人情味,具有爱国、热情和浪漫情怀,非常重视相互信任的朋友关系,并以此影响生意。在商务交往上,法国人往往凭着信赖和人际关系去进行,在未成为朋友之前,他们不会同你进行大宗交易,而且习惯于先用小生意试探,建立信誉和友谊后,大生意便接踵而至。法国公司家族企业多,讲究产品特色,不轻易做出超越自己财力范围的投资。法国商人大多十分健谈,富有感情,话题广泛,而且口若悬河,出口成章。法国人比较注重信用,一旦签约,会比较好地执行协议。在与人沟通的方式的选择上,他们偏爱横向沟通,看重整个交易是否可行,不太重视细节部分。最后,法国商人不喜欢被严格的日程安排所束缚,他们非常喜欢看到成果。

3. 德国商人的沟通风格

总的来讲,德国人沉稳、自信、好强、勤奋、严谨,对发展个人关系和商业关系都很严肃,他们十分注重礼节、穿戴、称呼等。

在商务沟通过程中,德国人强调个人才能,决策大多自上而下做出。

无论公事还是私事,德国人非常守时,在商业沟通和交往中忌讳迟到。德国人会毫不掩饰他们对迟到者的不信任和厌恶。勤奋、敬业是德国企业主的美德。在德国,有许多中小企业,企业主一般既是所有者又是管理者,工作积极、一心一意、执着投入。在欧洲,德国人工作时间较长,8点以前上班,有时要晚上8点下班。和法国人相比,德国商人似乎缺乏浪漫,很少去尽情地享受假期,还常常为工作不惜牺牲闲暇时光。

他们办事雷厉风行,考虑事情周到细致,注重细枝末节,力争任何事都完美无缺。在进行商务沟通之前,他们往往要收集详细的资料,准备工作做得十分周密。不光是产品性能和质量,往往还会调查沟通对象的业务开展情况、银行资信及经营组织状况等,他们在沟通活动中表现出极强的系统性和逻辑性。

案例 11-8

代表德国生产采煤机器公司的鲁德,同中国的交易洽谈已经到了签约阶段。在最后一个回合的会谈中,鲁德与中方代表原则上都同意:中方公司必须派技术人员到德国接受操作机器的训练,同时,约定择期共同草拟合约。在这个空当,鲁德需飞回法兰克福,同上司敲定价格问题。

一个月之后,鲁德飞回北京,准备草拟合约。可是这一次,与他洽谈的中方代表除了首席代表,其余都是新面孔。

当双方逐条讨论合约之际,中方的首席代表表示,由于双方同意德方负责训练操作人员,希望德方能顺便训练操作新开发的机器(一种先进的X光分光仪,可分析矿物)。鲁德在以前的技术说明会上提过这部机器,但他说过,这部机器因为维修上的问题,暂时不能外销。但中方首席代表坚持,如果不包括这部机器的操作训练,就有违当初协议的精神,同时指出,世界上没有第二家厂生产同类的机器,在这种情形之下,应该同意这方面的技术转移。

鲁德尽量说明,这部机器没有在任何亚洲国家销售,要解决机器的维修问题,起码还要等上一年才能开始外销。中方对此重要细节未能达成协议深表遗憾,因此,建议暂时休会,择期另议。

4. 意大利商人的沟通风格

意大利人性格热情、开朗、健谈,以崇尚时髦而闻名于世。他们与法国人有许多共同之处,都很重视个人友谊,不同的是,法国商人经常以本国的优越性而自豪,而意大利商人则习惯于提自己故乡的名字。

意大利商人通常态度严谨,很少仓促地进行相关决策,他们在商务沟通中非常关注商品的价格,善于讨价还价。意大利商人基本上是讲信誉、守信用的,大多善于交际,但时间观念较差,普遍不遵守时间。

案例 11-9

意大利与中国某公司谈判出售某项技术,谈判已进行了一周,但进展不大,于是意方代表罗尼先生在前一天做了一次发问后告诉中方代表李先生,他还有两天时间可以谈判,希望中方配合,在次日拿出新的方案来。次日上午,中方李先生在分析的基础上,拿出了一个方案,比中方原要求改善了5%(由要求意方降价40%改为35%)。意方罗尼先生讲:"李先生,我已降了两次价,计15%,还要再降35%,实在困难。"双方相互评论,解释一阵后,建议休会,下午2:00再谈。

下午复会后,意方先要中方报新的条件,李先生将其定价的基础和理由向意方做了解释,并再次要求意方考虑其要求。罗尼先生又重申了自己的看法,认为中方要求太高。谈判到4:00时,罗尼先生说:"我为表示诚意向中方拿出我最后的价格,请中方考虑,最迟明天12:00以前告诉我是否接受。若不接受我就乘下午2:30的飞机回国。"说着把机票从包里抽出在李先生面前显示了一下。中方把意方的条件理清后(意方再降5%),表示仍有困难,但可以研究。谈判即结束。

中方研究意方价格后认为还差15%,但能不能再压价呢?明天怎么答复?李先生一方面与领导汇报,与助手及项目单位商量对策,一方面派人调查是否有明天下午2:30的航班。

结果该日下午2:30没有去欧洲的飞机,李先生认为意方的最后还价——机票是演戏,判断意方可能还有余地。于是在次日10点时给意方去了电话,表示意方的努力,中方很赞赏,但双方距离仍然存在,需要双方进一步努力。作为响应,中方可以在意方改善的基础上,再降5%,即从30%降到25%。意方听到中方有改进的意见后,没有走,只是认为中方要求仍太高。

5. 俄罗斯商人的沟通风格

俄罗斯是礼仪之邦。俄罗斯人热情好客,注重个人之间的关系,愿意与熟人做生意;推崇集体成员的一致决策和决策过程的等级化。他们喜欢按计划办事,一旦对方的让步与其原定目标有差距,则难以达成协议。他们比较遵守时间,在商务交往中,需事先预约,但沟通洽谈的节奏松弛、缓慢;喜欢非公开的交往,喜欢私人关系早于商业关系的沟通方式。俄罗斯人非常重视合同。

俄罗斯人善用沟通技巧,堪称讨价还价的行家里手。由于生产滑坡、消费萎缩和通货膨胀,经济亟待恢复,在沟通过程中有时也会处于劣势,比如迫切需要外国资金、先进技术设备,但与他们打交道的对手仍认定俄罗斯商人是强劲的沟通洽谈对手,因为俄罗斯人总有办法让沟通对象让步。他们一般把沟通洽谈分成两个阶段,第一阶段先尽可能地获得许多竞争性报价,并要求提供详细的产品技术说明,好让他们认真甄别,这期间会采用各种"离间"手段,迫使报价方竞相降价,自己从中获利。第二阶段,他们会与选中的沟通洽谈对手就合同的各项条款进行洽谈。

6. 北欧商人的沟通风格

北欧主要是指丹麦、瑞典、挪威、芬兰、冰岛五个主权国家。这些国家有着相似的历史背景和文化传统,居民多信奉基督教,北欧五国经济比较发达,社会稳定,政府推行高福利政策使人们生活水平日益提高。

北欧商人是务实型的,工作计划性很强,没有丝毫浮躁的样子,凡事按部就班,中规中矩。他们相较于其他欧洲商人来讲,在商务沟通过程中会更加沉着冷静,所以沟通的节奏较为舒缓,但这种平稳从容的态度与他们反应机敏并不矛盾,他们善于发现和把握达成交易的最佳时机并及时做出成交的决定。

北欧商人态度谦恭,非常讲究礼貌,不易激动,善于同各国客商建立良好关系。同时,他们态度也非常坦诚,不隐藏自己的观点,善于提出各种建设性方案,不喜欢无休无止的讨价还价,只希望沟通对象的公司在市场中是最优秀的,也希望对方提出建设性意见。

11.4.3 亚洲商人的沟通风格

1. 东盟地区商人的商业习惯与沟通风格

东南亚国家联盟(Association of Southeast Asian Nations),简称东盟(ASEAN)。成员国有马来西亚、印度尼西亚、泰国、菲律宾、新加坡、文莱、越南、老挝、缅甸和柬埔寨。

越南商人喜欢听客套话,容易将"口是心非"认为是客气体贴,他们非常注重个人关系,喜欢在商务沟通之前拓展个人友谊。他们决策的时间往往比较长,沟通过程中不急躁,善于讨价还价。

新加坡商人注重人际关系,他们在沟通洽谈中非常有礼貌,但会保持自己的立场和观点,并为自己的目标坚持不懈;新加坡商人守信用,重"面子",虽然年轻的华侨是懂得现代企业管理的新星,但对于年老的一代来说,"面子"在商业洽谈中具有决定性的意义;新加坡商人精明、勤奋、能干,善于沟通,运筹帷幄,行动果决,时间观念很强,他们守时,在沟通时不愿意被打断,认为这是不礼貌的行为。

马来西亚人对外宾都很友好热诚。同客人见面时,一般是施握手礼。在商务活动中,请客吃饭是一个重要组成部分,通常是在饭店里以午宴或晚宴招待。在沟通洽谈之前,做好准备,了解沟通对象,尤其是主谈人。他们认为,沟通洽谈伊始就直接切入正题是不礼貌的做法。对于"面子"问题也十分敏感。沟通时,提出反对意见会破坏会见的融洽气氛,而且会被认为是傲慢自大的表现。马来西亚商人也喜欢讨价还价。

印度尼西亚商人重深交,讲旧情,和老朋友可以推心置腹,与泛泛之交的商人客户,虽然也能谈得比较投机,但很难让他们说出真正的心里话。印尼人注重礼貌,不喜欢那些讲别人坏话的人,与印尼人见面可以握手,也可以点点头,不可愁眉苦脸。他们做决定甚慢,业务沟通洽谈一般都很长,很有耐心,善于运用各种策略进行讨价还价。

2. 东亚地区商人的商业习惯与沟通风格

日本人沟通的方式不仅与西方人大相径庭,即使与亚洲其他国家的人相比,也有较大差异。他们执着、耐心、善于策略,团队精神强烈,商业经营作风具有典型的东方色彩,非常看重长远利益,喜欢自上而下地进行集体决策,同时,他们非常注重建立良好的人际关系。由于日本人认为"信任"是沟通中最为关键的因素,所以他们会提一些有关公司建立时间、年销售额、公司信誉及政策、整体管理等问题,甚至有可能在沟通开始时提问诸如"您在贵公司任职多久""您曾在哪个大学就读"等私人问题。

案例 11-10

一位日本女装连锁店的采购商,打电话给一家总公司在巴黎的服装工厂,要求派人到东京做秋装展示。过去几年，两家公司不断有生意往来。巴黎公司派了女设计师克丽丝汀去东京，到东京的第三天，公司安排好做展示。克丽丝汀想，既然长时间有往来，直接坐下来谈生意是不会有问题了。于是，客套话之后，克丽丝汀立即放幻灯片、做展示，接着谈价钱，谈完价钱又谈如何促销。折腾半天后她发现，日本听众，上自老板下至业务员，一个个都呆若木鸡，面无表情地看着她。一阵子沉默后，日本老板才开口，并突如其来地问克丽丝汀许多问题。问她在哪里学服装设计，过去的工作经验，她念的时装学校怎么样，嗜好是什么，在巴黎公司工作多久等等与生意无关的事情。由于话题转得太快，起初她还吞吞吐吐地不想说，之后，她想既然要聊，就有问必答吧。日本老板又跟她聊了些他与法国公司关系如何的事例，两者合作的计划，以及法国公司派高级主管来访时如何陪他们走访日本乡间的一些琐事。最后日本老板再三叮咛克丽丝汀，要切记所谈的一切，等她回巴黎见到上司时一定会用得着。后来，她打电话回巴黎，把事情的始末一五一十地说给上司，并表示对洽谈的生意不觉得乐观。

11.4.4 其他地区商人的沟通风格

1. 大洋洲商人的沟通风格

大洋洲跨南北两半球，从南纬47°到北纬30°，横跨东西半球，从东经110°到西经160°，东西距离10 000多千米，南北距离8 000多千米；由一块大陆和分散在浩瀚海域中的无数岛屿组成，包括澳大利亚、新西兰、伊里安岛以及美拉尼西亚、密克罗尼西亚、波利尼西亚三大岛群，主要包括澳大利亚、新西兰、斐济、巴布亚新几内亚等20多个国家和地区，多数国家的通用语言是英语。其中，澳大利亚是大洋洲中较为发达且重要的国家。

他们非常注重办事效率，澳大利亚商人通常会在第一次见面时就单刀直入地进入主题，简短寒暄的主题往往是游泳、澳网等体育活动；他们具有较强的时间观念，澳大利亚的普通员工不会在工作时间迟到、早退，但也不愿意多加班，因此，他们的时间观念比不上德国人、瑞士人、美国人和日本人；他们非常擅长沟通，澳大利亚人坦率直爽，擅长争辩，很难被质疑，澳方派出的沟通洽谈人员一定都是具有决定权的人，希望谈判对手能够在资历、等级、职位与己方对等。当然也有一些澳大利亚人并不擅长言辞，这主要取决于他们的族裔背景。例如，希腊裔或意大利裔会更多地使用肢体语言，大声说话或常常打断他人的话语；他们非常重视信誉，不喜欢沟通对象在沟通过程中出现一些不好的言行。澳大利亚人常常很保守，认为沉默是金，不自我炫耀，在沟通洽谈中极不愿意在讨价还价上浪费时间。他们采购货物，大多采用招标的方式，根本不给予讨价还价的机会，所以必须以最低价格议价。

2. 非洲商人的沟通风格

非洲在地理上习惯分为北非、东非、西非、中非和南非5个地区，共60个国家和地区。

非洲商人的特点，总的来看是刚强生硬，自尊心极强，十分看重友谊，任何交易都需建立在深厚的友情基础上，否则无从入手。非洲人生活节奏较缓慢，所以在与其进行商务沟通时不要操之过急，要尽量照顾其生活习惯，使对方感到我方对其的尊重与关照，增进认同感。由于历史的原因，非洲人整体文化素质不太高，有些从事商务沟通的人业务知识也不太熟练。沟通过程中要对所有问题乃至各种术语和概念、条款细节逐一阐明，以免日后发生误解与纠纷。非洲许多国家等级森严，从事商务活动的人多为名门望族，故十分看重礼节，稍有失礼，将可能直接影响商务沟通的成败。

3. 阿拉伯地区商人的沟通风格

阿拉伯国家主要分布在西亚、北非地区，包括巴勒斯坦、约旦、叙利亚、黎巴嫩、沙特阿拉伯、伊拉克、也门、科威特、阿联酋、卡塔尔、巴林、阿曼等12个西亚国家；阿尔及利亚、摩洛哥、突尼斯、利比亚、苏丹、埃及等6个北非国家，非洲西部的毛里塔尼亚，非洲东部的吉布提、索马里、科摩罗。

阿拉伯商人比较重视信誉,喜欢讨价还价,没有讨价还价就不是正式且严肃的沟通洽谈。无论店铺的大小,他们都喜欢讨价还价,卖家的标价只是洽谈过程中的第一沟通环节,即"报价"。走进一个店铺直接购买的买主还不如进行讨价还价的买主受阿拉伯人尊敬。

代理商的作用大。几乎所有阿拉伯国家的政府都坚持,无论外商同什么样的主体进行洽谈,是企业还是政府,都必须通过代理商。很多时候,代理商可以为外商在政府中找到合适的关系,使项目得到政府的批准,能加速通过各种行政文书方面的壁垒,甚至有时还可以帮助外商安排劳动力、储运、膳宿供应,以及帮助外商快速回款,等等。

阿拉伯商人沟通的节奏比较慢,时间观念不强,他们非常善于使用"IBM"作为借口,即"I"为"因夏拉",是神的意志;"B"为"波库拉",是明天再谈;"M"为"马列修",是不要介意的意思。他们喜欢用手势或其他动作来表达他们的想法。

案例 11-11

安瑞是在城市交通管制工程方面颇有名气的专家,一家沙特阿拉伯工程公司邀他到沙特。该公司负责营建部分政府工程。安瑞从来没在中东工作过,大部分的工作经验是在欧洲和北美洲。当安瑞到达工程公司总经理的办公室时,他被请到坐在地板上的一个坐垫上等。总经理忙着招呼其他来访的人,当时他也清楚地看到安瑞。安瑞在靠墙的大垫上耐心地等。这一批客人中,安瑞是最后一位,他前面还有七位——这就是典型阿拉伯人接待客人的方式。半个小时过去了,安瑞忍不住问秘书什么时候才能轮到他,秘书也弄不清楚。期间,有许多人进进出出打断总经理接见的工作,安瑞开始感到不耐烦。很显然,总经理一点不在乎被他人打扰。一小时过去了,秘书才领着安瑞坐上总经理对面的那张椅子。他们用英文交谈,一阵子客套后,总经理把安瑞介绍给公司里的一个工程师小组,其中包括了总经理的"表弟"——公司的副总经理,是美国麻省理工学院的毕业生。引见之后,安瑞就热心地简单报告,用的是英文,主题当然是道路规划问题。不久安瑞发觉许多听众都表情茫然,这时他才想到,许多的专有技术名词和概念必须经过翻译才能使听众听懂。这一组人当中,似乎只有总经理的表弟听懂了简报。

本章小结

本章主要介绍跨文化沟通的内涵,跨文化沟通的基本原则和技巧,不同国家的沟通风格,分析如何在多元文化里进行良好沟通合作。

核心概念

文化　跨文化沟通　跨文化沟通障碍　沟通风格

思考与技能训练

一、基本训练

1. 选择题

(1) 跨文化团队的类型包括(　　)。
　　A. 象征性文化团队　　B. 双文化团队　　C. 多文化团队　　D. 单文化团队
(2) 文化具有的特点是(　　)。
　　A. 文化是一个群体共享的东西

B. 这些东西可以是客观显性的,也可以是主观隐形的
C. 客观显性的文化对生活在该群体中的人产生各方面的影响,而主观隐形的文化却做不到
D. 文化代代相传,虽然会随着时代改变,但速度极其缓慢

(3) 中美谈判者的差异在信息交流方面的表现为(　　)。

A. 中国人只有有限的权威　　　　　　B. 美国人直截了当
C. 中国人拐弯抹角　　　　　　　　　D. 美国人先给出解释

(4) (　　)不属于成功的跨文化沟通技巧。

A. 良好充分的准备
B. 与沟通对方建立良好的关系
C. 回避分享交流信息
D. 创造、发明适合于双方文化的双赢解决方案

2. 简答题

(1) 什么是跨文化沟通?跨文化沟通的障碍有哪些?
(2) 跨文化沟通过程中的基本原则是什么?有哪些要注意的地方?
(3) 简述日本商人的沟通风格。
(4) 简述拉美商人的沟通风格。
(5) 简述非洲商人的沟通风格。

二、案例分析

2004年,对TCL来说是一个重要的历史年份,TCL完成了具有历史意义的收购,将汤姆逊彩电业务和阿尔卡特手机业务纳入囊中。一时间,业界及外界好评如潮:TCL完成了具有标志意义的国际性跨越,营运平台拓展至全球。而当年年报的表现却与最初美好的设想恰恰相反:TCL的两起重要国际并购成立的合资公司TTE(TCL与汤姆逊的合资企业)和TA(TCL与阿尔卡特的合资企业)分别达到上亿的年度亏损。

事实上,目前在中国企业进行海外扩张的过程中,必须面对一个问题:被并购企业所在国的员工、媒体、投资者以及工会组织对中国企业持有的疑虑和偏见。中国产品海外市场价格低廉,给不少人以错觉,认为中国企业会在并购之后的企业实施降薪手段以降低劳动力成本,加之以往中国企业被认为工作效率低下的印象还没有被完全扭转,被并购企业普通员工担心自己就业拿不到丰厚薪酬,管理人员担心自己的职业发展生涯受到影响,投资者担心自己的回报。由于这些被并购企业自身具有悠久历史和十分成熟的企业环境,他们往往会对自身文化的认同度高,普遍对中国企业的文化理念缺乏认同。在这种情况下,如果中国企业将自身的文化强加给被并购企业,其结果往往是处于各持己见状态,长此以往,会使双方在业务及组织上的整合受到阻碍,整合之后工作的难度也将大幅度增加。TCL在收购汤姆逊后就遇到了类似的情况,尽管汤姆逊旗下的RCA品牌还处于经营亏损的状态,但它依然拒绝接受TCL关于产品结构调整,引入中国设计以使成本更具竞争力的产品建议。由此可见,并购之前做好充分的文化分析和整合沟通,是并购后企业顺利运营的必要条件。

同样地,TCL对阿尔卡特手机业务的并购,由于企业经营理念和文化上巨大的分歧,其合资公司成立以来无论在海外市场还是国内市场都仍旧延续原来阿尔卡特以及TCL移动公司两套人马、两套运行体系的方式,在资源和业务整合上根本没有达到预期目标。阿尔卡特与TCL公司在企业文化上也未寻找出整合的契合点,反过来更加大了业务整合难度。

问题:

请分析此案例中跨文化沟通技巧在合并过程中的应用。

三、技能训练

1. 佛山某机械加工公司与日本一家企业进行零件加工洽谈,已经在中国进行了3次谈判,初步取得了一些共识,达成了一些合作意向,但仍未就零件价格及运费等问题达成最后协议。经双方商定,第四次洽谈在日

本进行,而且极有可能达成最终合作协议。现分小组根据各自情况制定一份初步的行动方案,并进行模拟扮演。

2. 请你在课余时间找一面镜子,对着镜子做出微笑表情,要求:不露牙齿、嘴角两端略微提起,同时目光注视镜子中的自己,表情保持几分钟,放松一下,然后再次重复同一个内容,直到自己感到困倦为止。

连续训练一个月,然后,问周围的同学自己的表情有无变化,他们是否适应这种变化,这种变化是否使他人愉快。

第十二章　商务沟通心理学

知识目标

1. 了解商务沟通心理过程。
2. 掌握并运用商务沟通中的心理效应。

技能目标

1. 了解商务沟通的认识过程、情感过程和意志过程。
2. 认知沟通中的同理效应、晕轮效应、从众效应和权威效应。

本章知识结构

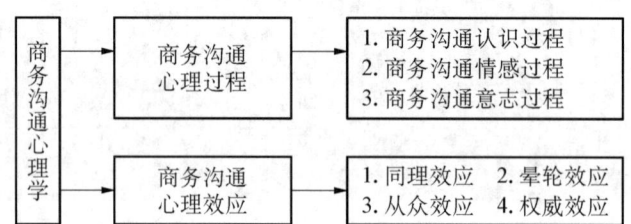

引导案例

一家从事化妆品交易的公司想跟某个广告公司进行合作，以此来推广宣传他们的产品。化妆品公司对这个广告公司非常认可，对其业务也很熟悉，知道跟他们合作应该很靠谱，所以决定就在这个广告公司进行广告投放。

广告公司给出的报价其实也不高，只有15万元。可是，化妆品公司的刘经理想把价格压到10万元。于是，他十分惊讶地说：" 15万元太高了！这种广告业务在别的广告公司顶多10万块。"

" 10万块，就这么定了！"刘经理没想到广告公司的代表这么痛快。

价格虽然已经压到了10万元，但刘经理心想，既然我能这么快把价从15万元压到10万元，如果继续谈下去，或许还能再降一降呢！于是，他对广告公司的谈判代表说："可我还要征求一下董事长的意见，今天下午正好有个会议，我把这件事情给高层领导汇报一下，然后再给您答复。"

几天之后，刘经理给这位谈判代表打电话，说："实在不好意思，我本来以为领导肯定能接受10万元的价格，可我发现很难说服他们，公司的预算确实让我很头疼，他们给出了一个新报价，但我不好意思跟您说。"

广告公司的代表问："那贵公司高层领导打算付多少钱？" " 6万元。"刘经理说道。"可以。"对方谈判代表说道,一点儿也没有感到吃惊。

当刘经理听到这两个字的一瞬间,他反而有了一种被蒙骗的感觉,他真没有想到能以这么低的价格成交。

问题提示

请问,刘经理以这么低的价格成交,为什么还有被蒙骗的感觉呢?这体现了人们什么样的心理?如果你是广告公司代表,你会怎么做?

12.1 商务沟通心理过程

沟通心理学是以普通心理学为基础的,是普通心理学在沟通过程中的具体体现和应用。人们在商务沟通中的各种行为活动,总是与个体特定的心理活动相联系。人的心理活动,是客观现象在人脑中的反映,是人脑进行的特殊生理过程的产物。人脑是人的心理现象产生的器官,是产生人的心理活动的主要生理基础,人的心理活动的实质是人脑和客观现实两个方面的有机统一,是客观现实包括自然现象和社会实践的主观印象。研究沟通心理就是要运用普通心理学的一般原理,通过对沟通心理活动进行研究,认识和掌握商务沟通心理活动过程的基本规律以及个性心理的主要特征。

商务沟通心理活动,包括心理过程和个性心理两个方面。心理过程是指人的心理形成和发展的活动过程,是人的心理活动的一般、共有的过程,是人的心理活动的基本形式,是每个人都具有的共性心理活动。心理学家们把人的心理活动划分为三个方面,即认识过程、情感过程和意志过程,简称知、情、意。认识、情感和意志三种心理过程,是人的统一的心理活动的三个不同方面。

12.1.1 商务沟通认识过程

1. 感觉与知觉

1) 感觉

心理学研究的结果表明,人脑对客观世界的认识是从感觉和知觉开始的。感觉和知觉是人的心理活动的基础,也是商务沟通的基础。心理活动的认识过程是通过沟通双方的感觉、知觉、记忆、注意、思维和想象等心理活动实现的。

感觉,是指人脑对直接作用于感觉器官(眼、耳、鼻、舌和皮肤)的外界事物的个别属性的反应。例如,视觉可以辨别光线的强弱和颜色的深浅,判定物体的远近和形状的大小;听觉可以接收和辨别各种声波的音色、音调和分贝;嗅觉可以分辨各种挥发性物质的气味;味觉能分辨溶于水中的物质的化学特性等。感觉器官人人具有,只不过可能一些人这方面感觉器官更敏感些,其他方面感觉器官稍迟钝一些。

感觉,从内容来说是客观的,但从形式上说是主观的。因为人对客观事物的反应,必须依赖人的大脑、神经和各种感觉器官的正常机能,并受到人的机体状态的明显影响,所以,不同客体对主体刺激引起的感觉是不同的,不是所有的刺激都能引起主体的反应,只能在一定的适宜刺激强度和范围内,才能产生感觉,这就是感觉阈限和感受性的问题。凡是能引起感觉的持续一定时间的刺激量,称为感觉阈限。刚刚能引起感觉的最小刺激强度叫作绝对阈限。绝对阈限的定义:有50%的次数能引起感觉、50%的次数不能引起感觉的刺激强度。刚刚能引起差别感觉的刺激之间的最小强度差叫作差别阈限,又称为最小可觉差。差别阈限的定义:有50%的次数能觉察出差别、50%的次数不能觉察出差别的刺激强度增量。由于主体的机能状态和知识经验的差异,感觉阈限是因人而异的。因而,不同人的感受性就有所差别。

商务沟通的感觉还会受到时间、强度等因素的影响。随着刺激物作用持续时间的延长,个人因接触过度而造成感受性逐渐下降,这种现象叫作感觉适应。俗话说:"入芝兰之室,久而不闻其香;入鲍鱼之肆,久而不闻其臭",说的就是嗅觉的适应现象。

案例 12-1 ### 盲人的"面部视觉"

数世纪以来,人们都知道盲人能觉察出障碍物的存在。一个盲人走近墙壁时,能在撞到墙壁之前就停下来了,这时我们常听到盲人报告说,他感觉到面前有一堵墙,他还可能告诉你,这种感觉建立在一种触觉的基础上,即他的脸受到了某种震动的作用,为此,人们把盲人的这种对障碍物的感觉称为"面部视觉"。问题是,盲人真的是靠"面部"来避开障碍物的吗?

1944年,美国康奈尔大学的达伦巴史及其同事对盲人的"面部视觉"开展了一系列的实验验证工作。实验人员用毛呢面罩和帽子盖住盲人被试者的头部,露出盲人被试者的耳朵,往前走的盲人被试者仍然能在碰到墙壁前停止。然后,研究人员除去盲人的面罩和帽子,而只把盲人的耳朵用毛呢包起来,在这种实验条件下,盲人被试者一个一个地撞上了墙壁。由此可见,"面部视觉"的解释是错误的,盲人是靠听觉线索避开障碍物的。

2) 知觉

知觉是人脑对直接作用于感觉器官的客观事物的各个部分和属性的整体反应,是个人在感觉基础上对事物总体特性的反映,是个人对外界事物各个属性之间的联系性进行综合,形成整体性认识的心理过程。感觉是知的基础,知觉是感觉的深入。

知觉以感觉为基础,但并不是感觉数量的简单机械相加,而是要把感觉所得到的零碎印象组成一个有机整体,形成一个有意义的与外部世界相一致的、完整的心理画面。人的知觉还要受到过去经验的制约。人们凭借过去的经验,才能根据当前的对象知觉确定事物,才能把感觉到的许多个别因素结合成为一个整体形象。因此,知觉是在知识和经验的参与下经过大脑的加工,对事物进行正确解释的过程。人对客观事物知觉的深浅、正确与否、清晰程度,以及知觉的内容是否充实、全面,不仅受客体和人已有的知识经验的影响,还要受到人的需要、兴趣、情绪和个性倾向等因素的影响。知觉是各种心理活动的基础,它能刺激人们的需要和为满足需要进行实践。

3) 社会知觉

社会知觉,简单地说就是对人的知觉。它是人们对社会生活中的个人、社会团体及组织特性的认识。社会知觉既符合知觉的一般规律,又有所不同。人的复杂多变,使人们对人的知觉比对物的知觉更加微妙复杂。社会知觉是人们在社会行为与社会活动中逐渐产生形成并发展的,它对人们的社会行为有重要影响。

社会知觉分为对他人的知觉、人际知觉和自我知觉。

对他人的知觉,即指生活在一定社会环境中其他人的心理状态和个性心理特征。我们要认识某个人,总是要在一定的社会环境中,首先接触到这个人的外显行为,注意其言谈语吐、表情动作、神色姿态、仪容风度等,形成一个初步印象;通过对其外显行为印象的推测和判断,从而获得对其身份、兴趣、爱好、能力、气质、性格等的认识;随后通过经常的交往,才逐渐形成对该人正确的、深刻的、完整的认识,真正做到知人、知面、知心。

人际知觉,即对人与人之间相互关系的认识。它是社会知觉中最核心的部分。人际知觉会影响其他的社会知觉,其他的社会知觉也会影响人际知觉和人际关系的协调。在现实生活中,错误地估价自己和他人,感情因素的介入,都可能造成人际知觉的偏差和人际关系的失调。古人所说"酒逢知己千杯少,话不投机半句多"指的就是这种情况。

自我知觉,即主体对自己心理活动与心理特征的认识与判断。"人贵有自知之明",自我知觉,正确地认识自己,可以激发人的自尊心、自信心、责任心,从而推动人的学习和事业的发展,自我知觉还可以增强人们的自我控制、自我调节的能力。

2. 记忆和注意

1) 记忆

从心理学的角度看,记忆是指过去的经验在人脑中的反映。它是人脑的重要机能之一,是主体接受客体的刺激以后,在大脑皮层上留下的兴奋过程的痕迹。人们在日常生活中感知过的事物、思考过的问题、练习过的动作、体验过的情感以及采取过的行动,在事情经过以后,并不能消失得无影无踪,而会在大脑皮层上留下兴奋过的痕迹,这些痕迹在一定条件的影响下,能重新活跃起来,在人脑中重现已消失的刺激物的映象。记忆在人的沟通心理活动中起着极其重要的作用。有了记忆,人的感觉、知觉和思维意识等各种心理活动才能成为一个统一的过程。

根据记忆的内容不同,可以分为形象记忆、逻辑记忆、情绪记忆和运动记忆。形象记忆是指以感知过的事物的具体形象为内容的记忆,如对形状、大小和颜色的记忆。逻辑记忆是指以概念、判断和推理等为内容的记忆,这种记忆不是对事物的形象而是对事物的意义、性质、关系和规律等的记忆。情绪记忆是以体验过的某种情感为内容的记忆,这种记忆保持的是过去发生过的情感体验。情绪记忆一般比其他记忆更加持久,甚至可能终生难忘。运动记忆是指以过去的运动或动作为内容的记忆,如游泳、滑冰、骑行等各项运动的记忆。

根据记忆保持时间的长短,记忆也可分为瞬时记忆、短时记忆和长时记忆。瞬时记忆也称作感觉记忆,是指当事物的刺激停止后,人们在一个很短的时间内保持对它的印象。根据研究,视觉的瞬时记忆在1秒钟以下,听觉的瞬时记忆在4~5秒钟以下。短时记忆其保持的时间比瞬时记忆的时间要长,一般不会超过1分钟。例如,查询一个电话号码,当时能够记住,时间一长,可能就忘记了。长时记忆指1分钟以上直至数日、数年甚至保持终生不忘的记忆。短时记忆的信息经过多次重复或编码,可以成为长时记忆。长时记忆是一个复杂和重要的记忆系统,它包括人们后天获得的全部经验,人们一生都能对长时记忆增添信息。

案例 12-2　　　　　　　　　　**记忆有无规律**

记忆有无规律?我们知道,时间一长,就容易忘事。但是,心理学家并不只是停留在我们所能观察到的经验层面来看问题,他们往往要把一个现象的细枝末节、来龙去脉弄清楚。

19世纪末期,心理学刚刚从哲学中脱离出来成为一门科学,6年后,德国心理学家艾宾豪斯公布了他的研究成果。在那个年代,人们对记忆的了解仅仅是经验,真正用科学的方法来研究记忆,艾宾豪斯是第一人,也可以说是艾宾豪斯开辟了记忆的科学研究的新领域。艾宾豪斯总结了记忆的三条规律:① 大多数遗忘出现在学习后一小时之内;② 遗忘的速度不是恒定的,而是先快后慢;③ 重新学习要比第一次学习容易。

2) 注意

所谓注意就是人的心理活动对一定对象的指向和集中。指向,就是指心理活动的对象和范围。人在注意时,心理活动总是有选择地接受一定的信息,这样才保证了注意的方向。集中,是指心理活动倾注于被选择对象的稳定和深入的程度。集中不但使心理活动离开了一些无关的对象,而且也是对多余活动的抑制。

注意具有选择功能、保持功能和加强功能。选择功能就是选择那些对人有意义的、符合其活动需要的外界影响,避开和抑制那些与当前活动不一致、与注意对象相竞争的各种影响和刺激。保持功能是使注意对象的映象或内容在主体意识中保持并延续至达到目的为止。加强功能是对活动进行监督和调节的功能,通过排除干扰,不断地促进和提高心理活动的强度和效率。

根据注意的产生和保持有无目的以及是否需要意志努力,可以将注意分为无意注意和有意注意。无意注意又称随意注意,是指既没有自觉的目的,也不需要任何意志努力的注意。有意注意是指有预定目的并需要经过意志努力的注意。有意注意是一种高级的注意形式,它不因知觉对象是否强烈、是否新异及是否有趣而改变。

3. 想象、联想与思维

1) 想象

想象是指人脑改造记忆中的表象而创造新形象的过程,它是人所特有的一种心理活动,是在记忆的基础上,把过去经验中已经形成的联系再进行组合,从而创造出并没有直接感知过的事物的新形象的过程。想象要具备三个条件:① 想象的依据必须是过去已经感知过的经验,这种经验可以是个人的感知,也可以是前人、他人积累的经验;② 想象必须依赖人脑的创造性,须对表象进行加工;③ 想象必须是新形象,是主体没有感知过的事物。想象虽然是人人都具备的一种心理活动,但表现在每个人身上却有所不同。

想象对于发展和深化商务沟通的认识,推动商务沟通行为具有重要作用。人们在商务沟通的过程中常常伴有想象活动的参与。

2) 联想

联想是由一种事物想到另一种事物的心理活动过程,是消费心理中一种重要的心理活动,也是心理学家研究较早的一种心理现象。联想可以由当时的情景引起,如当时注意感知到的事物,也可以由内心回忆等方式引起。在商务沟通中,主要着重于对由注意感知等因素所激发的联想的研究,因为在商务沟通时,可以通过控制商务沟通的环境,使用各种方法来激发有益的联想。

3) 思维

思维是人脑对客观事物本质特征的概括反映,它是大脑运用分析、综合、比较、抽象及概括等一系列活动,把握事物的特征和规律,在既定经验的基础上,认识和推断未知事物的过程,它是人的认识活动的最高阶段。正是由于思维具有概括性和间接性的性质,所以通过思维,人们可以认识那些没有或者不能直接作用于人的感官的各种事物或事物的各种属性,还可以预见到事物未来的发展。

12.1.2 商务沟通情感过程

1. 情感过程的概念

情感是人针对客观事物符合主体需要的程度而产生的态度和内心体验。人的情感对商务沟通行为有着重要的影响。情感表达了人们的内心世界,反映出人对客观事物的基本态度。虽然说人们的理智可以驾驭情感，人们在一定程度上能够控制情感的表露，但是，人的情感总是会以这样或那样的方式流露出来。情感过程是伴随着商务沟通的过程而发生和发展的，是心理现象和心境状态的产生、发展和变化的过程。它通常具有两极性的特点，如愉快与忧虑、愤怒与安静、朝气蓬勃与郁郁寡欢等，反映在商务沟通过程中就呈现出不同的沟通方式。

人们良好的情感过程，对商务沟通行为能产生积极的影响。虽然人的情感是复杂多变的，但并不是不可捉摸的。因此，在沟通过程中应根据对方的神态、表情、语言和行动的变化等积极主动地判断和分析其心理状态，以便选择更好地沟通方法，实现最优的沟通效果。

2. 情感与情绪的区别和联系

情感是在人在历史发展中产生的，它与人的社会需要和意识紧密联系，它是人类所独有的一种感情，具有较强的深刻性、长期性和稳定性。情感的基础是与人的社会关系相联系的需要，如对社会的贡献、道德的需要、尊重的需要等，由满足这些需要而产生的责任感、荣誉感和集体感等心理体验就是情感。

情绪通常指那种由机体的天然需要是否得到满足而产生的心理体验，属于较为表层的心理现象，其表现形式短暂且不稳定，有较大的情景性和冲动性，当人的情绪失控时，往往会产生一些非理性行为。

情绪与情感之间又有着密切的联系，在实际生活中，两者往往交织在一起，难以截然分开。情绪长期积累，就会转化为情感，深沉的情感在特定的环境中，也会以激烈、鲜明爆发的情绪形式表现出来。

情绪和情感都具有两极性的特征。人们有各种各样的情绪和情感，如满意与不满意，热爱与憎恨，快乐与忧郁，紧张与轻松，积极与消极，兴高采烈与垂头丧气等。这些截然相反的情绪或情感在一定条件下又会相互转化，"乐极生悲""破涕为笑"等现象就是这种转化的典型表现。

12.1.3 商务沟通意志过程

1. 意志过程概念

意志是指人们为了实现一定的目的和行为所做出的自觉的坚持不懈的努力。在商务沟通活动中，意志过程是指商务人员确定谈判目标、选择一定的手段，克服困难，达到预定目的的心理过程。意志是人脑特有的产物，是人的意识的能动作用的表现。人们在进行某种活动之前，活动的结果已经作为意志行动的目的而观念性地存在于他的头脑之中。要把观念变为现实，必须以预定的目的来指导和激励自己的行动，因此，意志过程是人的内在意识向外部动作转化的过程。

商务沟通中，沟通双方不仅要通过感知、记忆及思维等活动来对沟通产生基本认知，并伴随对沟通的认识产生一定的情感和态度，而且有赖于意志过程来确定沟通目的，并排除各种主客观因素的影响，最终实现沟通的目的。

2. 商务沟通意志过程三个阶段

人的意志是通过行动表现出来的，受意志支配与控制的行动就是意志行动。商务沟通意志行动的过程分为以下三个阶段。

1) 商务沟通目标确定阶段

这是商务沟通的准备阶段。包括目标的确定、方式的选择和计划的制订等一系列沟通前准备工作。商务沟通行为具有明确的目的性和有用性,沟通双方必须根据需要广泛收集信息、比较权衡、排除干扰,做出最符合自己目的和意愿的决策。目的和目标确定后,还要制订计划,确定具体的沟通策略或者方法技巧等。

2) 沟通决策阶段

沟通决策阶段是意志行动过程的关键阶段,这一阶段是把商务沟通策略变为现实的行动过程,需要沟通双方做出更大的意志努力,自觉地排除和克服各种因素的干扰,以便顺利地达成沟通目标。在这一转化过程中仍然可能遇到来自外部和内部的困难和障碍。

3) 评价沟通决策阶段

这是商务沟通过程的最后发展阶段。沟通双方通过对沟通结果的评价和权衡来检验、评判其沟通策略的正确性与有效性。这种检验和评判,直接影响后续或者下一次的商务沟通行为。

12.2 商务沟通心理效应

12.2.1 同理效应

1. 同理心概念

同理心(Empathy),亦译为"设身处地地理解""感情移入""神入""共感""共情",泛指心理换位、将心比心,亦即设身处地对他人的情绪和情感的认知性的觉知、把握与理解。

商务沟通中的同理心,就是能够设身处地为他人着想的态度和思路。同理心是一种理解,但同时需要一定情感程度上的距离,即同理心必须与悲痛、恐惧、愤怒保持距离,创造一定的空间,让理性思绪平抚非理性的感觉。同理心要求务必先把成见摆在一旁,压抑想要评断与谴责的下意识反应。同理心虽起于理解,但同理心不仅仅是理解,还需要将理解转化为行动,这才符合同理心的自然进展。

商务沟通中,同理心效应体现在三个方面:① 有同理心的人对于他人的感受,能有效及精确地了解与体会,同时能够维持一定的距离。② 有同理心的人了解怎样的情境助长或"引发"哪些情绪。③ 有同理心的人与人沟通的方式,让人觉得能够接受、理解。

2. 同理心等级

同理心分为以下四个等级:

A-1:很少从他人的角度思考问题,做事情很少考虑到他人的感受;沟通时讲客套话,无法引起对方的共鸣,对方也不愿意将自己的真实想法说出来,不愿意倾听,安排事务几乎不考虑下属的需要。

A-0:能够从别人的角度思考问题,做事情会考虑到他人的感受;与人沟通比较真诚,愿意将自己的一部分想法表露出来;能让人觉得被理解,被包容;学会倾听,工作中尽量考虑对方的需要。

A+1:能够站在对方的角度考虑问题,想对方之所想,急对方之所急;能够使人不知不觉地将内心的想法、感受说出来;能够让人觉得被理解、被包容;能够用心倾听;在安排事务时,尽量照顾到对方的需要,并愿意做出调整。

A+2：将心比心，设身处地地去感受和体谅别人，并以此作为工作依据。有优秀的洞察力与心理分析能力，能从别人的表情、语气判断他人的情绪。投其所好，真诚，说到听者想听，听到说者想说；以对方适应的形式沟通。

3. 商务沟通中同理心作用

同理心是"人际知识"的基础，是与他人和睦共处的能力。心理学家卡尔·罗杰斯说："对于培养个人的人际关系以及与他人的沟通而言，同理心是我们所知最有效的媒介。"有同理心的人不仅能培养他人做建设性的改变，还能帮助自己往正面积极的方向发展，借助与他人间同理心的接触，使自身眼界更为宽广，敏感度更加深刻。

利用同理心，我们能使沟通更顺畅。影响沟通的重要因素包括心理、情绪、态度和感受。对待沟通，有句话很重要：先处理心情，再处理事情。所以，沟通高手能够把自身的情绪、感受处理得非常好，从而拥有良好的心理态度，掌握必要的沟通技巧。通常来讲，能够建立同理心就能够实现有效沟通、表达，并能很好地倾听，从而创建良好的沟通情境。

不管是和亲人、朋友，还是和同事、客户，如果我们经常使用同理心与对方进行沟通，就会让交流变得更加和谐、融洽，也会避免很多不必要的争吵，不再让自己与他人之间因为误解或者缺乏谅解而形同陌路。当我们真正地做到从他人的角度考虑问题时，我们就会轻松地理解他人、宽容他人。

4. 同理心的培养

同理心的培养可分为四个步骤：

(1) 先倾听自己的感受。同理心的起始是先倾听自己的感受，假如无法触及自己的感受，这个领域对我们来说就是一片空白，此时要想体会别人的感受，无异于天方夜谭。因此，首先我们必须能把自己调整到可以发掘自己的感受，能体会这些感受。

(2) 表达出自己的感受，重要的是选择表达感受的方式。

(3) 倾听他人的感受。一旦我们自己的感受与表达方式不再干扰我们倾听别人后，才能开始练习体会他人的感受；可以帮助我们找出别人感受的线索很多。

(4) 用体谅来回答他人的感受。最后，我们一听到别人的感受就会发出某种反应，并能让对方认为我们听进去了，且能体会他的感受。因此，倾听自己以找出自己的感受、表达他们、与体会他人的感受并与之起共鸣，是同理心发生的四个过程。

案例12-3　父与子的对话(一)

子："上学真是无聊透了！"

父："怎么回事？"

子："学的都是些不实用的东西。"

父："现在的确看不出好处来，我当年也有同样的想法，可是现在觉得那些知识还是蛮有用的，你就忍耐一下吧。"

子："我已经耗了十年了，难道那些" $x+y$ "能让我学会修车吗？"

父："修车？别开玩笑了。"

子："我不是开玩笑，我的同学王明辍学学修车，现在月收入不少，这才有用。"

父："现在或许如此，以后他后悔就来不及了。你不会喜欢修车的。好好念书，将来不怕找不到更好的工作。"

子："我不知道，可是王明现在很成功。"

父:"你已尽了全力了吗?这所高中是名校,应该差不到哪儿去。"
子:"可是同学们都有同感。"
父:"你知道不知道,把你养到这么大,妈妈和我牺牲了多少?已经读到高二了,不许你半途而废。"
子:"我知道你们牺牲很大,可是不值得。"
父:"你应该多读书,少看电视!"
子:"爸,唉,算了,多说也没用。"

父与子的对话(二)

子:"上学真是无聊透顶了!"
父:"你对上学有很深的挫折感。"
子:"没错,学校教的东西根本不实用。"
父:"你觉得读书对你没有什么用?"
子:"对,学校教的不一定对我有用。你看王明,他现在修车技术一流,这才实用。"
父:"你觉得他的选择正确?"
子:"从某个角度看确实如此。现在他收入不错,可是几年后,或许会后悔。"
父:"你认为将来他会觉得当年做错了决定?"
子:"一定会的,现在的社会里,教育程度不高是会吃亏的。"
父:"你认为教育很重要?"
子:"如果高中都没毕业,上不了大学,也找不到工作。有件事我真的很担心,你不会告诉妈妈吧?"
父:"你不想让你妈妈知道吧?"
子:"跟她说也无妨,反正她迟早会知道的。今天学校举行阅读能力测验,结果我只有小学程度,可是我已经高二了。"
父:"我有个构想,也许你可以上补习班加强阅读能力。"
子:"我已经打听过了,可是每个星期要耗掉几个晚上!"
父:"补习的代价太高了。"
子:"而且我答应同学,晚上另有节目。"
父:"你不想食言。"
子:"不过补习如果真的有效,我可以想办法跟同学改期。"
父:"你其实很想多下点工夫,又担心补习没用。"
子:"你觉得会有效吗?"

12.2.2 晕轮效应

1. 晕轮效应的概念

晕轮效应最早是由美国著名心理学家爱德华·桑戴克于20世纪20年代提出的。他认为,人们对人的认知和判断往往只从局部出发,扩散而得出整体印象,也即常常以偏概全。一个人如果被标明是好的,他就会被一种积极肯定的光环笼罩,并被赋予一切都好的品质;如果一个人被标明是坏的,他就被一种消极否定的光环所笼罩,并被认为具有各种坏品质。

2. 晕轮效应的特征

晕轮效应的特征具体表现在三个方面:

(1)遮掩性。有时我们抓住的事物的个别特征并不反映事物的本质,可我们却仍习惯予以个别推及一般、由部分推及整体,势必牵强附会地误推出其他特征。随意抓住某个或好或坏的特征就断言这个人或是完美无缺,或是一无是处,都犯了片面性的错误。在日常生活中,由于对一个人印象欠佳而忽视其优点的事举不胜举。

(2) 表面性。晕轮效应往往产生于自己对某个人的了解还不深入,也就是还处于感、知觉的阶段,因而容易受感、知觉的表面性、局部性和知觉所带来的选择性影响,从而对于某人的认识仅仅专注于一些外在特征上。有些个性品质或外貌特征之间并无内在联系,可我们却容易把它们联系在一起,断言有这种特征就必有另一特征,也会以外在形式掩盖内部实质。例如,外貌堂堂正正,未必正人君子;看上去笑容满面,未必面和心慈。简单地把这些不同品质联系起来,得出的整体印象必然是表面的。

(3) 弥散性。对一个人的整体态度,还会连带影响到跟这个人的具体特征有关的事物上。成语中的"爱屋及乌""厌恶和尚,恨及袈裟"就是晕轮效应弥散的体现。

3. 晕轮效应的克服

克服晕轮效应可以从以下几方面实施:

(1) 注意"投射倾向"。有些人总是从好的一面来解释别人,因为他本人就是一副"菩萨心肠";而有些人则总是从恶意来判断他人的行为,即使是好事,他也会认为这是"别有用心",这是因为他本人猜疑心重。这种把自己的某些心理特点附加给对方的现象,即"投射倾向"。人际知觉的投射倾向表明,人对他人的知觉包含着自己的东西,人在反映别人的时候常常也在反映着自己,而这种反映又往往是不自觉的。如果你对自己的"投射倾向"不加注意,没有清醒地、理智地经常进行自我反思,就很可能制造出晕轮效应,出现各种偏见。

(2) 注意"第一印象"。两个素不相识的人,初次见面后所形成的直观感觉在心理学上称为第一印象。由于它有先入为主的特点,因而往往比较深刻。如果第一印象好,就会给以后的交往打下良好的基础。从这个意义上说,注意给人留下良好的第一印象是必要的。但初次接触所提供给你的判断材料不仅十分有限,而且往往是比较外在的,还具有一定的虚假性。问题的严重性又恰恰在于,一般说来,先得到的信息总是影响着对于以后信息的解释方式。第一印象一旦形成,以后的信息常常只扮演补充和解释的角色,这是产生晕轮效应的"温床"。因此,冷静、客观地对待第一印象,思想上具有改造甚至否定第一印象的准备非常重要。

(3) 注意"刻板印象"。刻板印象就是所谓类化作用,按照预想的类型将人分为不同种类,然后贴上标签,按图索骥。比如,提起教师便想到"文质彬彬";说到商人,总和"唯利是图"挂起勾来;等等。刻板印象的形成,往往始于对某一类人普遍特征的归类,这是一种简单的认识,虽然有利于对某一群人做概括的了解,但也很容易产生偏差。因为人心不同,各如其面,而刻板印象所根据的却并非认识对象本人的事实,有时刻板印象还是由于偏见的合理化而来。因此,刻板印象与晕轮效应可以说是有不解之缘的,是导致失真的一个"误区"。我们要对他人产生确切、深刻的认识,千万别忘了人的丰富多样性,并不断地修正头脑中由于刻板印象所造成的假象。

(4) 避免"以貌取人"。一项心理实验显示,当人们被要求在一堆他们不认识的照片中分别找出"好人"与"罪犯"时,总会受到外貌晕轮效应的影响,即表现出按外貌分类的倾向。苏联心理学家鲍达列夫曾向 72 个人调查,他们是怎样理解人的外貌的。其中 9 人回答,方方的下巴是意志坚强的标志,宽大的前额是智慧的标志;3 人认为粗硬的头发表示倔强的性格;14 人认为人胖表示心地善良;2 人认为肥厚的嘴唇是憨厚朴实的标志;等等。这个调查结果是有趣的,也具有一定的普遍意义。尽管这些生理特征是较为固定的或天生的,但不少人仍认为从中能看出一个人的性格特征。这种"由表及里"的推断,含有很大的偏见成分。为此,只要我们在认识他人的问题上,确立不满足于表象,而注重了解对方心理、行为等深层结构,就能有效地摆脱外貌晕轮效应的影响。

(5) 避免"循环证实"。心理学研究证明,一个人对他人的偏见,常会得到自动的"证实"。比如,我们对某人存有怀疑之心,时间一长,自然会为人所察觉,对方必然会产生离心和戒心。而对方这种情绪的流露,又反过来会使我们深信自己当初对他的看法是正确的。这就是心理学中的角色互动和双向反馈。由于一方感情的偏失,导致对方的偏失,反过来又加强了一方偏失的程度。如此循环证实,势必陷入越来越深的偏见中去,走进晕轮效应的迷宫迷而忘返。这就提醒我们,当我们看不惯某个人,对某个人怀有成见的时候,应当首先理智地检讨一下自己的态度和行为是否受到晕轮效应影响,自觉走出晕轮效应的迷宫。

案例 12-4

《韩非子·说难篇》中讲过一个故事。卫灵公非常宠幸弄臣弥子瑕。有一次弥子瑕的母亲病了,弥子瑕得知后就连夜偷乘卫灵公的车子赶回家去。按照卫国的法律,偷乘国君的车子是要处以刖刑(把脚砍掉)的。但卫灵公却夸奖弥子瑕孝顺母亲。又有一次,弥子瑕与卫灵公同游桃园,他摘了个桃子吃,觉得很甜,就把咬过的桃子献给卫灵公尝,卫灵公又夸他爱君之心。后来,弥子瑕年老色衰,不受宠幸了。卫灵公由不喜爱他的外貌而不喜爱他的其他品质了,甚至以前被他夸奖过的两件事,也成了弥子瑕的"欺君之罪"。

12.2.3 从众效应

1. 从众心理的概念

所谓从众心理,指的是人们在受到其他人或者其他人群的行为影响之后,不由自主地改变自己的心理状态,最终做出符合大众要求的选择。

从众是指个人的观念与行为由于群体的引导和压力,不知不觉或不由自主地与多数人保持一致的社会心理现象。很多情况下,人们完全是在不知不觉之中受到从众心理的影响,通俗地说就是"随大流"。通常情况下,多数人的意见往往是对的。服从多数,一般是不错的。但缺乏分析,不做独立思考,不顾是非曲直地一概服从多数,随大流走,则是不可取的,是消极的"盲目从众心理"。

从众心理在日常生活中非常常见。细心的人会发现,在过马路的时候,如果大家都在红灯的时候耐心地等待,就不会有人闯红灯过马路。相反,如果恰巧在大家都耐心等待的时候突然有个人带头闯红灯过马路,马上就会有很多人跃跃欲试,甚至跟随其后。如此一来,等红灯的大多数人就会因为大家都这么做,也跟着一起闯红灯过马路。

2. 影响从众效应的因素

1) 群体因素

(1) 群体一致性。个体在面对一致性的群体时所面临的从众压力是非常大的。当群体中意见并不完全一致时,从众的数量会明显下降。

(2) 群体规模。在一定范围内,人们的从众性随着群体规模增大而增大。

(3) 群体凝聚力。群体凝聚力越高,个体对群体的依附心理越强烈,越容易对自己所属群体产生强烈的认同感。

(4) 个体在群体中的地位。个体在群体中的地位越高,越具有权威性,就越不容易屈服于群体压力。

2) 情境因素

(1) 刺激性的物质。刺激性的物质是影响从众行为的情境因素之一,人们更容易对模棱两可的刺激物做出从众反应。

(2) 时间因素。交互作用的早期更容易发生从众行为。

3) 个体因素

(1) 性别和年龄。人们通常认为男性比女性更不容易从众。从年龄上看,儿童和青少年比成人更容易从众。

(2) 个性特征。个人的能力、自信心、自尊心、社会赞许需要等都与从众行为密切相关。

(3) 知识经验。人们对刺激对象越了解,掌握的信息越多,就越不容易从众,反之则越容易从众。

(4) 个人的卷入水平。一旦一种意见被表达出来,人们就会更强烈地意识到自己已经选择了某种态度。

案例 12-5

作为一名推销员,亚克力的推销成绩在公司始终名列前茅。相比之下,和亚克力一起进入公司的肖满森则总是业绩平平,甚至面临被淘汰的危险。为了能像亚克力一样出色,肖满森决定跟随亚克力一段时间,当他的徒弟,从而有效地提升自己,让自己能够留在公司。

一天,亚克力带着肖满森一起去一幢写字楼拜访陌生客户。和肖满森每次一进写字楼就逐层推销不同,亚克力首先在一楼大厅的展板处了解了这幢写字楼里的所有商户,并且对他们的实力和经营状况进行了一番调查。最终,亚克力发现其中有两家公司是规模比较大且经营状况良好的。做完这些工作之后,亚克力才开始逐层推销。在遭到几次拒绝之后,亚克力好不容易找到一家公司对他们的打印机感兴趣,便赶紧介绍起来。最后,他装作不经意地说:"在你们十五楼的安家伟业,用的就是我们的打印机。他们公司是做二手房业务的,每天都需要打印大量的文件和宣传资料。但是,他们慧眼识珠,从众多品牌中选择了我们的打印机,如此一来,不仅质量有了保证,还可以享受我们公司提供的定期加墨服务,简直太省心了。还有,你们十八楼的一家影楼,你知道,他们在业内还是很有名气的,收费也很高,听说给孩子拍个满月照都需要几千元呢!他们用的也是我们公司的彩色打印机,因为我们的打印机最符合他们的要求。如果你们也选择我们的打印机,我可以给你们走老客户介绍的优惠,毕竟你们都在一幢写字楼里啊!"在亚克力无意间透露了这个信息后,在一旁观摩的肖满森发现客户的态度发生了明显的改变。原来,亚克力所说的这两家公司都是这幢写字楼里实力很强的,因而,客户出于从众心理,在经过一番思考之后,也决定购买他们的打印机,似乎是为了沾点儿好彩头吧!

12.2.4 权威效应

1. 权威效应的概念

权威效应,又称为权威暗示效应,是指一个人要是地位高,有威信,受人敬重,那他所说的话及所做的事就容易引起别人重视,并让他们相信其正确性,即"人微言轻、人贵言重"。

2. 权威效应的原因

"权威效应"的普遍存在,首先是由于人们有"安全心理",即人们总认为权威人物往往是正确的楷模,服从他们会使自己具备安全感,增加不会出错的"保险系数";其次是由于人们有"赞许心理",即人们总认为权威人物的要求往往和社会规范相一致,按照权威人物的要求去做,会得到各方面的赞许和奖励。

3. 权威效应的运用

1) 用原则增强自身的权威感

心理学上认为,当一个人身上带着这些能够增强个人威信的东西时,便能够释放出一种权威的信号,而原则无疑是增强这种权威信号的有力工具,这里的原则包括很多因素。例如,自身的责任感,一贯诚实守信地为人,为人处世的君子风度,非凡的气度、心胸……当我们被周围的人冠以这种标志时,那么你便会在不知不觉中树立起自身的权威感。这样当我们驾驭他人的时候,对方就会不知不觉地被我们身上的这种权威感所折服。

2) 生动的表达也是增强权威性的重要元素

有时候我们会发现这样的现象:当某个人在说话的时候,总是小声或者不敢抬头看周围的人,我们就会怀疑他说的事情,人们常用他说话没底气来形容。而当有的人,说话总是很大声、生动、激情四射,且语调、语速、表情、神态都表现出一种的坚定时,我们心里就算不能立刻支持他,也会产生几分敬畏。

事实上,正是由于表述增强权威性的不同,产生了完全不同的感受。所以,在驾驭他人的时候,聪明的人即使在表达上也会特别生动,因为他们深知这能增强自身的权威性,而信任和追随权威又是人们普遍的共性。

3) 驭心术法则

权威之所以称为权威,是因为它在某方面早已取得了人们的认可,而在通常情况下,服从这些人的话又能够给人们带去顺利,增加不会出错的"保险系数",所以,带有权威信号的人说出的话和意见,常会使人们习惯性地顺从。

案例 12-6

美国心理学家们曾经做过一个实验:在给某大学心理学系的学生们讲课时,向学生介绍一位从外校请来的德语教师,并强调说这位德语教师是从德国来的著名化学家。在试验中,这位"化学家"煞有其事地拿出了一个装有蒸馏水的瓶子,说这是他新发现的一种化学物质,有些气味,请在座的学生闻到气味时就举手,结果多数学生都举起了手。对于本来没有气味的蒸馏水,这位"权威"的心理学家通过语言暗示而让多数学生都认为它有气味。

本章小结

本章主要介绍了商务沟通中心理过程和心理效应。商务沟通的心理过程包括认知过程、情感过程和意志过程。了解沟通的心理过程对选择沟通策略具有实际的指导意义。商务沟通中有各种心理效应对其产生影响,其中主要有同理效应、从众效应、晕轮效应、权威效应等。各种心理效应在沟通过程的适当运用能够更好地实现沟通效果。

核心概念

心理过程   心理效应

思考与技能训练

一、基本训练

1. 选择题

(1) 认识、情感和（　　）三种心理过程,是人的统一的心理活动的三个不同方面,也是商务沟通心理活动的过程。
　　A. 意志　　　　　　B. 判断　　　　　　C. 决策　　　　　　D. 归纳

(2) 在商务沟通活动中,（　　）是指消费者确定购买目标、选择一定的手段,克服困难,达到预定目的的心理过程。
　　A. 认识过程　　　　B. 情感过程　　　　C. 决策过程　　　　D. 意志过程

(3) （　　）泛指心理换位、将心比心,亦即设身处地地对他人的情绪和情感的认知性的觉知、把握与理解。
　　A. 同理心　　　　　B. 同情心　　　　　C. 理解　　　　　　D. 通达性

(4) 所谓（　　）,指的是人们在受到其他人或者其他人群的行为影响之后,不由自主地改变自己的心理状态,最终做出符合大众要求的选择。
　　A. 无主见　　　　　B. 从众心理　　　　C. 不决策　　　　　D. 群体性

2. 简答题

(1) 商务沟通的心理活动过程包括哪几个方面? 分别是什么含义?
(2) 同理效应是什么意思? 在商务沟通中有什么样的运用?
(3) 从众效应是什么意思? 在商务沟通中有什么样的运用?
(4) 权威效应是什么意思? 在商务沟通中有什么样的运用?
(5) 晕轮效应是什么意思? 在商务沟通中有什么样的运用?

二、案例分析

1. 案例

某代理商与一家设备公司谈一批设备订单。该设备公司是一家新公司还是一个名不见经传的小企业。因此,该代理商并没将这次谈判放在心上,想着该公司在运营初期肯定急于打开市场,到时候不费吹灰之力就可以低价谈拢订单。

可谁能想到,在谈判的第一天,该设备公司的订货部门前就挂了一条大横幅,上面写着:"第一季度订货完毕"。这个代理商心想:难道我低估这家公司的销售实力了?

第二天,该设备公司的订货部门前又挂出了一条横幅,上面写着:"第二季度订货已满"。这下代理商心里已经开始为自己能否签下订单而陷入慌乱。

到了第三天,那条横幅上竟然出现了"对不起,今年已经订货完毕"的字样。代理商怎么也想不到原本不放在眼里的小公司在3天之内竟然把全年的货品都订了出去。既然该公司设备如此受欢迎,趁早多订一些。如果能争取到全国总代理的权利,想必会赚得盆满钵满。

该代理商越想越觉得很合适,便顾不得杀价,以高于预期谈判价的价格一口气签下了价值200万的设备。

事后,这位代理商才恍然大悟,那些扰人视听的横幅都是该公司自吹自擂的假消息! 该公司通过这种方式来暗示其设备非常抢手,营造了谈判的紧张氛围。尽管事后这位代理商认识到了对方的伎俩,但为时已晚。

问题:
(1) 设备公司的横幅对代理商产生了怎样的心理效应? 怎样影响了沟通过程?
(2) 如果你是代理商,你会怎么做?

2. 案例

日本名古屋的格木电力公司曾因没有处理好废水排放的问题导致大量海洋生物死亡,严重影响了当地渔民的生计。一大群愤怒的渔民闯入公司经理的办公室,要求格木电力公司减少环境污染,并且赔偿他们的直接和间接经济损失。

其实,对环境造成污染也不是格木电力公司想看到的结果,他们也一直在致力于减少环境的污染问题,但由于解决废水成本的投入太大,不得不宣告放弃,而只能选择将废水直接排入海洋。当接到渔民们的警告之后,格木电力公司只好采用低硫燃料,以减少环境污染。

可这样一来用电成本大大提高,急速上涨的电价又使用户们怨声载道,电力公司周围的渔民们自然也包括在这些用户当中。公司本计划再建几座核电厂改变这种局面,但电厂附近的居民不同意,格木电力公司几乎陷入了进退维谷的境地。

处在两难境地的格木电力公司管理者明白面对眼前的问题只能迎难而上,逃避根本解决不了问题。而如果对渔民们采取强硬措施,只会把事情搞得更糟。于是,公司派人耐心地倾听了渔民们的倾诉,对他们的损失表示同情和歉疚,同时还主动赔偿渔民们的实际经济损失。如此一来,渔民们的怒气就逐渐平息了。

接下来,他们又向渔民们说明了公司的难处和计划改变这种局面所采取的多种措施,使公众知道格木电力公司是一家具有社会责任心的公司。最后,渔民们不仅理解了这家电力公司的难处,谅解了他们暂时的缺点和不足,还积极地为他们出谋划策。

问题:

(1) 格力公司在沟通中体现了什么心理学效应?

(2) 这个案例对你有什么启发?

参考文献

[1] [美]玛丽·埃伦·伽菲.商务沟通过程与结果(第六版).兰天,译.大连:东北财经大学出版社,2009.

[2] 胡介埙.商务沟通(第二版).大连:东北财经大学出版社,2014.

[3] 董原.商务谈判与推销技巧.广州:中山大学出版社,2009.

[4] 程庆珊.商务沟通.大连:东北财经大学出版社,2012.

[5] [美]考特兰·博韦、约翰·希尔.商务沟通精要(第六版).张政,译.北京:清华大学出版社,2014.

[6] 李品媛.现代商务谈判(第三版).大连:东北财经大学出版社,2016.

[7] 杜焕香.商务谈判.北京:北京大学出版社,2009.

[8] [日]久世浩司.抗压力——逆境重生法则.贾耀平,译.北京:北京联合出版公司,2016.

[9] 何浩然.中外礼仪.大连:东北财经大学出版社,2002.

[10] 谷静敏.商务沟通与礼仪.青岛:中国海洋大学出版社,2011.

[11] 夏新燕,徐娟玲.商务沟通.北京:中国铁道出版社,2016.

[12] 张恩俊.商务谈判执行.北京:北京理工大学出版社,2009.

[13] 吴晓萍,江卫华.商务礼仪.天津:南开大学出版社,2011.

[14] 郑兰先.商务沟通实务.北京:北京大学出版社,2011.

[15] 臧瑾.新编商务全书.北京:中国言实出版社,2008.

[16] 余少杰,李元杰,倪丽琛.商务礼仪.北京:清华大学出版社,2017.

[17] 康开洁,柳娜.商务礼仪实务.北京:清华大学出版社,2015.

[18] 曹恒山.销售这样说才对.北京:北京大学出版社,2010.

[19] 张春霞.现代推销技术.北京:清华大学出版社,2004.

[20] 孔雷.训练销售精英.北京:企业管理出版社,2008.

[21] 李海光,梁嘉红.商务沟通.广州:暨南大学出版社,2007.

[22] 商水利.捷径是弯的.北京:红旗出版社,2009.

[23] 周琼,吴再芳.商务谈判与推销技术.北京:机械工业出版社,2007.

[24] 舒晓楠.商务与管理沟通.北京:清华大学出版社,2010.

[25] 张永.推销人员手册.北京:中国人事出版社,2007.

[26] 张守刚.商务沟通与谈判.北京:人民邮电出版社,2010.

[27] 彦博.推销员必读.北京:中国商业出版社,2008.

[28] 李海琼.现代推销技术.杭州:浙江大学出版社,2004.

[29] 叶伟巍,朱新颜.商务谈判.杭州:浙江大学出版社,2014.
[30] 王军旗.商务谈判——理论、技巧、案例.北京:中国人民大学出版社,2014.
[31] 尤里.无法说不.北京:机械工业出版社,2004.
[32] 张强.商务谈判学——理论与实务.北京:中国人民大学出版社,2010.
[33] 张昊民.管理沟通.上海:格致出版社,上海人民大学出版社,2010.
[34] 杰勒德·I.尼尔伦伯格.谈判的艺术.曹景行,陆延,译.北京:中国人民大学出版社,2008.
[35] 侯铁珊,等.推销原理与技巧.大连:东北财经大学出版社,1999.
[36] 刘艳华.沟通心理学.天津:天津科学技术出版社,2017.
[37] 李群锋.儿童沟通心理学.苏州:古吴轩出版社,2017.
[38] 章程.一本书读懂沟通心理学——剖析人际沟通的读心秘法.北京:中国国际广播出版社,2018.
[39] 晋翔.沟通心理学.北京:海潮出版社,2016.
[40] 彩沄心里.沟通心理学2——不同场景下的说话策略.北京:中国纺织出版社,2018.
[41] 冠诚.沟通心理学.跟任何人都聊得来.郑州:郑州大学出版社,2017.
[42] 彭凯平,王伊兰.跨文化沟通心理学.北京:北京师范大学出版社,2009.
[43] 海因斯.管理沟通策略与应用.北京:北京大学出版社,2005.
[44] 吴建伟.商务谈判策略与案例分析.北京:清华大学出版社,2017.
[45] [日]高杉尚孝.麦肯锡精英的谈判策略.北京:中信出版社,2016.
[46] 宋莉平.商务谈判理论、策略与技巧.上海:上海财经大学出版社,2012.
[47] 龚荒.商务谈判——理论、策略、实训(第2版).北京:北京交通大学出版社,2015.
[48] 龚荒,吉峰.商务谈判——实务、策略与案例.北京:机械工业出版社,2014.
[49] [美]斯科特·奥博.钱峰,译.北京:世界图书出版社,2012.
[50] [美]阿德勒.商务沟通.原理与实践.北京:北京大学出版社,2013.
[51] 苗杰.商务沟通技巧.北京:中国财富出版社,2012.
[52] 王慧敏.商务沟通教程.北京:中国发展出版社,2017.
[53] [美]邓·皮泊斯,马沙·容斯.客户关系管理:战略框架(第二版).郑志凌、梁霞、邓运盛,译.北京:中国金融出版社,2014.
[54] [美]威廉·G.齐克蒙德,等.客户关系管理——营销战略与信息技术的整合(管理者终身学习).北京:中国人民大学出版社,2010.
[55] 中国营销传播网,http://www.emkt.com.cn.
[56] 百度文库,https://wenku.baidu.com/.
[57] 百度百科,https://baike.baidu.com/.
[58] 豆丁网,http://www.docin.com/.